社会管理河南省协同创新中心智库丛书
A SERIES OF SOCIAL GOVERNANCE
COLLABORATIVE INNOVATION CENTER OF HENAN

# 河南社会治理发展报告
## (2015)

**ANNUAL REPORT ON SOCIAL GOVERNANCE**
**DEVELOPMENT OF HENAN (2015)**

主　编／郑永扣
副主编／郑志龙　刘学民　高卫星　樊红敏

社会科学文献出版社
SOCIAL SCIENCES ACADEMIC PRESS (CHINA)

# 社会管理河南省协同创新中心简介

社会管理河南省协同创新中心成立于2012年10月。牵头单位为郑州大学，协同单位包括河南财经政法大学、河南理工大学、郑州轻工业学院，以及河南省社会管理综合治理委员会办公室、河南省人民政府研究室、河南省发展与改革委员会、河南省民政厅、河南省人力资源和社会保障厅。中心主任为郑永扣教授，现任郑州大学党委书记，第十一届、十二届全国人大代表，郑州大学哲学学科学术带头人。中心常务副主任为郑志龙教授，郑州大学公共管理学科学术带头人。中心自成立以来，致力于打造河南省社会治理智库，在社会调查、社会服务、学术研究等方面取得丰硕成果，获得较大的社会影响力。

建立资源共享、开放包容的河南省社会治理数据库。中心目前已经形成寒暑假常规调查及专项调查相结合的调查机制，为中心出版《河南社会治理发展报告》奠定了坚实基础。已启动且完成的社会调查主要有：2014年春、夏"百村调查"，全面了解河南省社会治理状况；2014年冬"河南省城市居民幸福感"专项调查；2015年春"城乡社区综合调查"，内容包括城乡社会治理跟踪调查、社区治理跟踪调查、返乡农民工跟踪调查以及党的十八大以来反腐成效调查。

构建河南省社会服务高地，设立社会服务平台。中心精心组织编写了《决策参考》，涉及当前河南省社会发展的各个方面：新型城镇化建设、产业集聚区发展和社会管理创新、基层公共文化建设、新型农村社区建设、基层信访稳定治理等内容。并定期报送省委、省政府相关部门，以及18个地市和直管县党政领导，促进了中心与政府、学术机构沟通和联系，推动了科研成果的转化。中心还参与政府的决策咨询，为河南省各级政府提供社会治理专家咨询服务，与政府开展横向课题研究工作。

产出一系列有重大影响力的研究成果。《河南社会治理发展报告》是中心系列成果之一，是中心对外交流、推动河南省社会治理创新、打造社会治理智库的平台，中心首部《河南社会治理发展报告（2014）》已于2014年6月由社会科学文献出版社出版。

探索建立协同机制，发挥学术研究部门、政府决策部门、基层实践部门协同创新平台功能。中心与省政府相关部室、地方政府、相关院校、企事业单位以及校内相关院系、部室建立了协同合作机制；与汝州市政府、孟州市政府等确立了战略合作关系；与省政府研究室、省综治办等建立了协同合作机制，在县、乡、村建立了城镇化、社会工作、公共服务等多层次、宽领域实验基地。以项目为支撑，以蓝皮书为平台，建立了跨学科、跨部门、跨学校的学术团队；充分发挥校内不同学科、校外各学术单位的优势，实现了协同合作。

# 主编简介

**郑永扣** 教授，博士生导师；现任郑州大学党委书记，社会管理河南省协同创新中心主任，郑州大学马克思主义哲学研究中心主任，第十一届、十二届全国人大代表，郑州大学马克思主义理论一级学科、哲学学科学术带头人，河南省哲学学会会长。

郑永扣教授长期从事马克思主义理论教学与研究工作，在马克思主义哲学、意识形态理论等方面，承担有国家社科基金项目、省部级重大项目十余项。在《中国社会科学》《哲学研究》等刊物发表学术论文40余篇；出版学术专著《共产党员理想信念论》等5部。

# 摘　要

本报告由社会管理河南省协同创新中心的研究人员在深入河南省基层调查的基础上完成的。报告也邀请了河南省党政机关的部分领导和其他研究机构的专家学者参与。本报告的资料来源主要包括四个部分：一是《中国统计年鉴》、《河南统计年鉴》、2014年河南省各地市的工作总结等；二是社会管理河南省协同创新中心围绕社会治理发展报告开展的专题调研，调研地点包括宝丰县、汝州市、长垣县、孟州市等地；三是2014年7~8月开展的河南省城市、农村社会治理综合调查数据；四是2014年11~12月开展的河南省居民幸福感调查数据。

基于对社会治理内涵的理解，本报告的写作突出了三个特点：一是时效性，报告写作过程中运用的一手数据为社会管理河南省协同创新中心2014年组织的两次社会调查数据和调研取得的数据，二手数据为2014年的统计年鉴数据；二是突出地方特色，本报告主要关注河南省社会治理的现状，反映河南省地方社会治理创新的探索；三是实践性，报告围绕社会治理与当前社会发展过程中面临的实际问题展开调查和研究，很好地将社会治理的理论与河南省社会治理创新的实践结合起来。

报告共分为三个部分：第一部分为总报告，即"2015年河南省社会治理形势分析与展望"，该报告延续了上一年"河南省社会治理形势分析与展望"的写作框架，从社会安全、矛盾化解、社会组织、公共服务、社会公平五个维度，对河南省社会治理形势进行分析和总体评价。研究结果表明，河南省社会安全形势总体向好，社会矛盾化解平稳推进，社会组织逐步壮大，基本公共服务状况显著改善，社会公平状况有待改善。

第二部分为专题篇，主要包括新型城镇化、公共服务、社会组织、社会治理评价4个专题。新型城镇化专题分析了河南省城镇化过程中农民工市民化、社会阶层变迁、居民"幸福感"、城镇化质量评价等；公共服务专题分析了河南省居民对公共服务需求的满意度、城乡义务教育资源差异、城乡医疗卫生资源差异及低保救助的情况等；社会组织专题分析了社会组织参与政府职能转移和政府购买公共服务的情况；社会治理评价专题主要评价了河南省政府门户网站、网络群体性事件、公众网络参与、城市居民反腐成效认知度情况。

第三部分为案例篇，主要包括社会工作介入社会治理的"宝丰模式"、汝州社区治理中的德治建设探索、河南省人民陪审制度改革的探索、郑州市慈善捐赠事业实践探索、长垣县以产业集聚区建设推动新型城镇化的实践探索、孟州市会昌街道办的"基层公论"探索、信阳农民工双向维权模式探索、郑州市社区矫正的实践探索、济源市土地流转实践探索。这些实践探索反映了河南省在社会治理方面的努力和成果，为河南省社会治理方式的创新和社会治理能力的提高提供了经验和启示。

# Abstract

This report is written by researchers of Social Governance Collaborative Innovation Center of Henan Province after the thorough investigation and study. The researchers include some leaders of the government offices and specialists and scholars from collaborative research institutions. The data depends on 4 aspects: the first is from China statistical yearbooks, Henan province statistical yearbooks and regional work summaries of Henan province in 2014, etc; the second is from special surveys of social governance which was conducted by Social Governance Collaborative Innovation Center of Henan Province, including Baofeng county, Ruzhou city, Changyuan county and Mengzhou city, etc; the third is from city and country comprehensive survey of social governance in Henan Province from July to August in 2014; the forth is from the data of the survey of city residents' sense of happiness in Henan province from November to December in 2014.

Based on the connotation of social governance, this report reflects 3 characteristics: the first is timeliness, the date are latest, including two social surveys conducted by Social Governance Collaborative Innovation Center of Henan Province in 2014 and the statistical yearbooks of 2014; the second is local characteristics of Henan province, this report pay close attention to the current situation of social governance in Henan Province; the third is practicalness, the report reflects innovations of local social governance practices, it combines the theory and the innovative practice of social governance well.

This report includes 3 parts: the first is general report-the analysis and prospect of situation of social governance in Henan Province (2015), which follows the writing framework of the general report of 2014 yearly book. The general report analyzes and comprehensively evaluates the situation of the social governance in Henan province from 5 dimensions: public security, social contradiction resolving, social organizations, public services and social justice. It shows that the situation of public security is getting better, the resolution of social contradiction is promoted steadily, the social organizations are expanding gradually, the conditions of fundamental public services improve significantly, and the conditions of social justice need to get better.

The second part is about the special subject reports. It mainly includes 4 subjects: the new-type urbanization, the projects of public service, the social organization and the evaluation of social governance. The subject of new-type urbanization analyzes the situation of the migrant workers' citizenship during the process of urbanization, the change of social stratum, the residents' sense of happiness, and the evaluation of urbanization; the subject of public service analyzes the situation of the residents' satisfaction of the fulfillment of their demands for public services, the gap of compulsory education and medical and public health service resources between urban and country, and the situation of the basic living allowances and welfare; the subject of social organization analyzes the situation of the social organizations' participation in the shift of the government's function and the government purchase of the public service; the subject of valuation of social governance analyzes the situation of portals of the Henan province, the network mass disturbances, public participation in network, the citizens' perception of the effectiveness of anti-corruption.

The third part is about the case reports. It mainly includes the exploration of "Baofeng Model" which social work gets involved in, the social governance in integration of urban and rural representative area, the exploration of moral construction of social governance in Ruzhou, the reform of people's assessor system of Henan province, the practice of charitable donation in Zhengzhou, the promotion to new-type urbanization by the construction of the industrial agglomeration area in Chuangyuan, the practice of "grass-roots public opinion" in Huichang of Mengzhou, the bilateral safeguard legal rights model of Xinyang migrant workers, the practice of the community correction in Zhengzhou, the practice of the land circulation in Jiyuan. These practices reflect the great efforts and the achievements of the social governance which provide the experiences and inspiration for the innovation of social governance forms and the improvement of its capability.

# 序

  中国共产党十八届三中全会通过的《中共中央关于全面深化改革若干重大问题的决定》，最大的亮点之一就是把"发展和完善中国特色社会主义制度，推进国家治理体系和治理能力现代化"作为改革总目标，而社会治理是现代国家治理体系中重要的组成部分。从治理过程来看，社会治理涉及三个基本问题，即谁治理、如何治理、治理得怎么样，这三个基本问题分别指向了治理的三大要素，即治理主体、治理机制和治理工具。推动河南省社会治理现代化，就是要在这三个要素上做文章，其根本目标是最大限度激发社会活力，让民众共享改革成果、增益全社会福祉。随着河南省经济社会的快速发展、社会转型的不断深化、利益格局的深刻调整、城镇化进程的加速推进，社会治理模式转型也显得尤为迫切。

  基于对未来发展方向和着力点的科学谋划与战略把握，河南省提出了打造"四个河南"，推进"两项建设"以及实施"三大国家战略"的总体规划和布局。习近平总书记2014年到河南省调研时指出，河南在中华文明发展进程中占有重要地位，做好河南改革发展稳定各项工作责任重大。在当前建设发展转型的过程中，河南省正处于爬坡过坎、转型攻坚的紧要关口，深层次矛盾正在破解但还没有得到根本解决。从河南省的社会现实出发，积极探索符合农业大省、文化大省特点和规律的社会治理新路子，为各级党委、政府创新社会治理提供理论支撑和决策参考，为从事社会治理的实务工作者提供理论指导和专业服务，是当前社会科学工作者必须担当的重大责任。

社会管理河南省协同创新中心立足区域性专业型特色智库定位，现已形成一支稳定的研究队伍，产出了一批有价值的研究成果，河南省科学研究、社会服务以及人才培养的协同机制也在探索中逐步完善。河南省社会治理智库丛书是该中心推出的系列成果之一，《河南社会治理发展报告（2014）》于2014年6月出版，受到社会和媒体的广泛关注和报道，获得较大的社会反响，开了个好头。《河南社会治理发展报告（2015）》有5个协同单位参加，基于先期发出的34个开放性课题研究成果编写而成。编写过程中，坚持有调研、有数据、有方案，突出实证性，力图体现三个特点。一是突出现实针对性。重点聚焦当前河南省社会治理实践中的难点问题、重点问题和关键问题，着力围绕新型城镇化和公共服务两大专题，讨论了河南省城镇化质量、农民工市民化、社会阶层变化、公共服务均等化、居民"获得感"等。二是彰显前沿性。积极关注社会组织、公民在社会治理中的参与、社会服务方式的变革等。其中，社会组织专题从社会组织与政府的互动关系出发，分析了河南省社会组织承接政府职能以及政府购买社会工作服务的问题；报告重视互联网作为变革因素对社会治理方式创新的推动和影响作用，对18个省辖市及10个直管县的政府门户网站进行了评价，分析了公众网络参与问题。三是凸显数据可靠性。报告特别注重第一手资料的掌握，2014年7月以来，中心组织了多次问卷调查和案例调查活动，获得大量真实可靠的一手数据资料，为该书的编写提供了数据支撑。问卷调查包括：2014年夏河南省城乡社会综合调查、2014年夏城市流动人口综合调查、2014年冬河南省城市居民幸福感调查、2015年春河南省城乡社会治理综合调查、2015年春返乡农民工调查等。基于这些调查数据，本书完成河南省社会治理总报告、河南省农民工生活状况调查报告、党的十八大以来河南省反腐成效调查报告、河南省城市居民幸福感调查报告等。案例调查涉及汝州、长垣、济源、孟州、宝丰等数十个市（县、区），对河南省在土地流转、留守儿童、产业集聚区建设、农民工维权等方面的实践探索进行了专题调研，并最终形成9篇案例报告。

总体而言，报告问题意识强，观点明确、内容翔实、论据充分，有较强的实用性、指导性。同时，改革发展中的新情况、新问题、新创造不断涌现，人们的认识也在不断深化，限于我们的水平和眼界，报告中的不妥、疏漏之处在所难免，诚挚欢迎各位读者予以批评指正。希望报告的出版，能为推动河南省社会建设和社会治理能力现代化发挥应有的作用。

郑永扣

2015年4月

# 目 录

## 总 报 告

2015年河南省社会治理形势分析与展望 …… 马 琳 岳 磊 韩 恒 / 001

## 专 题 篇

· 专题一 新型城镇化 ·

河南省省辖市城镇化质量评估研究 …………………………… 马 琳 / 037
河南省农民工生活状况调查 …………………………………… 梁思源 / 051
河南省农民工市民化的调查与分析 …………………………… 朱 磊 / 076
河南省县城农民工市民化及其影响因素 ……………………… 栗志强 / 090
河南省社会阶层结构变迁研究 ………………………………… 孙远太 / 106

· 专题二 公共服务 ·

河南省农村居民公共服务需求满意度调查 …………………… 丁辉侠 / 121
河南省义务教育资源配置城乡差异研究 ……………………… 何 水 / 136
河南省医疗卫生资源配置城乡差异研究 ……………………… 侯圣伟 / 152
河南省最低生活保障实施现状与对策研究 ………… 王海昌 王奎清 / 169
河南省城市居民获得感调查分析 ………… 樊红敏 欧广义 李岚春 / 184

001

· 专题三 社会组织·

河南省社会组织承接政府职能转移研究 …………………… 孙发锋 / 199
河南省政府购买社会工作服务现状与对策建议 …………… 田丰韶 / 212

· 专题四 社会治理评价·

河南省地方政府门户网站评价 ………………… 马 闯 张 萠 / 224
河南省网络群体性事件的形势与治理对策 ………… 郭彦森 / 235
河南省公众网络社会参与状况及其发展建议 ……… 蒋美华 李兴珍 / 252
党的十八大以来反腐败努力能得到公众认可吗？
——基于河南省18个地市4070份问卷的调查分析
……………………………… 樊红敏 周勇振 张玉娇 / 266

# 案 例 篇

社会工作介入农村留守儿童治理的"宝丰模式"研究
……………………………………………… 刘学民 许冰 等 / 278
汝州市以德治建设促进社会治理的实践探索及经验启示 …… 马润凡 / 290
河南省人民陪审制度改革的探索与启示 ……… 卢少锋 蔡 艺 / 298
郑州市慈善总会捐赠工作的实践与启示
………………………………… 霍海燕 胡晓明 高 荣 / 308
济源市土地流转实践探索 ……………………… 梁思源 周勇振 / 318
长垣县以产业集聚区建设推动新型城镇化的实践探索 …… 师青伟 / 327
孟州市会昌街道办的"基层公论"及其启示 ……… 何 水 梁家豪 / 335
信阳农民工双向维权模式的探索与启示 ……… 孙远太 侯 帅 / 342
郑州市社区矫正工作的实践与思考 ………………………… 张嘉军 / 350

# CONTENTS

## General Report

The Analysis and Prospect of Situation of Social Governance in
   Henan Province             *Ma Lin, Yue Lei and Han Heng* / 001

## Special Reports

**Session I   New-type Urbanization**

The Evaluation Research on The Urbanizational Quality of The
   18 Cities in Henan             *Ma Lin* / 037
An Investigation on The Life Condition of The Migrant Workers in
   Henan             *Liang Siyuan* / 051
An Analysis of The Citizenization of The Migrant Workers in
   Henan             *Zhu Lei* / 076
The Citizenization and Its Influencing Factors of The County's
   Migrant Workers in Henan             *Li Zhiqiang* / 090
The Research on The Change of The Social Class Structure of Henan    *Sun Yuantai* / 106

**Session II   Public Services**

An Investigation on The Residents' Satisfaction of Their Demands
   for Public Services in Henan             *Ding Huixia* / 121

A Research on The Disparity of Compulsory Education Service
　　Resources between Urban and Country in Henan　　　　*He Shui* / 136
A Research on The Disparity of Medical Treatment and Public Health
　　Resources between Urban and Country in Henan　　*Hou Shengwei* / 152
A Research on The Implementation of The Subsistence Allowances in
　　Henan　　　　　　　　　　　　*Wang Haichang, Wang Kuiqing* / 169
An Analysis on The Sense of Acquisition of The Urban Residents
　　in Henan　　　　　　*Fan Hongmin, Ou Guangyi and Li Lanchun* / 184

**Session III　Civil Organizations**

A Study on The Participation of The Civil Organizations in The Shift of
The Government's Function in Henan　　　　　　　　　*Sun Fafeng* / 199
A Study on The Government Purchasing of The Public Services by Social
　　Work in Henan　　　　　　　　　　　　　　　　*Tian Fengshao* / 212

**Session IV　The Evaluations on The Social Governance**

An Evaluation on Portal Website of The Local Government in Henan
　　　　　　　　　　　　　　　　　　　　*Ma Chuang, Zhang Shuo* / 224
A Study on The Network Mass Incidents in Henan
　　　　　　　　　　　　　　　　　　　　　　　　*Guo Yansen* / 235
An Investigation on The Social Participation of The Public Through
　　Network in Henan　　　　　　　　*Jiang Meihua, Li Xingzhen* / 252
The Effort of The Anti-corruption Could be Approved by The
　　Public Since 2013　　*Fan Hongmin, Zhou Yongzhen and Zhang Yujiao* / 266

# Case Reports

A Study on "Baofeng Model" of Social Work Involved in Rural
　　Hometown-Remained Children's Care　　　*Liu Xuemin, Xu Bing.etc* / 278

# CONTENTS

The Exploration and Inspiration of Moral Construction of Social Governance in Ru Zhou　　　　　　　　　　　　*Ma RunFan* / 290

The Reform and Inspiration of People's Assessor System of Henan
　　　　　　　　　　　　　　　　　　*Lu Shaofeng, Cai Yi* / 298

The Practice and Inspiration of The Charitable Donation of Zhengzhou Charity　　*Huo Haiyan, Hu Xiaoming and Gao Rong* / 308

The Exploration of The Land Circulation in Jiyuan
　　　　　　　　　　　　　　　　*Liang Siyuan, Zhou YongZhen* / 318

The Exploration of The New-type Urbanization by the Construction of the Industrial Agglomeration Area in Changyuan　　*Shi Qingwei* / 327

The Practice of The "Grass-roots Public Opinion" in Huichang of Mengzhou　　　　　　　　　　　　　*He Shui, Liang Jiahao* / 335

The Exploration and Inspiration of The Bilateral Safeguard Legal Rights Model of Xinyang Migrant Workers　　*Sun Yuantai, Hou Shuai* / 342

The Practice of The Community Correction in Zhengzhou　　*Zhang Jiajun* / 350

# 总 报 告

General Report

## 2015年河南省社会治理形势分析与展望

马琳 岳磊 韩恒*

摘　要：　本报告以《中国统计年鉴》、《河南统计年鉴》，2014年社会管理河南省协同创新中心开展的暑期城市、农村社会治理综合调查以及居民幸福感调查数据为基础，从社会安全、矛盾化解、社会组织、公共服务、社会公平五个维度对河南省社会治理形势进行了系统分析。研究发现，河南省社会安全形势总体向好，社会矛盾化解平稳推进，社会组织逐步壮大，基本公共服务状况显著改善，社会公平状况有待改善。下一步河南省社会治理的发展方向是：加强社会治理的顶层设计，

---

\* 马琳，博士，郑州大学公共管理学院讲师，社会管理河南省协同创新中心研究员，研究方向为新型城镇化与社会发展；岳磊，博士，郑州大学公共管理学院讲师，社会管理河南省协同创新中心研究员，研究方向为廉政建设与社会治理；韩恒，博士，郑州大学公共管理学院教授，社会管理河南省协同创新中心研究员，研究方向为非营利组织、宗教社会学。

制定社会治理"十三五"规划;运用法治思维和法治方式推动社会治理"新常态"化;激发社会组织活力,形成社会治理"协同共治";大力支持保障和改善民生,提高公共服务的整体水平;加强公民权利保障,凸显社会治理的公平诉求。

关键词: 社会治理 公共安全 社会服务 社会公平

# 一 导言

20世纪90年代,联合国全球治理委员会提出"治理"的概念并清晰地概括出"治理"的四个特征:治理不是一套规章条例,也不是一种活动,而是一个过程;治理的建立不以支配为基础,而以调和为基础;治理同时涉及公、私部门;治理并不意味着一种正式制度,但确实有赖于二者之间持续的相互作用。由此,以"过程、调和、多元、互动"为基本特征的"治理"无论是作为一种理论主张还是一项政策实践,引起世界各国政府和学术界的广泛关注。

党的十八届三中全会将"推进国家治理体系和治理能力现代化"作为全面深化改革的总目标,在此基础上首次提出社会治理的概念,并从改进社会治理方式、激发社会组织活力、创新有效预防和化解社会矛盾体制、健全公共安全体系四个方面进行了系统阐述。由此,形成科学有效的社会治理体制成为全面深化改革的重要组成部分,对于确保社会既充满活力又和谐有序具有重大意义。党的十八届四中全会提出"依法治国"的重大方略,提高社会治理法治化水平成为"推进国家治理体系和治理能力现代化"的应有之义和重要途径。

准确反映社会治理的整体状况需要科学合理的社会治理评价指标体系,通过社会治理评价能够总结社会治理创新的先进经验,发现社会治理过程中的薄弱环节,引导社会治理改革的正确方向,明确社会治理完善的对策建议，进而从总体上提高国家社会治理水平和治理能力的现代化。为此，国内学术界开展了一系列深入的研究和探讨。中央编译局"中国社会管理评价体系"课题组阐述了中国社会治理评价的目标和原则，同时提出了一个包含人类发展、社会公平、公共服务、社会保障、公共安全和社会参与等六个基本维度的中国社会治理评价指标体系，并介绍了中国社会治理指数的测评方法。① IUD 领导决策数据分析中心对社会管理领域中社会管理投入、社会管理政策、社会事业、社会和谐、社会生活、社会参与、社会环境等 7 个方面共 38 个指标构建评价模型，以量化的手段对各地区社会管理进行客观评估与解读。② 在实践领域，宁波从客观和主观两个方面建立社会治理创新评价指标体系：客观性指标体系由公共服务保障、社会矛盾调处、社会治安防控、新型城市管理、综合信息管理、实有人口管理、有序规范管理七大类指数，共 43 项具体指标构成。主观性指标体系选取"和谐宁波"群众感知度专项民意调查的主要内容，包括经济发展受益度、社会稳定满意度、民生保障满意度、生态环境满意度等四个领域中与社会管理有关的 34 个指标。③

因此，在充分借鉴上述已有社会治理评估指标体系的基础上，同时为了系统地考察河南省社会治理实践的动态变迁过程，本文仍使用《河南社会治理发展报告（2014）》中的社会治理状况的总体指标体系，从社会安全、矛盾化解、社会组织、公共服务、社会公平五个方面评估河南省社会治理状况，并对其中的三级指标进行略微调整。具体指标如表 1 所示。

为准确描述和客观评价河南省社会治理的整体状况，课题组通过一手调查数据和查阅相关统计年鉴获取数据，包括以下方面。

---

① 俞可平、何增科等：《中国社会治理评价指标体系》，《中国社会治理评论》2012 年第 2 辑。
② IUD 领导决策数据分析中心：《2012 社会管理绩效排行榜》，《领导决策信息》2012 年第 41 期。
③ 汤柏生、章建雷、张秀明、刘艳彬：《构建宁波社会管理创新评价指标体系的探讨》，《三江论坛》2012 年第 5 期。

表1 河南省社会治理三级指标评价体系

| 一级指标 | 二级指标 | 三级指标 |
| --- | --- | --- |
| 社会治理 | 社会安全 | ①安全生产<br>②火灾事故<br>③交通事故<br>④社会治安<br>⑤群众对社会安全满意度 |
| | 矛盾化解 | ①人民调解<br>②劳动人事仲裁<br>③法律援助<br>④民商案件<br>⑤公众对矛盾化解满意度 |
| | 社会组织 | ①社会组织数量及增速<br>②万人拥有社会组织数量<br>③公众对社会组织满意度 |
| | 公共服务 | ①预算支出<br>②人均水平<br>③社会保障<br>④公共服务满意度 |
| | 社会公平 | ①居民参与人大选举情况<br>②城乡收入差距<br>③城镇居民收入差距<br>④农村居民收入差距<br>⑤社会公平满意度<br>⑥低保发放公平程度 |

（1）《中国统计年鉴2014》、2009～2014年《河南统计年鉴》、民政部网站公布的社会服务统计数据。

（2）2014年城乡社会治理调查，其中，城市问卷500份，有效问卷415份，问卷有效率83.0%；农村问卷1000份，有效问卷802份，问卷有效率80.2%。调查时间为2014年7月15日到2014年8月20日。调查人员为经过培训的郑州大学公共管理学院、商学院、法学院等学院研究生102名。调查形式为一对一的面访，调查地点为河南省18个省辖市。

（3）2014年河南省居民幸福感调查问卷，调查地点为河南省18个省辖市，共发放问卷4210份，其中郑州550份，洛阳300份，其他地市各210份，共收回有效问卷4067份，问卷有效率为96.6%。调查时间为2014年11月5~19日。调查人员为经过培训的郑州大学公共管理学院研究生64人。调查形式为一对一的面访。

在写作思路上，本报告不仅利用数据对各个指标进行了单变量描述，还对部分指标进行了年度趋势分析。为了突出河南省社会治理的基本特征，本报告还选取了部分指标与中部地区其他省份以及全国的平均数据进行了对比分析。

本报告共分七部分，第一部分是描述框架，接下来的五部分利用相关数据分别从社会安全、矛盾化解、社会组织、公共服务和社会公平等方面对河南省社会治理状况进行了实证分析，在此基础上提出了对河南省社会治理形势的发展展望。

## 二 社会安全形势总体向好

保障社会安全是经济社会稳定、健康发展的基本要求，也是社会治理的首要目标。社会安全是评价一个国家或地区社会安全状况总体变化程度的重要指标，也是国家统计局全面建设小康社会统计监测指标体系的重要指标之一，主要包括社会治安（用每万人刑事犯罪率衡量）、生活安全（用每百万人火灾事故死亡率衡量）和生产安全（用每百万人工伤事故死亡率衡量）等综合性指数。下面主要从社会安全的几个方面来分析河南省社会安全形势。

### （一）社会治安形势平稳

良好的社会治安环境，对于维护社会政治稳定，保障经济社会正常运行意义重大。近年来，河南省积极开展各项社会治安综合治理工作，积极探索建立维护社会治安长效工作机制的有效途径，取得较好的成绩。

2013年河南省公安机关立案的刑事案件数目为237364件，较上年增长了0.26%；万人刑事案件率为25.22%，比2012年高出0.05个百分点。河南省人民法院一审判决犯罪人数为70924人,较上年增长了10.15%;万人犯罪率为7.53%,比2012年高出0.68个百分点(见表2)。

表2 2012年与2013年河南省社会治安情况比较

| 类目 | 2012年 | 2013年 |
| --- | --- | --- |
| 公安机关立案的刑事案件数目(件) | 236752 | 237364 |
| 万人刑事案件率(%) | 25.17 | 25.22 |
| 法院一审判决犯罪人数(人) | 64389 | 70924 |
| 万人犯罪率(%) | 6.85 | 7.53 |

从全国平均情况来看,2013年,河南省万人刑事案件率为25.22%,显著低于全国的48.49%;河南省万人犯罪率为7.53%,显著低于全国的8.51%。总体来看,河南省社会治安形势优于全国,相对平稳。

## (二)生活安全情况不容乐观

在社会生活中,火灾是威胁公共安全、危害人民生命财产的灾害之一,通常用火灾事故的发生率和死亡率来评价生活安全形势。从2012~2013年河南省的相关数据来看,河南省的火灾发生数、死亡人数和造成的经济损失均大幅度上升,严重威胁着人民群众的人身和财产安全。

河南省火灾发生数量由2012年的5110起增长到2013年的13587起,增长165.89%;火灾造成死亡人数由2012年的13人增长到2013年的46人,增长253.85%;火灾造成的经济损失由2012年的5465万元增长到2013年的14843万元,增长171.60%(见表3)。因此,河南省居民的生活安全形势不容乐观。

表3 2012年与2013年河南省火灾形势比较

| 类目 | 2012年 | 2013年 |
| --- | --- | --- |
| 发生(起) | 5110 | 13587 |
| 死亡(人) | 13 | 46 |
| 损失折款(万元) | 5465 | 14843 |

表4显示了2013年河南省各市火灾事故的情况。从事故发生数目来看,最多的是郑州市,为3379起,最少的是济源市,为134起;从死亡人数来看,最多的是郑州市,为14人,最少的也是济源市,为0人。

表4 2013年河南省各市火灾事故对比

| 地区 | 发生数(起) | 死亡人数(人) | 损失折款(万元) |
| --- | --- | --- | --- |
| 郑州市 | 3379 | 14 | 1225 |
| 开封市 | 1002 | 7 | 2194 |
| 洛阳市 | 844 | 0 | 1387 |
| 平顶山市 | 842 | 0 | 552 |
| 安阳市 | 945 | 3 | 1132 |
| 鹤壁市 | 255 | 1 | 153 |
| 新乡市 | 413 | 0 | 334 |
| 焦作市 | 511 | 6 | 376 |
| 濮阳市 | 365 | 0 | 1530 |
| 许昌市 | 355 | 2 | 245 |
| 漯河市 | 365 | 0 | 260 |
| 三门峡市 | 308 | 2 | 757 |
| 南阳市 | 791 | 0 | 1066 |
| 商丘市 | 424 | 0 | 822 |
| 信阳市 | 994 | 7 | 606 |
| 周口市 | 576 | 1 | 1435 |
| 驻马店市 | 646 | 3 | 485 |
| 济源市 | 134 | 0 | 284 |

从河南省18个省辖市的10万人火灾事故发生率来看,最低的是商丘市(5.8起),第二低的是周口市(6.6起),第三低的是新乡市(7.3起),随后依次为南阳市(7.8起)、许昌市(8.3起)、驻马店市(9.4起)、濮阳市(10.2起)、洛阳市(12.7起)、三门峡市(13.8起)、漯河市(14.1起)、焦作市(14.6起)、信阳市(15.6起)、鹤壁市(15.8起)、平顶山市(17.0起)、安阳市(18.6起)、济源市(18.6起)、开封市(21.5起),郑州市最高,为36.8起。总体来看,河南省各市10万人火灾事故发生率差异较大,最多的郑州市约是最少的商丘市的6倍,各地的火灾发生情况参差不齐(见图1)。

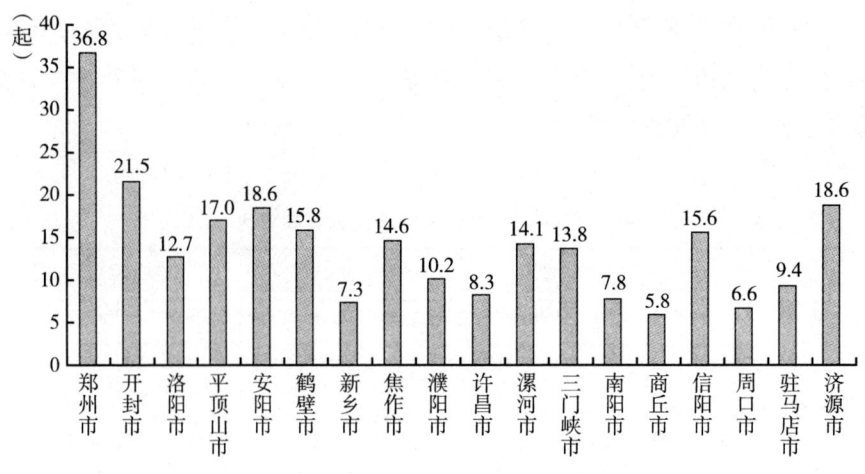

图1 河南省省辖市10万人火灾事故发生率比较

### (三)生产安全状况有所改善

安全生产是安全与生产的统一,保护劳动者的生命安全和职业健康是安全生产的核心内涵。近年来河南省制定了一系列保障安全生产的规章制度,加强对重点生产部门的监督管理。表5显示了2013年河南省安全生产基本情况。

2013年,全省发生伤亡事故总计10394起,其中道路交通事故6449起,占比62.05%,工矿商贸企业生产安全事故125起,占比1.20%,消防火灾3639起,占比35.01%;全省伤亡事故造成死亡总人数1965人,其中道路交通事故1633人,占比83.10%,工矿商贸企业生产安全事故死亡170人,占比8.65%,消防火灾死亡16人,占比0.81%;一次死亡10人以上特大事故共2起,其中道路交通事故1起。

表5 2013年河南省安全事故基本情况

| 类目 | 道路交通事故 | 工矿商贸企业生产安全事故 | 消防火灾 |
|---|---|---|---|
| 发生伤亡事故总数(起) | 6449 | 125 | 3639 |
| 造成死亡总人数(人) | 1633 | 170 | 16 |
| 一次死亡10人以上特大事故(起) | 1 | 0 | 0 |

与 2012 年的数据对比可以发现，河南省安全生产形势显著改善。发生伤亡事故总数从 2012 年的 10775 起减少到 2013 年的 10394 起，减少了 3.54%；伤亡事故造成死亡总人数从 2012 年的 2044 人减少到 2013 年的 1965 人，减少了 3.86%；煤矿百万吨死亡率从 2012 年的 0.08 人减少到 2013 年的 0.07 人，减少了 12.5%。

表6  2012 年与 2013 年河南省安全生产形势比较

| 类目 | 2012 年 | 2013 年 |
| --- | --- | --- |
| 发生伤亡事故总数(起) | 10775 | 10394 |
| 造成死亡总人数(人) | 2044 | 1965 |
| 煤矿百万吨死亡率(人/百万吨) | 0.08 | 0.07 |

### （四）群众社会安全评价有喜有忧

**1. 群众对食品安全评价不高**

居民对于"本地食品安全状况的评价"问题，仅有 6.86% 的居民认为"非常好"，25.15% 的居民认为"比较好"，35.87% 的居民认为"一般"，23.49% 的居民认为"比较差"，8.64% 的居民认为"非常差"。因此，从调查结果看，仅有不到 1/3 居民认为当地食品安全状况好，群众对食品安全的评价令人担忧（见图2）。

将河南省 18 个省辖市居民的食品安全评价情况进行排名，结果如图3所示。得分由高到低依次为济源市（80.6 分）、濮阳市（67.7 分）、许昌市（66.9 分）、鹤壁市（64.5 分）、洛阳市（64.2 分）、漯河市（61.8 分）、三门峡市（61.5 分）、南阳市（61.4 分）、信阳市（59.5 分）、新乡市（57.2 分）、平顶山市（56.4 分）、焦作市（56.1 分）、开封市（55.8 分）、商丘市（55.5 分）、驻马店市（54.4 分）、周口市（54.0 分）、安阳市（53.0 分）、郑州市（52.8 分）。

**2. 居民对社会治安情况的总体评价较高**

在调查的 4051 个样本中，对于"本地治安状况的总体评价"问题，有

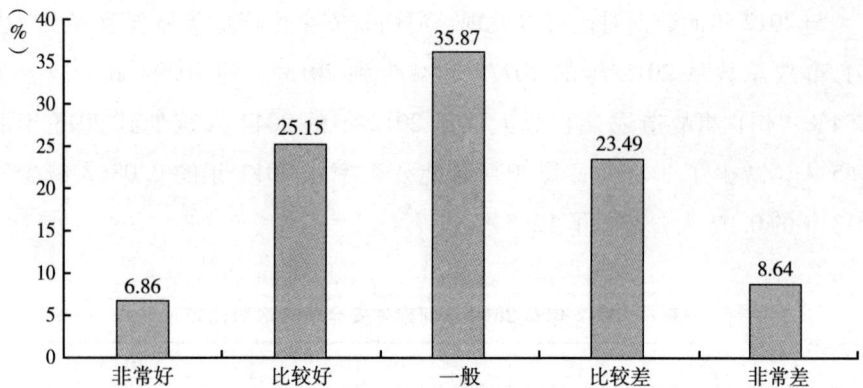

图2 河南省居民对食品安全评价

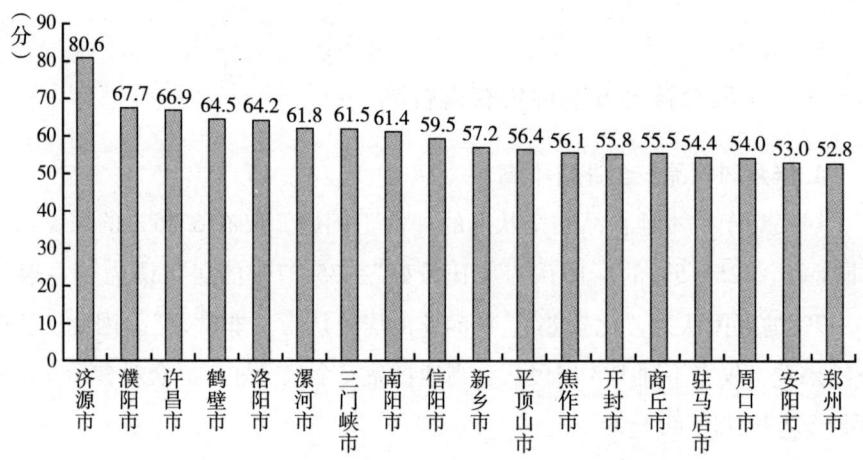

图3 河南省省辖市居民食品安全评价得分排名

注：在量表问卷中共有5个选项，对选项赋值，"非常好"＝100分，"比较好"＝80分，"一般"＝60分，"比较差"＝40分，"非常差"＝20分，每个省辖市食品安全评价的最终得分为该地样本的均值。

9.38%的居民认为"非常好"，40.41%的居民认为"比较好"，35.57%的居民认为"一般"，11.23%的居民认为"比较差"，3.41%的居民认为非常差。总的来看，只有14.64%的河南省内居民对周边的社会治安评价是"比较差"和"非常差"，群众对公共安全的评价较高（见图4）。

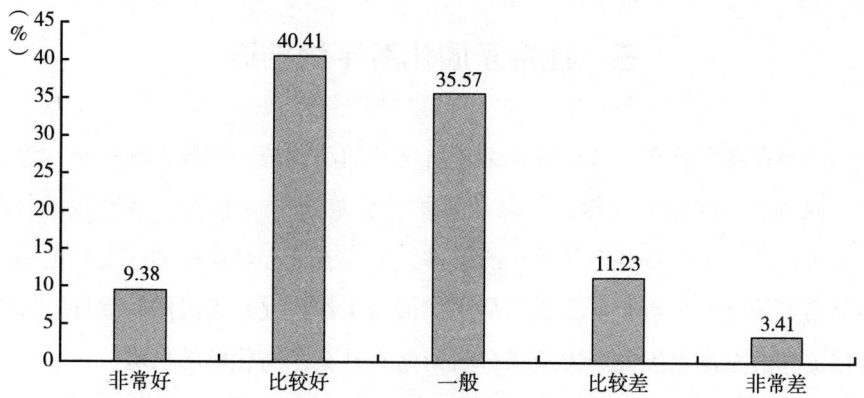

图4 居民对社会治安情况的总体评价

将河南省18个省辖市居民的社会治安评价情况进行排名，结果如图5所示。得分由高到低依次为济源市（84.0分）、濮阳市（78.9分）、许昌市（75.4分）、鹤壁市（72.5分）、洛阳市（70.2分）、新乡市（68.6分）、平顶山市（67.5分）、焦作市（67.1分）、郑州市（66.3分）、开封市（65.9分）、安阳市（65.7分）、三门峡市（65.7分）、驻马店市（65.4分）、漯河市（65.0分）、南阳市（65.0分）、信阳市（63.8分）、商丘市（62.7分）、周口市（61.6分）。

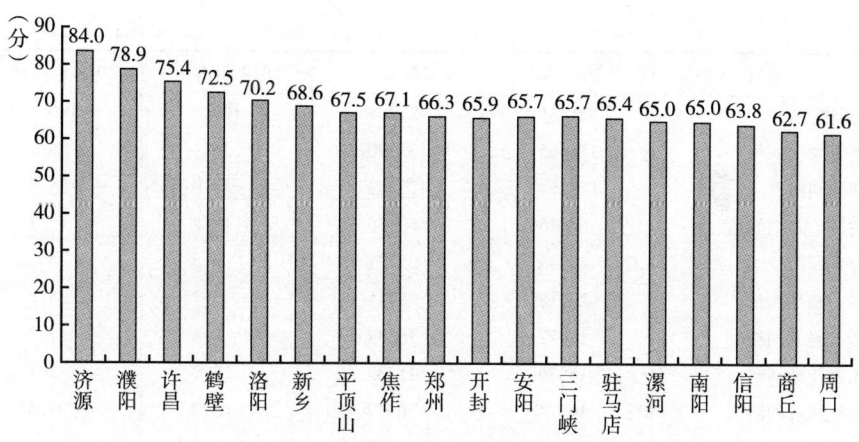

图5 河南省省辖市居民社会治安评价得分排名

## 三 社会矛盾化解平稳推进

按照省综治委在全省开展社会矛盾化解活动的统一部署,河南全省上下以"解决实际问题"为核心,以"维护社会稳定"为目标,多措并举、攻坚克难,化解了大量社会矛盾纠纷案件,为全省社会经济跨越式发展创造了和谐稳定的社会环境。下文主要从法律援助工作情况、人民法院受理民商案件情况和群众满意度几个方面来分析河南省社会矛盾化解的形势。

### (一)征地拆迁和道路交通事故纠纷显著增加

表7为2012年和2013年调解前十大纠纷的数量变化和占比情况变化。从纠纷总量来看,2013年调解的纠纷总量比2012年少了24023件。从不同纠纷类型的变化来看,在十大纠纷类型中,仅有征地拆迁纠纷和道路交通事故纠纷的数量出现增长,分别增加463件和626件,占比分别由2012年的3.2%和3.1%增长到2013年的3.4%和3.4%,其他类型的纠纷数量均有不同程度的降低。

表7 2012年、2013年调解民间纠纷情况

单位:件,%

| 类目 | 2012年 | 2013年 | 2012年占比 | 2013年占比 |
| --- | --- | --- | --- | --- |
| 总计 | 521231 | 497208 | 100 | 100 |
| 婚姻家庭纠纷 | 137465 | 132790 | 26.4 | 26.7 |
| 邻里纠纷 | 129554 | 127892 | 24.9 | 25.7 |
| 房屋宅基地纠纷 | 63746 | 60350 | 12.2 | 12.1 |
| 合同纠纷 | 28845 | 27221 | 5.5 | 5.5 |
| 损害赔偿纠纷 | 29718 | 28715 | 5.7 | 5.8 |
| 生产经营纠纷 | 17772 | 16237 | 3.4 | 3.3 |
| 山林土地纠纷 | 16836 | 15332 | 3.2 | 3.1 |
| 征地拆迁纠纷 | 16474 | 16937 | 3.2 | 3.4 |
| 道路交通事故纠纷 | 16197 | 16823 | 3.1 | 3.4 |
| 劳动争议纠纷 | 11596 | 10097 | 2.2 | 2.0 |

## （二）人民调解工作有待加强

人民调解是在人民调解委员会的主持下，以国家法律、法规、规章、政策和社会公德、规范为依据，对民间纠纷双方当事人进行调解、劝说，促使他们互相谅解、平等协商、自愿达成协议，消除纷争的一种群众自治活动。

从2009~2013年河南省人民调解基本情况的变化来看，人民调解委员会的数量起伏变化不大，但调解民间纠纷的案件在数量上出现先增加后减少的情况，从2009年的38.23万件上升到2011年的55.39万件，随后，又降低为2013年的49.72万件（见表8）。河南省人民调解工作有待进一步加强。

表8 人民调解工作基本情况

单位：万个，万件

| 类目 | 2009年 | 2010年 | 2011年 | 2012年 | 2013年 |
| --- | --- | --- | --- | --- | --- |
| 人民调解委员会 | 5.76 | 5.50 | 5.60 | 5.52 | 5.53 |
| 调解民间纠纷 | 38.23 | 42.48 | 55.39 | 52.12 | 49.72 |

## （三）人民法院民商案件结案总数略有提高

民商案件指以民商法律所调整的社会关系为内容的案件或纠纷，可统称为平等主体之间的人身和财产纠纷所构成的案件。表9是河南省人民法院2012年和2013年民商案件结案情况。从结案总量来看，2013年比2012年增加了23039件。从纠纷类型来看，首先，增长最多的是继承类案件，占比从2012年的0.6%增长到2013年的12.4%；其次，股东权纠纷、人格权纠纷均有不同程度的增加。减少最多的是特殊侵权纠纷，占比从2012年的3.8%减少到2013年的0.3%；最后，婚姻家庭纠纷、物权纠纷、票据和证券权益纠纷、特别程序类案件均有不同程度的减少。

表9 人民法院民商案件结案情况

单位：件，%

| 类目 | 2012年 | 2013年 | 2012年占比 | 2013年占比 |
|---|---|---|---|---|
| 合计 | 301013 | 324052 | 100 | 100 |
| 婚姻家庭纠纷 | 79226 | 77679 | 26.3 | 24.0 |
| 继承纠纷 | 1750 | 40139 | 0.6 | 12.4 |
| 物权纠纷 | 10023 | 9290 | 3.3 | 2.9 |
| 股东权纠纷 | 99 | 299 | 0 | 0.1 |
| 特殊侵权纠纷 | 11477 | 1036 | 3.8 | 0.3 |
| 票据、证券权益纠纷 | 168 | 84 | 0.1 | 0.0 |
| 不正当竞争纠纷 | 21 | 30 | 0 | 0 |
| 人格权纠纷 | 9181 | 16916 | 3.1 | 5.2 |
| 特别程序类案件 | 3943 | 3689 | 1.3 | 1.1 |
| 其他 | 185125 | 174890 | 61.5 | 54.0 |

## （四）法律援助工作范围有所扩大

法律援助主要是通过向那些缺乏能力、经济困难的当事人提供法律帮助，使他们能够平等地站在法律面前，享受平等的法律保护，实现公平和正义，是衡量一个国家或地区法制完善和社会文明程度的公认标准之一。

### 1. 法律援助范围有所扩大

表10为2012年和2013年河南省法律援助工作基本情况。法律援助机构个数没有变化，实有人数由2012年的999人增长至2013年的1043人，增长了4.40%；诉讼案件总数由2012年的68904件增长至2013年的81442件，增长了18.20%；非诉讼案件总数由2012年的14252件增长至2013年的14357件，增长了0.74%；咨询来访、来电数大幅增长，由2012年的382219次增长至2013年的497242次，增长了30.09%。

表10　法律援助工作基本情况

| 类目 | 2012年 | 2013年 |
| --- | --- | --- |
| 机构数(个) | 207 | 207 |
| 实有人数(人) | 999 | 1043 |
| 诉讼案件总数(件) | 68904 | 81442 |
| 非诉讼案件总数(件) | 14252 | 14357 |
| 咨询(来访、来电)数(次) | 382219 | 497242 |

## （五）居民化解矛盾满意度较高

### 1. 居民理性维权倾向较明显，居民化解矛盾形式相对平和

调查结果显示，河南省居民处理矛盾的形式相对平和。居民的正当利益受到侵害时，选择的解决方式排序前5位的依次是"找村（居）委会协调""向政府相关部门反映""向法院起诉""找关系疏通""忍了算了"，而选择"使用暴力"的占7.74%、选择"上访"的占13.48%。因此，河南省居民矛盾化解形式的选择相对平和（见图6）。

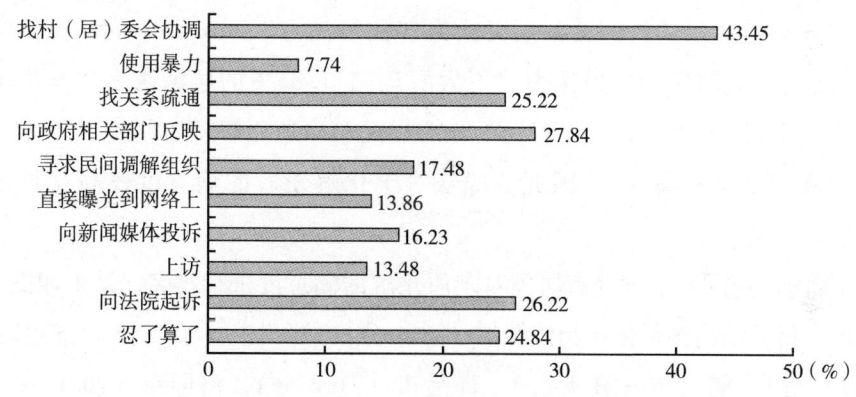

图6　居民利益受到侵害时的解决方式

### 2. 居民对法治建设的总体满意度较高

对于"本地法治建设的满意度"问题，有6.05%的居民认为"非常满意"，30.53%的居民认为"比较满意"，46.64%的居民认为"一般"，

14.13%的居民认为"不太满意",2.64%的居民认为"非常不满意"。从调查结果看,仅有约1/6的居民对当地法治建设表示"不太满意"和"非常不满意",因此,群众对于法治建设的满意度较高(见图7)。

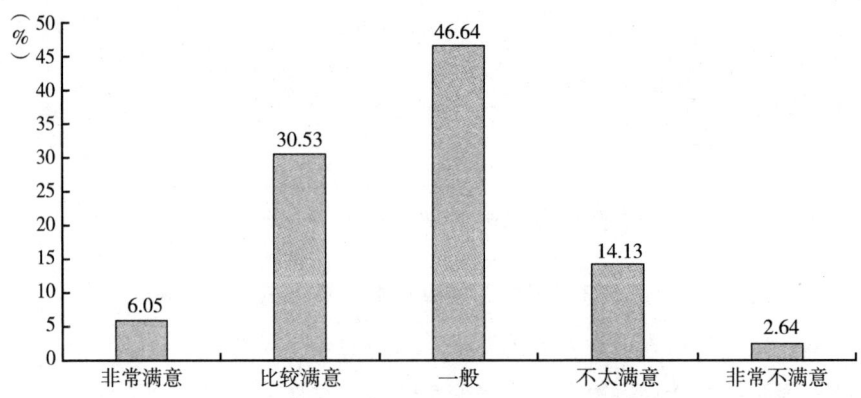

图7 河南省居民对法治建设满意度情况

**3. 居民对矛盾化解满意度总体较高**

居民对于"本地化解矛盾纠纷的满意度"问题,有8.14%的居民认为"非常满意",35.04%的居民认为"比较满意",44.23%的居民认为"一般",10.74%的居民认为"不太满意",1.85%的居民认为"非常不满意"。从调查结果看,仅有约1/8的居民对当地化解矛盾纠纷"不太满意"和"非常不满意",因此,群众对于化解矛盾的满意度较高(见图8)。

将河南省18个省辖市居民对矛盾化解的满意度进行排名,结果如图9所示。得分由高到低依次为济源市(83.1分)、郑州市(80.1分)、濮阳市(77.1分)、鹤壁市(71.5分)、许昌市(71.2分)、洛阳市(70.1分)、平顶山市(68.5分)、漯河市(67.0分)、信阳市(66.3分)、新乡市(66.1分)、南阳市(64.8分)、开封市(64.6分)、三门峡市(64.5分)、焦作市(64.5分)、商丘市(64.1分)、周口市(62.9分)、驻马店市(62.7分)、安阳市(62.6分)。

2015年河南省社会治理形势分析与展望

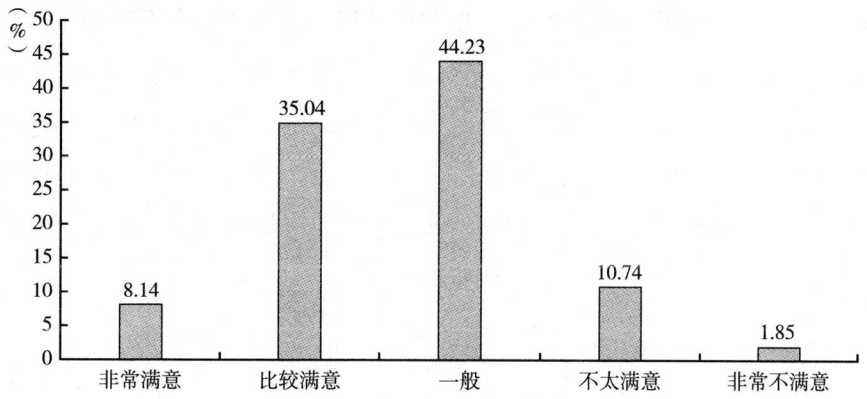

图8 河南省居民对矛盾化解满意度情况

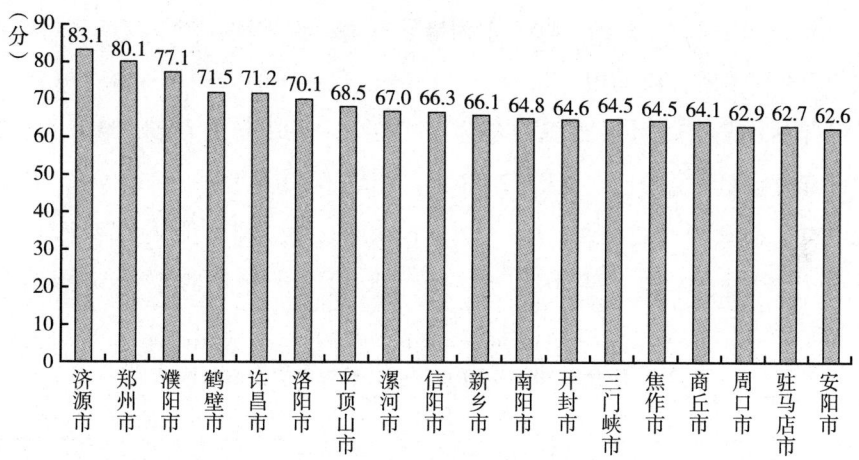

图9 河南省省辖市居民矛盾化解情况得分排名

## 四 社会组织逐步壮大

党的十八届三中全会将"激发社会组织活力"作为创新社会治理体制的重要方面，从政府与社会关系的角度提出"推进社会组织明确权责、依法自治、发挥作用，适合由社会组织提供的公共服务和解决的事项，交由社会组织承担"。社会组织在了解和反映民生需求、递送公共服务、调解公共冲突等方面发挥了巨大的作用,从社会管理到社会治理的转变意味着社会组织在社会治理过程中承担着更大的责任,扮演着更重要的角色。因此,社会组织作为公民参与社会治理的重要载体和有效途径,已经成为国家治理体系和国家治理能力现代化的有机组成部分(民政部文告,2014)。鉴于数据的可获得性,本报告从社会组织的增长速度、万人拥有社会组织数量和公众满意度三个方面考察河南省社会组织的发展状况。

### (一)社会组织增速高于全国平均水平

2014年,河南省着力推进社会组织管理体制改革,如推动社会组织登记改革、推进社会组织信息化和规范化建设、实施省级社会组织网上年检、开展社会组织去行政化探索,这一系列措施有力地促进和保障了河南省社会组织健康有序发展。自2010年以来,河南省社会组织的数量呈逐渐上升趋势。2010年河南省各类社会组织数量为18934个,2012年增长到20970个,到2014年社会组织数量已增长到27238个,相较于2010年增长43.86%。其中,社会团体从10505个增长到11158个,增长6.2%;民办非企业从8374个增长到15976个,增长90.8%;基金会从55个增长为104个,增长89.1%(见表11)。

表11 河南省2010~2014年社会组织数量及增长速度

单位:个,%

| 年份 | 社会组织 | | | 合计 | 较上年增长 |
| --- | --- | --- | --- | --- | --- |
| | 社会团体 | 民办非企业 | 基金会 | | |
| 2010 | 10505 | 8374 | 55 | 18934 | 3.3 |
| 2011 | 10459 | 8997 | 64 | 19520 | 3.1 |
| 2012 | 10915 | 9978 | 77 | 20970 | 7.4 |
| 2013 | 10817 | 12068 | 98 | 22983 | 9.3 |
| 2014 | 11158 | 15976 | 104 | 27238 | 18.5 |

从社会组织的发展速度来看,自2010年以来河南省社会组织的发展速度总体上呈现逐渐递增的趋势。2010年增长3.3%,2011年增长3.1%,2012年增长7.4%,2013年增长9.3%。2014年河南省社会组织总数增长速

度最快，较2013年增长18.5%。2014年，社会团体较上年增长3.15%，民办非企业增长32.38%，基金会增长6.12%。从2010年到2014年，河南省社会组织数量年均增长9.52%。

从表12可以看出，2014年河南省社会组织数量的增长速度（18.5%）明显快于全国平均增长速度（11.02%），这表明近年来河南省针对社会组织采取的一系列措施有力地促进了社会组织的发展。

表12　2014年河南省社会组织增长速度与全国的比较

单位：万个，%

| 类目 | 河南省 | | 全国 | |
| --- | --- | --- | --- | --- |
| | 数量 | 增长速度 | 数量 | 增长速度 |
| 社会团体 | 1.1158 | 3.15 | 30.7 | 7.34 |
| 民办非企业 | 1.5976 | 32.38 | 28.9 | 15.13 |
| 基金会 | 0.0104 | 6.12 | 0.4044 | 15.67 |
| 合　计 | 2.7238 | 18.5 | 60.0044 | 11.02 |

## （二）河南每万人拥有社会组织数量为中部六省最低

从表13可以看出，2014年河南省社会组织的绝对数量在中部六省中位居第一位；就增长速度而言，河南省社会组织数量的增长速度同样位于中部六省第一位。尽管2014年河南省社会组织取得了较大的发展，且发展势头良好；但从每万人拥有社会组织的数量而言，湖北省为4.531个，安徽省为3.701个，而河南省仅为2.886个。因此，河南省每万人拥有社会组织的数量在中部六省中处于相对劣势的地位，这意味着河南省社会组织仍有较大的发展空间。

表13　2014年河南省社会组织与中部六省的对比情况

单位：个，%

| 类目 | 河南省 | 湖北省 | 湖南省 | 山西省 | 安徽省 | 江西省 |
| --- | --- | --- | --- | --- | --- | --- |
| 社会组织数量 | 27238 | 26354 | 23498 | 12033 | 22515 | 14234 |
| 较上年增长 | 18.5 | 3.56 | 10.28 | 4.54 | 9.08 | 6.96 |
| 每万人社会组织数量 | 2.886 | 4.531 | 3.488 | 3.298 | 3.701 | 3.133 |

### (三)公众对社会组织发展状况评价较高

当前,社会组织已经成为社会公共服务的重要依托和基础力量之一,若想发挥社会组织在社会治理创新中的协同作用,就需要社会组织为公众提供大量的社会化、多样性的公共服务。因此,公众对社会组织的满意度也是社会组织发展状况的重要衡量指标。根据2014年社会管理河南省协同创新中心对河南省社会治理状况的调查显示,分别有20.4%和38.5%的居民认为本地社会组织(包括社会团体、民办非企业、基金会)的发展状况"非常好"和"比较好",占总数的58.9%。仅有9.3%和1.7%的居民认为本地社会组织发展状况"不太好"和"非常不好"(见图10)。

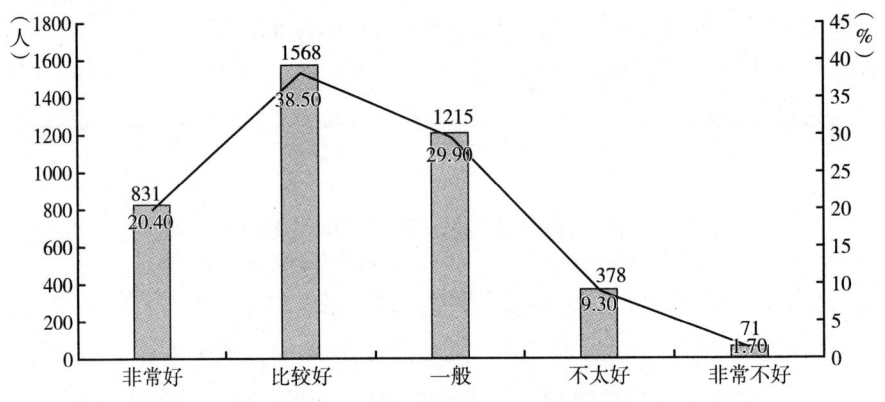

图10 河南省居民对本地社会组织发展状况评价

## 五 基本公共服务状况显著改善

社会治理状况的好坏与公共服务的数量、质量和公平分配有着密切的关系。建立健全基本公共服务体系,对推进以保障和改善民生为重点的社会建设,对切实保障人民群众最关心、最直接、最现实的利益具有十分重大的意义。下文从基本公共服务绝对预算支出、人均基本公共服务支出及区域差异、教育投入占 GDP 比重、民众满意度几个方面来分析河南省基本公共服务状况。

## （一）基本公共服务绝对预算支出增长

表 14 显示了河南省 2012 年和 2013 年公共财政预算支出中公共服务类支出的情况。总体来看，河南省公共财政预算总支出 2012 年为 5006.4 亿元，2013 年增长了 11.5%，达到 5582.3 亿元。从绝对量上来看，社会保障和就业、科学技术、教育、医疗卫生的公共预算都有了不同程度的增长；从相对量上来看，社会保障和就业支出占比，由 2012 年的 12.6% 增加到 2013 年的 13.1%；科学技术支出占比较为平稳，维持在 1.4%；教育支出占比略有减少，从 2012 年的 22.1% 减少到 2013 年的 21.0%；医疗卫生支出占比略有增加，从 2012 年的 8.5% 增加到 2013 年的 8.8%（见表 14）。

表 14 河南省 2012 年、2013 年公共财政预算支出及占比情况

单位：亿元，%

| 类目 | 2012 年 | 2013 年 | 2012 年占比 | 2013 年占比 |
| --- | --- | --- | --- | --- |
| 公共财政预算总支出 | 5006.4 | 5582.3 | 100 | 100 |
| 社会保障和就业 | 631.6 | 731.4 | 12.6 | 13.1 |
| 科学技术 | 69.6 | 80.8 | 1.4 | 1.4 |
| 教育 | 1106.5 | 1171.5 | 22.1 | 21.0 |
| 医疗卫生 | 426.0 | 492.5 | 8.5 | 8.8 |

## （二）河南人均基本公共服务支出在中部六省中排名靠后

表 15 显示了中部六省和全国 2013 年人均公共服务财政支出的情况。河南省社会保障和就业的人均财政支出为 777.0 元，显著低于全国平均水平的 1017.8 元，位居中部六省倒数第一；河南省科学技术人均财政支出为 85.0 元，不到全国平均水平 199.5 元的 1/2，位居中部六省倒数第二；河南省教育人均财政支出为 1244.6 元，低于全国平均水平的 1535.6 元，居中部六省的第三位；河南省医疗卫生人均财政支出为 523.2 元，低于全国平均水平的 602.8 元，位居中部六省倒数第二。

表15  2013年中部六省人均公共服务财政支出比较

单位：元

| 地域 | 社会保障和就业 | 科学技术 | 教育 | 医疗卫生 |
|---|---|---|---|---|
| 全国 | 1017.8 | 199.5 | 1535.6 | 602.8 |
| 河南 | 777.0 | 85.0 | 1244.6 | 523.2 |
| 湖南 | 935.5 | 82.9 | 1209.8 | 511.8 |
| 湖北 | 1044.5 | 133.1 | 1190.9 | 555.4 |
| 山西 | 1154.3 | 171.0 | 1494.3 | 555.5 |
| 安徽 | 885.0 | 181.9 | 1221.5 | 600.0 |
| 江西 | 837.7 | 102.4 | 1469.5 | 579.7 |

### （三）人均基本公共服务支出区域差异显著

从统计数据来看，河南省各地市基本公共服务水平地域差异明显。郑州市作为河南省省会，各项公共服务人均财政预算支出均名列前茅。此外，济源市表现突出，在各项公共服务人均财政预算支出水平排名中，都居于河南省的前列。

从各地市分项水平来看，在教育方面，济源市（1618.9元/人）、三门峡市（1471.5元/人）、郑州市（1447.9元/人）位于前列；在科学技术方面，郑州市（187.9元/人）、三门峡市（114.4元/人,）洛阳市（113.7元/人）的优势明显；在社会保障和就业方面，郑州市（722.2元/人）、濮阳市（695.8元/人）、济源市（646.0元/人）的人均财政预算支出较高；在医疗卫生方面，济源市（821.7元/人）、郑州市（633.1元/人）、周口市（523.6元/人）的人均财政预算支出位居河南前三（见表16）。

表16  河南省各地市2013年人均公共服务财政预算支出

单位：元/人

| 地域 | 教育 | 科学技术 | 社会保障和就业 | 医疗卫生 |
|---|---|---|---|---|
| 全省 | 1244.2 | 85.0 | 776.8 | 523.0 |
| 郑州市 | 1447.9 | 187.9 | 722.2 | 633.1 |
| 开封市 | 832.2 | 47.5 | 598.3 | 473.0 |
| 洛阳市 | 1131.7 | 113.7 | 534.6 | 451.8 |

续表

| 地　　域 | 教育 | 科学技术 | 社会保障和就业 | 医疗卫生 |
|---|---|---|---|---|
| 平顶山市 | 917.5 | 53.7 | 593.4 | 464.3 |
| 安阳市 | 977.8 | 80.9 | 423.4 | 442.4 |
| 鹤壁市 | 1226.0 | 54.2 | 625.2 | 434.5 |
| 新乡市 | 1063.6 | 64.1 | 451.4 | 452.6 |
| 焦作市 | 1083.8 | 109.2 | 576.6 | 449.2 |
| 濮阳市 | 1134.3 | 61.4 | 695.8 | 517.4 |
| 许昌市 | 1108.7 | 67.2 | 473.3 | 411.7 |
| 漯河市 | 991.7 | 36.6 | 507.9 | 476.1 |
| 三门峡市 | 1471.5 | 114.4 | 591.9 | 508.8 |
| 南阳市 | 937.0 | 60.8 | 513.3 | 437.4 |
| 商丘市 | 1090.6 | 27.6 | 592.9 | 500.5 |
| 信阳市 | 1166.0 | 27.7 | 522.8 | 462.0 |
| 周口市 | 1056.7 | 34.7 | 546.8 | 523.6 |
| 驻马店市 | 1019.5 | 48.4 | 637.2 | 512.0 |
| 济源市 | 1618.9 | 112.1 | 646.0 | 821.7 |

## （四）教育预算支出占GDP比重未达到4%

表17显示了2009～2013年河南教育预算支出情况。从绝对数量来看，近5年教育支出由2009年的526.14亿元逐步增长到2013年的1171.5亿元，每年均有不同程度的增长。但是从教育支出占公共财政预算支出和GDP比重来看，2010～2012年不断上升，而2013年出现下降，特别是教育预算支出未达到国家要求的占GDP 4%的标准，河南省教育支出占GDP比重由2012年的3.7%下降到2013年的3.6%。因此，河南省应进一步加大教育投入。

表17　河南省历年教育预算支出情况

单位：亿元，%

| 类目 | 2009 | 2010 | 2011 | 2012 | 2013 |
|---|---|---|---|---|---|
| 教育支出 | 526.1 | 609.4 | 857.1 | 1106.5 | 1171.5 |
| 教育支出/公共财政预算支出 | 18.1 | 17.8 | 20.2 | 22.1 | 21.0 |
| 教育支出/GDP | 2.7 | 2.6 | 3.2 | 3.7 | 3.6 |

## (五)居民对各类公共服务满意度较高

### 1. 居民对教育服务满意度较高

对于"本地教育服务的满意度"问题,有12.89%的居民认为"非常满意",37.06%的居民认为"比较满意",36.17%的居民认为"一般",11.07%的居民认为"不太满意",2.81%的居民认为"非常不满意"。因此,从调查结果看,仅有不到1/7的居民对当地教育服务"不太满意"和"非常不满意"。因此,群众对于教育服务的满意度较高(见图11)。

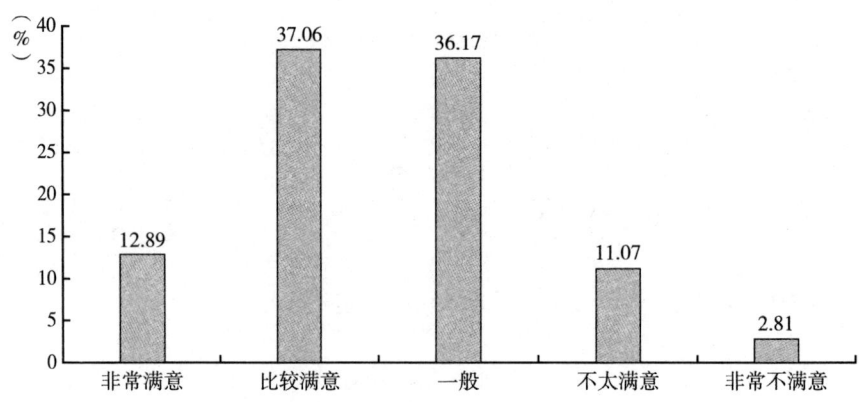

图11 河南省居民对教育服务满意度情况

### 2. 居民对就业服务的满意度较低

居民对于"本地就业服务的满意度"问题,有9.00%的居民认为"非常满意",27.43%的居民认为"比较满意",45.50%的居民认为"一般",15.13%的居民认为"不太满意",2.93%的居民认为"非常不满意"。因此,从调查结果看,有近一半的居民认为当地的就业服务"一般",仅有1/3左右的居民对当地就业服务"非常满意"和"比较满意",因此,群众对于就业服务的满意度较低(见图12)。

### 3. 居民对医疗服务的满意度较高

居民对于"本地医疗服务的满意度"问题,有8.58%的居民认为"非

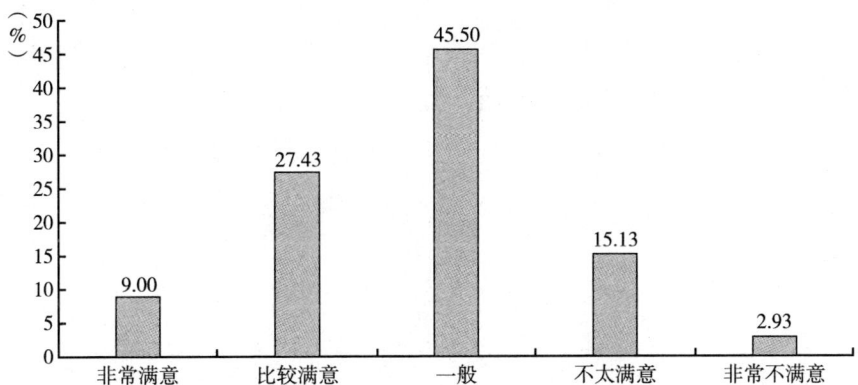

图 12　河南省居民对就业服务满意度情况

常满意",29.45%的居民认为"比较满意",38.10%的居民认为"一般",18.65%的居民认为"不太满意",5.22%的居民认为"非常不满意"。因此,从调查结果看,仅有不到1/4的居民对当地医疗服务"不太满意"和"非常不满意",可见,群众对于医疗服务的满意度较高(见图13)。

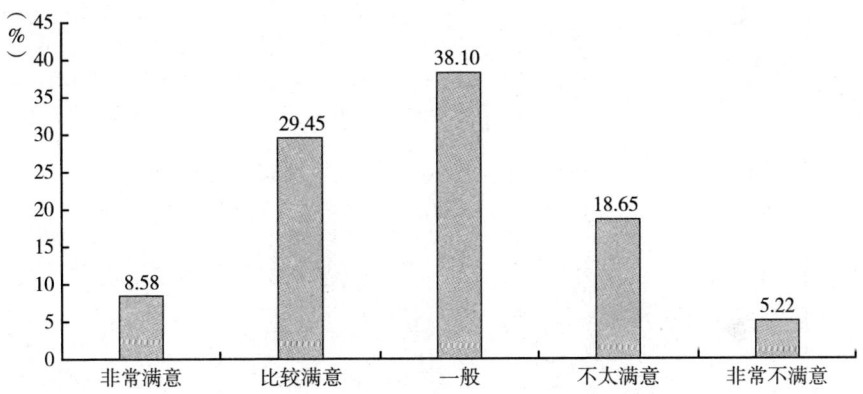

图 13　河南省居民对医疗服务满意度情况

### 4.居民对养老服务的满意度较低

居民对于"本地养老服务的满意度"问题,有8.44%的居民认为"非常满意",26.19%的居民认为"比较满意",44.01%的居民认为"一般",

17.00%的居民认为"不太满意",4.36%的居民认为"非常不满意"。从调查结果看,仅有1/3左右的居民对当地养老服务"非常满意"和"比较满意",因此,群众对于养老服务的满意度较低(见图14)。

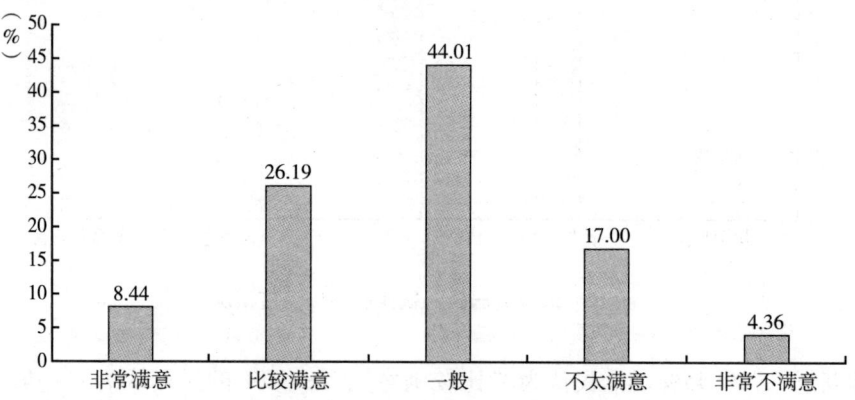

图14　河南省居民对养老服务满意度情况

### 5. 居民对交通服务的满意度较高

居民对于"本地交通服务的满意度"问题,有12.12%的居民认为"非常满意",36.18%的居民认为"比较满意",29.89%的居民认为"一般",16.81%的居民认为"不太满意",5.00%的居民认为"非常不满意"。因此,从调查结果看,仅有1/5左右的居民对当地交通服务"不太满意"和"非常不满意",因此,群众对于交通服务的满意度较高(见图15)。

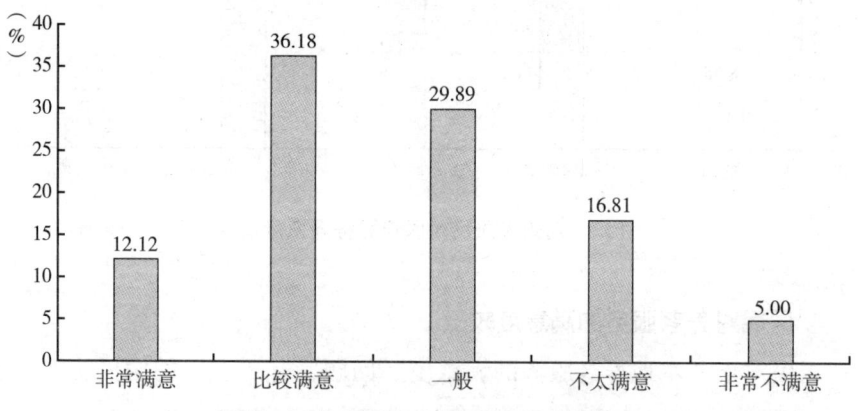

图15　河南省居民对交通服务满意度情况

总体来看，从河南省居民对各类公共服务满意度情况的比较来看，对于教育服务的满意度最高，得分为69.4分，对于交通服务和就业服务的满意度较高，得分分别为66.9分和65.9分，对于医疗服务和养老服务的满意度相对较低，得分分别为63.6分和63.5分（见图16）。

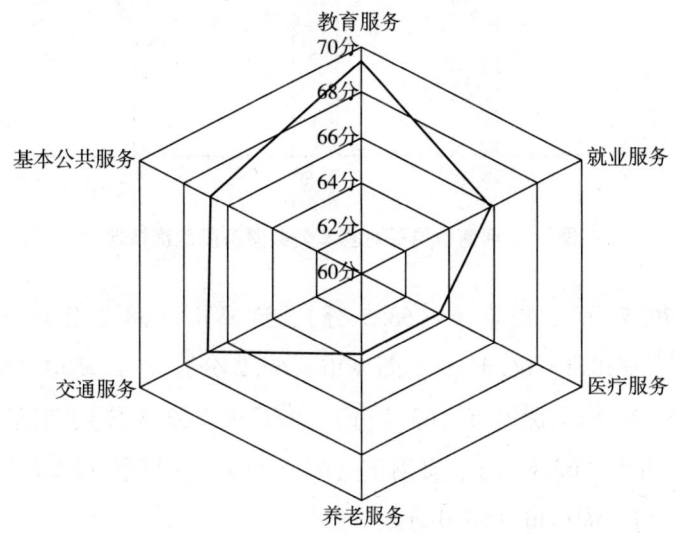

图16　河南省居民对各类公共服务满意度情况比较

注：分数为河南省18个地市各项公共服务得分的均值。

### （六）居民对公共服务总体评价较高

总体来看，居民对基本公共服务的满意度较高。居民对于"本地基本公共服务的满意度"问题，有8.55%的居民认为"非常满意"，34.33%的居民认为"比较满意"，41.94%的居民认为"一般"，12.52%的居民认为"不太满意"，2.67%的居民认为"非常不满意"。因此，从调查结果看，仅有1/7左右的居民对当地公共服务"不太满意"和"非常不满意"，因此，群众对于基本公共服务的满意度较高（见图17）。

将河南省18个省辖市居民对当地公共服务的满意度进行排名，结果如图18所示。得分由高到低依次为济源市（83.2分）、濮阳市（77.1分）、

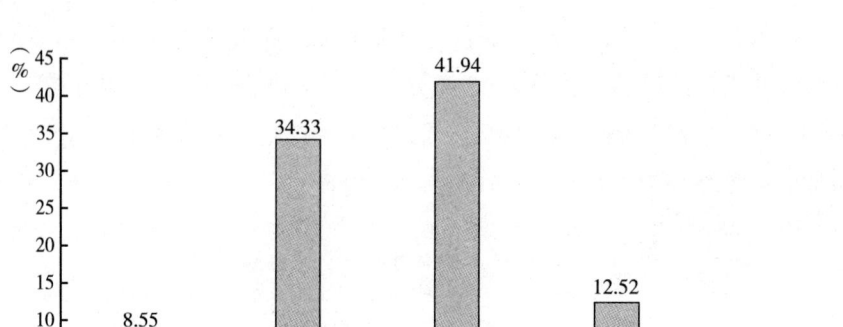

图 17 河南省居民对基本公共服务满意度情况

洛阳市（70.3分）、鹤壁市（68.5分）、许昌市（68.2分）、平顶山市（66.8分）、郑州市（66.3分）、新乡市（64.2分）、三门峡市（63.9分）、焦作市（63.8分）、漯河市（63.7分）、商丘市（63.3分）、南阳市（63.2分）、驻马店市（62.8分）、安阳市（62.3分）、开封市（62.2分）、信阳市（60.9分）、周口市（58.0分）。

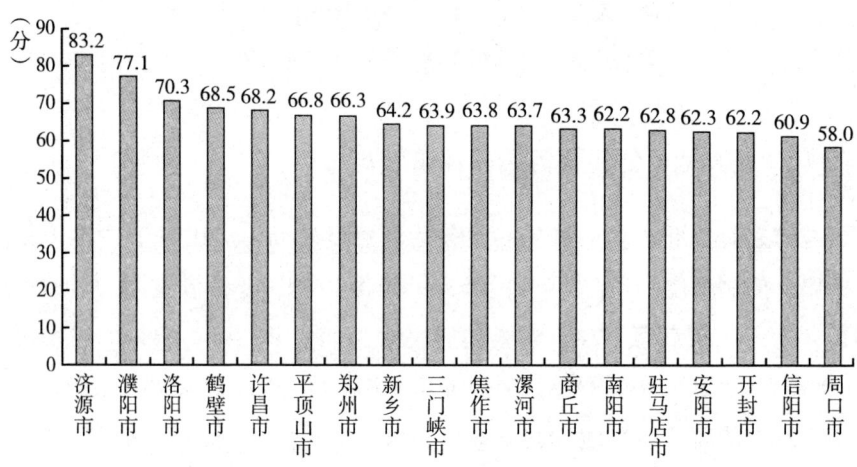

图 18 河南省省辖市居民对公共服务满意度情况得分排名

注：总体得分为各个城市居民对教育服务、就业服务、医疗服务、养老服务、交通服务、基本公共服务6项得分的均值。

## 六 社会公平状况有待改善

社会公平是一种价值判断,建立在权益平等的基础之上。衡量社会公平的指标主要有权利公平、规则公平、效率公平、分配公平和社会保障公平。下文主要从权利公平、分配公平、社会保障公平和居民公平感四个指标对河南省社会公平形势进行分析。

### (一)权利公平有待提升

当调查问及"您是否参加过人大代表的选举"问题时,有56.8%的被调查者明确表示没有参加过人大代表选举。人民代表大会制度是我国的一项根本政治制度,而调查中超过一半的被调查者没有参加过人大代表的选举。

调查问及"您认为村民投票对村委会选举结果的影响程度有多大"问题时,认为"非常大"和"比较大"的占10.45%和23.05%,认为"一般"的占34.63%,认为"比较小"和"没有"的占24.31%和7.56%。农村基层民主选举是我国村民自治制度的一项重要内容,而调查结果显示仅有1/3的被调查者认为村民投票对村委会选举结果影响"非常大"和"比较大",因此,目前的权利公平状况有待进一步改善(见图19)。

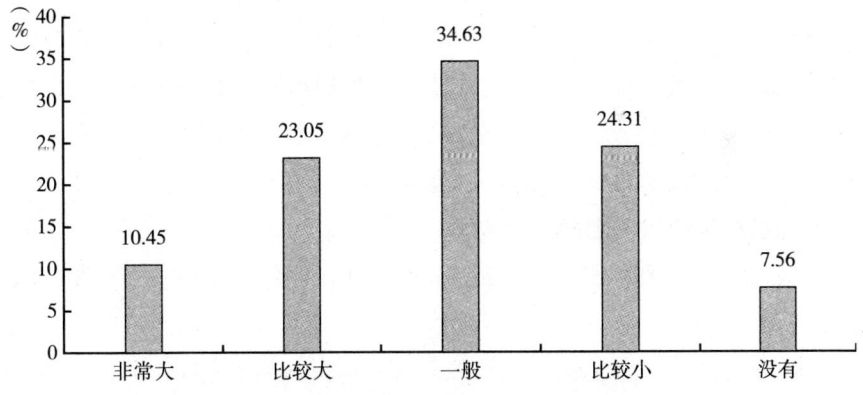

图19 村民投票对村委会选举结果的影响程度

## (二)分配公平有待加强

### 1. 城乡居民人均收入差距依然显著

图 20 显示了河南省 2009~2013 年城乡居民家庭人均收入对比情况。一方面,无论是城镇居民还是农村居民,家庭人均可支配收入均有了明显的增长;另一方面,城乡居民的家庭人均可支配收入差距依然显著,城市居民的人均可支配收入是农村居民的近 3 倍。

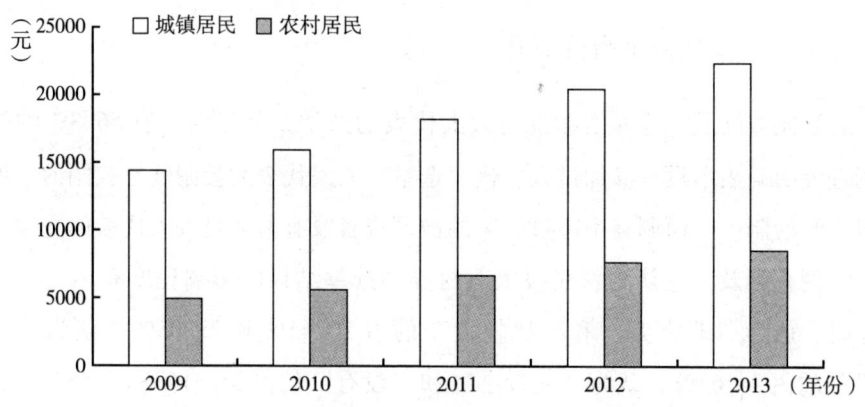

**图 20 河南省历年城镇、农村居民家庭人均可支配收入对比**

恩格尔系数是食品支出总额占个人消费支出总额的比重。家庭生活越贫困,恩格尔系数就越大;反之,生活越富裕,恩格尔系数就越小。图 21 为河南省过去 5 年(2009~2013 年)城镇、农村居民家庭恩格尔系数的对比情况,从城乡居民恩格尔系数的差距来看,城镇居民和农村居民的恩格尔系数差距在缩小,特别是农村居民的恩格尔系数基本上在减小。这反映了河南省城乡居民生活水平的差距在缩小(见图 21)。

### 2. 城镇居民收入支出差异较大

表 18 显示了 2013 年按收入等级分城镇居民家庭生活情况①。平均每一

---

① 2013 年,河南省统计局共调查城镇居民 2299 户,分为 7 档,其中最低收入户 231 户,占比 10%;低收入户 230 户,占比 10%;较低收入户 459 户,占比 20%;中间收入户 460 户,占比 20%;较高收入户 460 户,占比 20%;高收入户 230 户,占比 10%;最高收入户 229 户,占比 10%。

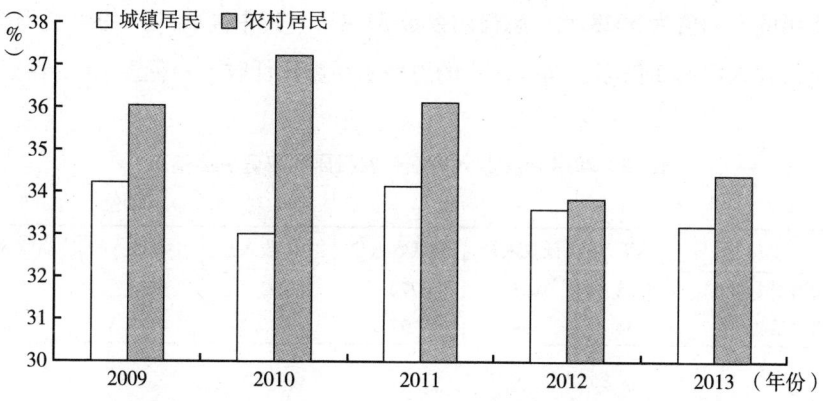

图 21 河南省历年城镇、农村居民家庭恩格尔系数对比

就业者负担人数为 1.93 人, 平均每人全年总收入为 23687 元, 平均每人全年可支配收入 22398 元, 消费支出 14822 元。最低收入户与最高收入户不论在平均每人全年总收入、平均每人全年可支配收入还是消费支出方面差距均悬殊。

表18　2013 年按收入等级分城镇居民家庭生活情况

单位：人，元

| 类目 | 平均每一就业者负担人数 | 平均每人全年总收入 | 平均每人全年可支配收入 | 消费支出 |
| --- | --- | --- | --- | --- |
| 总平均 | 1.93 | 23687 | 22398 | 14822 |
| 最低收入户 | 2.40 | 9351 | 8430 | 7799 |
| 低收入户 | 2.17 | 13044 | 12076 | 8922 |
| 较低收入户 | 1.97 | 17227 | 16253 | 11432 |
| 中间收入户 | 1.86 | 22372 | 21008 | 13867 |
| 较高收入户 | 1.85 | 28943 | 27351 | 18684 |
| 高收入户 | 1.69 | 37687 | 35893 | 21640 |
| 最高收入户 | 1.66 | 57218 | 55412 | 30792 |

### 3. 农村居民收入支出差异较大

表 19 显示的是 2014 年按收入等级分农村居民家庭生活情况[1], 生活消

---

[1] 2013 年, 河南省统计局共调查农村居民 4200 户, 分为 5 档, 其中低收入户 839 户, 占比 20%; 中低收入户 841 户, 占比 20%; 中等收入户 840 户, 占比 20%; 中高收入户 840 户, 占比 20%; 高收入户 840 户, 占比 20%。

费支出的平均值为5628元,恩格尔系数34.4%。其中高收入户的生活消费支出是低收入户的2倍多;高收入户的恩格尔系数比低收入户低近10个百分点。

表19　2014年按收入等级分农村居民家庭生活情况

单位:元,%

| 类目 | 总平均 | 低收入户 | 中低收入户 | 中等收入户 | 中高收入户 | 高收入户 |
| --- | --- | --- | --- | --- | --- | --- |
| 生活消费支出 | 5628 | 3868 | 4772 | 5292 | 6671 | 8285 |
| 恩格尔系数 | 34.4 | 39.0 | 37.1 | 35.8 | 33.3 | 29.6 |

### (三)社会保障公平有待完善

调查问及"您认为当地低保认定、发放过程中的公平程度如何"时,结果显示,认为"非常公平"和"比较公平"的占3.00%和17.90%,认为"一般"的占40.18%,而认为"不太公平"和"非常不公平"的占29.79%和9.14%。因此,仅有1/5的被调查者认为低保的认定、发放过程"非常公平"和"比较公平",社会保障的公平状况有待改善(见图22)。

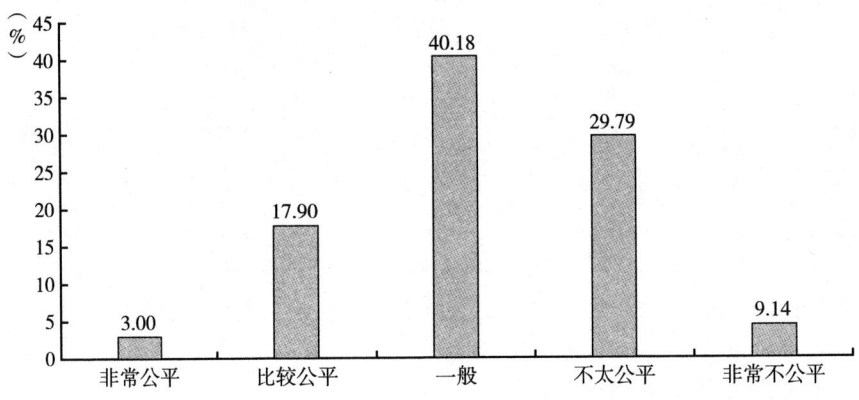

图22　河南省居民社会保障公平感

### (四)居民的社会公平感较低

居民对于"您认为当前社会的公平状况如何"问题,仅有2.1%的居民认为"非常公平",28.2%的居民认为"比较公平",38.8%的居民认为"一般",24.4%的居民认为"不太公平",6.5%的居民认为"非常不公平"。因此,从调查结果看,仅有不到1/3的居民对社会公平的判断为"非常公平"和"比较公平",因此,群众的社会公平感较低(见图23)。

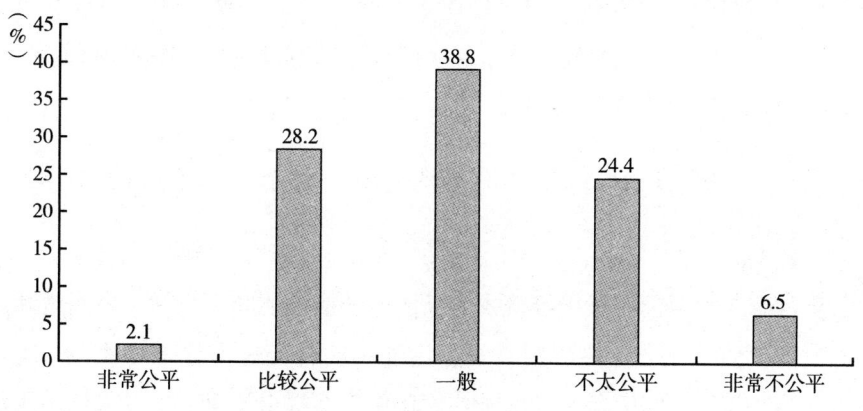

图23 河南省居民社会公平感

## 七 2015年河南省社会治理发展展望

### (一)加强社会治理的顶层设计,制定社会治理"十三五"规划

创新社会治理是一个系统工程,需要加强社会治理的顶层设计,从而把创新社会治理落到实处,转化为改革的丰硕成果。首先,试点开展社会治理评估工作。社会治理评估是准确客观地认识社会治理工作状况的基础和前提。只有对社会治理工作进行科学的评估,才能系统总结社会治理在实践中的经验、深入发现社会治理在运行中的问题,从而明确推进社会治理工作的重要领域和方向措施。其次,成立"河南省创新社会治理领导小组",推动河南社会治理工作的制度化、规范化、精细化、长效化,不断提升河南社会治理工作的社会效果,提高河南省居民对社会治理工作的满意度。再次,建

立社会治理决策咨询制度。组织各方面的专家进行决策咨询和研究，定期对社会治理问题进行会诊、咨询和提出意见建议，把专家咨询纳入政府的决策机制，使专家咨询成为社会治理重大决策程序的必备环节和有机组成部分，使社会治理专家咨询制度能够真正发挥作用。最后，制定社会治理"十三五"规划。明确河南省社会治理的主要目标、重要任务、核心内容、实现路径、措施保障，并将其作为今后一个时期河南省创新社会治理体制、改进社会治理方式的指导性纲领。

### （二）运用法治思维和法治方式化解社会矛盾，推进社会治理新常态

新常态成为当前对我国经济发展新阶段的新表述和新概括。在经济新常态背景下，从"社会管理"到"社会治理"的转变过程意味着社会治理同样进入一个新的发展阶段。党的十八届四中全会提出了全面推进依法治国的总目标，是我国推进社会治理能力现代化的重要标志，同时也表明了依法治理已经成为社会治理的新常态。因此，河南省面对日益多元化的利益主体、日益复杂化的利益诉求，需要从以下几个方面将社会治理的各项活动纳入法治轨道。首先，将法治思维和法治方式作为化解社会矛盾和冲突的着力点，使法治成为化解社会矛盾和冲突的制度化手段，引导公众理性表达诉求、依法维护权益。其次，开展形式多样、贴近公众的法治宣传，引导公众自觉守法、遇事找法、解决问题靠法，增强公众法治观念、提高公众法治意识。最后，坚持系统治理、依法治理、综合治理、源头治理，以法治的方式推动社会治理创新，提高社会治理法治化水平。

### （三）激发社会组织活力，形成社会治理"协同共治"

社会组织作为社会治理的一个重要参与主体，能够充分发挥动员和组织社会资源、有效激发社会活力的优势。尽管当前河南省社会组织的总体数量和发展速度取得显著的成绩，但每万人拥有社会组织数量较低，因此河南省社会组织的发展仍有较大的空间和潜力，需要从以下几个方面入手推动社

组织发展，激发社会组织活力。首先，加大向社会组织转移政府职能和购买公共服务的范围和力度，编制政府向社会组织转移职能目录，完善向社会组织购买公共服务的制度，为社会组织成长提供空间。其次，加强对社会组织的管理，将社会监督和舆论监督纳入对社会组织的评估中，提升社会组织自身的承接能力，提高社会组织的规范化、制度化管理水平。再次，搭建政府与社会组织之间的协作平台，明确社会组织发挥作用的途径和方式，引导社会组织参与社会治理。最后，发挥社会组织对其成员的行为引导、规则约束、权益维护作用，最大限度地增强社会自我调节的能力和活力。

### （四）大力支持保障和改善民生，提高公共服务的整体水平

公共服务及其均等化是社会治理的重要内容，发展教育、科技、文化、卫生等公共事业，为社会公众参与社会经济、政治、文化活动等提供保障。提高公共服务水平是保障和改善民生的重要基石，保障和改善民生是提高公共服务水平的最终目的。因此，河南省可以从以下几个方面入手，着力提高公共服务的整体水平。首先，优先发展教育事业，加大财政对教育的投入，切实改变河南省教育投入不足的问题，努力实现省财政性教育经费支出占GDP 4%的目标。其次，继续发展具有河南特色的职业教育，把促进充分就业作为经济社会发展的优先目标，建立健全多渠道多方式扩大就业、促进创业的长效工作机制，继续推动人力资源从数量型向技能数量型转变。再次，在充分发挥公办养老机构基础性、保障性作用的同时，加强对非营利性社会养老机构的培育扶持，鼓励民间资本投资建设专业化的服务设施，开展社会养老服务，实现社会养老服务的可持续发展。最后，鼓励和引导社会力量参与公共文化服务，建立健全政府向社会力量购买公共文化服务机制，提升公共文化产品质量和服务供给水平，为文明河南建设提供精神动力和文化支撑。

### （五）加强公民权利保障，凸显社会治理的公平诉求

社会公平是贯穿社会治理体系各个层面的核心价值理念和诉求，对增强

社会凝聚力和创造力，保障社会的安全运行和健康发展具有重大意义。维护和实现社会公平不是一个空洞的口号，需要一个切实的、基本的着力点——权利公平。首先，收入分配问题是关系社会公平是否可以实现的核心，合理调整收入分配，逐步提高居民收入在国民总收入中的比重、劳动报酬在初次分配中的比重，努力缩小城乡、区域、行业收入分配差距，逐步扭转收入分配差距扩大的趋势。其次，努力实现教育公平，逐步缩小城乡、区域、校际和不同群体之间的差距，加快基本公共教育服务均等化，促进教育资源向农村、边远、贫困地区倾斜，积极推动农民工子女平等接受教育。再次，加强住房保障体系建设，加快保障性住房建设，重点解决中低收入家庭住房困难问题，并规范房地产市场秩序，多种渠道实现"住有所居"的目标。最后，改变社会保障制度"碎片化"的发展格局，缩小城乡间和人群间的待遇差距，加大公共财政社会保障的投入，形成社会保障可持续发展的体制机制。

# 专题篇

Special Reports

·专题一 新型城镇化·

# 河南省省辖市城镇化质量评估研究

马 琳[*]

摘 要： 党的十八届三中全会明确指出，要"完善城镇化健康发展体制机制"。本文对城镇化质量的内涵进行了界定，从经济增长、人口转化、基础设施建设、公共服务供给和环境改善五个方面构建了城镇化质量评估的二级指标，并建立了涵盖20个三级指标的河南省省辖市城镇化质量评估指标体系。基于2013年河南省相关数据，本文运用主成分分析法对河南省的18个地级市城镇化质量进行评估，按照城镇化质量评价得分将河南省18个省辖市分为城镇化质量高、城镇化质量较高、城镇化质量较低、城镇化质

---

[*] 马琳，博士，郑州大学公共管理学院讲师，社会管理河南省协同创新中心研究员。

量低四类，并提出重视城镇化数量向重视城镇化质量转变、注重节能减排、有序推进农业人口市民化的政策建议。

关键词： 城镇化质量　评估　河南省

党的十八届三中全会提出，要"完善城镇化健康发展体制机制。"中央城镇化工作会议围绕提高城镇化发展质量提出六大主要任务。那么怎样才能提高城镇化发展质量，实现城镇化健康发展呢？城镇化质量有没有客观的评价指标呢？为了解答上述问题，本文深入剖析城镇化质量的内涵，通过构建河南省城镇化质量评价指标体系，客观评价河南省18个地市的城镇化发展水平，找出各个地市城镇化发展的改进方向，为河南新型城镇化建设战略决策提供理论支撑。

## 一　城镇化质量的内涵与评价指标体系

### （一）城镇化质量的内涵

国内外学者从不同角度对城镇化进行了定义。通常可以概括为空间结构转变、经济结构转变和社会转变三个方面。第一，空间结构转变方面，城镇化是农村人口减少、城镇人口增加的过程，也是各种生产要素向城镇集中的过程。[①] 第二，经济结构转变方面，城镇化的过程是劳动力从第一产业向第二、三产业转移的过程，一方面，实现第一产业的规模化经营，推动农业现代化进程；另一方面，推动第二、第三产业的发展。第三，社会转变方面，城镇化是农村居民向城镇居民转变的过程，反映为在新的城市新的生产生活

---

① 巴曙松：《城镇化大转型的金融视角》，厦门大学出版社，2013年。

方式的形成。① 因此，对城镇化质量的内涵的界定，可以从以下几个方面入手。

第一，在空间结构转变方面，评价城镇化最直观的指标就是城镇化过程中城镇人口增长的效率，即人口转化指标，包括城镇化率（城镇常住人口/总人口）、城镇从业人员比重、第三产业从业人员比重、城镇人口密度等指标。第二，在经济结构转变方面，城镇化的过程是劳动力从低附加值的第一产业向高附加值的第二、三产业转移的过程，体现在城镇化过程中的经济增长指标上，包括人均 GDP、第三产业占 GDP 比重、城镇居民人均可支配收入等指标。第三，在社会转变方面，在城镇化过程中，城镇第二、第三产业迅速发展，城镇原有的水、电、道路等基础设施可能会变得紧张，因此，城镇化质量还体现在城市基础设施建设指标上，包括城市人均道路面积、燃气普及率、用水普及率等指标。第四，在空间结构转变和社会转变方面，随着城镇人口数目不断增长，城镇原有的教育、医疗、养老等公共服务也会变得不足。因此，城镇化质量还体现在城镇公共服务供给指标上，包括人均教育经费、万人图书馆藏书量、万人医疗机构床位数、万人拥有医生数、医疗保险覆盖率、养老保险覆盖率等指标。第五，在经济结构转变和社会转变方面，城镇化发展在促进经济增长的同时，不能以牺牲环境为代价，因此，健康城镇化还体现在环境改善指标上，包括人均绿地面积、污水处理率、生活垃圾无害化处理率、单位能耗 GDP 等指标。为了全面评价河南省的城镇化发展质量，及时发现城镇化进程中的薄弱环节和存在的问题，更加科学地制定健康城镇化发展目标，构建健康城镇化发展评价指标体系非常必要。

## （二）城镇化质量指标体系构建

基于以上界定的城镇化质量内涵，在城镇化质量评价指标体系的设计中，不仅要考虑人口转化效率，还要考虑城乡协调程度；不仅要考虑经济增

---

① 魏后凯、王业强、苏红键等：《中国城镇化质量综合评价报告》，《经济研究参考》2013 年第 31 期。

长质量，还要考虑社会发展中的公共服务供给；不仅要考虑城镇化发展中基础设施的完善，还要考虑生态环境的改善。河南省的城镇化率从2000年的23.2%提高到2013年的43.8%①，每年有大量的农村剩余劳动力进入城镇工作和生活。尽管河南省近年来的城镇化发展迅速，但是省内各地市的城镇化发展水平并不平衡，2013年，郑州市的城镇化率最高，为67.1%，周口最低，仅为34.8%②。此外，河南省在快速推进城镇化的过程中产生了许多问题：城市居民不能够均等地享受基本公共服务、大城市的交通拥堵、环境污染等。

研究依据科学性、系统性和可比性的原则，从人口转化、经济增长、城市基础设施建设、公共服务供给和环境改善五大方面构建河南省省辖市城镇化质量评价指标体系（见表1）。由于评价的对象为河南省18个地市，各个地市大小、规模不同，因此，评价体系中没有使用总量指标，均采用人均指标和比率指标。指标体系共选取了20个三级指标，其中18个正向指标，1个逆向指标，1个中性指标。

表1 河南省城镇化健康发展评价指标体系

| 一级指标 | 二级指标 | 三级指标 | 指标类型 |
| --- | --- | --- | --- |
| 河南省城镇化质量评价指标体系 | 人口转化 | 城镇化率($X_1$) | 正向 |
| | | 第三产业从业人员比重($X_2$) | 正向 |
| | | 城镇从业人员比重($X_3$) | 正向 |
| | | 市区人口密度($X_4$) | 中性 |
| | 经济增长 | 第三产业增加值占GDP比重($X_5$) | 正向 |
| | | 人均GDP($X_6$) | 正向 |
| | | 城镇居民人均可支配收入($X_7$) | 正向 |
| | 城市基础设施建设 | 人均城市道路面积($X_8$) | 正向 |
| | | 燃气普及率($X_9$) | 正向 |
| | | 用水普及率($X_{10}$) | 正向 |

① 参见《2013年河南省国民经济和社会发展统计公报》。
② 参见《河南统计年鉴（2014）》。

续表

| 一级指标 | 二级指标 | 三级指标 | 指标类型 |
| --- | --- | --- | --- |
| 河南省城镇化质量评价指标体系 | 公共服务供给 | 人均教育经费($X_{11}$) | 正向 |
| | | 万人图书馆藏书($X_{12}$) | 正向 |
| | | 万人医疗机构床位数($X_{13}$) | 正向 |
| | | 万人拥有医生数($X_{14}$) | 正向 |
| | | 医疗保险覆盖率($X_{15}$) | 正向 |
| | | 养老保险覆盖率($X_{16}$) | 正向 |
| | 环境改善 | 城市人均绿地面积($X_{17}$) | 正向 |
| | | 生活垃圾无害化处理率($X_{18}$) | 正向 |
| | | 单位GDP能耗($X_{19}$) | 逆向 |
| | | 污水处理率($X_{20}$) | 正向 |

如表1所示，指标体系共选取了20个具体指标，其中18个正向指标，1个逆向指标，1个中性指标。为了便于进行主成分分析，把1个逆向指标求倒数后加入指标数据，1个中性指标分别作为正向指标和逆向指标加入指标数据，这样一共有21组数据进入河南省省辖市城镇化质量评价指标体系。评价数据来自《河南统计年鉴（2014）》，课题组对部分数据进行了整理。

### （三）评价方法和数据选取

研究采用主成分分析方法评价河南省18个地市的城镇化质量。由于研究选取的评价指标较多，指标所反映的信息很可能出现重叠相关，主成分分析方法能够避免主观赋权法中人为因素的影响，课题组从众多指标中选取能够解释所有变量的少数几个随机变量描述总体情况。

主成分分析方法通过求解变量相关矩阵的特征方程，得到 $m$ 个特征值和单位特征向量，然后，将特征值从大到小排序，分别代表 $m$ 个主成分所解释变量的方差，从而对评价体系的大量指标降维，能够归纳出能解释数据样本的绝大部分信息的新变量即主成分来科学、客观、系统地评价综合性指标。运用SPSS 17.0软件对表1的指标体系数据进行主成分分析，经计算，KMO值为0.77，设计的指标体系适合做主成分分析。

表2 解释的总方差

单位：%

| 成分 | 初始特征值 | | | 提取平方和载入 | | |
|---|---|---|---|---|---|---|
| | 特征值 | 方差的百分比 | 累计百分比 | 特征值 | 方差的百分比 | 累计百分比 |
| 1 | 9.835 | 46.831 | 46.831 | 9.835 | 46.831 | 46.831 |
| 2 | 2.897 | 13.794 | 60.625 | 2.897 | 13.794 | 60.625 |
| 3 | 1.872 | 8.916 | 69.541 | 1.872 | 8.916 | 69.541 |
| 4 | 1.434 | 6.827 | 76.368 | 1.434 | 6.827 | 76.368 |
| 5 | 1.319 | 6.281 | 82.648 | 1.319 | 6.281 | 82.648 |
| 6 | 1.177 | 5.604 | 88.252 | 1.177 | 5.604 | 88.252 |

如表2所示，按照特征值大于1的原则，共提取6个主成分，前6个主成分的方差贡献率依次是46.83%、13.79%、8.92%、6.83%、6.28%和5.60%，解释的方差占总方差的88.25%，因此，保留前6个主成分能够概括指标体系数据的绝大部分信息，设为第一主成分（$F1$）、第二主成分（$F2$）、第三主成分（$F3$）、第四主成分（$F4$）、第五主成分（$F5$）、第六主成分（$F6$）。

## 二 河南省省辖市城镇化质量评估结果分析

### （一）城镇化质量差异显著

由6个主成分的载荷矩阵可知，城镇化率、第三产业从业人员比重、城镇从业人员比重、市区人口密度、第三产业增加值占GDP比重、城镇居民人均可支配收入、万人图书馆藏书、万人医疗机构床位数、医疗保险覆盖率、养老保险覆盖率在第一主成分上有较高的载荷值，反映了河南省城镇化发展综合情况，命名为社会发展因子；人均城市道路面积、燃气普及率、万人图书馆藏书、城市人均绿地面积、生活垃圾无害化处理率在第二主成分上有较高的载荷值，体现了城镇化发展中的基础设施建设、居民生活质量情况，命名为基础设施因子；生活垃圾无害化处理率、污水处理率、市区人口密度在第三主成分上有较高的载荷值，体现了城镇化发展中的减排情况，命名为减排因子；人均城市道路面积、燃气普及率、用水普及率、单位GDP能耗在第四主成分上有较高的载荷值，体现了城镇化发展的节能情况，命名为节能因子；城市人均绿地面积、污水处理率在第五主成分上有较高的载荷值，体现了城镇化发展中的环境保护情况，命名为环保因子；第三产业从业人员比重、人均教育经费在第六主成分上有较高的载荷值，体现了城镇化发展中的公共服务供给情况，命名为公共服务因子。

根据6个主成分因子的方差贡献率，归一化处理，得到计算河南省18个地市的城镇化质量评价综合得分公式：

$$F = 53.07\% F1 + 15.63\% F2 + 10.11\% F3 + 7.74\% F4 + 7.12\% F5 + 6.35\% F6$$

计算结果如表3所示。

**表3　各地市得分排名**

单位：分

| 总体排名 | 地区 | $F_1$得分（排名） | $F_2$得分（排名） | $F_3$得分（排名） | $F_4$得分（排名） | $F_5$得分（排名） | $F_6$得分（排名） | 总分 |
|---|---|---|---|---|---|---|---|---|
| 1 | 郑州市 | 1.317(1) | -0.295(18) | 0.078(3) | 0.077(3) | 0.040(7) | 0.059(4) | 1.275 |
| 2 | 济源市 | 0.883(2) | 0.302(1) | 0.067(4) | 0.004(8) | -0.039(13) | 0.056(5) | 1.273 |
| 3 | 三门峡市 | 0.446(3) | 0.139(3) | -0.051(13) | -0.124(17) | -0.020(12) | 0.042(6) | 0.431 |
| 4 | 鹤壁市 | 0.079(6) | 0.205(2) | 0.048(5) | 0.024(5) | -0.084(15) | 0.032(7) | 0.304 |
| 5 | 焦作市 | 0.240(5) | 0.055(6) | -0.067(15) | 0.022(7) | -0.018(10) | -0.009(9) | 0.222 |
| 6 | 洛阳市 | 0.386(4) | -0.196(15) | 0.023(7) | -0.052(16) | 0.048(6) | -0.032(13) | 0.176 |
| 7 | 信阳市 | -0.432(15) | 0.130(4) | 0.078(2) | 0.066(4) | 0.162(1) | 0.016(8) | 0.021 |
| 8 | 许昌市 | -0.044(9) | 0.030(9) | 0.014(8) | -0.027(13) | 0.051(4) | -0.013(10) | 0.012 |
| 9 | 新乡市 | 0.016(7) | 0.006(10) | -0.079(16) | 0.024(6) | 0.054(3) | -0.052(14) | -0.030 |
| 10 | 安阳市 | 0.011(8) | 0.003(11) | -0.041(12) | -0.005(9) | 0.075(2) | -0.120(18) | -0.077 |
| 11 | 平顶山市 | -0.067(11) | -0.008(12) | -0.030(11) | -0.016(11) | 0.035(8) | -0.069(16) | -0.155 |
| 12 | 漯河市 | -0.054(10) | 0.045(7) | 0.006(10) | -0.048(15) | -0.085(16) | -0.091(17) | -0.227 |
| 13 | 濮阳市 | -0.235(13) | 0.105(5) | 0.011(9) | -0.015(10) | -0.043(14) | -0.053(15) | -0.229 |
| 14 | 开封市 | -0.098(12) | -0.148(14) | -0.162(18) | 0.162(1) | -0.116(18) | -0.015(11) | -0.377 |
| 15 | 驻马店市 | -0.701(17) | -0.011(13) | 0.034(6) | -0.028(14) | 0.051(5) | 0.095(1) | -0.560 |
| 16 | 周口市 | -0.754(18) | 0.038(8) | -0.057(14) | 0.119(2) | 0.003(9) | 0.085(3) | -0.566 |
| 17 | 南阳市 | -0.652(16) | -0.198(16) | 0.287(1) | -0.022(12) | -0.095(17) | -0.019(12) | -0.698 |
| 18 | 商丘市 | -0.340(14) | -0.201(17) | -0.159(17) | -0.162(18) | -0.019(11) | 0.088(2) | -0.794 |

## （二）城镇化质量郑州、济源、三门峡位列前三

河南省18个地市城镇化质量评价总分如表3所示，得分由高到低的顺序依次是：郑州、济源、三门峡、鹤壁、焦作、洛阳、信阳、许昌、新乡、安阳、平顶山、漯河、濮阳、开封、驻马店、周口、南阳、商丘。从评价结果来看，各城市之间的得分差异较大，得分最高的郑州为1.275分，得分最低的商丘为-0.794分。对河南省18个省辖市城镇化质量综合评价结果进行聚类分析，将河南省18个地市的城镇化健康发展水平分为四类，结果如表4所示。

表4　河南省省辖市健康城镇化评价分类

单位：分

| 类别 | 城市 | 得分 |
| --- | --- | --- |
| 城镇化质量评价得分高 | 郑州市、济源市 | 大于1 |
| 城镇化质量评价得分较高 | 三门峡市、鹤壁市、焦作市、洛阳市、信阳市、许昌市 | 大于0小于0.5 |
| 城镇化质量评价得分较低 | 新乡市、安阳市、平顶山市、漯河市、濮阳市、开封市 | 大于-0.5小于0 |
| 城镇化质量评价得分低 | 驻马店市、周口市、南阳市、商丘市 | 小于-0.5 |

郑州市作为河南省省会，在河南省城镇化发展过程中优势突出，综合得分排名位列第一；济源市是河南省人口最少的地级市，1997年实行省直管体制，是一座新兴的工业旅游城市，近年来城镇化发展迅速，城镇化质量评价得分也较高，这两个城市的城镇化质量评价得分最高。三门峡市、鹤壁市、焦作市、洛阳市、信阳市、许昌市的城镇化质量评价得分处于中上水平，许昌市紧邻郑州市，三门峡市、鹤壁市、焦作市、洛阳市位于郑州市西北部，区位条件相对优越，交通便利，城市发展的外部条件较好，健康城镇化发展水平较高。新乡市、安阳市、平顶山市、漯河市、濮阳市、开封市的城镇化质量评价得分处于中下水平，这些城市的发展基础相对较差，其中安阳市、平顶山市、濮阳市是典型的资源型城市，矿产资源丰富，但产业结构单一，发展后劲不足，面临多元化发展、产业结构转型升级的挑战。驻马店

市、周口市、南阳市和商丘市的城镇化质量评价得分最低,四个城市处于河南省的东南部,是典型的传统农业区,人口基数大、资源有限、工业不发达,具有很大的提升空间。

图1显示了河南省18个省辖市在社会发展因子、基础设施建设因子、减排因子、节能因子、环保因子、公共服务供给因子方面的得分情况。

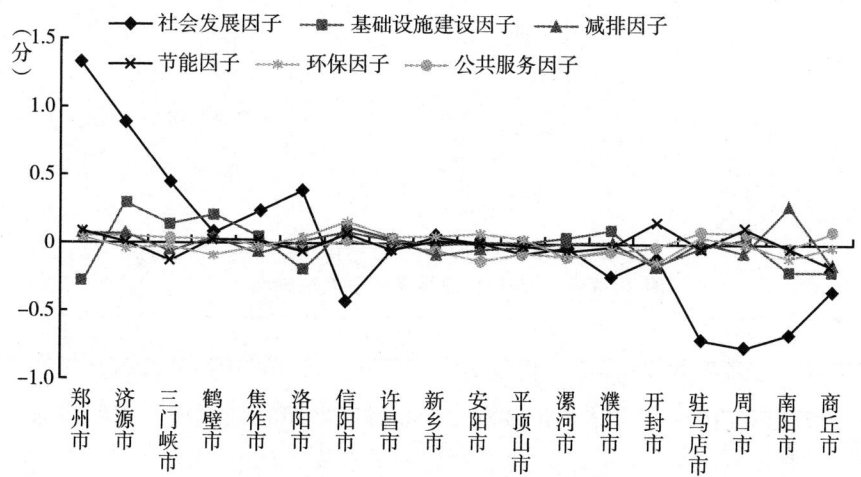

**图1 河南省省辖市城镇化质量子系统评价比较**

一类城市城镇化质量评价得分高,包括郑州市和济源市。郑州市作为河南省省会,健康城镇化评价得分位居全省第一。但是,随着郑州市城镇化快速发展,城市常住人口数量大幅增加使得郑州市的人均基础设施占有率降低,郑州市在基础设施建设因子主成分上得分的排名较低(见图2)。因此,郑州市在城镇化发展的过程中需要加强基础设施建设。济源市的健康城镇化评价得分仅次于郑州,但济源市的环保因子得分较低,在城镇化建设中应注重环境保护。

二类城市城镇化质量评价得分较高,包括三门峡市、鹤壁市、焦作市、洛阳市、信阳市、许昌市。三门峡市城镇化质量评价得分中减排因子、节能因子和环保因子得分排名分别为第13位、17位和12位,相对靠后,说明三门峡市需要注重节能减排,注重环境保护,集约发展城镇化。鹤壁市的环

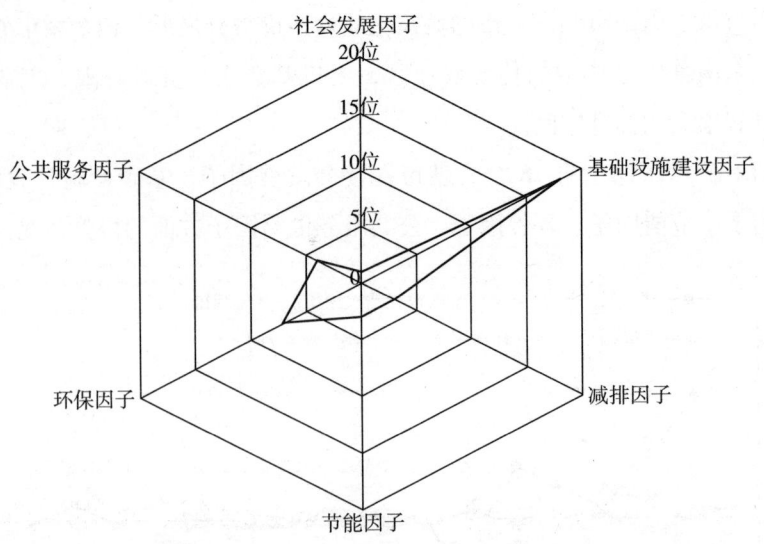

图 2　郑州市城镇化质量评估子系统排名比较

保因子得分排名为第 15 位，相对靠后，在城镇化建设中需要注重环境保护。焦作市的减排因子得分排名相对靠后，需要在城镇化建设中注重减少排放。洛阳市和许昌市的基础设施因子和减排因子得分排名相对靠后，在城镇化建设中需要注重加强基础设施建设，节约能源，集约发展。信阳市的社会发展因子得分排名相对靠后，在第 15 位，在城镇化建设中，信阳市需要继续发展经济，促进社会全面发展。

三类城市城镇化质量评价得分较低，包括新乡市、安阳市、平顶山市、漯河市、濮阳市、开封市。新乡市和开封市的减排因子得分排名分别为第 16 位和 18 位，在城镇化建设中需要注重减少排放。漯河市、开封市、濮阳市的环保因子得分排名相对靠后，需要注重环境保护。新乡市、安阳市、平顶山市、漯河市、濮阳市的公共服务因子得分排名分别为第 14 位、18 位、16 位、17 位、15 位，这些城市在城镇化发展过程中需要加强公共服务供给。

四类城市城镇化质量评价得分低，包括驻马店市、周口市、南阳市、商丘市。南阳市的减排因子得分排名为第 1 位，在城镇化发展中减少排放情况相对较好。周口市的节能因子得分排名为第 2 位，在城镇化发展中节约能源集约发展情况相对较好。驻马店市和商丘市的公共服务因子得分排名分别为第1位和第2位，说明在城镇化发展中其公共服务供给情况相对较好。

### （三）社会发展因子郑州市得分遥遥领先

由图3可知，城镇化质量评价中社会发展因子得分排名由高到低依次为郑州市、济源市、三门峡市、洛阳市、焦作市、鹤壁市、新乡市、安阳市、许昌市、漯河市、平顶山市、开封市、濮阳市、商丘市、信阳市、南阳市、驻马店市和周口市。郑州市社会发展因子的得分为1.3分，远远领先于河南省其他地市。社会发展因子包括城镇化率、第三产业发展、城镇居民收入及城市公共服务等具体指标，代表了城市社会发展的总体情况，同时社会发展因子对于城镇化质量评价得分的贡献率最大。郑州作为河南省的省会，是河南省经济文化中心，也是全国重要的铁路、航空、高速公路、电力、邮政电信主枢纽城市，中国中部地区重要的工业城市。郑州市的社会发展因子得分在河南省18个省辖市中遥遥领先。

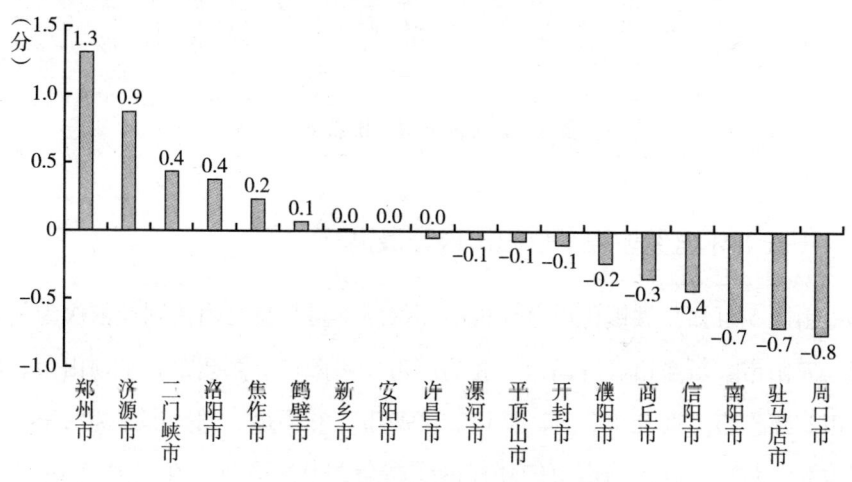

图3　社会发展因子得分排名情况

### （四）减排因子南阳市、信阳市、郑州市得分位列前三

由图4可知，城镇化质量评价中减排因子得分排名由高到低依次为南阳

市、郑州市、信阳市、济源市、鹤壁市、驻马店市、洛阳市、许昌市、濮阳市、漯河市、平顶山市、安阳市、三门峡市、周口市、焦作市、新乡市、商丘市和开封市。其中南阳市的减排因子得分为0.278分，远远领先其他地市，郑州市和信阳市分别位列第二和第三位，说明在城镇化建设中，南阳市在减少排放方面成绩突出。新乡市、商丘市和开封市的减排因子得分位于最后三位，在城镇化建设中，需要注重减少排放，实现集约发展。

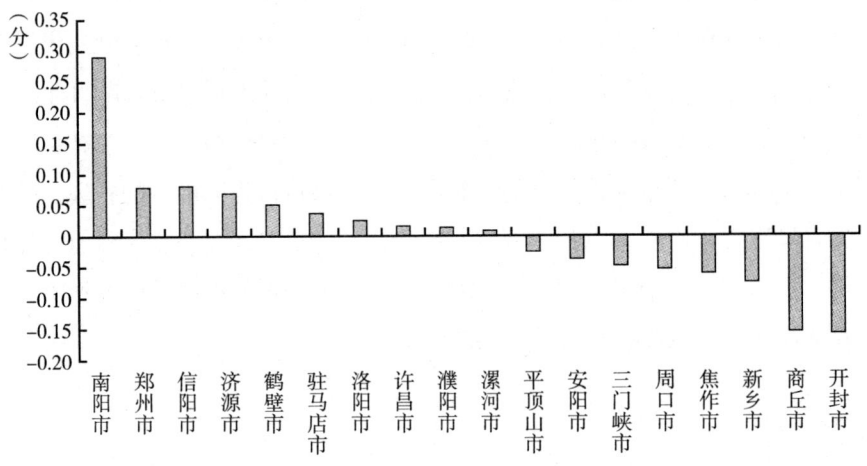

图4　减排因子得分排名情况

## （五）环境保护因子信阳市得分最高

由图5可知，城镇化质量评价中环保因子得分排名由高到低依次为信阳市、安阳市、新乡市、许昌市、驻马店市、洛阳市、郑州市、平顶山市、周口市、焦作市、商丘市、三门峡市、济源市、濮阳市、鹤壁市、漯河市、南阳市和开封市。其中信阳市的环保因子得分为0.162分，在河南省18个省辖市中名列第一，安阳市和新乡市分别位列第二和第三，说明在城镇化建设中，信阳市在环境保护方面成绩突出。漯河市、南阳市和开封市的环保因子得分位于最后三位，在城镇化建设中，这三个城市需要注重环境保护，实现绿色发展。

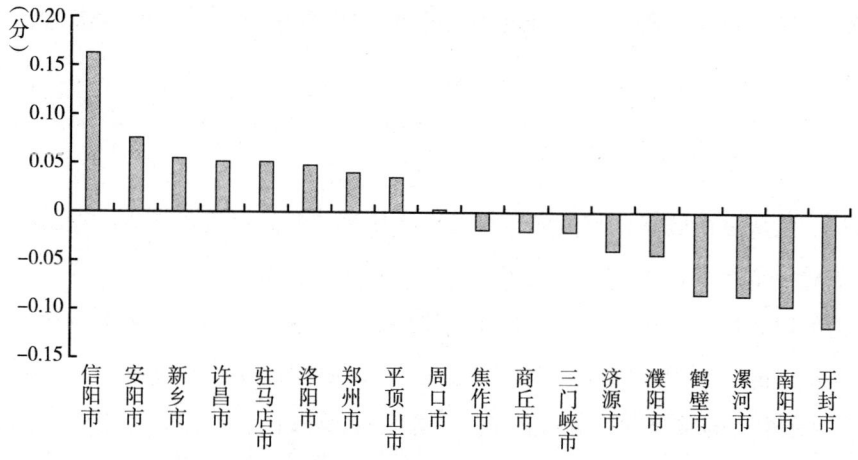

图5 环保因子得分排名情况

## 三 结论与建议

### （一）结论

城镇化质量评价指标体系的构建涉及经济社会发展的很多因素，本文在对城镇化发展内涵界定分析的基础上，从人口转化、经济增长、城市基础设施建设、公共服务供给和环境改善五大方面，构建了涵盖20个指标的河南省城镇化质量评价指标体系，定量分析河南省18个地市的城镇化质量。

运用主成分分析方法，从社会发展因子、基础设施建设因子、减排因子、节能因子、环保因子和公共服务因子六个评价标准，对河南省各地市城镇化质量进行评价。总体来看，河南省各地市的城镇化质量差异较大，一类城市有郑州市和济源市；二类城市有三门峡市、鹤壁市、焦作市、洛阳市、信阳市、许昌市；三类城市有新乡市、安阳市、平顶山市、漯河市、濮阳市、开封市；四类城市有驻马店市、周口市、南阳市、商丘市。不同的影响因子对各地市城镇化质量的影响也有显著差异，因此，各地市应该从自身的区位、资源禀赋与城市发展定位的实际出发，制定符合实际的健康城镇化发展战略，从而提升各个地市乃至河南省全省的健康城镇化发展水平。

## （二）政策建议

一是从重视城镇化数量向重视城镇化质量转变。尽管河南省的城镇化水平落后于全国平均水平，但是《国家新型城镇化规划（2014~2020）》并没有给各地定指标、派任务，而是强调要建设"人的城镇化"，注重城镇化发展质量。随着我国经济发展进入"新常态"，城镇化发展也应该进入"新常态"，在今后的城镇化推进过程中，更加注重城镇化发展质量，把全面推进城镇化质量的提升作为城镇化发展的核心和关键。

二是在城镇化建设中注重节能减排。近年来，随着河南省城镇化水平的快速提升，资源环境条件持续恶化，资源利用效率低，污染排放强度大，环境承载力严重不足，资源环境对城镇化质量的制约越来越显著。节能和减排是衡量城镇化质量的重要因素，在加快城镇化发展进程的同时，必须把城市绿色发展放在突出位置，努力抓好节能减排工作，鼓励发展低碳经济，加大环境整治力度，保护自然生态环境，实现人与自然和谐发展。

三是有序推进农业人口市民化。人口的城镇化，要以区域人口承载功能为前提形成有序转移人口的导向。以郑州为例，城镇化质量排名全省第一，但是人均基础设施情况排名倒数第一。因此，在城镇化快速推进的同时，应重视城镇基础设施的建设和基本公共服务的供给，健全社会保障制度，缓解人与自然的紧张关系，平等对待本地居民和外来务工人员，统筹考虑其就业、住房、子女随迁教育、看病、养老等问题，吸引人口就近城镇化，减轻大城市中心区的压力。

# 河南省农民工生活状况调查

梁思源*

**摘　要：** 对河南省外出务工返乡人员调查表明，农民工在就业方面，以操作工为主，省内外收入差距较大，就业待遇有待提高；在居住方面，以租赁为主，近半数人愿意落户城镇，其中以年轻人为主，但购房意愿不强；在社会生活方面，希望享有更多基本公共服务和市民化待遇，社会认同感有待增强。在下一步工作中，应努力提升农民工工资待遇，改善就业环境；以产业集聚区为抓手，大力发展就近城镇化；鼓励年轻人落户城镇；提高与增强农民工的市民化待遇和社会认同感，促进其社会融合。

**关键词：** 农民工　外出务工　生活状况　市民化

## 一　引言

农民工作为城镇化的建设者与参与者，为推进城镇化进程做出了巨大贡献，同时农民工也是城镇化进程的重要人口来源，为城镇建设不断注入新的活力。河南省作为人口大省和农业大省，外出务工人员数量十分庞大。为了

---

\* 梁思源，博士，郑州大学公共管理学院讲师，社会管理河南省协同创新中心研究员，研究方向为社会治理与社会发展、土地资源管理。

更好地了解河南省农民工的生活状况,社会管理河南省协同创新中心于2014年寒假期间对河南省外出务工返乡人员进行了抽样调查。

此次问卷调查涉及全省18个地市的56个县、105个村庄,具体分布如图1所示。本次调研共发放农民工问卷1000份,收回问卷950份,其中有效问卷883份,问卷回收率为95%,有效问卷回收率为92.9%。问卷主要涉及农民工的基本个人信息、就业、居住和社会生活等基本情况,以及城镇化意愿和未来的打算等相关问题。调查样本中以男性居多,男性为574人,女性为305人,男女比率为65.3∶34.7。本次调研的对象当中,学历主要为初中,接近半数,然后是高中或中专、大专。调查样本中在省内打工的人数略高于在省外打工的人数。从打工城市来看,选择省辖市的最多,然后是地级市和县城,选择直辖市者相对较少。外出务工者以青年人为主,其中30岁

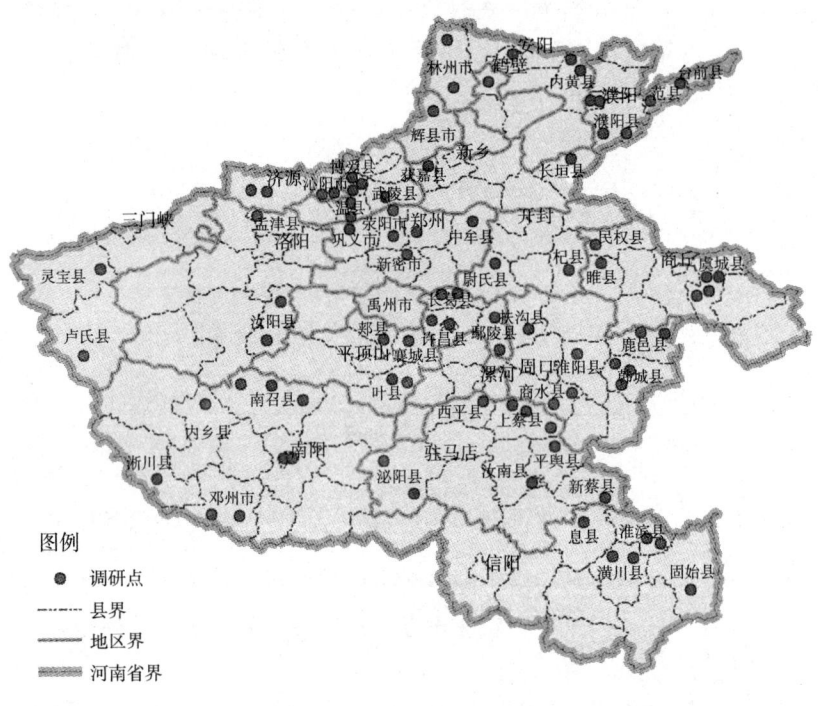

图1 返乡农民工问卷调查地点分布

以下人员占半数,31~40岁所占比例为20.9%,41~50岁所占比例为21.0%,50岁以上占比较小(见表1)。

表1 调查样本描述分析

单位:%

| 变量 | 指标 | 占比 | 变量 | 指标 | 占比 |
| --- | --- | --- | --- | --- | --- |
| 性别 | 男 | 65.3 | 打工城市 | 县级 | 24.2 |
|  | 女 | 34.7 |  | 地级市 | 29.4 |
| 教育程度 | 小学及以下 | 9.9 |  | 省辖市 | 34.1 |
|  | 初中 | 42.8 |  | 直辖市 | 12.4 |
|  | 高中或中专 | 25.8 | 年龄 | 20岁以下 | 5.1 |
|  | 大专 | 13.4 |  | 21~30岁 | 45.8 |
|  | 本科 | 7.5 |  | 31~40岁 | 20.9 |
|  | 硕士及以上 | 0.6 |  | 41~50岁 | 21.0 |
| 打工地点 | 省内 | 52.1 |  | 51~60岁 | 6.2 |
|  | 省外 | 47.9 |  | 60岁以上 | 0.9 |

## 二 描述分析

本调查所反映的农民工生活,主要体现在农民工就业、居住和社会生活三大方面。就业是农民工进城务工的主要目的,居住是农民工需要解决的基本生计问题,而社会生活则反映了农民工对生活质量和精神生活的追求。

### 1. 工作种类以操作工为主

从工作种类来看,有半数以上的外出务工人员从事操作工的工作。从事人员数量较多的还有服务员,办事员和管理员次之。能够自主创业成为企业主的人非常少(见表2)。

表2 工作种类分布情况

单位:%

| 工作种类 | 操作工 | 服务员 | 办事员 | 管理员 | 企业主 | 其他 |
| --- | --- | --- | --- | --- | --- | --- |
| 比例 | 50.3 | 15.0 | 11.9 | 11.0 | 2.8 | 9.0 |

按照不同打工地点进行区分后发现,从事操作工工作的省外人员(59.3%)要明显多于省内务工者(41.9%);而省内从事服务行业的人员(20.4%)明显多于省外务工人员(9.2%)。从性别来看,从事操作工工作的务工人员和担当管理员的男性比例明显高于女性;而担当服务员和办事员的女性比例远高于男性。此外,成为企业主的男性也多于女性,具体见图2。

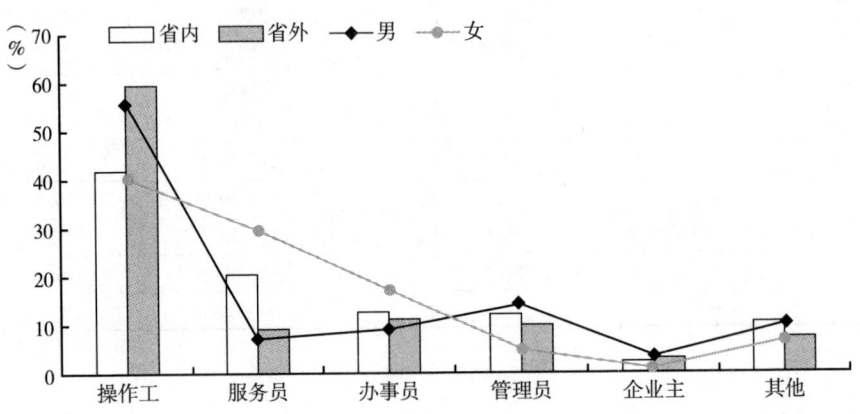

图2 外出务工人员参加工作种类对比

### 2. 工资发放情况较好,但收入差距较大

从工资发放情况来看,总体情况良好,但也存在一些不能按时足额发放的情况(见表3)。分地域来看,省外务工人员工资按时足额发放的情况略好于省内务工人员(见图3)。

表3 工资发放情况

单位:%

| 工资发放情况 | 按时足额发放 | 部分按时发放 | 不能按时发放 | 完全不能按时足额发放 | 其他 |
|---|---|---|---|---|---|
| 比例 | 60.5 | 23.0 | 10.9 | 3.0 | 2.5 |

不同群体间收入差距较大。总体来看,大多数外出务工人员的年收入集中在1万~5万元。本次调查数据显示,调研对象的2013年平均收入为

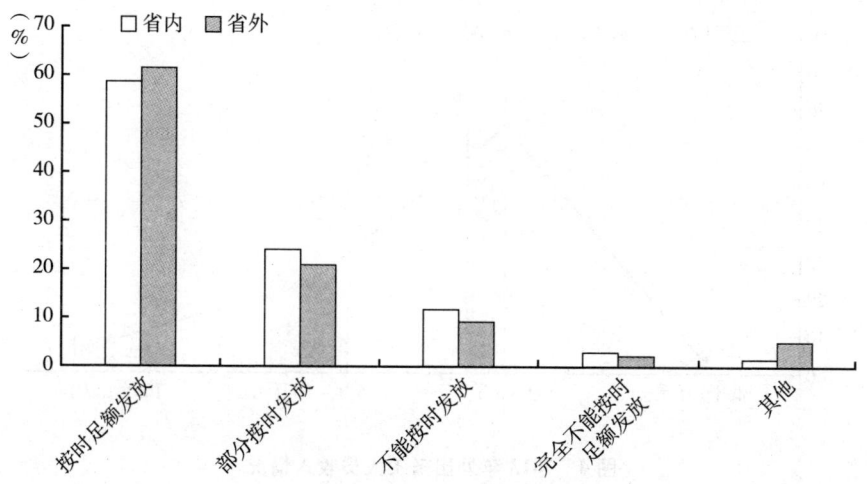

图3 省内外务工人员工资发放情况对比

43550元,低于2013年全国在岗职工平均工资(52379元),高于2013年河南省在岗职工平均工资(38804元)①。从地域和性别来看,收入差异较大。省外务工人员的收入普遍高于省内务工人员的收入;男性收入远高于女性收入。省外务工人员的平均年收入为48379元,比省内务工人员年收入高出9104元,高了23%(见表4)。从性别来看,男性外出务工人员的年均收入比女性高了42%。从图4中也可以看出,年收入在5万元以上者省外务工人员占优势,男性多于女性。

表4 2013年收入情况

单位:元

| 年收入总体均值 | 男性年收入均值 | 女性年收入均值 | 省内年收入均值 | 省外年收入均值 |
| --- | --- | --- | --- | --- |
| 43550 | 48504 | 34147 | 39275 | 48379 |

工资收入满意度一般(见表5)。从省内外对比来看,在省外务工者对工资的满意度高于在省内务工者。如图5所示,省外务工者表示对工资收入

---

① 参见《河南统计年鉴(2014)》。

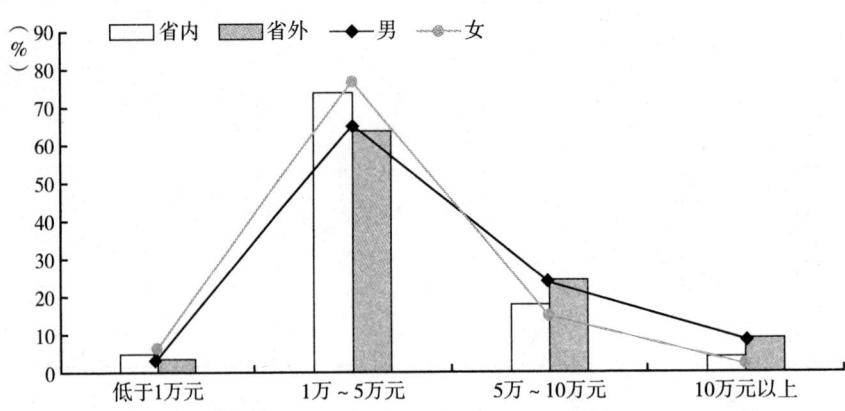

图4 2013年外出务工人员收入情况

非常满意和比较满意的比例都比省内高,这也和省外务工人员的工资水平高于省内务工人员的结论相一致。

表5 工资收入满意度

单位:%

| 满意度 | 非常满意 | 比较满意 | 一般 | 不太满意 | 非常不满意 |
|---|---|---|---|---|---|
| 比例 | 2.2 | 26.1 | 47.9 | 21.1 | 2.7 |

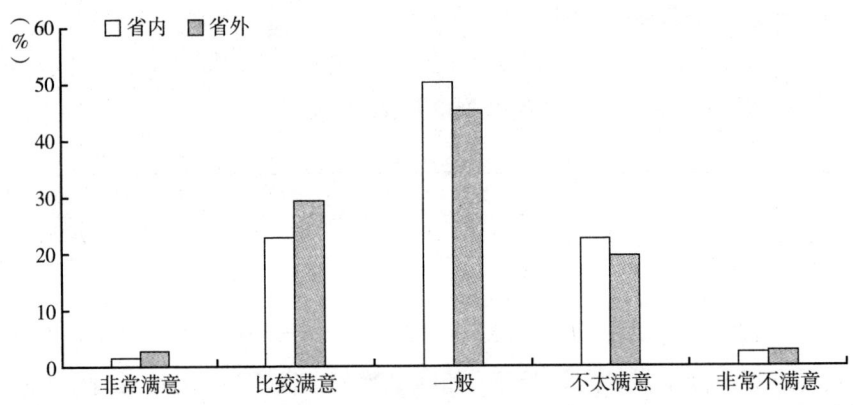

图5 省内外收入满意度对比

超过半数人认为按照目前的收入状况可以维持其在打工地的稳定生活。从打工城市级别来看，相对而言，打工者认为在直辖市、省辖市和县城务工，所得收入能够保证其较为稳定的生活（见图6）。这和直辖市的收入较高而县城生活成本较低有一定的关系。

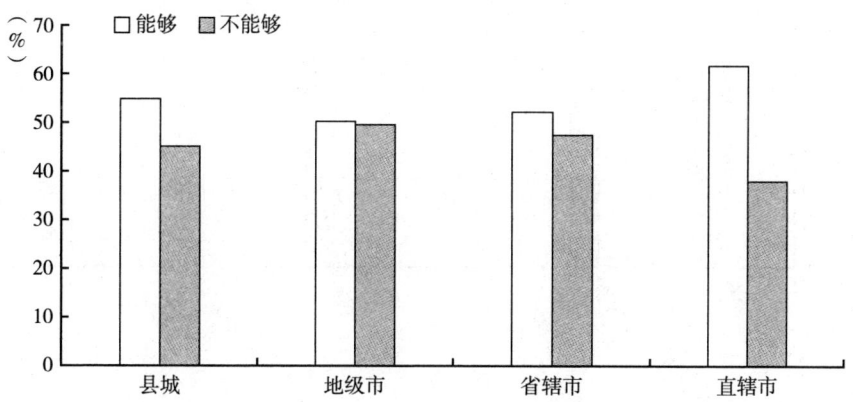

图6　不同城市类型收入水平是否能够支撑稳定生活对比

### 3. 就业环境有待改善

农民工的就业培训有待加强。外出务工之前，在家乡接受过技术培训的人非常少。9.8%的人表示接受过非农业培训，7.9%的人当过学徒工，4.2%的人表示接受过农业培训，而68.1%的人表示未接受过任何培训。

就业平台相对匮乏，自谋职业和亲友介绍成为外出务工人员获取工作的主要途径。有45.4%的人外出务工是自谋职业，有45.2%的人是靠朋友介绍，而通过中介组织和单位介绍找到工作的人很少，分别只有5.7%和3.4%。

农民工享有单位福利待遇比例较低。务工单位所提供的福利待遇中，有38.3%的人表示享有餐补/工作餐补助，有22.5%的人表示有带薪年假、有偿假期，17.9%的人接受了单位提供的技术或业务培训，14.6%的人有住房补贴，13.5%的人有交通补贴，但也有37.4%的人表示没有任何福利。分地域来看（见图7），省内外单位福利情况差别不大。省外享有住房和交通补贴的比例高于省内,而在带薪假期、餐饮补助和技术培训方面省内好于省外。但不管是省内还是省外,各种福利待遇的享有率整体偏低。

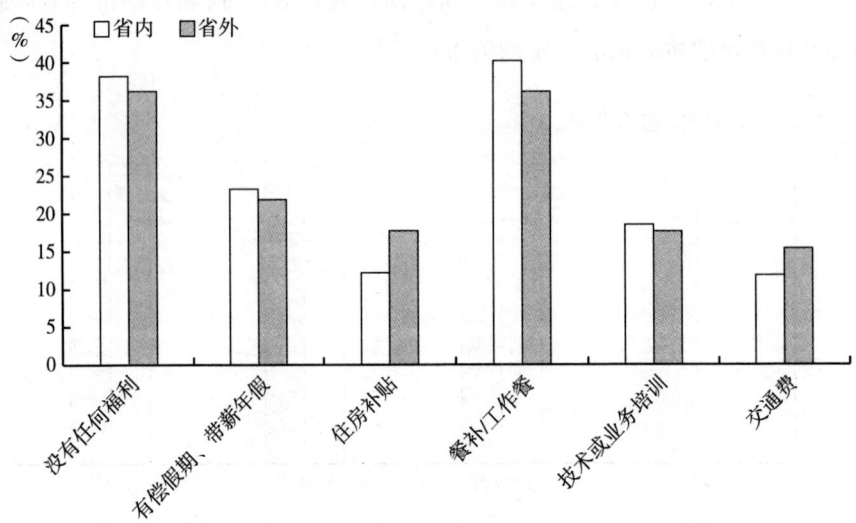

图7 省内外务工单位福利对比

日均工作时间相对较长,有58.3%的人日均工作时间超过8小时,甚至有12.9%的人日均工作时间达到了12小时及以上。分地域来看,省外务工人员的日均工作时间要长于省内务工人员,省内日均工作时间超过8小时的占53.3%,而省外有63.1%。省外务工人员日均工作时间在12小时及以上的占17.0%,明显多于省内的8.9%(见图8)。

从每周工作天数来说,能够拥有双休日的人较少,有76.5%的人每周需要工作5天以上。分地域来看(见图9),省内工作天数在5天以上的占78.5%,略高于省外的74.2%,但大部分集中在每周工作6天。每周工作7天,也就是说没有休息日的人员占比,省外居多,达到了40.7%。

外出务工人员的就业相对稳定,有57.6%的人一年内一直从事一份工作而没有更换过,但也有不少人(36.1%)一年内换过一到两次工作,频繁更换工作达三次及以上的人较少。

劳动合同签订比例相对较低。有45.6%的人无劳动合同,42.6%的人

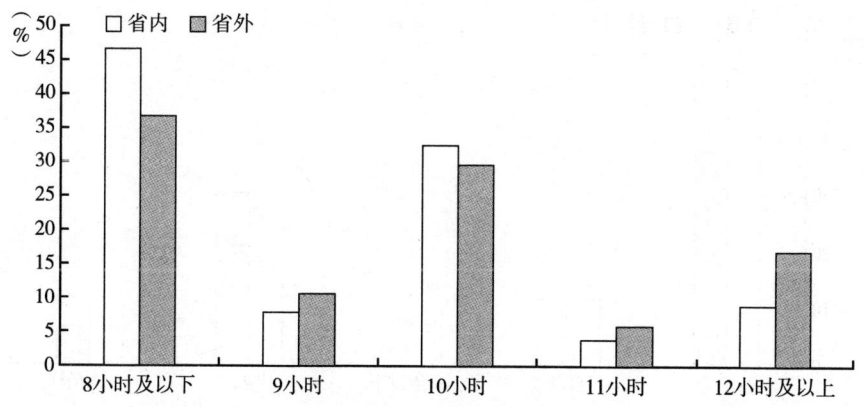

图8 省内外日均工作时间对比

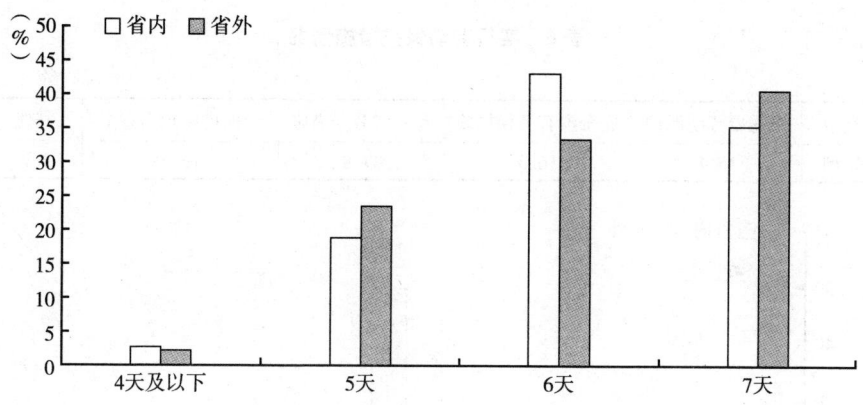

图9 省内外每周工作天数对比

签订了劳动合同,还有11.8%的人属于自营。分地域来看(见图10),省外劳动合同签订情况要好于省内,省外签订劳动合同者占50.1%,高于省内签订比例的35.8%。省内务工无劳动合同者占52.6%,明显高于省外比例的38.0%。

劳动保护情况相对较好,有67.0%的人表示有一些和较为齐全的劳动保护措施,但也有16.3%的人完全没有劳动保护措施(见表6)。分地域来看(见图11),省外的劳动保护措施比省内要好一些。省内有59.5%的人有劳动保护措施,而这一比例省外达到了72.9%。

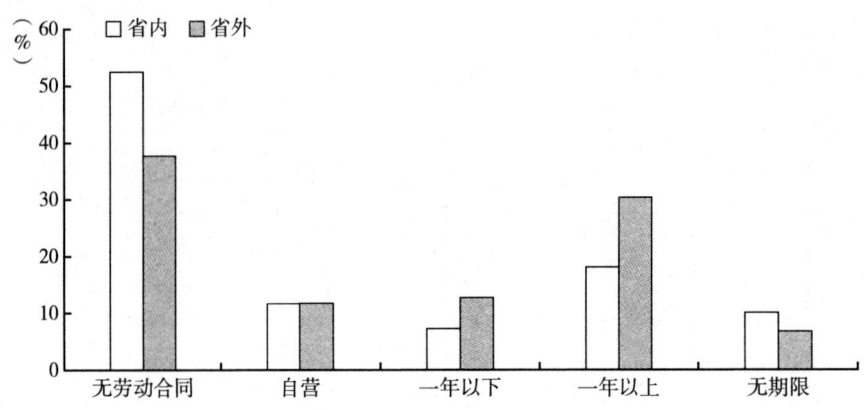

图10　省内外劳动合同签订情况对比

表6　实行劳动保护措施情况

单位：%

| 类型 | 不需要劳动保护 | 完全没有劳保措施 | 有一些劳保措施 | 劳保措施较为齐全 | 其他 |
|---|---|---|---|---|---|
| 比例 | 15.4 | 16.3 | 47.8 | 19.2 | 1.2 |

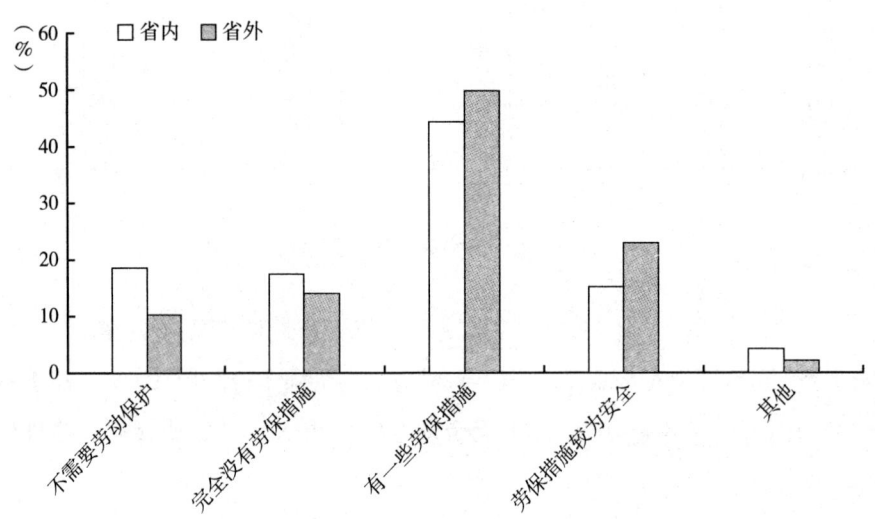

图11　省内外劳动保护情况对比

虽然农民工的就业环境存在不少需要改进之处，但大家对工作环境的满意度还是相对较高的。有50.5%的人认为工作环境一般，有35.8%的人对工作环境比较满意，而明确表示对工作环境不满意的比例仅为9.6%（见表7）。

表7 工作环境满意度

单位：%

| 满意度 | 非常满意 | 比较满意 | 一般 | 不太满意 | 非常不满意 |
|---|---|---|---|---|---|
| 比例 | 4.1 | 35.8 | 50.5 | 8.5 | 1.1 |

### 4. 居住方式以租赁为主

住房主要以租住私房为主。综合来看，有43.8%的人居住在出租屋内，其中独立租赁占24.2%、与人合租占19.6%（见表8）。从图12中可以看出，不管省内外，租赁都是外出务工人员的主要居住方式。但省外务工人员租赁比例要高于省内，住在单位宿舍的人员比例也高于省内。然而从自己购房比例来看，省内拥有自己住房者要明显多于省外人员。

表8 外出务工人员在务工地的居住情况

单位：%

| 居住类型 | 独立租赁 | 与人合租 | 单位宿舍 | 自己购房 | 工地工棚 | 生产场所 | 其他 |
|---|---|---|---|---|---|---|---|
| 比例 | 24.2 | 19.6 | 30.9 | 7.2 | 13.8 | 2.4 | 1.9 |

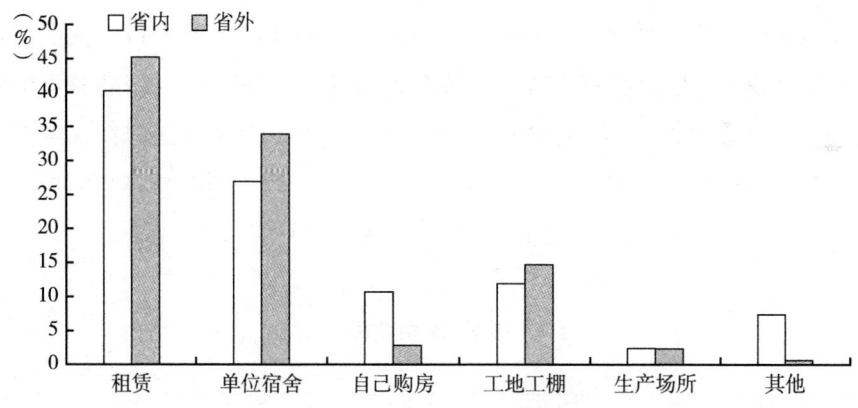

图12 省内外务工人员在务工地的居住情况对比

### 5. 购房意愿不强烈

总体来看，未来三年中，打算在打工地购买商品房的人占26.8%，而73.2%的人不打算购买，说明多数被访者不打算在打工地购买商品房。分地域来看，愿意在省内购房的占30.5%，高于省外的22.6%。分年龄段来看，21~30岁人群在打工地购房意愿相对较强，高于其他年龄段人群（见图13）。在30岁以上人群中，随着年龄的增大，购房意愿逐渐减弱。

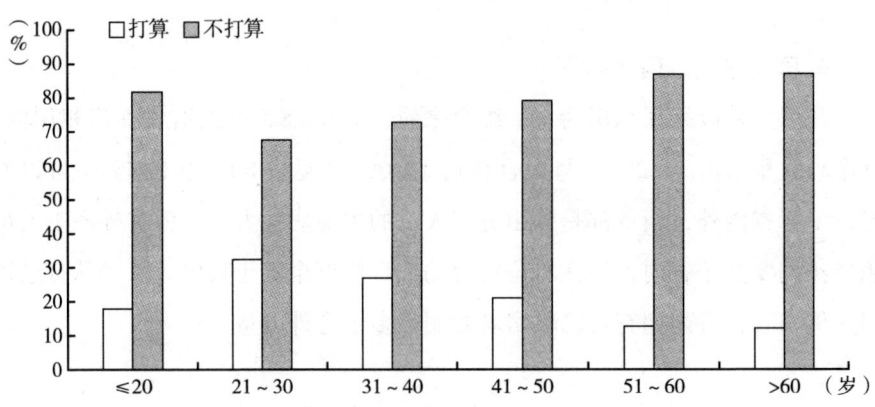

图13　不同年龄段人群购房意愿

在问及外出务工人员对未来的打算时，选择在城市安居乐业的有32.5%，选择有钱返回老家的有33.5%，整体来说，选择回老家的略大于留在城市的比例（见表9）。分年龄段来看（见图14），30岁以下人群在城市安居立业的意愿最强烈，21~30岁年龄段达到了40.3%，而随着年龄的增大，留在城市的意愿逐渐减弱。30岁以上人群，大多数计划挣钱后回老家居住。我们还可以看出，31~40岁人群对自己未来的打算最为明确，而超过60岁的人群对自己的未来打算不太明确。

表9　未来打算

单位：%

| 未来打算 | 无打算 | 在城市安居立业 | 有钱后返乡 | 到老家县城落户 | 其他 |
| --- | --- | --- | --- | --- | --- |
| 比例 | 13.9 | 32.5 | 33.5 | 19.1 | 0.9 |

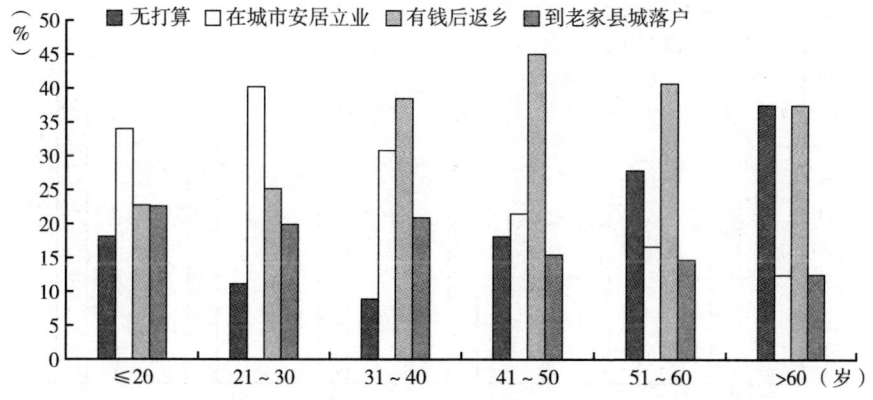

图14 不同年龄段未来打算

### 6. 近半数人愿意落户城镇

调查数据显示，虽然半数人不愿意在打工地安家落户，大部分人对务工地的户籍政策也不太关注，但是大部分人也不愿意回老家从事农业生产，他们最理想的生活地点是县城，近半数人愿意落户城镇。这也说明，中西部地区的就近城镇化思路符合农民工的意愿，切实可行。

总体来看，有 47.8% 的人愿意在打工地安家落户，而不愿意的有52.2%，两者比较接近。分地域来看，在省内务工者更愿意在打工地落户。省内务工人员在打工地落户意愿为 54.6%，而省外务工人员在打工地落户意愿为 40.1%。分年龄段来看，年轻人在打工地安家落户的意愿最为强烈，40 岁以下人群的安家落户意愿超过 50%，但随着年龄的增大，农村转移人口在打工地安家落户的意愿逐渐降低（见图15）。

外出务工人员对务工地的户籍政策关注度不高，有 45.0% 的人根本不关注，还有 29.7% 的人觉得无所谓，而关注当地户籍政策的人只有 1/4。分地域来看（见图16），省内务工人员对省内务工地的户籍政策关注度要高于省外务工人员，但关注度的绝对值不高，为 27.6%。

从未来就业意愿来看，有 72.1% 的人选择不愿意回老家从事农业生产，说明被访者大多数不想再回村务农。分年龄段来看（见图17），只有超过60 岁年龄段的人群愿意回老家从事农业生产的人数超过不愿回老家从事农

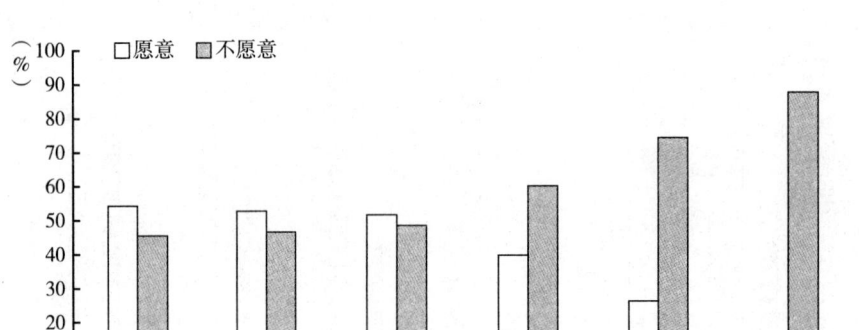

图 15　不同年龄段人群在打工地安家落户意愿

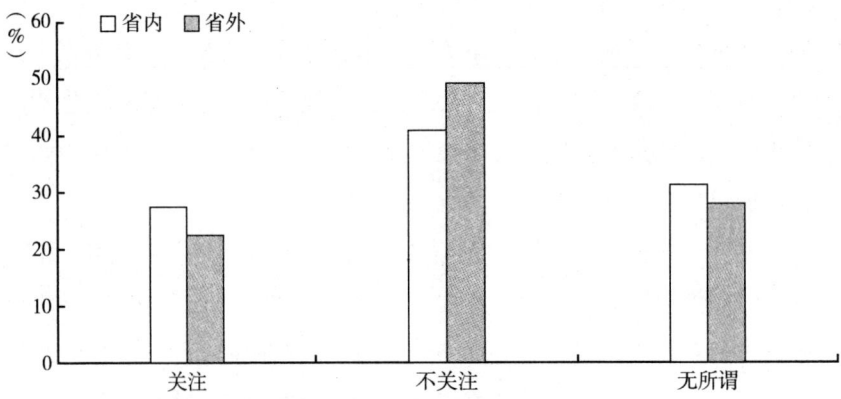

图 16　省内外务工人员对务工地户籍政策关注度对比

业生产的人数，60岁以下人群大多不愿意回老家从事农业生产，尤其是在城市工作过一段时间的年轻人，绝大多数不愿意再从事农业劳动。

从表10可以看出，对"最理想生活地点"这个问题的选择比较平均，相对较多的是县城这个选项。分年龄段来看（见图18），小于20岁和大于60岁的人群，认为省会大城市是最理想的生活地点；21~60岁的人群，大多数认为县城是最理想的生活地点，但41~50岁年龄段的人群还是将乡村作为最理想的生活地点。

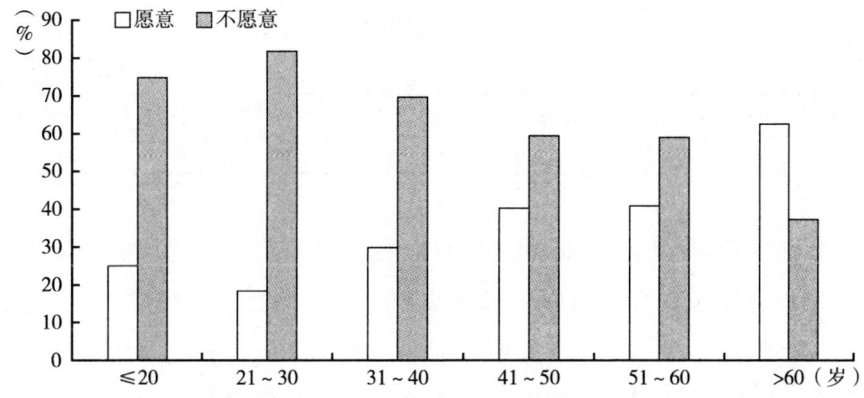

图17 不同年龄段人群回老家从事农业生产意愿

表10 最理想生活地点

单位：%

| 地点 | 乡村 | 县城 | 地级市 | 省会等大城市 |
|---|---|---|---|---|
| 比例 | 25.1 | 30.3 | 23.0 | 21.6 |

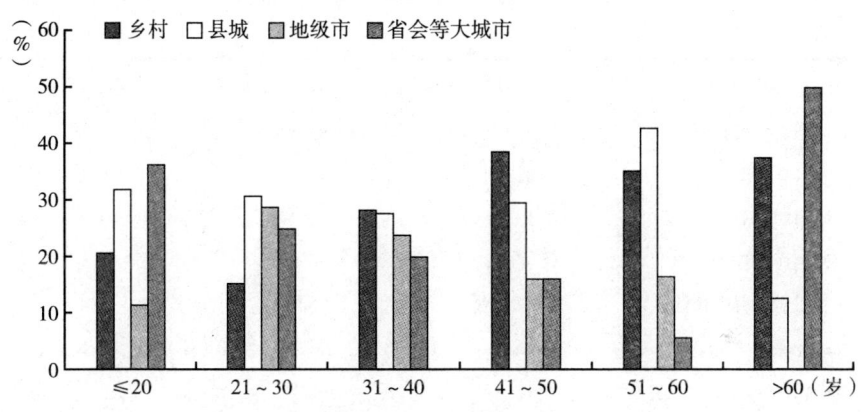

图18 不同年龄段人群最理想的生活地点

**7. 希望享有更多基本公共服务和社会保障**

医疗保障是农民工最希望务工地政府帮助解决的问题，然后是权益维护、子女教育、降低生活费用、养老保障、市民待遇、技能培训、就业指导等问题（见表11）。

表11 希望务工地政府帮助解决的问题

单位：%

| 选项 | 技能培训 | 就业指导 | 子女教育 | 医疗保障 | 养老保障 | 权益维护 | 市民待遇 | 降低生活费用 |
|---|---|---|---|---|---|---|---|---|
| 比例 | 26.0 | 23.3 | 35.6 | 43.9 | 29.5 | 38.1 | 26.3 | 34.9 |

参加城镇居民医疗保险的人较少。在外出务工人员享有的保险项目中，农村合作医疗保险是享有率最高的险种，然后是农村居民养老保险、工伤保险（见表12）。分地域来看（见图19），省内外参加城镇居民医疗保险、城镇职工养老保险、城镇居民养老保险的人都很少，省内务工人员的参保情况略好于省外，但绝对值都较低。更多的省外务工人员参加了省内的农村合作医疗保险和农村居民养老保险。在失业保险、工伤保险和生育保险方面，省外务工人员的参保率要高于省内务工人员。

表12 享有保险情况

单位：%

| 类型 | 享有 | 不享有 | 不知道 |
|---|---|---|---|
| 城镇居民医疗保险 | 21.1 | 65.1 | 13.8 |
| 农村合作医疗保险 | 82.1 | 11.6 | 6.2 |
| 城镇职工养老保险 | 13.8 | 71.1 | 15.1 |
| 城镇居民养老保险 | 7.1 | 76.3 | 16.6 |
| 农村居民养老保险 | 37.9 | 45.7 | 16.4 |
| 失业保险 | 15.7 | 64.7 | 19.6 |
| 工伤保险 | 32.4 | 49.9 | 17.7 |
| 生育保险 | 14.2 | 58.2 | 27.6 |
| 商业保险 | 12.0 | 64.4 | 23.7 |

绝大多数外出务工者对子女的教育非常重视，对孩子的受教育程度期望也比较高，有80.3%的人希望自己孩子将来的受教育程度在大学本科及以上（见表13）。

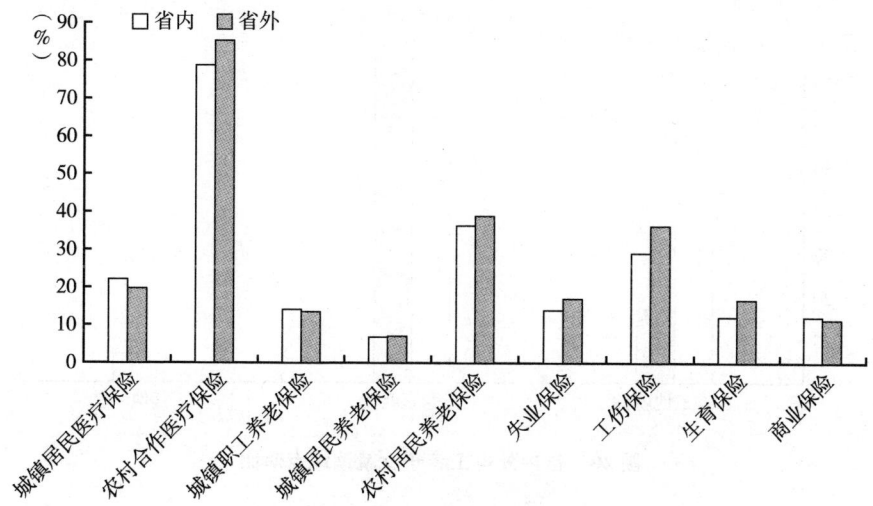

图19 省内外务工人员参保率对比

表13 对子女教育期望

单位：%

| 学历 | 研究生学历 | 大学本科学历 | 职业技术学历 | 高中学历 | 无所谓 |
|---|---|---|---|---|---|
| 比例 | 41.9 | 38.4 | 5.1 | 1.1 | 13.4 |

大多数农民工未成年子女未能享受城市义务教育，多在老家就读。为了了解外出务工人员未成年子女的受教育情况，对受访者的未成年子女的受教育情况进行了统计。受访者的子女有较大比例处于小学到初中阶段，然后是幼儿园和高中。外出务工人员子女大部分在公办学校就读。从读书地点上看，大部分子女在老家就读（见表14）。分地域来看（见图20），在省内务工者更多选择将孩子带在身边在务工地就读。

表14 子女教育情况

单位：%

| 年级类型 | 高中 | 初中 | 小学 | 幼儿园 |
|---|---|---|---|---|
| 比例 | 18.9 | 27.4 | 34.3 | 19.4 |
| 学校类型 | 公办学校 | 民办学校 | 农民工子弟学校 | — |
| 比例 | 60.0 | 36.3 | 3.8 | — |
| 读书地点 | 在务工地就读 | 在老家就读 | 其他 | — |
| 比例 | 25.7 | 69.8 | 4.5 | — |

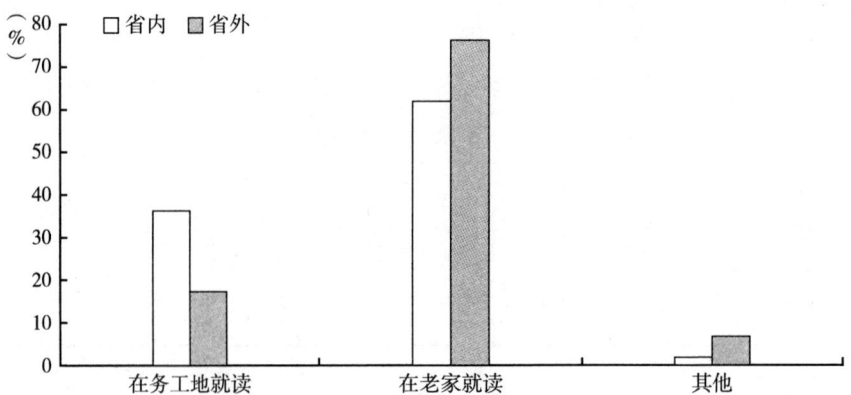

图20 省内外务工者子女就读地点对比

农民工居住证办理率低,不利于其享受应有的公共服务。在无法取得务工所在地户籍情况下,办理暂住证或居住证后农民工可以享受一定的公共服务,如居住证持有人可与当地户籍人口享有同等的包括子女免费接受义务教育、平等劳动就业等多项权利,并可逐步享受同等的中等职业教育资助、就业扶持、住房保障、养老服务、社会福利、社会救助、随迁子女在当地参加中考和高考的资格等权利①。但河南农民工居住证和暂住证办理情况不理想,有超过50%的人没有办理过居住证或者暂住证,两证都有的人不到10%(见表15)。分地域来看(见图21),省外务工人员办理暂住证的比例明显高于省内,但居住证办理率明显低于省内。整体来看,省外务工人员的两证办理率要高于省内。

表15 在务工地暂住证或居住证办理情况

单位:%

| 选项 | 有暂住证 | 有居住证 | 都有 | 都没有 |
| --- | --- | --- | --- | --- |
| 比例 | 26.4 | 13.5 | 9.9 | 50.2 |

① 国务院法制办公室:《居住证管理办法(征求意见稿)》,2014。

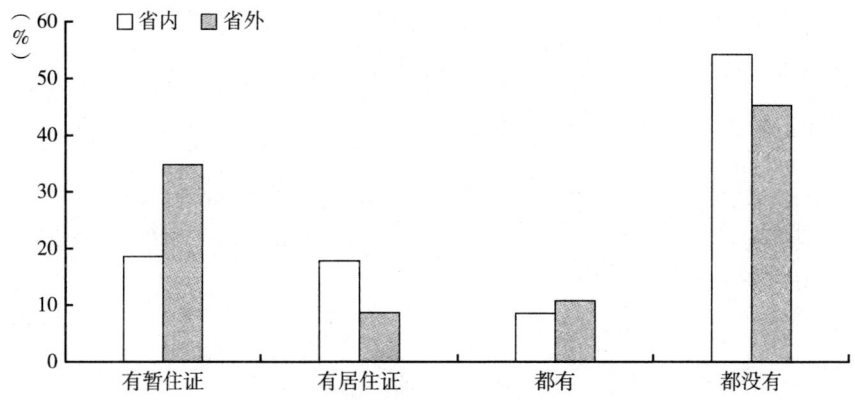

图 21 省内外居住证/暂住证办理情况对比

**8. 社会融合任重道远**

农民工的业余文化生活以自娱自乐为主。上网、看电视听广播,是外出务工人员的主要业余娱乐方式,分别占 39.8% 和 37.7%（见表 16）。

表 16 主要业余文化生活

单位：%

| 选项 | 看电视听广播 | 上网 | 学习看书看报 | 喝酒聊天打牌 | 逛街游玩 | 睡觉 | 陪家人孩子 | 朋友聚会 |
|---|---|---|---|---|---|---|---|---|
| 比例 | 37.7 | 39.8 | 13.4 | 17.6 | 18.3 | 16.7 | 12.8 | 13.2 |

日常交往人群以友缘、业缘和亲缘为主,分别占 31.3%、30.7% 和 25.2%,地缘为主的交往占 10.3%,趣缘为主的交往仅占 2.5%。

外出务工人员很少参加工会和社区事务等活动。只有 10.9% 的人在务工地参加了工会,有 61.8% 的人未参加,还有 27.4% 的人表示单位没有工会。当问及"是否愿意参加务工所在城市的社区事务"时,只有 6.7% 的人明确表示会主动参与,42.0% 的人表示在有时间精力的情况下会考虑参与,还有 11.1% 的人表示在政策允许的情况下会参与,另外 40.2% 的人则明确表示不会参与。

相对于农村的生活方式,更多人喜欢城市的生活方式。受访对象中,41.9% 的人表示更喜欢城市的生活方式,28.9% 的表示更喜欢农村的生活方式,还有29.1%的人没有明确表示。分年龄段来看(见图22),年轻人更喜欢城市的生活方式,而年龄越大的人越喜欢农村的生活方式,40岁以上人群对农村生活方式的喜好度超过了城市生活。

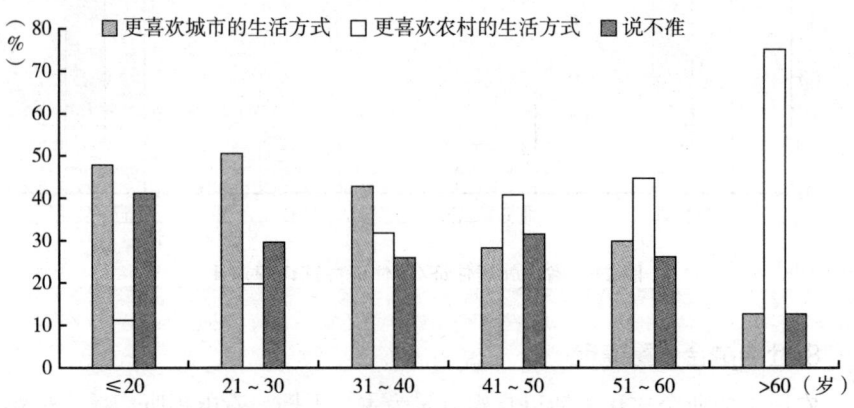

图22 不同年龄段农民工生活方式喜好对比

大部分人在打工地都没有归属感。有46.7%的人认为务工地仅仅是打工之地而已,24.3%的人认为自己只是城市的过客而已,仅有16.4%的人认为务工地是第二故乡,还有11.5%的人认为目前的务工地是理想之地。分年龄段来看(见图23),更多的年轻人将务工地看作理想之地,但尽管如此,他们更认为自己只是务工地的过客,仅在此打工而已。

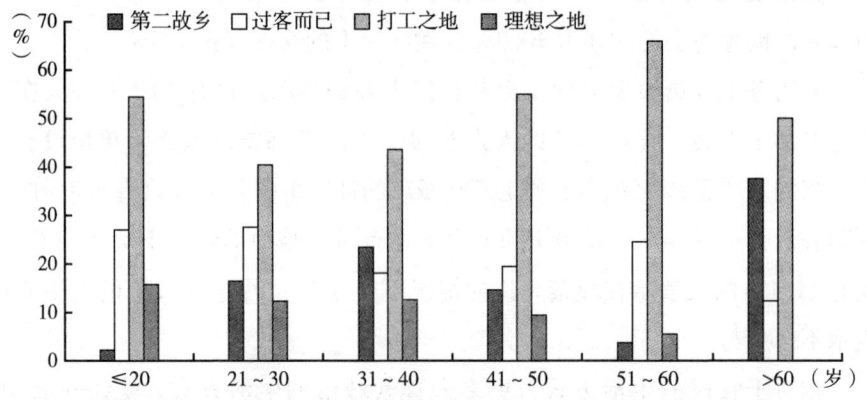

图23 不同年龄段农民工对务工地的总体感觉

融入城市困难重重。城市开销大、学历有限、家人无法照料、工资太低、工作太辛苦和子女教育问题被认为是务工者融入打工城市的主要困难和障碍，此外还有生病无人照管、缺乏外出经验等（见表17）。

表17　融入打工地城市的困难和障碍

单位：%

| 选项 | 城市开销大 | 学历有限 | 家人无法照料 | 子女教育 | 工资太低 | 工作太辛苦 | 缺乏外出经验 | 生病无人照管 |
|---|---|---|---|---|---|---|---|---|
| 比例 | 60.4 | 37.0 | 35.9 | 23.5 | 35.1 | 28.8 | 9.7 | 13.1 |

农民工的幸福感介于家乡未外出人员和城市人之间。总体来说，外出务工者感觉自己的幸福度高于农村未外出人员，而低于城市人（见图24）。

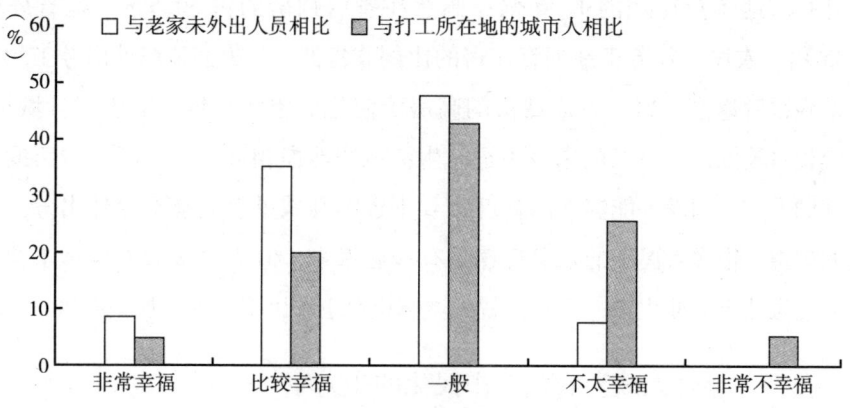

图24　幸福感比较

## 三　主要结论

### （一）省内工资待遇和就业环境有待提升

与省外相比较，河南省的工资水平相对较低。2013年，省外务工人员的平均年收入为4.8万元，而省内务工人员的平均年收入为3.9万元，省外的平均工资收入是省内的1.23倍。从工资是否可以足额按时发放和工资满意度两项指标也可以看出,省外的工资发放情况要好于省内。在劳动合同签订和劳动保护两个方面,省内与省外有一定差距。省内有一半以上(52.6%)的人没有签订劳动合同,是省外的1.38倍。在是否有较为齐全的劳保措施方面,省内外情况都不尽如人意,但相比于省外的23.1%来说,省内得到较好的劳动保护的人更少,只有15.3%。从整个就业环境来说,河南省还有较大的提升空间。

## (二)就近城镇化对农民工更具吸引力

从落户和购房意愿来看,省内对农民工更具吸引力,县城成为最理想的生活地点。省内务工人员有在打工地落户意愿的比例为54.6%,是愿意在省外打工地落户比例的1.36倍;愿意在省内购房的占30.5%,是省外的1.35倍。农民工在务工地拥有住房的比例非常低,一方面他们外出务工的目的是赚钱后返乡,另一方面城市的高房价使他们望而却步。生活在县城里,房价相对较低,离自己的家乡不远,生活风俗习惯相近,又能享受城市的公共基础设施。因而,能够在离自己家乡不远的县城里生活是不少外出务工人员的理想。很多农民工的未来打算是有钱后返乡,但72.1%的人表示不愿意再回老家从事农业生产,因此,就近城镇化对于农民工来说更加具有吸引力。

## (三)年轻人成为农民工市民化的生力军

年轻人更喜欢城市的生活方式,希望在城市里安居立业、安家落户。相对于农村生活方式,40岁以下人群更喜欢城市生活方式。20~40岁年龄段人群在务工地购房的意愿要高于平均值。对于未来的打算,30岁以下人群在城市安居立业的愿望最为强烈。40岁以下人群愿意在务工地安家落户的人员超过半数。对于理想的生活地点的选择,越年轻的人越向往城市,且越年轻越向往大城市。整体来说,40岁以下人群更希望在城市就业和生活。年轻人具有接受新事物更快、更容易融入新环境的特质,因而,年轻的外出务工人员将是农民工市民化的最主要对象。

### （四）农民工希望享受更多市民待遇

很多农民工的子女都在老家就读，其自身的医疗和养老保险的参保地都在农村，无法享受市民待遇。在工资收入、子女教育、劳动保障、医疗保障、就业机会和职业培训等方面，农民工希望能得到公平对待。但农民工在务工地参加社会保险的比例很低。进城务工的人员由于户籍限制，往往难以在务工地参加社会保险，基于流动性，他们也不愿意参加当地的社会保险。城镇居民医疗保险、城镇职工养老保险、城镇居民养老保险享有率都很低，分别只有21.1%、13.8%、7.1%。失业保险、商业保险、生育保险的享有率也很低，分别只有15.7%、12.0%、14.2%。工伤保险享有率相对较高，但是参保人员也不到总数的1/3。

### （五）农民工市民化的社会融合任重而道远

大多数农民工只是把务工地当作暂时的打工之地，自己只是过客而已，认为务工地是第二故乡的人仅有16.4%。他们平时主要的业余文化生活属于自娱自乐型，如上网、看电视听广播等，交往人群以业缘和亲缘为主，很少参加当地工会或主动参与社区事务，对当地的户籍政策关注度低，暂住证和居住证办理率都很低。可以说，农民工对于融入城市生活的积极主动性并不高。农民工认为自己融入城市生活困难重重，如城市开销大、自己学历有限、工资太低、工作太辛苦、家人无法照料和子女教育等。大部分农民工觉得自己处于夹心层，幸福感介于老家未外出人员和城市人之间。相比安居立业，社会融合是农民工市民化的更高阶段，而要实现这一转变任重而道远。

## 四 思考与建议

### （一）努力提升农民工工资待遇，改善其就业环境

工资收入的高低直接关系农民工的生活质量，各用工单位除了做到

"同工同酬"之外，还应在相对合理的范围内尽量提升农民工的工资水平和就业待遇，使农民工能够更好地安心立足岗位、创造更大的社会价值。用人单位应规范自身加班制度、有偿假期和带薪年假制度。政府相关部门应督促用工单位与农民工签订劳动合同，通过宣传以有效提升农民工的自我保护意识，为权益维护提供法律依据。加强用工单位的劳动保护措施检查，有效保障农民工的人身安全。建立农民工就业服务体系，建立统一高效的人力资源信息交流平台，为农民工提供更多的就业信息和就业指导。此外，还应加强农民工技能培训，这关系农民工增加就业机会和提高工资收入等，同时可以为现代化产业转型升级提供人力。

### （二）以产业集聚区为抓手，大力发展就近城镇化

鉴于很多农民工的理想生活地点是离自己家乡较近的县城，解决就业是其落户中小城镇的首要问题，而发展产业集聚区能创造更多就业岗位，增强第二、三产业支撑能力。走就近城镇化道路，是河南省城镇化发展的重要突破口。结合各地优势资源，建立适合当地特色的产业园区，吸引农民工就近就业转移，同时完善产业集聚区的基础设施，为农民工安居落户提供生活保障。具体来说，就是以产业为主导，增加就业容量，完善产业集聚区内餐饮、购物、娱乐等生活配套设施，增加学校、医院等基本公共服务设施，解决好农村务工人员的社会保障等问题，从而解决农民工离乡背井的两栖状态问题。

### （三）鼓励年轻人落户城镇

年轻人对新事物具有较强的接受能力，能够较快地适应新环境，他们向往现代化的城市生活，是农民工市民化的主要生力军。但他们也存在经验不足、经济能力较弱等问题，需要更多的鼓励和帮助。在就业方面，应为年轻人提供更多的就业指导和技能培训，使其具有更明确的职业发展规划和专业技能，从而获得更好的就业岗位和工资待遇。在住房方面，放宽年轻人申请保障性住房的条件，降低购房贷款申请条件和贷款利率，让他们有更多机会

安居乐业；同时建立城乡要素平等交换机制，为将农村资产转化为城市资产提供平台，解决购房资金问题。在户籍方面，帮助他们全面了解政策，放宽落户条件，在政策上可以给予更多的倾斜。同时，鉴于不少老年人更喜欢农村生活方式，在尊重个人意愿的前提下，可以鼓励一部分老人"回流"，为年轻人腾出更多发展空间。

### （四）提高农民工的市民化待遇

新型城镇化的核心是"人"的城镇化，这就需要提高农民工的市民化待遇，完善他们的社会保障，满足他们的基本公共服务需求。在医疗保险和养老保险方面，实现城乡一体化，为农民工就诊提供方便、养老提供保障。在失业保险、工伤保险、生育保险和商业保险等方面提高农民工参保率，完善社会保障体系。在子女教育方面，为农民工子弟提供更多平等的受教育权利，让孩子能够在父母身边健康成长。此外，在工资收入、劳动保障、就业机会和职业培训方面，应给予农民工和城市人同等的待遇。

### （五）增强农民工的社会认同感，促进社会融合

很多农民工不了解也不关心务工地的户籍政策，因此需要做好宣传工作，让农民工全面了解户籍政策，如办理居住证的好处，如何积分落户等。积极吸纳农民工参加工会活动、参与社区事务，培养农民工的主人翁意识，以更好地融入城市生活。当然，由于生活经历、文化背景的不同，思想差异和利益诉求不同，农民工要真正融入城市生活，并不是一件容易的事情，这需要一个漫长的过程。真正的社会融合，除了外在身份、权利和待遇的无差异化外，还有内在的心理认同。因此，需要通过文化建设消除不同群体间的心理隔阂，建立包容、公平和共享的新型社会。

# 河南省农民工市民化的调查与分析*

朱 磊**

**摘 要：** 基于对河南省25个县597份问卷调查的统计分析发现：河南省农民工市民化整体上接近中等水平，至少40%的农民工实现了中等市民化，新生代农民工的市民化水平高于全国平均水平；不同维度的市民化水平具有差异，工作、居住、生活习惯的市民化超过中等水平，技能、身份认同、人际交往的市民化水平较低。推进河南省农民工市民化的对策建议有：扎实开展农民工的职业技能教育，切实提高其职业技能；落实、完善居民居住证制度，使农民工平等享受城镇基本公共服务，提高农民工的身份认同；以创新公共服务供给模式、推广政府购买社会工作服务为路径促进农民工的社会融合；积极推进产业集聚区协调发展，探索创新城乡一体化示范区建设路径。

**关键词：** 农民工 市民化 城镇化 河南省

河南省是农业大省、人口大省、新兴工业大省，正处于工业化进程中的加速推进期、城镇化的快速发展期，农业转移人口的市民化是一项重大的理论与现实问题。河南省委、省政府非常重视关于新型城镇化、有序推进农业

---

\* 国家社会科学基金教育学青年项目"职业教育对农民工社会流动的影响研究"（CJA140157）阶段性成果。

\*\* 朱磊，博士，河南大学哲学与公共管理学院讲师，社会管理河南省协同创新中心研究员，研究方向为农民工问题研究。

转移人口市民化等方面的工作，仅2014年就出台了《中共河南省委关于科学推进新型城镇化的指导意见》（豫发〔2014〕1号）、《河南省新型城镇化规划（2014~2020年）》（豫政〔2014〕55号），《河南省人民政府办公厅关于印发〈积极推进农村人口向城镇有序转移八项措施〉的通知》（豫政办〔2014〕184号）等政策文件。

作为农业转移人口的主体、新型城镇化的主体，农民工群体在现代化、城市化与工业化的进程中发生了深刻变化，他们在劳动方式、生活方式、社会角色、身份地位、行为习惯、思想观念等方面既不同于乡土传统，也显示了与城市之间明显的差异。这一特征引发了诸多研究议题，其中关于"农民工市民化"的研究较有影响力。一般认为，农民工市民化在狭义上是指农民工获得与城市居民平等的户籍身份和社会权利，直接表现为农民工获得城市户籍以及相应的公共服务；在广义上农民工市民化则不局限于户籍身份和社会权利的改变，还包括农民工在职业、技能、行为、习惯、观念、主观认同等众多方面的变化，实质上是农民工城市性增强的继续社会化过程。如果"农民工市民化"在狭义上表现为户籍身份与权利地位的质变结果，那么在广义上则强调了农民工发生继续社会化、不断增长城市性的量变过程。前者可以通过政策的人为改变在形式上达成，而后者则是一个客观的、系统的、以人为中心的社会化过程，是新型城镇化的应有之义。本文以广义的农民工市民化为研究内容，从技能、工作、居住、人际交往、生活习惯、身份认同等六个方面分析河南省农民工的市民化状况。

本文的研究对象"河南省农民工"是指拥有河南省农村户籍的农民工，而非指在河南境内打工的农民工。河南省农民工遍布全国各地，其分布状况非常复杂，在抽样调查中进行随机抽样的难度较大。相对于在流入地进行抽样的策略而言，流出地抽样的策略使得随机抽样原则更具可操作性，有可能大幅降低抽样误差[1]，也更适用于对研究对象的限定。因此，本研究采取流

---

[1] 关于流出地抽样策略的特征和应用，及其与流入地抽样的比较，详见作者论文《流出地抽样抑或流入地抽样？——对当前农民工研究中抽样方法的评析》，《青年研究》2014年第1期。

出地抽样的策略,在河南省农民工的流出地(即村庄)进行抽样。抽样的基本过程是:首先,按照方便抽样的方法选取 25 个县,每个县选取 1 个行政村;其次,每个村庄选取 20 个家庭,被选中的家庭中所有 18 岁以上、在本县辖区之外打工 6 个月以上者,均成为本研究的调查对象。抽样调查在 2014 年 2 月进行,调查员为河南大学 2012 级的 25 名本科生,调查方法是自填式问卷法,问卷当场发放,被调查者独立填写,调查员当场回收,共发放问卷 620 份,回收有效问卷 597 份,有效回收率为 96%。调查对象概况如下(见表 1)。

表 1　调查对象概况（N = 597）

单位:%

| 变量 | 百分比 | 变量 | 百分比 |
| --- | --- | --- | --- |
| 性别 | | 受教育程度 | |
| 　男 | 73.5 | 　小学及以下 | 16.8 |
| 　女 | 26.5 | 　初中 | 52.2 |
| 流入地 | | 　高中 | 19.3 |
| 　省内 | 26.3 | 　中专、技校、职高 | 11.7 |
| 　省外 | 73.7 | — | — |
| 出生年份 | | 婚姻状况 | |
| 　1979 年及以前 | 40.7 | 　未婚 | 36.2 |
| 　1980~1989 年 | 33.3 | 　已婚 | 60.8 |
| 　1990 年及以后 | 26.0 | 　离婚、丧偶 | 3.0 |

表 1 数据显示:男性的比例为 73.5%,新生代人口(指 1980 年及以后出生)的比例为 59.3%,已婚者占 60.8%,初中及以上教育程度者占 83.2%,在省外流动者占 73.7%。这些数据体现了调查对象的群体特征:以男性、新生代人口、已婚者、初中及以上学历、省外流动为主。

# 一　河南省农民工市民化的基本特征

## (一)人力资本略高于全国农民工平均水平

本研究从受教育程度、劳动技能、技能培训、身体健康等方面考量河南省农民工的人力资本。从受教育程度来看（见表1），河南农民工初中、高中及以上学历者分别占52.2%、31%，2012年全国农民工的初中、高中及以上学历者分别占60.5%、23.7%[①]，这表明，河南省农民工的受教育程度略高于全国农民工的平均水平，高中及以上学历者高出全国农民工平均水平7.3个百分点。

调查显示：58.3%的被访者掌握某项劳动技能，24.6%的被访者具有技术资格证书；在技能培训方面，34.7%的被访者参加过专门的技能培训，其中28.6%的被访者培训时间在6个月及以上，47.5%的被访者培训时间在2~5个月。2012年、2013年的全国农民工中接受过技能培训的比例分别为30.8%、32.7%，这表明，河南省农民工的劳动技能培训率略高于全国农民工的平均水平。在身体健康方面，仅有3.3%的被访者自评为"不健康"与"非常不健康"，而96.6%的被访者自评在"一般"及以上水平，这表明绝大部分被访者健康状况良好。

综上所述，对受教育程度、劳动技能培训率两个指标的考量显示河南省农民工的人力资本略高于全国农民工平均水平。

### （二）职业非农化程度高，工作收入较稳定

表2数据显示：从工作性质看，在近一年内，70.8%的被访者没做过或很少做农活，仅有29.2%的被访者做过大部分农活，这表明：超过七成的被访者脱离农业劳动，从事非农职业较为普遍；从工作的特征来看，34.5%的被访者表示其工作需要专门技术，17.7%的被访者表示其工作风险大，82.4%的被访者表示其工作风险小或没有风险；从工作的收入看，仅有20.5%的被访者工作收入不稳定，47.8%的被访者收入稳定，31.7%的被访者收入稳定性一般。

---

[①] 国家统计局：《2012年全国农民工监测调查报告》，http://www.stats.gov.cn/tjsj/zxfb/201305/t20130527_12978.html，2013年5月27日。

表2 职业状况

单位：%

| 指标 | 百分比 | 指标 | 百分比 |
|---|---|---|---|
| 近一年做过多少农活？ | | 在外工作收入稳定吗？ | |
| 没做过 | 23.2 | 稳定 | 47.8 |
| 做过很少 | 47.6 | 一般 | 31.7 |
| 做过大部分 | 29.2 | 不稳定 | 20.5 |
| 工作需要专门技术吗？ | | 工作有风险吗？ | |
| 需要 | 34.5 | 风险大 | 17.7 |
| 不需要 | 65.6 | 风险小 | 52.4 |
| — | — | 没有风险 | 30.0 |

### （三）居住形式以集体宿舍和租房为主，居住隔离较为普遍

依据表3数据，从居住区位来看，31.5%的被访者居住于城市市区及县城城区，49.9%的被访者居住于城市郊区或县城周边，18.6%的被访者居住于乡镇地区及偏远矿区，这表明：仅有三成的被访者居住于城市空间范围，而近七成的被访者居住于城市的边缘位置或远离城市。从住所附近的主要人群来看，56.9%的被访者住所附近基本是外来打工者或以外来打工者为主，换言之，56.9%的被访者居住于外来打工者集中居住区；30.6%的被访者居住于以本地人为主或基本是本地人的区域。

住所不仅是一个物理空间，而且是一个社会空间，是人们的日常生活、社会交往的发生地，承载了人们的地域归属感、生活安全感与舒适感。因此，住所的区位以及人群构成不仅反映了当地的社会结构特征，而且能够显示特定群体的社会地位。上述数据分析揭示了近七成的被访者居住于城市的边缘或远离城市，近六成居住于外来人口聚居区，这一现象反映了河南省农民工与城市的融合并不乐观，普遍存在居住隔离。

表4数据反映了河南省农民工在流入地居住的类型与主观评价。从住所类型来看，仅有1.7%的被访者能够在流入地购房，至少90%的被访者以出租房、集体宿舍和工地工棚为住所，另外还有5.2%的被访者居住在生产经营场所以及自己搭建的临时房；从对住所的主观评价看，近20%的被访者

表3  住所的位置及附近人群

单位：%

| 变量 | 百分比 | 变量 | 百分比 |
|---|---|---|---|
| 住所位置 | | 住所附近的人群 | |
| 城市市区 | 26.3 | 基本上是外地打工者 | 31.8 |
| 城市郊区 | 43.0 | 外地打工者为主,少量本地人 | 25.1 |
| 县城城区 | 5.2 | 本地人为主,少量外地打工者 | 19.6 |
| 县城周边 | 6.9 | 基本是本地人 | 11.0 |
| 乡镇地区 | 14.4 | 二者差不多 | 7.1 |
| 偏远矿区 | 4.2 | 不清楚 | 5.4 |

认为居住宽敞，41.4%的被访者认为住所附近生活方便，15.1%的被访者认为居住条件好，19.7%的被访者认为居住条件比老家好，这些数据表明：有15%~20%的被访者对流入地居住状况持正面评价；数据还显示：有41%~51%的被访者对流入地居住状况持中性评价；尽管超过一半的被访者认为流入地居住状况比老家差，但1/3左右的被访者对居住条件表示习惯与满意，仅有1/5左右的被访者对居住条件表示不习惯与不满意。

表4  住所的类型及主观评价

单位：%

| 指标 | 百分比 | 指标 | 百分比 | 指标 | 百分比 |
|---|---|---|---|---|---|
| 住所类型 | | 住所方便程度 | | 居住习惯程度 | |
| 出租房 | 32.4 | 很方便/方便 | 41.4 | 很习惯/习惯 | 36.4 |
| 集体宿舍 | 40.5 | 一般 | 41.6 | 一般 | 45.8 |
| 工地工棚 | 18.5 | 不方便/很不方便 | 17.0 | 不习惯/很不习惯 | 17.8 |
| 劳动场所 | 2.9 | 居住条件评价 | | 居住条件满意度 | |
| 搭建临时房 | 2.3 | 非常差/差 | 18.1 | 很满意/满意 | 30.0 |
| 借住亲友家 | 1.7 | 一般 | 66.8 | 一般 | 48.1 |
| 自己买的房 | 1.7 | 好/非常好 | 15.1 | 不满意/很不满意 | 21.9 |
| 住所拥挤程度 | | 与老家居住比较 | | — | |
| 很拥挤/拥挤 | 29.1 | 好很多/好一些 | 19.7 | | |
| 一般 | 51.2 | 差不多 | 26.4 | | |
| 宽敞/很宽敞 | 19.7 | 差一些/差很多 | 53.9 | | |

## （四）超过八成的被访者以老乡和外地人为主要交往对象，部分被访者积极与当地人交往

本研究重点从交往对象、与（流入地）当地人的交往状况考察河南省农民工的社会交往情况。表5数据显示：在交往对象上，仅有18.2%的被访者把当地人作为交往最多的对象，81.8%的被访者交往最多的对象是老乡与一起工作的外地人。在与当地人的交往方面，36.9%的被访者与当地人交往多或很多，63.1%的被访者与当地人交往少或很少；42%的被访者有过受邀到当地人家里做客的经历，58%的被访者从未有过；关于关系好的当地人数量，2个及以下的被访者比例为40.3%，3~5个的被访者比例为33.5%，5个及以上的被访者比例为26.2%。

表5 社会交往

单位：%

| 指标 | 百分比 | 指标 | 百分比 |
| --- | --- | --- | --- |
| 与哪些人交往最多？ | | 是否受邀到当地人家里做客？ | |
| 老乡 | 40.2 | 没有过 | 58.0 |
| 一起工作的外地人 | 41.6 | 有过很少次 | 32.5 |
| 一起工作的当地人 | 18.2 | 有过很多次 | 9.5 |
| 与当地人的交往多吗？ | | 与您关系好的当地人数量 | |
| 很多 | 10.2 | 2个及以下 | 40.3 |
| 多 | 26.7 | 3~5个 | 33.5 |
| 少 | 44.8 | 5个以上 | 26.2 |
| 很少 | 18.3 | — | — |

## （五）超过半数的被访者积极适应新的生活，约1/3的被访者生活习惯改变较大

生活习惯是人们日常生活行为沉淀的结果，不仅是对传统、习俗的遵从与延续，还被作为一种规范在一定范围内共享，成为个体与特定群体之间的纽带。从生活习惯的角度看，农民工在空间位置的移动必然伴随着原有生活

习惯的改变以及新生活习惯的获得。表6数据显示了河南省农民工生活习惯的改变状况,我们可以发现:34%的被访者认为自己的生活习惯有较大或非常大的改变,仅有19%的被访者认为没有改变;50.9%的被访者会主动学习当地人的生活习惯,59.5%的被访者认为自己适应了当地人的生活习惯。

**表6 生活习惯**

单位:%

| 指标 | 百分比 | 指标 | 百分比 |
|---|---|---|---|
| 会主动学习当地人生活习惯吗? | | 对家乡生活习惯的改变程度? | |
| 会 | 50.9 | 改变非常大 | 8.4 |
| 不会 | 49.1 | 改变较大 | 25.6 |
| 适应了当地人的生活习惯吗? | | 改变较小 | 47.0 |
| 适应 | 59.5 | 没有改变 | 19.0 |
| 不适应 | 40.5 | — | — |

## (六)至少七成被访者认同农民身份,1/3的被访者具有在外定居意愿

本研究从"自我身份归类"和"定居意愿"两个指标考量农民工的身份认同。"自我身份归类"包括三个类属,"还是农民"反映了农民身份认同,其他两个类属反映了非农身份认同。表7数据表明:71.2%的被访者认同农民身份,28.8%的被访者对自己的农民身份持有否定或模糊态度;34%的被访者有在外定居的意愿,66%的被访者则不想在家乡之外定居。

**表7 自我身份归类与定居意愿**

单位:%

| 指标 | 百分比 | 指标 | 百分比 |
|---|---|---|---|
| 您认为自己的身份: | | 您想在外面定居吗? | |
| 还是农民 | 71.2 | 非常想 | 8.4 |
| 不是农民 | 6.0 | 想 | 25.6 |
| 说不清楚 | 22.8 | 不想 | 47.0 |
| | | 非常不想 | 19.0 |

## 二 河南省农民工市民化水平的测量与分析

### （一）市民化水平测量指标体系的构建

综合借鉴现有的研究成果①，本研究构建了一个测量农民工市民化水平的指标体系（见表8），其中一级指标的权重为1/6，二级指标的权重为0.5，赋予一级指标与二级指标各自相同的权重，是现有同类研究的通常做法。二级指标的类属赋值除了C1与C2外，其他均为1与0。

根据上述方法，农民工的市民化水平（以Y表示）的计算公式为：

$$Y = A \times 1/6 + B \times 1/6 + C \times 1/6 + D \times 1/6 + E \times 1/6 + F \times 1/6$$

市民化水平的得分区间为0~1分，得分越高，代表市民化水平越高。

表8 农民工市民化水平测量指标体系

| 一级指标 | 二级指标 | 类属赋值 | 频数（人） | 百分比（%） |
| --- | --- | --- | --- | --- |
| A 技能市民化 | A1 技术资格证书 | 有 = 1 | 146 | 24.6 |
| | | 没有 = 0 | 448 | 75.4 |
| | A2 参加技能培训 | 参加 = 1 | 207 | 34.7 |
| | | 未参加 = 0 | 390 | 65.3 |
| B 工作市民化 | B1 工作的技术含量 | 需要 = 1 | 391 | 65.6 |
| | | 不需要 = 0 | 205 | 34.4 |
| | B2 工作收入稳定性 | 稳定/一般 = 1 | 466 | 79.5 |
| | | 不稳定 = 0 | 120 | 20.5 |

---

① 例如以下研究：孙战文等《农民工家庭成员市民化的影响因素分析——基于山东省1334个城乡户调查数据的Logistic分析》，《中国农村观察》2013年第1期；张斐：《新生代农民工市民化现状及影响因素分析》，《人口研究》2011年第6期；刘传江等：《第二代农民工市民化——现状分析与进程测度》，《人口研究》2008年第5期；王桂新等：《中国城市农民工市民化研究——以上海为例》，《人口与发展》2008年第1期。

续表

| 一级指标 | 二级指标 | 类属赋值 | 频数(人) | 百分比(%) |
|---|---|---|---|---|
| C 居住市民化 | C1 住所区位 | 城市市区=1 | 152 | 26.3 |
| | | 市郊/县城=0.5 | 278 | 48.2 |
| | | 县城周边=0.25 | 40 | 6.9 |
| | | 其他=0 | 107 | 18.5 |
| | C2 住所类型 | 自购房=1 | 10 | 1.7 |
| | | 租房=0.65 | 187 | 32.4 |
| | | 宿舍/亲友家=0.5 | 244 | 42.2 |
| | | 工棚/简易房=0.25 | 137 | 23.7 |
| D 人际交往市民化 | D1 同当地人交往 | 多=1 | 218 | 36.9 |
| | | 少=0 | 373 | 63.1 |
| | D2 去当地人家里吃饭 | 去过=1 | 249 | 42.0 |
| | | 没去过=0 | 344 | 58.0 |
| E 生活习惯市民化 | E1 适应当地习惯 | 适应=1 | 355 | 59.5 |
| | | 不适应=0 | 242 | 40.5 |
| | E2 主动学习当地习惯 | 会=1 | 304 | 50.9 |
| | | 不会=0 | 293 | 49.1 |
| F 身份认同市民化 | F1 农民身份认同 | 非农民=1 | 172 | 28.9 |
| | | 农民=0 | 424 | 71.1 |
| | F2 在外定居意愿 | 符合=1 | 218 | 36.9 |
| | | 不符合=0 | 372 | 63.1 |

## (二)市民化水平分析与比较

**1. 市民化水平接近中等，工作市民化水平最高，技能市民化水平最低**

按照上述指标体系与计算方法，得到被访者的市民化水平得分是 0.47 分，运用 K-S 检测对市民化水平得分进行正态性检验，统计量在 0.000 的水平上显著，市民化水平得分服从正态分布，表明了上述指标体系的合理性。图 1 是市民化水平得分的直方图及正态曲线。

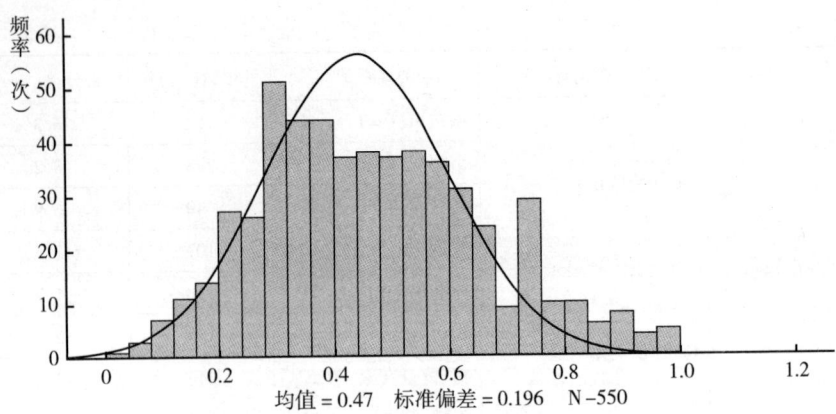

**图1 市民化水平得分的直方图及正态曲线**

**表9 市民化水平各指标得分及平均得分**

| 类别 | 均值 | 标准差 | 个案数 |
|---|---|---|---|
| 技能 | 0.29 | 0.394 | 594 |
| 工作 | 0.72 | 0.322 | 585 |
| 居住 | 0.51 | 0.201 | 576 |
| 人际交往 | 0.39 | 0.404 | 588 |
| 生活习惯 | 0.55 | 0.391 | 597 |
| 身份认同 | 0.33 | 0.371 | 590 |
| 市民化水平 | 0.47 | 0.465 | 550 |

表9数据显示：各一级指标得分差别较大，最高的是工作（0.72），其次是生活习惯（0.55），再次是居住（0.51），这三项指标均超过中等水平；得分最低的是技能（0.29），其次是身份认同（0.33），再次是人际交往（0.39），这表明被访者在技能、身份认同、人际交往方面的市民化程度偏低。

**2. 市民化水平落后于上海市农民工，至少40%的被访者实现了中等市民化**

本研究被访者的市民化水平为0.47，低于2006年上海市农民工[①]的市民化水平（0.53）。为进一步分析，表10提供了本研究样本与上海市农民工样本在市民化水平上的分组比较，数据显示：41.1%的被访者实现了中等

---

① 王桂新等：《中国城市农民工市民化研究——以上海为例》，《人口与发展》2008年第1期。

市民化（以0.5为界限）；在高市民化水平（指0.7以上）的比例上，本研究被访者高于上海市农民工4.69个百分点，在0.5及以下的市民化水平以及0.5~0.7的市民化水平的比例上，与上海市农民工相比呈现"一高一低"的态势，表明本研究被访者的市民化水平整体落后于上海市农民工。

表10 市民化水平分组比较

单位：%

| 本研究样本百分比 | 市民化水平 | 上海市样本百分比 |
|---|---|---|
| 58.9 | 0.5及以下 | 41.42 |
| 26.7 | 0.5~0.7 | 48.87 |
| 14.4 | 0.7以上 | 9.71 |

### 3. 新生代农民工的市民化水平高于上一代，且高于全国平均水平

表11提供了农民工市民化水平得分的均值比较，数据显示：农民工的市民化水平在男性与女性之间、省内流动与省外流动之间没有显著性差异，而新生代农民工与老一代农民工（指1980年之前出生的农民工）的市民化水平则有显著性差异，新生代农民工的市民化水平得分是0.521，比老一代农民工高出0.121，中国人民大学的一项调查[①]得出2010年全国新生代农民工的市民化程度是0.45，可见，河南省新生代农民工的市民化水平略高于全国新生代农民工的平均水平。

表11 市民化水平得分的分组均值比较

| 变量 | 均值 | N | 标准差 | 统计检验 |
|---|---|---|---|---|
| 性别 | | | | |
| 男 | 0.462 | 406 | 0.120 | $F=2.54$  $df=1$ |
| 女 | 0.492 | 144 | 0.188 | $sig.=0.111$ |
| 流入地 | | | | |
| 省内 | 0.450 | 138 | 0.120 | $F=2.12$  $df=1$ |
| 省外 | 0.478 | 391 | 0.195 | $sig.=0.146$ |
| 出生年份 | | | | |
| 1979年及以前 | 0.400 | 228 | 0.180 | $F=56.62$  $df=1$ |
| 1980年及以后 | 0.521 | 322 | 0.192 | $sig.=0.000$ |

---

① 张斐：《新生代农民工市民化现状及影响因素分析》，《人口研究》2011年第6期。

## 三 基本结论与对策建议

### （一）基本结论

首先，河南省农民工的市民化具有以下基本特征：人力资本略高于全国农民工平均水平；职业非农化程度高，工作收入较稳定；居住形式以集体宿舍和租房为主，居住隔离较为普遍；以老乡和外地人为主要交往对象，部分人积极与当地人交往；超过半数的人积极适应新的生活，约1/3的人生活习惯改变较大；至少七成的被访者认同农民身份，1/3的被访者具有在外定居的意愿。

其次，河南省农民工的市民化水平接近中等，各个维度的市民化水平具有差异，工作、生活习惯、居住三个方面的市民化水平超过中等，而技能、身份认同、人际交往三个方面的市民化水平较低，其中技能市民化水平最低；整体市民化水平落后于上海市农民工，至少40%的人实现了中等市民化；新生代农民工的市民化水平高于上一代农民工，且高于全国平均水平。

### （二）对策建议

本研究发现河南省农民工的市民化水平为0.47，非常接近中等水平，至少40%的农民工已经实现中等市民化。研究还揭示河南省农民工在不同维度上的市民化水平差距较大，工作、生活习惯与居住上的市民化水平较高，而技能、身份认同与人际交往方面的市民化水平则较低，成为制约河南农民工市民化水平提高的三块"短板"。因此，提高农民工在技能、身份认同、人际交往三个方面的市民化水平，是当前推进农民工市民化工作的突破点。针对这三块"短板"，本研究提出以下四个方面的对策建议。

一是扎实开展农业人口的职业技能教育，切实提高职业技能。拥有一技之长，是农民工提高就业质量的根本，只有工作稳定、收入有保障，他们才有可能在城镇地区安家落户。必须创新职业技能教育与培训机制，整合政府各部门的培训资源，大力支持职业教育培训机构的发展，推广政府购买培训服务的方式，使全部农民工能享受职业技术教育与培训服务。

二是落实、完善居民居住证制度，使农民工平等享受城镇基本公共服务，提高农民工的身份认同。城乡分立的户籍、社会保障与公共服务制度在日常生活层面极大地降低了农民工对城市的归属感，不利于农民工形成新的身份认同。通过建立与完善居住证制度，农民工持证享有与当地户籍人口同等的劳动就业、公共教育、医疗卫生、计划生育等公共服务，不仅能为农民工提供制度保障，而且能够有效增强农民工对城市的归属感以及对新身份的认同感。

三是以创新公共服务供给模式、推广政府购买社会工作服务为路径促进农民工的社会融合。欧美国家在移民的社会融合方面积累了丰富的经验，其中一条非常有效的途径是通过专业社会工作的介入来促进移民的社会融合。从专业社会工作发展史来看，专业社工介入移民社区，采取个案工作、小组工作、社区工作等科学方法为移民提供服务，是欧美国家普遍采用的有效方法。因此，可以创新公共服务供给模式，通过政府购买社会工作服务的方式，引导专业社工机构为农民工提供专业服务，搭建农民工与城市居民的交流互动平台，促进农民工与城市居民的社会融合。

四是积极推进产业集聚区协调发展，探索创新城乡一体化示范区建设路径。河南省现有180余个产业集聚区，绝大多数位于城市与农村的连接地带，已经成为县域经济的增长极、实现科学发展的突破口、改革创新的示范区、吸引农民工就近就业或返乡就业的主阵地。这些产业集聚区的活跃与创新发展必将为河南省农民工市民化带来巨大的机遇、广阔的空间，提供坚实的物质基础和有活力的体制机制。因此，如何积极推进产业集聚区协调发展，把产业集聚区、农民工市民化纳入一个统筹的发展框架，借助产业集聚区的强大动力探索城乡一体化示范区的建设路径，是亟待研究与实践的重大课题。

# 河南省县城农民工市民化及其影响因素

栗志强*

**摘　要：** 本研究采用了"滚雪球"抽样的方法，通过熟人介绍熟人的方式获得样本，对林州市、安阳县250余名农民工进行了调查。调查发现河南省县城农民工在身份上仍然没有完全实现市民化；从事体力劳动和服务行业的人居多，从事技术类工作的比例极低，在职业上与真正的市民存在差距；参与城镇社会公共事务的比例极低；绝大多数农民工在身份认同上比较模糊；绝大多数城市农民工在生活方式和思想观念上与城里人的差距不大。影响农民工市民化的因素有：县城户籍制度改革的滞后性导致农村户籍的农民工无法从身份上融入城市社会；基本公共服务的不均等使得农民工很难产生对县城的认同感；经济收入普遍偏低，影响了农民工经济上地融入；农民工自身的文化素质和技能的普遍欠缺，客观上阻碍了他们在职业上和经济上较好地融入县城社会。本文对农民工市民化的前景进行了展望并提出了政策建议。

**关键词：** 县城农民工　市民化　融入

党的十八届三中全会指出：新型城镇化的核心是"人的城镇化"。《中

---

\* 栗志强，博士，郑州轻工业学院政法学院副教授，社会管理河南省协同创新中心研究员，研究方向为城市农民工群体、农村青年婚姻问题。

共河南省委关于科学推进新型城镇化的指导意见》指出：坚持以人的城镇化为核心，强化"一基本两牵动"，推进农业转移人口进得来、落得住、转得出。可见，推进农业转移人口的市民化是实现新型城镇化的关键命题。随着河南省城镇化的进程的推进，越来越多的农民进入家乡附近的县城、县级市务工经商。据林州市、安阳县统计局2013年的调查，林州市、安阳县农民外出务工地区中，县（市）城区最多，一季度占（务工农民总数的）70%，二季度占（务工农民总数的）60%。因此，如何推进河南省"县城农民工"转变为真正意义上的市民，实现就地市民化是摆在政府和学术界面前的一大问题。本课题针对河南省县城农民工市民化问题，在河南省林州市、安阳县开展了一次抽样调查。

## 一 研究对象及研究方法

### （一）研究对象

在本研究中，县城是指县或县级市的市治所在地。县城农民工，即进入县城或县级市等小城市、镇务工经商的农村户籍人口或者在县城长期居住并取得城镇户籍的农业转移人口。

学者认为进城农民市民化是一种全面的融合过程，不仅包括身份和职业的转变，也包括各种能力和素质的获得[1]，还包括社区和生活方式的市民化[2]，是一种角色群体的整体转型[3]。本研究指出，县城农民工市民化的过程也是一种全面的融合过程，包括身份、职业、居住地、心理认同、生活方式、技术技能、思想观念、社会参与等多方面的转变。

---

[1] 郑杭生：《农民市民化：中国当代社会学的重要研究主题》，《甘肃社会科学》2005年第7期。
[2] 王兴周、张文宏：《城市性：农民工市民化的新方向》，《社会科学战线》2008年第12期。
[3] 文军：《农民市民化：从农民到市民的角色转型》，《华东师范大学学报》（哲学社会科学版）2004年第3期。

## （二）研究方法

### 1. 资料收集

为了研究的便利，本研究采用了"滚雪球"抽样的方法，通过熟人介绍熟人的方式获得样本，对林州市、安阳县250余名农民工进行了调查。在资料的收集上，本研究采用了问卷法，使用标准化问卷收集资料，以便于统计分析。本次调查共发放问卷250份，回收有效问卷223份，回收率达89.2%。

### 2. 分析方法

本调查使用了SPSS统计分析软件对录入的信息进行统计分析。由于采用了非概率抽样，本研究主要采用百分比统计描述。

### 3. 样本构成

本研究的样本在性别、年龄、学历及户籍等方面构成如下：从性别上来看，样本中男性有94人，女性有129人，分别占样本总数的42.2%和57.8%；从年龄结构来看，样本中18岁以下、19~30岁、31~40岁、41岁以上的样本分别为12人、73人、75人、63人，分别占样本数的5.4%、32.7%、33.6%和28.3%；从学历上来看，样本中初中以下学历的有104人，高中或中专学历的有77人，大专学历37人，分别占样本数的46.6%、34.5%和16.6%；从户籍上来看，户籍在农村的有119人，户籍已经迁至县城（县级市）的有91人，分别占样本数的53.4%和40.8%。

## 二 河南省县城农民工市民化现状

本研究主要从户籍、居住地、职业、收入等方面对县城农民工市民化现状进行了描述，分析结果如下。

### （一）多数人在身份上仍未实现市民化

在中国社会，户籍是农民社会身份的重要标志。在本研究中，农民工身份上的市民化主要通过其户籍所在地来体现，在问卷中使用了"您的户口在什么地方"来测量其身份现状。数据分析表明，53.4%的农民工户籍仍在农村，40.8%的农民工户籍已经在县城。而且分析表明，44.8%的样本回答在城里有自己的住房，只有35.4%的人回答自己住在租来的房子里。

与户籍相关的是农民工的责任田。本研究指出，离开责任田，从事非农产业是县城农民工真正实现市民化的重要标志之一。本调查数据表明，大多数农民工还有自己的责任田，其中42.6%的人在农忙时还要自己回家耕种责任田，12.6%的人将自己的部分责任田转包给别人耕种，15.2%的人将自己的全部责任田转包给了别人。

可见，与大中城市农民工不同，已经有相当比例的县城农民工将户口迁到了县城，具备了"城市人"的身份，甚至有将近半数的农民工在城里拥有了自己的住房。但是，仍有一半以上的县城农民工不具备"城市人"的身份，很难均等地享受与城市户籍相关的一系列基本公共服务。半数以上的农民工在农忙时节还要回家耕种自己的责任田，过着"半农半工"或者"半农半商"的生活。所以，在身份上，多数河南省县城农民工仍未实现"市民化"。

## （二）职业上的市民化仍有较长的路要走

在本研究中，以职业和经济收入的水平来体现县城农民工在职业上的市民化状况。数据分析表明，223名样本中，有10名农民工在"国有企业打工"，有12名农民工在"合资企业打工"，有44名农民工在"私营企业打工"，57名农民工在"为个体老板打工"，38名农民工在"自己单干"，62名农民工"无固定职业"，分别占样本总数的4.5%、5.4%、19.7%、25.6%、17%、27.8%。可见，在职业上，大多数农民工在为私营企业或者个体老板打工，相当一部分县城农民工在自己单干或者没有固定职业。

从所从事的行业性质来看，从事技术类职业的有31人，占样本数的13.9%；从事服务类职业的有103人，占样本数的46.2%；从事重体力劳动的有45人，占样本数的20.2%。尽管大多数农民工仍在从事体力劳动等技术含量不高的工种，绝大多数农民工并没有机会参加城里的职业技能培训。分析表明,参加过职业技能培训的农民工只有68人,占样本数的30.5%,没有参加过任何职业技能培训的农民工样本则有116人,占到样本数的52%。

县城农民工在城里的经济收入也被视为农民工市民化的重要标志。本调查发现,样本中绝大多数人的家庭经济收入在当地属于"能够维持日常开支"的水平,占样本总数的66.4%(148人)。只有7.6%(17人)的人承认自己家庭的经济收入可以使自己"过上体面的生活"。甚至还有25.6%(57人)的样本认为自己的家庭经济收入"入不敷出"。

可见,河南省县城农民工大多数在私营、个体企业打工或自己经营,相当部分农民工的职业并不稳定。从行业性质来看,从事体力劳动和服务行业的人居多,从事技术类工作的比例极低。这表明河南省县城农民工在融入城市所需的职业技能上还需要进一步提高。但是,事实上大多数农民工没有参加过任何的职业技术培训。在经济收入上,大多数农民工收入不高,甚至有约1/4的农民工反映家庭经济收入"入不敷出"。从职业上来看,县城农民工与真正的市民还有一定的差距,市民化还有很长的路要走。

### (三)社会参与层面的市民化水平较低

农民工要真正融入城市社会,不仅需要获得市民的身份与职业,也需要能够经常性地参与城市社会活动,真正成为城市社会的一分子。因此,本研究将农民工的社会参与程度作为衡量其市民化的一项重要指标。在问卷设计中,使用了"是否经常参与城里的社会公共事务""是否和城里人交往"等问题。数据分析表明,"经常参加"城市事务的农民工样本只有14人,占样本数的6.3%;从未参加城市社会公共事务的则有135人,占样本数的60.5%。在社会交往方面,表示与城市人"经常交往"的有103人,占样本数的46.2%,表示"偶尔交往"的117人,占样本数的52.5%。可见,在城市社会参与层面,尽管县城农民工与市民的交往较为普遍,但他们的社会参与度仍然普遍较低。因此,在社会参与层面,河南省县城农民工仍然处于较低的水平,这与真正意义上的市民仍然存在不小的差距。

## （四）生活方式上基本实现了市民化

农民工要成为真正意义上的市民，还需要在生活方式上实现市民化，即要适应城市的生活，变农民的生活方式为市民的生活方式。本研究主要使用"是否适应城市生活""业余生活""生活习惯与城里人是否有区别"等问题来反映这一层面的变化。数据分析表明，样本中有43人表示"完全适应"城市的生活，占样本数的19.3%；有109人表示"基本适应"城市的生活，占样本数的48.9%；有53人表示"勉强适应"城市生活，占样本数的23.8%；有18人表示"不适应"城市的生活，占样本数的8.1%。

在业余生活上，样本中回答"几乎没有业余生活"和"在家看电视、玩游戏、看书"的比例较大，分别有46人和54人，分别占样本数的20.6%和24.2%。此外，回答"在家辅导孩子功课""与朋友爬山、逛公园"的也分别占14.3%和10.8%。

在"生活习惯与城里人是否有区别"这一问题上，有72人回答"与城里人没有什么两样"，有105人回答"还保留了不少农村的生活习惯"，分别占样本数的32.3%和47.1%；回答"还是习惯农村的生活方式"的只有45人，占样本数的20.2%。

因此，从调查数据来看，河南省县城农民工基本适应了城市的生活方式，这可以从业余生活和农民工自己的感觉上有所反映：大部分农民工在自己的业余时间也看电视、看书、逛公园、辅导孩子功课等，在业余生活上已经与城里人十分接近；绝大多数农民工认为自己的生活方式与城里人没有什么区别或者只是保留了部分农村生活习惯。本研究表明，大多数河南省县城农民工在生活方式上接近于城里人，基本实现了生活方式的市民化。

## （五）依恋城市但尚未形成认同

朱力等学者认为，农民工要成为真正的城市市民，需要在经济、心理和社会三个层面上实现与城市社会的融合，经济层面、社会层面和心理层面的融合是依次递进的关系。① 可见，心理层面的融合也是河南省县城农民工实现市民化的重要环节。本研究使用了"对自己身份的看法""对县城是否有家的感觉"两个问题来衡量县城农民工在心理层面上的市民化。数据分析发现，有56人认为自己已经是城里人，占样本数的25.1%；有93人认为自己仍旧是农村人，占样本数的41.7%；有74人表示"说不清楚"，占样本数的33.2%。在"对县城是否有家的感觉"问题上，回答"有"的有83人，占样本数的37.2%；回答"有一点儿"的有91人，占样本数的40.8%；回答"没有"的有49人，占样本数的22%。而且，数据分析发现，农民工对县城有"家"的感觉与其在县城打工的年限的长短有着密切的关系：在县城工作三个月以下的农民工样本对城市有"家"的感觉的只有7人，占该类样本总数的31.8%；在县城工作了四个月到半年的样本回答有"家"的感觉的只有3人，占该类样本的33.3%；在县城工作了七个月到一年的样本回答有"家"的感觉的有5人，只占该类样本的17.2%；而在县城工作一年以上的样本中，回答对城市有"家"的感觉的则有68人，占到该类样本的41.7%。

从这两个问题的回答情况来看，多数河南省县城农民工在身份认同上依然将自己定位为农村人，或者说不清楚自己的身份。这说明河南省县城农民工在身份认同上存在一定的模糊性和不确定性。尽管如此，多数长期在城里生活的农民工对城市有"家"的感觉，对自己长期居住、生活的县城具有一定的依恋感。从这个意义上讲，河南省县城农民工在心理层面的市民化存在一定的矛盾性——既对县城有着较强的依恋感，又不能确定自己是否属于城里人，在身份认同上处于十分尴尬的境地。

### （六）思想观念与市民基本一致

农民工的市民化不仅需要在身份、职业、技能等物质层面有所体现，也需要在精神文化层面有所体现。本研究者认为，思想观念的市民化也是河南省县城农民工市民化的重要方面。本研究在问卷中将思想观念的市民化操作

---

① 朱力：《论农民工阶层的城市适应》，《江海学刊》2002年第6期。

化为"生育观念""对终身学习的态度"两个问题。数据分析发现，在生育观念上，认为"男女都一样"的农民工样本占了大多数，有128人，占样本数的57.4%；承认"更喜欢男孩，但是女孩也能接受"的有44人，占样本数的19.7%；回答"喜欢男孩"的只占样本数的12.8%。可见，县城农民工在生育观念上已渐渐摆脱了传统农民"重男轻女"的落后性别偏好，男女平等的意识已经基本树立。

在对终身学习的态度上，182人认为"社会在发展，人需要不断学习"，达样本数的81.6%；而回答"人过三十不学艺"的样本数只有35人，只占样本数的15.7%。这充分说明了绝大多数县城农民工对待"终身学习"的态度是积极的，这与传统意义上的农民相比已经发生质的改变。

因此，本研究指数，无论是在生育观念上还是学习观念上，河南省县城农民工都与传统农民有较大的差异，与现代城市人的观念基本一致。

以上数据分析表明，河南省县城农民工在生活方式上基本实现了市民化，生活观念与市民基本一致，对城市较为依恋，但仍然存在不少问题。首先，在身份上，河南省县城农民工仍然没有实现市民化，相当多的农民工不能享受市民应有的基本公共服务；其次，在职业上，河南省县城农民工主要从事体力劳动、服务业等一些技术含量不高的工作，很少人接受过城市的职业技能培训，在职业上实现市民化还有较长的路要走；再次，在社会参与层面，河南省县城农民工的社会参与仍然较少，与真正意义上的市民仍有较大的差距；最后，在心理层面上，河南省县城农民工既有对城市的依恋，又存在着对自己身份认同的模糊性和不确定性，大多数人并未实现心理上的市民化。因此，河南省县城农民工尽管有地缘优势和文化背景的优势，对县城有着较强的依恋，在生活方式和思想观念上与城里人差别不大，但在身份、职业、社会参与、心理等层面的市民化还远远不够，需要进一步的提升。

## 三 河南省县城农民工市民化的影响因素

影响河南省县城农民工市民化的主要原因在哪里？搞清楚这一问题是推

进县城农民工市民化的关键所在。本研究者认为,主要有四个因素影响着河南省县城农民工的市民化。

### (一)农村户籍是一道藩篱

由于城乡二元户籍制度的存在,农民工在身份上一直处于十分尴尬的境地。有研究指出,户籍制度和建立在户籍制度之上的城市各种制度是农民工融入城市社会的最大障碍。[1]

本研究的数据分析表明,河南省县城农民工的户籍与身份认同之间存在着显著的相关性:从"户籍所在地"与"对自己身份的看法"的交叉表上可以看出,户籍在城里的农民工认为自己已经是城里人的占该类样本的45.1%;户籍在农村的农民工认为自己已经是城里人的只占10.9%(见表1)。

**表1 户籍与对自己身份的看法交叉**

单位:人,%

| 类别 | | | 对自己身份的看法 | | | 合计 |
|---|---|---|---|---|---|---|
| | | | 我已经是城里人 | 我仍旧是农村人 | 说不清楚 | |
| 户籍 | 在县城 | 计数 | 41 | 17 | 33 | 91 |
| | | 占该项比重 | 45.1 | 18.7 | 36.3 | 100.0 |
| | 在农村老家 | 计数 | 13 | 73 | 33 | 119 |
| | | 占该项比重 | 10.9 | 61.3 | 27.7 | 100.0 |
| | 其他 | 计数 | 2 | 3 | 8 | 13 |
| | | 占该项比重 | 15.4 | 23.1 | 61.5 | 100.0 |
| 合计 | | 计数(人) | 56 | 93 | 74 | 223 |
| | | 占该项比重 | 25.1 | 41.7 | 33.2 | 100.0 |

另外,如表2所示,从社会参与方面来看,有城市户籍的农民工社会公共事务的参与率也略高于农村户籍的农民工。这表明,一方面,农民工参与

---

[1] 朱勋克、汪雁、刘蕾:《新生代农民工及其市民化研究述评与展望》,《中国劳动关系学院学报》2012年第3期。

县城社会公共事务的积极性不高;另一方面,没有城市户籍的农民工也很难获得参与县城社会公共事务的机会和渠道。

表2 户籍与参与城市事务情况交叉

单位:人,%

| 类别 | | | 参与城市事务情况 | | | 合计 |
|---|---|---|---|---|---|---|
| | | | 经常参加 | 偶尔参加 | 从未参加 | |
| 户籍 | 在县城 | 计数 | 7 | 39 | 45 | 91 |
| | | 占比 | 7.7 | 42.9 | 49.5 | 100.0 |
| | 在农村老家 | 计数 | 7 | 31 | 81 | 119 |
| | | 占比 | 5.9 | 26.1 | 68.1 | 100.0 |
| | 其他 | 计数 | 0 | 4 | 9 | 13 |
| | | 占比 | 0 | 30.8 | 69.2 | 100.0 |
| 合计 | | 计数 | 14 | 74 | 135 | 223 |
| | | 占比 | 6.3 | 33.2 | 60.5 | 100.0 |

如表3所示,从行业性质上看,户籍在城里的农民工从事技术性行业的比例高达19.8%,而户籍在农村的农民工从事技术性行业的则只有8.4%;户籍在城里的农民工从事重体力劳动的只有7.7%,而户籍在农村的农民工从事重体力劳动的则有30.3%。可见,户籍对于河南省县城农民工的职业上的市民化也有着较显著的影响。

表3 户籍与行业性质交叉

单位:人,%

| 类别 | | | 行业性质 | | | | | 合计 |
|---|---|---|---|---|---|---|---|---|
| | | | 技术类 | 服务类 | 重体力劳动 | 暂无工作 | 其他 | |
| 户籍 | 在县城 | 计数 | 18 | 49 | 7 | 17 | 0 | 91 |
| | | 占比 | 19.8 | 53.8 | 7.7 | 18.7 | 0 | 100.0 |
| | 在农村老家 | 计数 | 10 | 51 | 36 | 20 | 2 | 119 |
| | | 占比 | 8.4 | 42.9 | 30.3 | 16.8 | 1.7 | 100.0 |
| | 其他 | 计数 | 3 | 3 | 2 | 4 | 1 | 13 |
| | | 占比 | 23.1 | 23.1 | 15.4 | 30.8 | 7.7 | 100.0 |
| 合计 | | 计数 | 31 | 103 | 45 | 41 | 3 | 223 |
| | | 占比 | 13.9 | 46.2 | 20.2 | 18.4 | 1.3 | 100.0 |

综上所述，河南省县城农民工的户籍对其心理、社会参与、职业等方面的市民化都有着较为显著的影响，户籍已经迁移到城镇的农民工在心理层面上更认同于所生活的城镇，在社会参与方面的比例也略高于农村户籍的农民工，其职业也更多地以技术类和非体力劳动为主。因此可以认为，户籍已经迁到城镇的河南省县城农民工在心理、社会、职业层面的市民化要好于农村户籍的农民工，农村户籍已经成为阻碍河南省县城农民工市民化的一道藩篱。

## （二）基本公共服务的缺乏

除了经济层面的原因，基本公共服务的缺乏也是河南省县城农民工市民化的重要障碍因素。本研究的数据分析发现，有34人认为"孩子上学问题不好解决"是在县城生活的最大困难之一，占样本数的15.2%。在"您在县城发展的主要问题是什么"这一问题的回答上，有76人认为主要的问题是"户口不在县城，无法享受城里人应有的社会保障、子女入学等基本公共服务"，占样本数的34.1%。其中，户籍已经迁移到县城的样本中，只有16人选择了这一答案，仅占该类样本数的17.6%，而户籍在农村老家的农民工样本中则有57人选择了这一答案，占该类样本数的47.9%。可见，将近半数的农村户籍的农民工认为与户籍相关的一系列基本公共服务的缺乏是他们在县城发展的最大障碍之一。由于农村户籍，河南省县城农民工很难享受到与城里人一样的子女入学、就医等基本公共服务，这进一步使他们很难获得对于县城的认同感。

## （三）经济收入水平的制约

本研究发现，经济因素是阻碍河南省县城农民工融入城市，转变为真正意义上的市民的重要原因之一。在本研究的问卷设计上，使用了"您在县城生活的最大困难是什么？"和"您在县城发展的主要问题是什么？"两个问题来了解农民工融入城市社会的主要障碍。数据分析发现，有53人认为"工作不好找"是在县城生活的最大困难之一，占样本数的23.8%；有89

人认为"收入不高"是在县城生活的最大困难之一，占样本数的39.9%；有101人认为"房子太贵"是在县城生活的最大困难之一，占样本数的45.3%；有95人认为"生活费用太高"是在县城生活的最大困难之一，占样本数的42.6%。此外，有67人认为"县城经济发展水平不够，就业不好"是他们在县城发展的主要问题，占样本数的30%。从这两个问题的回答来看，房子太贵、生活费用太高成为大多数农民工公认的影响自己在城市生活的主要因素。

从家庭经济收入水平和农民工对自己身份的看法的交叉表来看，经济收入"能够过上体面生活"的农民工认为自己"已经是城里人"的占64.7%，而"能够维持日常开支"的农民工认为自己"已经是城里人"的只有25.7%，经济收入上"入不敷出或不稳定"的农民工认为自己"已经是城里人"的则更少，只有12.3%。相反，回答"我仍旧是农村人"的比例则随着样本家庭经济水平的递减而呈现递增的趋势（见表4）。

表4 家庭经济收入水平与农民工对自己身份的看法交叉

单位：人，%

| 类别 | | | 对自己身份的看法 | | | 合计 |
|---|---|---|---|---|---|---|
| | | | 我已经是城里人 | 我仍旧是农村人 | 说不清楚 | |
| 家庭经济收入水平 | 能够过上体面生活 | 计数 | 11 | 3 | 3 | 17 |
| | | 家庭经济收入水平中的占比 | 64.7 | 17.6 | 17.6 | 100.0 |
| | 能够维持日常开支 | 计数 | 38 | 57 | 53 | 148 |
| | | 家庭经济收入水平中的占比 | 25.7 | 38.5 | 35.8 | 100.0 |
| | 入不敷出或收入不稳定 | 计数 | 7 | 32 | 18 | 57 |
| | | 家庭经济收入水平中的占比 | 12.3 | 56.1 | 31.6 | 100.0 |
| | 其他 | 计数 | 0 | 1 | 0 | 1 |
| | | 家庭经济收入水平中的占比 | 0 | 100.0 | 0 | 100.0 |
| 合计 | | 计数 | 56 | 93 | 74 | 223 |
| | | 家庭经济收入水平中的占比 | 25.1 | 41.7 | 33.2 | 100.0 |

从社会参与的层面看，经济收入"能够过上体面生活"的农民工经常参与社会公共事务的占17.6%，高于经济收入"能够维持日常开支"农民工的6.8%和经济上"入不敷出"农民工的1.8%。相反，"入不敷出""从未参加"社会公共事务的农民工比例则高达80.7%，大大高于"能够过上体面生活"的52.9%。

综上所述，家庭经济收入水平对于河南省县城农民工的心理认同、社会公共事务的参与都有着较显著的影响，经济收入水平较高的农民工对于县城有着较高的心理认同度，对于城市社会公共事务有着较多的参与。笔者认为，县城经济发展的水平、农民工的家庭经济收入、就业率等都在一定程度上影响着农民工的市民化。县城高昂的商品房价格、物业管理费等生活支出与农民工较低的经济收入形成较大反差，影响着他们在心理、社会等层面上对城市社会的融入。

### （四）自身素质较低的障碍

学者认为，在农民与市民两个群体属性差异上，科学文化素质的差异表现得最明显，农民市民化与其受教育程度有很大的关系，职业技能在农民工市民化的过程中至关重要。[①] 河南省县城农民工的自身素质对于其城市社会的融入也有着显著的影响。本研究数据分析表明，样本中有115人认为"自己文化程度或者能力不够，缺乏技术"是在县城发展的主要问题，占样本数的51.6%；有116人表示从来没有参加过职业技能培训，占样本数的52%。另外，如表5所示，数据交叉分析表明，参加过职业技能培训的农民工认为自己"已经是城里人"的比例要大大高于未参加过职业技能培训的农民工。

而且，参加过职业技能培训的农民工样本的城市社会公共事务参与比例也要大大高于未参加职业技能培训的农民工样本。如表6所示，参加过职业

---

① 宋仁登：《城市化进程中农民市民化问题研究》，《山东大学学报》（哲学社会科学版）2012年第1期。

表5 是否参加过职业技能培训与对自己身份的看法交叉分析

单位：人，%

| 类别 | | | 对自己身份的看法 | | | 合计 |
|---|---|---|---|---|---|---|
| | | | 我已经是城里人 | 我仍旧是农村人 | 说不清楚 | |
| 是否参加过职业技能培训 | 参加过 | 计数 | 26 | 17 | 25 | 68 |
| | | 占比 | 38.2 | 25.0 | 36.8 | 100.0 |
| | 正在参加 | 计数 | 6 | 24 | 9 | 39 |
| | | 占比 | 15.4 | 61.5 | 23.1 | 100.0 |
| | 没有参加过 | 计数 | 24 | 52 | 40 | 116 |
| | | 占比 | 20.7 | 44.8 | 34.5 | 100.0 |
| 合计 | | 计数 | 56 | 93 | 74 | 223 |
| | | 占比 | 25.1 | 41.7 | 33.2 | 100.0 |

技能培训的农民工样本经常参加城市社会公共事务的比例是13.2%，而没有参加过职业技能培训的农民工样本经常参加城市社会公共事务的比例则只有3.4%。

表6 是否参加过职业技能培训与参与城市社会公共事务情况交叉分析

单位：人

| 类别 | | | 参与城市社会公共事务情况 | | | 合计 |
|---|---|---|---|---|---|---|
| | | | 经常参加 | 偶尔参加 | 从未参加 | |
| 是否参加过职业培训 | 参加过 | 计数 | 9 | 35 | 24 | 68 |
| | | 占比(%) | 13.2 | 51.5 | 35.3 | 100.0 |
| | 正在参加 | 计数 | 1 | 17 | 21 | 39 |
| | | 占比(%) | 2.6 | 43.6 | 53.8 | 100.0 |
| | 没有参加过 | 计数 | 4 | 22 | 90 | 116 |
| | | 占比(%) | 3.4 | 19.0 | 77.6 | 100.0 |
| 合计 | | 计数 | 14 | 74 | 135 | 223 |
| | | 占比(%) | 6.3 | 33.2 | 60.5 | 100.0 |

而且，分析表明，参加过职业技能培训的农民工样本的家庭经济收入较高的比例也大于未参加过职业技能培训的农民工样本。参加过职业技能培训的农民工样本中回答家庭经济"入不敷出"的只有11人，占该类样本数的

16.2%，而"正在参加"职业培训和"未参加"职业培训的样本中"入不敷出"的则有12人和34人，分别占该类样本数的30.8%和29.3%。可见，自身素质较高、有一技之长的农民工收入较高的比例大大高于素质较低、缺乏一技之长的农民工。获得一技之长和较高的收入才能够在经济上、职业上较好地融入城市社会，进而成为真正意义上的市民。因此，农民工自身的职业技能、文化素质偏低等也是影响其融入城市社会，实现市民化的重要因素。

## 四 结论及建议

### （一）结论

通过对河南省林州市、安阳县农民工的抽样调查，本研究得出如下结论：河南省县城农民工在身份上仍然没有完全实现市民化，仍有半数以上的农民工没有获得城镇户籍或者相当于城镇户籍的居住证，因此也很难享受与城里人同等的一系列的基本公共服务；河南省县城农民工在职业上与真正意义上的市民仍有较大的差距，从事体力劳动和服务行业的人居多，从事技术类工作的比例极低；在社会参与层面，河南省县城农民工参与城镇社会公共事务的比例极低，实现市民化还有很长的路要走；绝大多数城市农民工在生活方式和思想观念上与城里人的差距不大，较好地实现了生活方式和思想观念层面的市民化；在心理层面上，河南省县城农民工处于较为尴尬的境地——一方面对县城有着较强的依恋感，另一方面又对自己的身份存在模糊认识。

本研究认为，当前河南省县城农民工市民化的影响因素主要有四个。一是县城户籍制度改革的滞后性导致农村户籍的农民工无法从身份上融入城市社会；二是基本公共服务的不均等使得农民工很难产生对县城的认同感；三是经济收入普遍偏低，城市生活费用相对偏高，影响了农民工从经济上融入县城社会；四是农民工自身的文化素质和技能的普遍欠缺，客观上阻碍了他们在职业上和经济上较好地融入县城生活。

## （二）对策建议

推进河南省县城农民工实现就地市民化，需要从以下几个方面着手。第一，在放开县城落户的同时，加快县城居住证制度的试点和完善，保障农民工能够享有均等化的基本公共服务。第二，在县城建立健全农民工职业技能培训制度，无偿或低价对农民工进行技术培训和市民化教育，提高其对城市生活的适应和谋生能力；以县城的企业需求为导向，逐步推动当地职业教育的普及。第三，在制度设计上赋予农民工更多参与的权利和渠道，给他们以参与城镇社会生活的机会。第四，发展适合县城的城市产业体系，增强县城对农业转移人口的吸纳能力，给农民工以更多获得稳定就业的机会。

# 河南省社会阶层结构变迁研究*

孙远太**

**摘　要：** 本文通过对历次人口调查数据的整理，分析了改革以来河南省社会阶层结构的动态演变过程。本文研究发现河南省的社会阶层结构正从"倒丁字"形向"金字塔"形转变，滞后于全国的平均水平，依然带有传统农业社会色彩。河南省社会阶层结构变迁受到城乡结构、产业结构和教育结构落后的制约，各地市之间差异也较大。优化河南省社会阶层结构要把培育中产阶层作为目标，以发展小城镇为路径，促进农村劳动力向非农产业转移；以推动产业结构升级为契机，为中小企业创造良好的成长环境；以人力资本水平提升为手段，促进农民工纵向社会流动。

**关键词：** 职业结构　迟缓型　河南省

## 一　改革以来河南省社会阶层结构的动态演变

阶层结构是一个社会的基本社会结构，它反映了一个社会内部的分化与整合程度。阶层结构与职业结构是紧密联系在一起的。在现代工业社会里，

---

\* 国家社科基金项目（13CSH016）、河南省教育厅重点资助项目（14A630028）阶段性成果。
\*\* 孙远太，博士，郑州大学公共管理学院副教授，社会管理河南省协同创新中心研究员，研究方向为政府治理与社会政策。

"无论是经济阶层还是政治阶层实际都建立在职业的基础上，因此不少社会学家把职业作为社会分层最基本最主要的指标。"① 职业反映了一个人在社会生产活动中的地位，是个人获取社会资源的一种渠道，同时又因职业在社会分层研究中的易操作性，职业结构成为社会阶层结构的"指示器"。②

根据欧美发达国家以及东亚、拉美等后发达国家的现代化经验，从传统农业社会向现代工业社会的变迁是社会结构形态不断蜕变的过程，也是职业结构不断升级与优化的过程。我们可以大致将社会结构发展分为三个阶段：第一阶段，社会结构形态从"倒丁字"形向"金字塔"形转变；第二阶段，社会结构形态从"金字塔"形向"洋葱头"形过渡；第三阶段，社会结构形态从"洋葱头"形向"橄榄"形转变。③ 关于当前中国社会结构形态的判断，一般认为我国正处于由"金字塔"形社会结构向"洋葱头"形社会结构转变的时期，也有学者乐观地判断我国正在向"橄榄"形社会结构转变。"橄榄"形社会结构的一个突出的特征是一个庞大的中产阶级的存在，与此相适应的职业结构显得尤为重要。

改革以来，随着社会主义市场经济的发展，在工业化和市场化的双重逻辑下，河南省社会结构所处的外部环境经历了由计划体制向市场体制的转型。一种不同于再分配模式下的新型社会结构开始出现。社会结构这一转型既表现为人们资源获取方式的改变，也表现为资源占有程度的差异。社会阶层结构的变迁成为社会结构转型的重要载体。社会阶层结构的分化与重组在反映社会结构调整的同时也是其进一步分化的动力机制。一个优化的阶层结构是社会稳定运行的必要条件，也是构建和谐社会的重要基础。作为中部地区的一个农业大省，河南省的社会阶层结构自改革以来发生了怎样的变迁，当前河南省的阶层结构形态如何，以及如何促进河南省的阶层结构优化？对

---

① 陈婴婴：《职业结构与流动》，东方出版社，1995，第2页。
② 仇立平：《上海社会阶层结构转型及其对城市社会治理的启示》，《国家行政学院学报》2014年第4期。
③ 顾辉：《改革以来安徽社会阶层结构变迁：现状、问题与对策》，《江淮论坛》2009年第9期。

这些问题的探讨不仅有助于优化河南省的社会阶层结构,引导中产阶级的发育,也有助于我们更好地认识社会结构变迁的过程。

以陆学艺为首的课题组曾以职业结构为主线,以人们占有的组织资源、经济资源和文化资源为标准,认为我国经过20多年的社会转型变迁,当前社会已经分化为十大社会阶层:国家与社会管理者阶层、经理人员阶层、私营企业主阶层、专业技术人员阶层、办事人员阶层、个体工商户阶层、商业服务业员工阶层、产业工人阶层、农业劳动者阶层、城乡无业失业半失业者阶层。[①]其中,国家和社会管理者阶层拥有较多的三种资源(经济资源、文化资源和组织资源),城乡无业失业半失业者阶层则很少拥有这些资源。这些阶层在整个阶层结构中所占比重各不相同,因而构成一种金字塔形态。由于目前尚未有针对河南省职业结构的专门性调查,我们所能使用的数据来源于统计部门。统计部门在历次的人口调查中,都使用了职业的七大类划分方法。尽管这七大类划分方法不完全等同于十大阶层的划分,但也反映了不同职业对社会资源的占有情况。我们借助历次的人口调查数据对河南省的职业结构变迁情况进行具体分析(见表1,表2)。

表1 1982~2010年河南省社会阶层结构的变化

单位:%

| 职业类别 | 1982年 | 1990年 | 1995年 | 2000年 | 2005年 | 2010年 |
| --- | --- | --- | --- | --- | --- | --- |
| 国家和社会管理者 | 1.04 | 1.29 | 2.02 | 1.12 | 1.57 | 0.85 |
| 专业技术人员 | 3.92 | 3.98 | 5.43 | 4.32 | 10.68 | 5.00 |
| 办事人员 | 0.96 | 1.25 | 2.04 | 2.05 | 2.50 | 2.80 |
| 商业、服务业人员 | 2.56 | 3.36 | 6.73 | 5.10 | 6.03 | 10.89 |
| 产业工人 | 7.85 | 7.82 | 14.42 | 7.29 | 8.15 | 13.94 |
| 农业劳动者 | 83.60 | 82.24 | 69.36 | 80.08 | 70.73 | 66.40 |
| 不便分类人员 | 0.06 | 0.05 | 0.01 | 0.06 | 0.35 | 0.12 |

资料来源:1982~2010年历次人口调查数据。

---

① 陆学艺:《当代中国社会阶层研究报告》,社会科学文献出版社,2002,第9页。

表2 不同阶段河南省职业结构的变动

单位：个百分点

| 职业类别 | 1982~1990年 | 1991~2000年 | 2001~2010年 | 1982~2005年 |
|---|---|---|---|---|
| 国家和社会管理者 | 0.25 | 0.73 | -0.17 | -0.27 |
| 专业技术人员 | 0.05 | 1.45 | 0.34 | 0.68 |
| 办事人员 | 0.29 | 0.79 | 0.8 | 0.75 |
| 商业、服务业人员 | 0.80 | 3.36 | 1.74 | 5.79 |
| 产业工人 | -0.03 | 6.60 | -0.53 | 6.65 |
| 农业劳动者 | -1.36 | -12.88 | -2.16 | -13.68 |
| 不便分类人员 | -0.01 | -0.05 | 0.01 | 0.06 |

资料来源：1982~2010年历次人口调查数据。

在改革后的第一个时期（1982~1990年），河南省的社会阶层结构基本没有什么变化。根据1982年人口普查的数据，我们可以看到当时河南省的社会阶层结构还处于农业社会。农业劳动者在总人口中所占的比重高达83.60%，其他职业的比例都很低（见表1）。因此，河南省的职业分层在20世纪80年代的早期是极为明显的"倒丁字"形结构。从1982年到1990年，河南省的职业结构没有大的变动。农业劳动者的比重有所下降，但仍在80%以上。除了农业劳动者降低1.36个百分点外，其他职业人员中商业、服务业人员变化最大，增加了0.8个百分点（见表2）。商业、服务业人员的增加可能反映了当时搞活商品经济，商品流通过程中吸引了大量劳动者就业。

改革后的第二个时期（1990~2000年）又可分为两个阶段。从1990年到1995年，河南省的社会阶层结构经历了较大的变化。农业劳动者的比例降低了12.88个百分点，所占比例低于70%。产业工人有了大幅度的提升，所占比例接近15%。商业、服务业人员的比例翻了一番，达到6.73%。我们可以发现这一阶段河南社会阶层结构是朝着有利于现代社会阶层结构的方向发展。邓小平同志"南方谈话"后，我国自1993年开始建设社会主义市场经济。市场化的逻辑开始引导农业劳动者大量向非农领域转移，农业劳动者比例的下降正是对这一转型的反映。

职业结构的分化与组合是一个漫长的过程，其中也会经历循环往复。在2000年的人口普查中，河南省的社会阶层结构又重新回到改革后第一个时期。农业劳动者出现大幅反弹，其在整个社会阶层结构中的比重重新占到80%以上，上升了10.72个百分点。产业工人的比重萎缩，降到10%以下，下降7.13个百分点。这一现象可能与当时国有企业改革中，大量国企职工下岗，而原有的农民工在城市又难以就业返回农村务农的现实有关。在这次人口普查中，国家和社会管理者，专业技术人员，商业、服务人员的比重也有不同程度的降低。

改革后的第三个时期（2000~2010年），河南省的社会阶层结构向现代社会结构加速转型。在2010年农业劳动者的比重已经降到70%以下，与2000年相比下降了近14个百分点。在河南省的社会阶层结构中一个突出的特征是商业、服务业人员的发育，其比重占到整个职业结构的10.89%。商业、服务业人员的发育一方面反映河南省第三产业的增长，另一方面也是教育发展的结果。

## 二 2000年以来河南省社会阶层结构形态特征

在描述社会阶层结构的历时性变动之后，更为重要的是对当前的社会阶层结构有一个正确的认识和判断。对于一个省而言，社会阶层结构从一个方面（很大程度上是主要的方面）表明了这个省社会结构所处的阶段。社会结构形态是社会建设和社会发展所嵌入的社会基础。那些能够符合社会结构的社会建设（以社会政策表现出来）可促进社会发展，而不适应当前社会结构的社会政策则难以收到应有的效果。与此同时，社会建设也会对社会阶层结构产生反作用，促使社会阶层结构分化与重组。

### （一）河南省社会阶层结构从"倒丁字"形向"金字塔"形转变

我们以2000年的人口抽样数据为基础，发现河南省是典型的"倒丁字"形结构形态。这是一种属于工业化早期的社会阶层结构。在底部是长长的

"一横",代表农业劳动者;"一竖"代表现代社会阶层结构的中产阶层,如专业技术人员、办事人员和商业、服务业人员的比重都很低(见图1)。

2010年的数据则显示,河南省的社会阶层结构伴随着产业工人阶层和商业、服务业人员阶层的增加,"金字塔"的形状开始显现。这表明河南省的社会阶层结构已经开始由"倒丁字"形结构向"金字塔"形结构转变。但现代社会的阶层结构应是中产阶层占多数的"橄榄形"结构。一个稳定的符合现代社会结构要求的"中产社会"在河南省的形成尚需时日(见图2)。

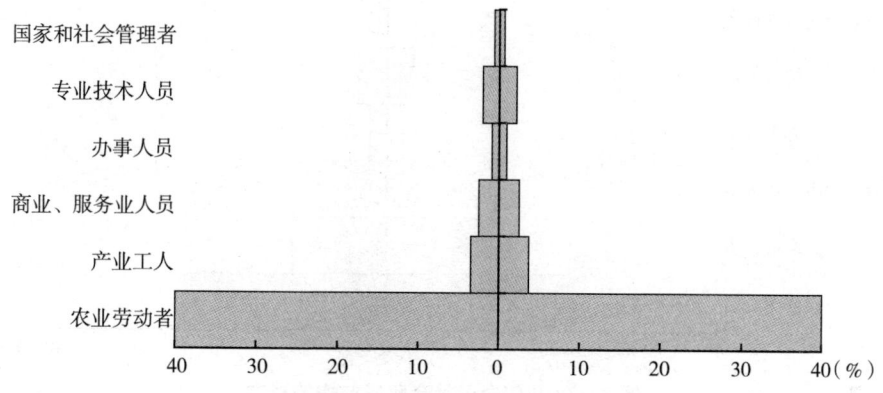

**图1  2000年河南省社会阶层结构的形态**

资料来源:《河南省2000年人口普查资料》。

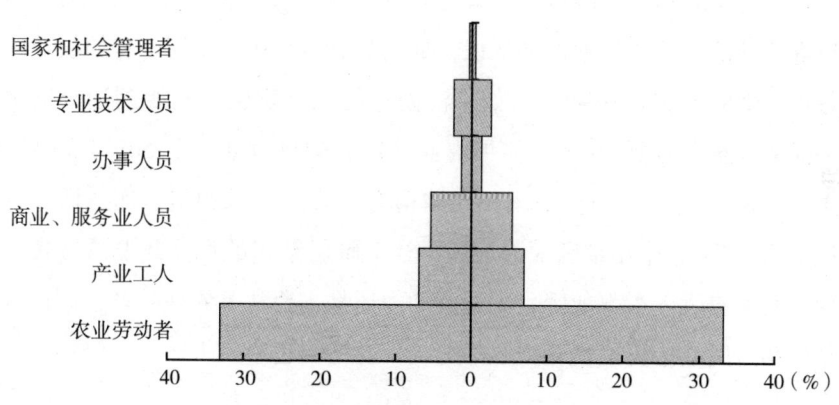

**图2  2010年河南省社会阶层结构的形态**

资料来源:《河南省2010年人口普查资料》。

## （二）河南省社会阶层结构发育滞后于全国水平

通过横向对比，河南省的社会阶层结构形态不仅落后于发达地区，也落后于全国的社会阶层结构。根据2010年的全国数据，农业劳动者的比重是48.4%，产业工人是22.5%，商业服务业人员是16.2%，办事人员为4.3%，专业技术人员为7.68%，国家和社会管理者为1.8%。从形态上看，全国的阶层结构已经具备典型的"金字塔"形状（见图3）。

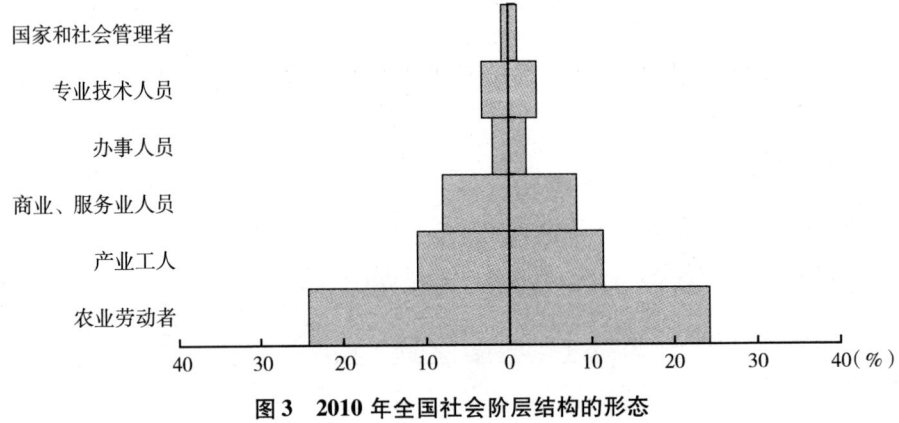

**图3　2010年全国社会阶层结构的形态**

资料来源：《全国2010年人口普查资料》。

社会阶层结构变动的过程，就是农业劳动者的比重降低、其他阶层所占的比重上升的过程。依据这种认识，从1982年到2010年河南省的农业劳动者每年下降的比例是0.49%，如果河南省的社会阶层结构要到达全国平均水平的话，至少需要36年；如果农业劳动者的比例要降到50%以下的话，则至少需要33年。"当代中国社会结构变迁研究"课题组也通过研究得出类似结论，"在整个中部和西部地区，社会阶层结构的调整还非常缓慢，结构变迁大大滞后于东部地区，大量劳动力还是主要从事农业生产，因而其职业结构和阶层结构仍然具有很强的传统社会结构色彩。"[1]

---

[1] "当代中国社会结构变迁研究"课题组：《2000~2005年：我国职业结构和社会阶层结构变迁》，《统计研究》2008年第2期。

## （三）河南省各地市社会阶层结构差异较大

河南省的18个地级市之间经济社会发展程度不一，其社会阶层结构形态也具有差异性。下文通过第六次人口普查数据，分析河南省各地级市的社会阶层结构（见表3）。

国家和社会管理者阶层。郑州市的国家和社会管理者阶层比重最高（2.71%），周口市的国家和社会管理者阶层比重最低（0.31%），两者之间相差2.4个百分点。

专业技术人员阶层。郑州市的专业技术人员阶层比重最高（12.2%），驻马店市（3.02%）和周口市（3.05%）的专业技术人员比重较低，与郑州相差近10个百分点。

办事人员阶层。郑州市的办事人员阶层比重最高（6.6%），周口市办事人员阶层比重最低（1.39%），两者相差5.21个百分点。

商业、服务业人员阶层。郑州市的商业、服务业人员阶层比重最高（26.33%），开封市的商业、服务业人员阶层比重最低（6.76%），两者相差近20个百分点。

产业工人阶层。济源市的产业工人阶层比重最高（26.01%），南阳市产业工人阶层比重最低（7.83%），二者相差近18个百分点。

农业劳动者阶层。郑州市的农业劳动者阶层比重最低（30.64%），南阳市农业劳动者阶层的比重最高（79.48%），二者相差近50个百分点。

运用聚类分析的方法，河南省18个地级市的社会结构形态可以分为三类：第一类包括郑州市、焦作市和济源市，农业劳动者阶层的比重已经降到50%以下，商业、服务业人员阶层和产业工人阶层的比重较高；第二类包括洛阳市、平顶山市、安阳市、鹤壁市、新乡市、许昌市、漯河市和信阳市，农业劳动者阶层比重在50%~70%，产业工人阶层比重有所提升；第三类包括开封市、濮阳市、三门峡市、南阳市、商丘市、周口市、驻马店市，农业劳动者比重依然在70%以上，产业工人阶层比重不高（见表3）。

表3　河南省18个地级市社会阶层结构

单位：%

| 地区 | 国家和社会管理者 | 专业技术人员 | 办事人员 | 商业、服务业人员 | 产业工人 | 农业劳动者 | 其他 |
|---|---|---|---|---|---|---|---|
| 郑州市 | 2.71 | 12.20 | 6.60 | 26.33 | 21.44 | 30.64 | 0.08 |
| 开封市 | 0.42 | 3.81 | 1.96 | 6.76 | 8.57 | 78.45 | 0.03 |
| 洛阳市 | 1.24 | 6.70 | 3.69 | 13.13 | 18.12 | 56.97 | 0.15 |
| 平顶山市 | 0.72 | 4.75 | 3.84 | 11.38 | 16.13 | 63.08 | 0.11 |
| 安阳市 | 0.98 | 4.90 | 2.35 | 11.73 | 17.24 | 62.64 | 0.16 |
| 鹤壁市 | 0.96 | 6.09 | 4.02 | 10.63 | 19.33 | 58.94 | 0.03 |
| 新乡市 | 0.94 | 5.12 | 2.49 | 10.21 | 16.62 | 64.53 | 0.09 |
| 焦作市 | 1.27 | 6.52 | 3.63 | 13.79 | 24.79 | 49.88 | 0.13 |
| 濮阳市 | 0.70 | 4.88 | 2.86 | 7.67 | 12.14 | 71.69 | 0.06 |
| 许昌市 | 0.95 | 5.32 | 2.46 | 11.02 | 16.43 | 63.67 | 0.16 |
| 漯河市 | 0.71 | 4.92 | 3.51 | 9.65 | 16.00 | 65.16 | 0.04 |
| 三门峡市 | 0.64 | 4.86 | 3.64 | 10.15 | 10.15 | 70.55 | 0.02 |
| 南阳市 | 0.42 | 3.23 | 1.86 | 7.15 | 7.83 | 79.48 | 0.04 |
| 商丘市 | 0.38 | 3.19 | 1.77 | 6.99 | 11.77 | 75.37 | 0.52 |
| 信阳市 | 0.90 | 4.55 | 2.41 | 11.67 | 12.50 | 67.87 | 0.09 |
| 周口市 | 0.31 | 3.05 | 1.39 | 7.84 | 11.12 | 76.21 | 0.07 |
| 驻马店市 | 0.48 | 3.02 | 1.82 | 8.27 | 9.66 | 76.67 | 0.06 |
| 济源市 | 0.89 | 6.90 | 4.74 | 15.90 | 26.01 | 45.53 | 0.03 |

资料来源：《河南省2010年人口普查资料》。

## 三　河南省社会阶层结构变迁的制约因素

社会阶层结构的变化与发展是与社会一定的经济状况相联系的。城乡结构、产业结构和教育结构都对社会阶层结构产生影响。

### （一）城乡结构的制约

城乡结构也称为城乡二元结构，是城市经济和乡村经济的不同而导致在其他方面的差异性特征。城乡二元经济结构一般是指以社会化生产为主要特点的城市经济和以小生产为主要特点的农村经济并存的经济结构。我国城乡二元经济结构主要表现为：城市经济以现代化的大工业生产为主，而农村经济以典型的小农经济为主。与城乡二元经济结构相伴随的是，农业劳动者一般集中在乡村的小农经济领域，而产业工人以及中产阶层一般生活在城市经济体中。

自2000年以来，河南省的城乡结构变化特征是乡村人口与城市人口此消彼长。但这一转型过程是缓慢的，截至2013年河南省的城镇人口依然没有超过50%，仅为43.8%，落后全国平均水平达10个百分点。城乡结构的转型迟缓制约着河南省现代社会阶层结构的发育。大量的人口没有从乡村经济部门转移到城市经济部门，依然是处于较低阶层的农业劳动者（见图4）。

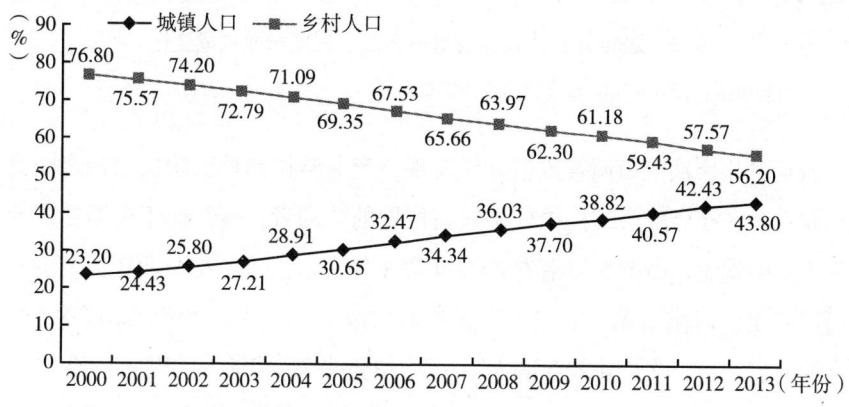

**图4　2000年以来河南省城乡人口结构变化**

资料来源：2001~2014年《河南统计年鉴》。

## （二）产业结构的制约

产业结构调整对社会阶层结构演变的影响包含两重含义：一是不同产业之间就业比重的此消彼长会对整体社会阶层结构产生影响；二是产业内部结构调整会对产业内社会阶层结构产生影响，并最终表现为就业结构宏观上的变化。[①] 产业结构的发展是影响社会阶层结构变动的一个关键变量。

---

① 陈凌、张原：《中国的产业结构－职业结构变动研究》，中国劳动社会保障出版社，2008，第89页。

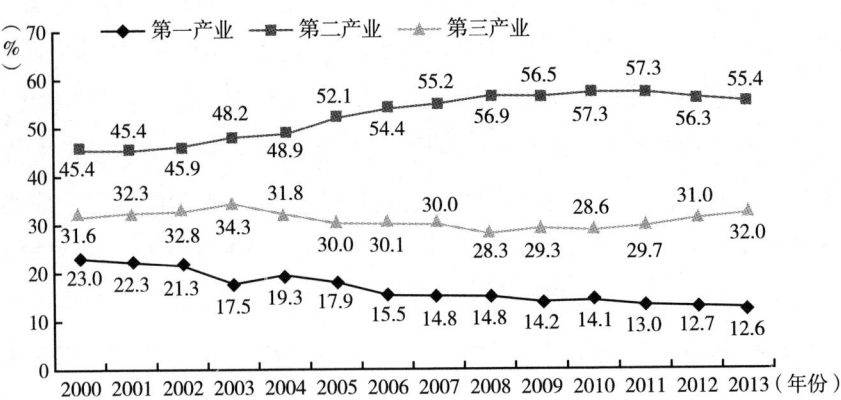

图5　2000年以来河南省第一、二、三次产业构成变化

资料来源：2001~2014年《河南统计年鉴》。

我们利用历次人口调查数据分析发现，产业结构和社会阶层结构之间具有密切联系，在社会阶层结构中处于较高位置的劳动者，越趋向于在第二产业或第三产业中就业。由图5河南省2000年以来第一、二、三次产业比值的变动趋势可以看出，河南省第一、二、三次产业构成变动不大，产业结构升级缓慢。从在第一、二、三次产业就业的人口变动趋势来看，2007年以来，第二产业中就业人口具有持续上升的趋势，但第三产业上升依然缓慢（见图6）。

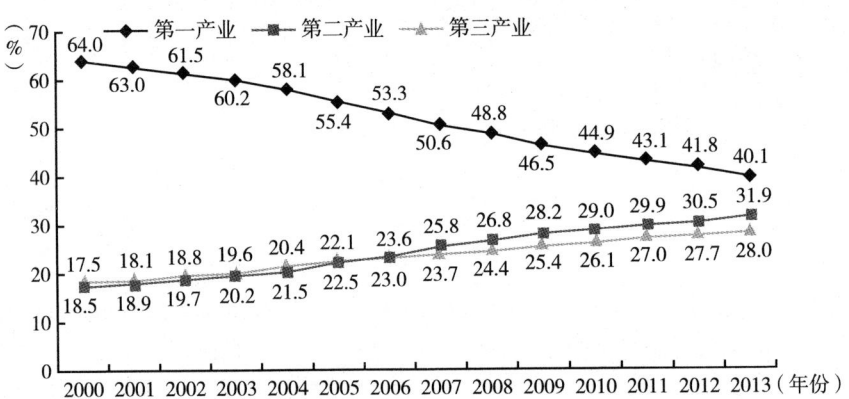

图6　2000年以来河南省第一、二、三次产业就业结构变化

资料来源：2001~2014年《河南统计年鉴》。

与全国的产业结构相比，河南省也处于落后的地位。在2013年全国国内生产总值的第一、二、三次产业构成中，第一产业的比重是10%，第二产业为43.9%，第三产业为46.1%。第三产业已经超过第二产业而占据主导地位。河南省第三产业比重比全国平均水平低14个百分点。在2013年全国第一、二、三次产业就业人口构成中，第一产业占31.4%，第二产业占30.1%，第三产业占38.5%。

考虑到第三产业在吸纳劳动就业中的重要地位，第三产业比重的发展迟缓影响了河南省劳动者的非农就业，进而制约着现代社会阶层结构的发育。

### （三）教育结构的制约

教育结构指一定区域内整体人口的教育层次比例结构，即获得初等教育、中等教育和高等教育三个教育层次学历的人数占成人受教育人数的比例结构。一般而言，不同文化程度对三次产业发展和社会阶层结构分化的促进作用是不同的，中等教育对于第二产业和高等教育对于第三产业发展影响最为显著，高等教育对于产业结构升级也具有显著效应。教育结构和社会阶层结构之间具有密切联系，教育水平越高，越趋向于在较高的阶层等级中就业。

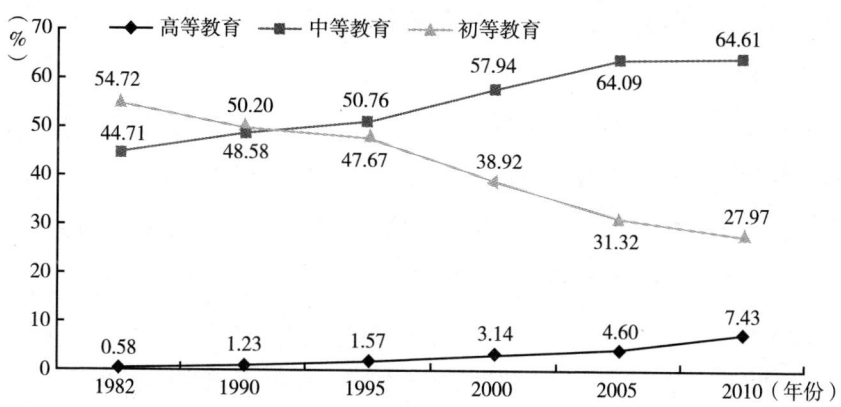

图7　改革开放以来河南省教育结构变动

资料来源：1982~2010年历次人口调查数据。

河南省的教育结构改革以来的变动基本是在初等教育和中等教育之间。我们根据历次的人口调查数据发现，河南省的初等教育人口降低 26.75 个百分点，中等教育人口相应地增加 19.90 个百分点，高等教育人口仅仅增加 6.85 个百分点。受过中等教育的人口在 1990 年代初期超过初等教育人口，到 2010 年河南省受过中等教育的人口已经达到 64.61%。

与全国数据相比，河南省的教育结构也处于落后的地位。在 2010 年的人口抽样调查中，全国初等教育人口的比重是 30.25%，稍高于河南省的比例；受过高等教育的人口为 10.09%，高于河南省的比例。因此，河南省与全国相比差距主要表现在受过高等教育的人口比重。尽管河南受过高等教育的人口 2010 年比 2000 年的调查增加了 345 万，但由于人口基数的增长，高等教育人口在整体中所占的比重变化不大，依然没有超过 10%。教育结构的滞后不仅妨碍了河南省的产业结构升级，也延缓了河南省现代社会阶层结构发育的进程。

## 四 结论及政策建议

通过对人口调查数据分析，我们发现河南省的职业结构依然是"倒丁字"形结构。农业劳动者比重过大成为制约河南省社会结构转型的重要因素。其社会阶层结构不仅落后于东部发达地区，也与全国转向"金字塔"形社会阶层结构有很大的差距。这一发现与"当代中国社会结构变迁研究"课题组关于中、西部地区社会结构属于传统社会结构的论断是一致的。一定的社会阶层结构都是原有结构分化与组合的结果。

我们利用历次人口调查的数据，具体分析了改革开放以来河南省社会阶层结构的动态演变过程。结果发现，既不同于沿海发达地区广东省"现代化、高级化"趋势，[1] 也不同于老工业基地辽宁省"增量低级化"[2] 特征，

---

[1] 张国英：《广东省在业人口职业结构时空变迁：1982－2005》，《南方人口》2009 年第 1 期。
[2] 王立波：《社会转型与辽宁人口职业结构的变迁》，《人口与经济》2006 年第 5 期。

河南省社会阶层结构的变迁带有一种"迟缓型"的变迁轨迹。在全国社会结构快速转型的形势下，一个地区却具有迟缓型的特征，意味着社会阶层结构变迁的路径依赖。河南省社会阶层结构变迁的基础是一个高度传统化的农业社会，农业劳动者的比重占到80%以上。就这个意义而言，河南省现代社会阶层结构的发育过程，也就是农业劳动者和非农业劳动者的此消彼长过程。作为中部地区的一个农业大省，河南省在发展过程中既无资源优势，也无区位优势，因而其非农产业的发展是缓慢的，并且不乏农业的反弹。社会阶层结构受到城乡结构、产业结构和教育结构的多重因素影响。河南省的产业结构升级和教育结构发展缓慢，导致河南省社会阶层结构的迟缓特征。

尽管有很大的自我演化趋势，但一个社会的阶层结构不完全是自发形成的，国家政策和制度对其社会结构的调整与优化有着重要的推动作用。当前河南省的社会阶层结构仍带有传统农业社会的特征，城乡二元分割的体制不仅无助于现代社会阶层结构的培育，甚至会延缓这一过程。因此，在构建和谐社会的时代背景下，如何借助社会建设和社会政策，努力推进城乡一体化发展，优化社会阶层结构，是当前河南省经济社会发展中面临的现实课题。

首先，以发展小城镇为路径，促进农村劳动力向非农产业转移。在我国较为发达的江浙地区，小城镇成为经济发展和吸纳就业的"蓄水池"。诸多经验表明，小城镇是更为适合我国国情的城市化模式。河南省应该结合"中原经济区"的发展战略，依托产业集聚区，扩展农村地区小城镇的布局。发展的小城镇既能成为连接乡村和城市的桥梁，又能成为外出务工者返乡创业的聚集地，带动大量农村劳动力向非农产业转移。因此，河南省应在一县范围内搞好与县域经济发展规划相联系的小城镇发展规划，在县城和中心小城镇逐步进行工业园区和商品流通市场等公共基础设施建设，为农民进城镇和外出务工者返乡创业提供有利条件。

其次，以推动产业结构升级为契机，为中小企业创造良好的成长环境。产业结构与社会阶层结构有显著的相关性，产业结构升级能够增加符合现代社会特征的职业人口。尽管产业结构升级被多次提出，河南省的社会阶层结构仍受制于落后的产业结构。在一个只有劳动力优势的地区，发展有较强劳动力吸纳能力的中小企业不失为一种选择。河南省面临着大学生就业与劳动力转移的双重就业压力，而落后的产业结构限制了其吸纳就业人员的能力。因此，政府相关部门要制定各种扶助政策，依托产业集聚区，优化创业环境，为中小企业健康发展提供支持。与此同时，政府要鼓励大学毕业生以创业带动就业，并合理引导河南籍外出务工者返乡创业，为更多的劳动者创造就业岗位。

最后，以人力资本水平提升为手段，促进农民工纵向社会流动。在2013年的统计数据中，河南省第一产业的从业人员比重已经降到40%左右，但人口调查数据则显示农业劳动者的比重依然在60%以上。这种不一致的原因就是河南省户籍人口和就业人口之间的统计偏差，社会结构滞后于经济结构。大量农民工在城市就业中面临着职业分割，难以实现从蓝领向白领的突破，他们依然被视为农业劳动者。人力资本是影响职业晋升的重要条件，较高的人力资本会增加从事"去体力化"职业的可能性。因此，一方面继续做好农民工随迁子女的教育工作，打通他们升学的通道，让他们平等地参加中考和高考，而不是被强迫分流到职业教育的轨道；另一方面增加农民工的在职培训机会，政府既可以通过发放"培训券"，也可以采取"订单式培训"的方式，促进农民工在公办或民办机构参加培训。

河南省的地理区位与人口结构使其在社会阶层结构变迁研究中具有一定的典型意义。通过对河南省社会阶层结构变迁的探讨，我们发现社会阶层结构发育更为清晰的路径与态势，也使我们更好地了解从传统农业社会到现代工业社会转型中社会阶层结构变迁的微观机制。需要指出的是，不仅河南省的社会阶层结构落后于全国，以其为对象的研究也远远滞后于现实的需要。在本研究中，我们仅对改革开放以来河南省社会阶层结构的变迁过程及其特征进行了初步的分析，与此相关的一系列有价值的课题，如河南省城乡居民的代际职业流动问题、代内职业流动问题以及与此相关的职业意识问题，都需要进一步的研究与分析比较。

·专题二 公共服务·

# 河南省农村居民公共服务需求满意度调查

丁辉侠[*]

**摘　要：** 河南省农村居民公共服务需求满意度调查结果表明，农村居民对公共服务的满意率不高，交通服务、农田水利服务、义务教育服务和医疗卫生服务的平均满意率在30%~40%，农村社会保障服务和生活环境服务平均满意率仅在20%左右；农村居民对公共服务的不满意率偏高，只有医疗服务的平均不满意率低于20%，而生活服务的平均不满意率接近40%；各类公共服务的满意度差别较大，满意度最高的乡村公路比最低的灾害救助的满意率高出35.7个百分点，不满意率最高的垃圾处理服务比最低的县医疗卫生服务高出37.8个百分点。因此，建议从制定公共服务供给规划、完善多元供给机制、畅通农村居民参与渠道和完善评估机制等方面，构建以需求导向为主的农村公共服务供给机制。

**关键词：** 农村公共服务　需求满意度　需求导向　供给机制

改革开放以后，河南省农村居民生活水平得到很大提高。农村居民家庭人均纯收入从1979年的160.78元增加到2013年的8475.34元，农村居民的恩格尔系数从1979年的60.7%下降到2013年的34.4%。随着农村生活

---

[*] 丁辉侠，博士，郑州大学公共管理学院副教授，社会管理河南省协同创新中心研究员。

水平的提高，农村居民对农村公共服务的需求数量和需求结构都发生了很大的变化。与此同时，我国也进入工业反哺农业、城市支持农村建设的新阶段，国家财政支农力度不断增强，公共财政覆盖农村的领域不断扩大，对农村公共服务供给提出了更高要求。《河南省基本公共服务体系"十二五"规划》提出的目标为："到2015年，覆盖城乡居民的基本公共服务体系逐步完善，推进基本公共服务均等化取得明显改进，努力实现供给有效扩大，发展较为均衡，服务方便可及，群众比较满意。"

农村公共服务供给是否可以满足农村居民的需求呢？作为农村公共服务的主要消费主体，农村居民最有发言权。为全面了解河南省农村居民对农村公共服务的需求满意度情况，社会管理河南省协同创新中心在全省共发放1500份调查问卷，从交通、农田水利、义务教育、医疗卫生、社会保障和生活服务六个方面对河南省农村居民的满意度进行调查，分析影响需求满意的主要因素，以期在构建以农民需求为导向的农村公共服务供给制度方面提出合理的政策建议，使农村公共服务供给更加符合农民意愿，满足农民需求，促进农村、农业、农民全面发展。

## 一　样本描述性分析

2013年年末河南省总人口为10601万人，其中农村人口5958万人，占总人口的56.2%。农村居民是河南省人口的重要组成部分，对农村公共服务的需求量大。

本次调查按照严格的科学抽样原则，在河南省共抽取十个县，发放调查问卷1500份，回收1247份，回收率为83.3%。调查样本中（见表1），男性为682人，女性为564人，男女之比为54.7∶45.3，其中教育程度在初中及以下的有708人，高中或中专272人，大专及以上为267人。在调查样本中，30岁及以下的人数所占比例为33.9%，31~59岁人数所占比例为45.3%，60岁及以上人数所占比例为10.8%。调查样本人员在工作和收入来源方面，30.3%的人无工作，主要靠务农为生，34.7%的人靠打零工，31.9%的人有稳定工作，3%的人有退休工资（见表1）。

表1 调查样本描述分析

| 变量 | 指标 | 人数(人) | 比例(%) | 变量 | 指标 | 人数(人) | 比例(%) |
|---|---|---|---|---|---|---|---|
| 性别 | 男 | 682 | 54.7 | 年龄 | 30岁及以下 | 423 | 33.9 |
|  | 女 | 564 | 45.3 |  | 31~59岁 | 690 | 45.3 |
|  |  |  |  |  | 60岁及以上 | 134 | 10.8 |
| 教育程度 | 初中及以下 | 708 | 56.8 | 工作状况 | 无工作 | 378 | 30.3 |
|  | 高中或中专 | 272 | 21.8 |  | 打零工 | 433 | 34.7 |
|  | 大专及以上 | 267 | 21.4 |  | 有稳定工作 | 398 | 31.9 |
|  |  |  |  |  | 已退休 | 38 | 3 |

## 二 河南省农村居民公共服务需求满意度状况

农村公共服务主要是为农村居民生活、农业生产、农村经济发展提供相关的具有一定非排他性和非竞争性的产品和服务。农村公共服务的消费具有地域性限制,主要功能是满足农村居民生产、生活和发展需要。调查结果表明,随着生活水平提高和公共服务消费意识的增强,河南省农村居民对各类公共服务的需求数量总体增加,需求结构有较大变化。本部分主要从交通服务、农田水利服务、通信服务、义务教育服务、医疗卫生服务、社会保障服务、就业服务和生活服务方面,分析农村居民对这些公共服务的满意度。

### (一)在交通运输服务方面,乡村道路满意度最高,公交车便利性满意度最低

安全可靠、便捷畅通、经济高效的交通运输服务,是农村现代化的重要体现。农村公路是农村经济社会发展的先导性、基础性、公益性设施。本报告从乡村公路、入户道路和公交车便利性三个方面评价农村居民对交通运输服务的满意度。

加快农村公路发展,是方便农民群众生产生活、促进农村致富的重要基础和条件,也是加快社会主义新农村建设、促进城乡一体化发展的重要

保障。自2006年推进新农村建设以来，河南省高度重视农村公路发展，持续加大财政投入，交通设施条件不断改善，农村公路网络化程度不断提高，实现了公路村村通，农村地区出行条件得到明显改善。调查结果显示（见表2），相对于入户道路，农村居民对乡村公路的满意度较高，分别有6%和44%的被调查者表示非常满意和比较满意，两者比例合计达50%；只有37.7%的被调查者对入户道路表示非常满意（4.7%）和比较满意（33%），而不太满意（20.2%）和非常不满意（12.8%）的比例高达33%。

河南省所有县市都实现了通公交车，但并不是所有农村居民能方便地享受到此项服务。对公交车便利性的调查结果显示，只有30.4%的被调查者表示满意，分别有25.2%和15.9%的被调查者表示不太满意和非常不满意，两者比例高达41.1%。

表2 河南省农村居民交通运输服务满意度调查结果

单位：%，人

| 交通运输服务 | 非常满意 | 比较满意 | 一般 | 不太满意 | 非常不满意 |
| --- | --- | --- | --- | --- | --- |
| 乡村公路 | 6.0<br>(75) | 44<br>(549) | 25.6<br>(319) | 15.6<br>(194) | 8.8<br>(110) |
| 入户道路 | 4.7<br>(59) | 33<br>(411) | 29.4<br>(366) | 20.2<br>(252) | 12.8<br>(159) |
| 公交车便利性 | 3.9<br>(49) | 26.5<br>(331) | 28.5<br>(355) | 25.2<br>(314) | 15.9<br>(158) |

注：括号中的数字为本次调查样本数，下同。

## （二）在农业生产服务方面，农田水利的满意度较低

农业是国民经济发展的重要基础，农田水利、农村电网、气象服务等是农业生产和发展的重要保障，也是政府农村公共服务供给的重要内容。本报告主要从农田水利和农村电网两个方面调查农村居民的满意程度。

调查结果显示（见表3），相对于农村电网服务，农村居民对农田水利

服务的满意度更低。在农田水利方面,33.6%的被调查者表示非常满意(4.7%)和比较满意(28.9%),不太满意(22.3%)和非常不满意(9.8%)的比例为32.1%;在农村电网方面,有5.9%和41.5%的被调查者表示非常满意和比较满意,两项所占比例总共没有超过50%,不太满意(12.8%)和非常不满意的比例(5%)合计为17.8%。

表3　河南省农村居民农业生产服务满意度调查结果

单位:%,人

| 农业生产服务 | 非常满意 | 比较满意 | 一般 | 不太满意 | 非常不满意 |
|---|---|---|---|---|---|
| 农田水利 | 4.7<br>(58) | 28.9<br>(360) | 34.4<br>(429) | 22.3<br>(278) | 9.8<br>(122) |
| 农村电网 | 5.9<br>(74) | 41.5<br>(517) | 34.9<br>(435) | 12.8<br>(159) | 5.0<br>(62) |

## (三)在基础教育服务方面,小学教育的满意度最高,初中教育的满意度最低

《国家基本公共服务体系"十二五"规划》明确了"十二五"时期基本公共教育服务的范围,将普惠性学前教育、九年义务教育和高中阶段教育纳入基本公共教育服务范围,并明确了"十二五"时期基本公共教育服务的标准。农村基础教育对于提高农村居民文化素质、促进城乡协调发展、实现教育公平和维护社会公正具有重要的意义。

调查结果显示(见表4),被调查者对小学教育的满意度相对较高,对初中教育的满意度最低。在小学教育服务方面,非常满意和比较满意的比例分别为4.9%和31.2%,满意率为36.1%,不满意的比例为26.5%;在初中教育服务方面,非常满意和比较满意的比例分别为4.7%和28.2%,满意率为32.9%,低于小学教育服务的满意度,但不满意的比例为25.8%,略低于小学教育服务;在高中教育服务方面,表示满意的比例为35%,不满意的比例相对较低,为22.8%。

表4 河南省农村居民基础教育服务满意度调查结果

单位：%，人

| 义务教育服务 | 非常满意 | 比较满意 | 一般 | 不太满意 | 非常不满意 |
|---|---|---|---|---|---|
| 小学教育 | 4.9<br>(61) | 31.2<br>(389) | 37.4<br>(466) | 19.4<br>(242) | 7.1<br>(89) |
| 初中教育 | 4.7<br>(58) | 28.2<br>(352) | 41.3<br>(515) | 20.7<br>(258) | 5.1<br>(64) |
| 高中教育 | 4.5<br>(56) | 30.5<br>(380) | 42.3<br>(527) | 17.2<br>(214) | 5.6<br>(70) |

## （四）医疗卫生服务方面，县乡村卫生服务满意度依次降低

目前，我国已形成以县级医院为龙头、乡镇卫生院和村卫生室为基础的农村医疗卫生服务网络（农村三级医疗卫生服务网络），医疗服务体系不断完善，农村医疗卫生条件和服务能力明显改善。同时，国家实施农村合作医疗制度，依法制定有关疾病的预防、治疗等保护农民生命和权利不受侵犯的各项政策。

本报告从村医疗卫生服务、乡医疗卫生服务和县医疗卫生服务三个方面调查农村居民的满意度情况。调查结果显示（见表5），对村、乡和县医疗卫生服务满意的比例分别为34.7%、33.6%和43%，不满意所占比例分别为21%、19.9%和15.6%。这表明对村、乡两级卫生服务的评价差不多，但对县级卫生服务的评价较好。

表5 河南省农村居民医疗卫生服务满意度调查结果

单位：%，人

| 医疗卫生服务 | 非常满意 | 比较满意 | 一般 | 不太满意 | 非常不满意 |
|---|---|---|---|---|---|
| 村医疗卫生 | 3.4<br>(43) | 31.3<br>(390) | 44.3<br>(552) | 16.9<br>(211) | 4.1<br>(51) |
| 乡医疗卫生 | 3.0<br>(38) | 30.6<br>(381) | 46.5<br>(580) | 15.7<br>(196) | 4.2<br>(52) |
| 县医疗卫生 | 3.5<br>(44) | 39.5<br>(492) | 41.5<br>(517) | 11.9<br>(148) | 3.7<br>(46) |

### （五）在社会保障服务方面，满意度普遍较低，灾害救助明显偏低

社会保障是指国家通过立法对国民收入进行分配和再分配，对社会成员特别是生活有特殊困难人群的基本生活权利给予保障的社会安全制度，包括社会保险、社会救济、社会福利、优抚安置等。《宪法》第45条明确规定："中华人民共和国公民在年老、疾病，或者丧失劳动能力的情况下，有从国家和社会获得物质帮助的权利。"社会救助体系是最低层次的社会保障，一般是国家和其他社会主体对于遭受自然灾害、失去劳动能力或者其他低收入公民给予物质帮助或精神救助，以维持其基本生活需求，保障其最低生活水平的各种措施。本报告从养老服务、低保服务和灾害求助三个方面调查农村居民对社会保障服务的满意度。

调查结果显示（见表6），在调查的服务类别中，被调查者对社会保障服务的满意度最低。养老服务、低保服务和灾害救助三类社会保障服务中，达到满意的所占比例分别为25.4%、22.6%和14.3%，非常满意和比较满意的所占比例都非常低。而不太满意和非常不满意的所占比例都很高，其中对养老服务不太满意的占27.7%，非常不满意的占7%；低保服务方面分别占26.8%和10.1%；灾害救助方面分别占30.5%和9.8%。在这三类社会保障服务中，灾害救助的满意度最低，不满意度最高，不满意率高达40.3%，养老服务和低保服务的不满意率也都在35%左右。

表6 河南省农村居民社会保障服务满意度调查结果

单位：%，人

| 社会保障服务 | 非常满意 | 比较满意 | 一般 | 不太满意 | 非常不满意 |
| --- | --- | --- | --- | --- | --- |
| 养老服务 | 2.1<br>(26) | 23.3<br>(291) | 39.9<br>(497) | 27.7<br>(346) | 7.0<br>(87) |
| 低保服务 | 1.8<br>(23) | 20.8<br>(259) | 40.5<br>(505) | 26.8<br>(334) | 10.1<br>(126) |
| 灾害救助 | 1.4<br>(17) | 12.9<br>(161) | 45.5<br>(567) | 30.5<br>(380) | 9.8<br>(122) |

## （六）生活环境服务方面，环境保护、文化体育和垃圾处理满意度明显较低

在本报告中，生活环境服务包括社会治安、环境保护、饮水安全、文化体育和垃圾处理五类与农村居民生活息息相关的服务。农村社会治安状况是农村居民长期关心的问题，社会治安服务与人民群众的安居乐业有关，影响和谐社会建设的步伐。随着农村经济水平的提高，农村居民对环境保护、饮水安全、文化体育和垃圾处理服务的关注度不断提高，因为这些服务都不知不觉地被纳入他们对生活幸福和安全感的评价。

在生活环境服务中，社会治安、环境保护、饮水安全、文化体育和垃圾处理服务表示满意的比例分别为26.2%、17.1%、29.4%、17.8%和17.4%（见表7）。非常满意所占的比例都不超过3%，社会治安服务低至1.3%，比社会保障服务中灾害救助的1.4%还要低；比较满意所占的比例社会治安和饮水安全分别为24.9%和26.8%，环境保护、文化体育和垃圾处理所占比例都在15%多一点，明显低于所调查的其他类公共服务的比例（只比灾害救助高）。不太满意和非常不满意所占的比例较高，除社会治安服务为25.9%、低于30%以外，饮水安全为31.3%，环境保护、文化体育和垃圾处理都在40%以上，其中对垃圾处理服务不满意所占的比例高达53.5%，远远高于其他类公共服务的不满意率。

表7 河南省农村居民生活服务满意度调查结果

单位：%，人

| 生活环境服务 | 非常满意 | 比较满意 | 一般 | 不太满意 | 非常不满意 |
|---|---|---|---|---|---|
| 社会治安 | 1.3<br>(16) | 24.9<br>(310) | 48.0<br>(598) | 19.9<br>(248) | 6.0<br>(75) |
| 环境保护 | 1.8<br>(23) | 15.3<br>(191) | 41.7<br>(520) | 28.2<br>(352) | 12.9<br>(161) |
| 饮水安全 | 2.6<br>(32) | 26.8<br>(34) | 39.3<br>(490) | 22.1<br>(276) | 9.2<br>(115) |

续表

| 生活环境服务 | 非常满意 | 比较满意 | 一般 | 不太满意 | 非常不满意 |
|---|---|---|---|---|---|
| 文化体育 | 2.6<br>(33) | 15.2<br>(190) | 36.8<br>(459) | 28.7<br>(358) | 16.6<br>(207) |
| 垃圾处理 | 2.1<br>(26) | 15.3<br>(191) | 29.1<br>(363) | 29.4<br>(367) | 24.1<br>(300) |

### （七）各类公共服务满意度的综合分析

一是农村居民对农村公共服务的总体满意度较低。在满意度调查方面，被调查的交通运输服务、农业生产服务、义务教育服务、医疗卫生服务、社会保障服务和生活环境服务六大类公共服务中，平均满意率都不超过50%，最高的农业生产服务为40.5%，最低的是社会保障服务，仅为20.70%（见图1）。生活环境服务的平均满意率为21.98%。交通运输服务、农业生产服务、义务教育服务和医疗卫生服务的平均满意率都在30%以上。在具体公共服务方面，只有交通运输服务中的乡村公路服务满意率达到50%，农业生产服务中的农村电网服务和医疗卫生服务中的县医疗卫生服务的满意率超过40%，分别为47.4%和43%，其余各类公共服务的满意率都低于40%（见图2）。

不满意调查的结果也进一步表明农村居民对公共服务供给的满意度情况。被调查的六大类公共服务中，不满意率偏高。只有医疗卫生服务的平均不满意率低于20%，为18.4%；生活服务的平均不满意率最高，高达39.42%；农业生产服务和义务教育服务的不满意率在20%～30%，分别为24.95%和25.30%；交通运输服务和社会保障服务不满意率都高于30%，分别为32.53%和37.40%。生活服务中的各类公共服务的不满意率除社会治安低于30%外，环境保护、文化体育和垃圾处理的不满意率都超过40%，垃圾处理服务的不满意率甚至高达53.5%。

二是各类公共服务的满意度差别较大。在各大类公共服务中，单项公共服务的满意度差距很大（见图2，图3）。满意度最高的乡村公路的满意率

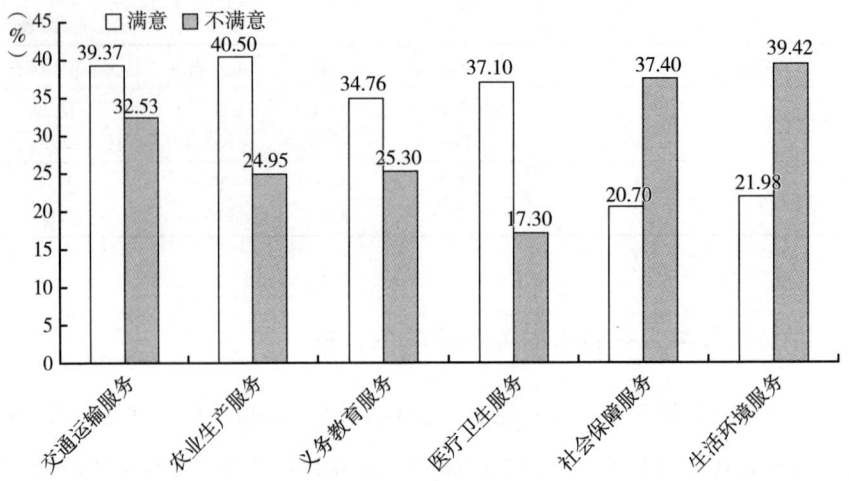

图1 各类公共服务平均满意率和不满意率

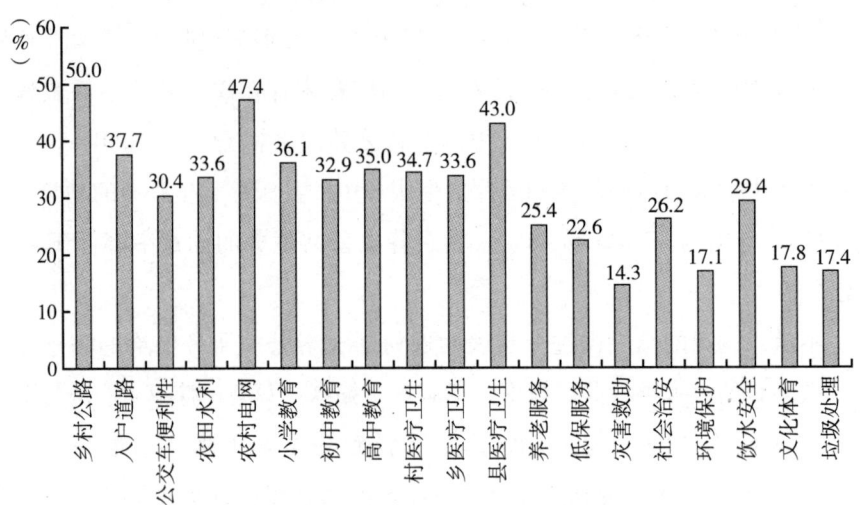

图2 农村公共服务满意率比较

（50%）比满意度最低的灾害救助的满意率（14.3%），高出35.7个百分点。不满意率最高的垃圾处理（53.5%）比不满意率最低的县医疗卫生服务（15.6%），高出37.9个百分点。如此大的差距，一方面反映了政府农村公共服务供给的不均衡，另一方面也表明农村公共服务质量改进任重道远。

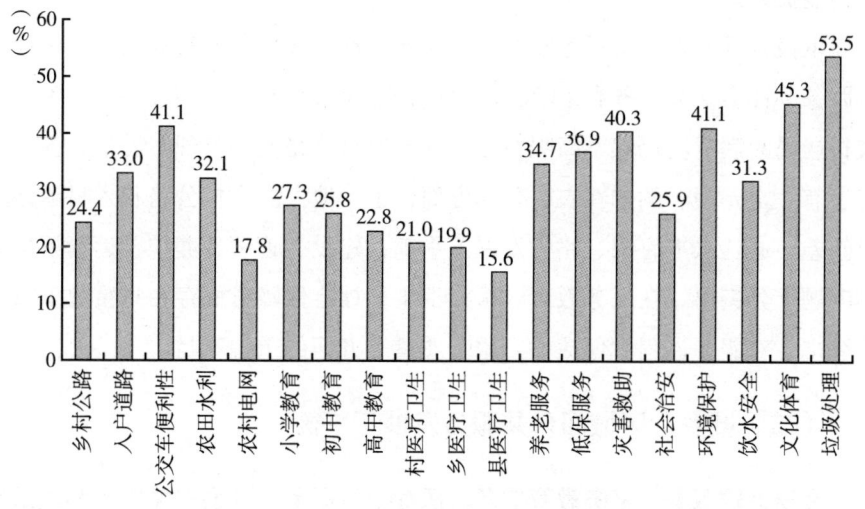

图 3 农村公共服务不满意率比较

## 三 影响河南省农村公共服务需求满意度的原因分析

### （一）农村公共服务供给重数量投入、轻质量管理

近年来，河南省对农村公共服务的公共财政投入逐年加大。河南省人民政府印发的《河南省基本公共服务体系"十二五"规划的通知》提出，在基础教育方面，实现"九年义务教育巩固率达到94%以上，全省70%左右的县（市、区）实现县域内义务教育基本均衡发展""高中阶段教育普及水平进一步提高"。在社会保障方面，"实现全省城乡居民社会养老保险制度全覆盖，2015年全社会参加基本养老保险人数5527万人，城乡三项医疗保险参加率达到97%以上。"在医疗卫生方面，"在政府举办的基层医疗卫生机构和村卫生室全面实施基本药物制度。""城乡医疗卫生服务体系进一步健全，农村三级医疗卫生服务体系标准化建设全面提升。""2015年人均基本公共卫生服务经费标准达到40元以上，基本医疗卫生保障能力和服务水

平明显提升。"

本报告所调查的交通运输服务、农业生产服务、义务教育服务、医疗卫生服务、社会保障服务和生活环境服务,近年来都有较大的改善,但为什么农村居民的满意度仍然不高呢?原因在于农村公路发展与现实需求、群众期待还有一定差距。例如在农村公路方面,不少地方的乡村公路和入村道路路况较差、通达水平有限、路桥发展不平衡,建设、管理、养护、运营不协调等问题十分突出。在义务教育、医疗卫生、社会保障方面存在只重数量投入的弊端,对服务过程中便捷性、服务质量等方面的重视不足。

### (二)城乡、区域间公共服务发展不平衡

交通运输服务、义务教育服务、医疗卫生服务、社会保障服务和生活环境服务的质量差距依然较大。与发展不平衡相关的便利性和公平感在农村居民对农村公共服务的消费和评价方面有较大的影响。例如由于城乡义务教育的差距,只有28.9%的被调查者希望子女在本村或本地乡镇读小学,而有44.9%的被调查者希望把子女送到本地县城就读,还有26.1%的被调查者希望把子女带到自己打工所在的市和外省就读。在医疗卫生方面,也存在资源分配不均衡,城区卫生资源较优,乡村卫生资源匮乏的问题;乡村医疗卫生投入严重不足,设备陈旧落后、服务能力低;乡村人才缺乏,生活待遇低等。这种发展、投入带来的城乡不均等和农村公共服务水平较低的现实,对农村居民公共服务满意度评价的影响较大。

### (三)农村居民对公共服务供给的参与程度严重不足

根据"供给—需求"平衡原则,只有满足需求的供给才是有效供给。农村居民的有效参与是实现农村公共服务供给—需求平衡的前提条件。一般来讲,农村居民通常通过村委会表达自己的公共服务需求。但在被调查的人员中,有59.1%的人认为当自己遇到困难或麻烦时会向村委会反映,他们对村委会活动的参与比较少,对公共服务有效需求难以及时表达并得到重视。调查结果表明,只有43.6%的被调查者参与过村委会选举,

56.4%的被调查者从来没有参加过村委员的选举,参加村委会包括公共服务在内的管理和决策的仅占13.1%,86.9%的被调查者从来没有参与过村委会的相关活动;同时只有25.8%的被调查者曾向村委会提过建议或意见,另外74.2%的人从来没有就与自己相关的公共服务方面的问题向村委会反映过。

农村居民对农村公共服务的参与严重不足,一方面导致农村居民需要的部分公共服务不能得到有效供给;另一方面,由于农村居民难以有效参与供给过程,对公共服务供给的现实困难难以充分地理解,从而影响评价结果。

## 四 提高河南省农村居民需求满意度的政策建议

建立以需求为导向的农村公共服务供给制度,提高农村公共服务供给数量和供给质量,增加农村居民公共服务的满意程度,是提高农村居民生活质量,提升农村居民幸福指数,维护农村社会和谐稳定的重要途径。

### (一)制定《河南省农村公共服务发展规划》

农村公共服务发展规划关系广大农村居民的利益,关系国家的农村政策及党在农村的威望。随着我国经济社会的发展,城镇化成为不可阻挡的趋势。2013末河南省农村人口所占比例仍然高达56.2%,城镇化的空间很大。在城镇化过程中,农村居民数量会越来越少,将出现传统村庄空心化、萧条化、衰落化与新型农村城镇化并存的发展趋势。而随着土地流转速度的加快,也将会出现越来越多的农场主。这些变化不仅会改变农村的生活方式,也会改变农村居民对公共服务的需求。因此,在制定《农村公共服务发展规划》时,河南应以长远眼光,明确供给数量、供给结构、质量标准和评价指标体系。既要考虑农村现状,也要考虑农村未来的发展趋势。这样在公共服务供给中,既能做到满足现实要求,也能长远规划,未雨绸缪,实现公共财政支出成本最小化,公共福利改善最大化。

## （二）完善以政府供给为主，民间资本广泛参与的多元供给机制

在现行财政体制下，省级以下地方政府财政能力受当地经济发展水平的制约较大。我国还没有完善的省级以下财政转移支付制度，一些地方政府特别是县乡两级政府公共服务供给能力的严重不足，必然影响其公共服务供给动力。在农村公共服务供给中，政府应发挥主导作用，但为弥补政府供给的不足，应积极发挥市场优势，形成政府、市场和社会组织多元供给格局。引入市场机制的另一好处是市场以需求为导向，会更加关注农村公共服务的需求数量和需求结构，有利于实现供需平衡。当然，市场是逐利而为的，一些公益性较强、收益较低的公共服务，无利可图或利润较薄，市场不愿意介入，或者一旦介入就会大大提高收费标准，这就需要坚持政府供给的主导作用。

## （三）畅通农村居民参与渠道，提高供给质量

实现农村公共服务有效供给、提高供给质量的关键是农村居民的积极参与，包括准确表达需求信息，监督供给过程，参与绩效改进等。这就需要增加信息的透明度、畅通农村居民参与的渠道和提高农村居民参政议政的意识和能力。只有在农村居民有效参与的情况下制定和执行的公共服务供给政策，才不会产生政策偏差，才会达到财政支出效益的最大化，才会提高公共服务供给质量。同时，随着农村居民参政议政机会增多，参政能力提高，对地方政府也会产生无形的压力。地方政府只有提供更多更好的公共服务，才能得到广大群众的支持和拥护。

## （四）完善公共服务考核机制，增加供给压力

公共服务供给应纳入地方政府绩效考核体系。地方政府为农村居民提供什么样的公共服务，是否达到他们的满意度，还有哪些地方需要改进等，都需要一个完善的评价机制进行考核。考核的内容包括提供公共服务的结构是否合理、数量是否充足、质量是否理想、消费是否方便、成本是否合理等。

评价主体包括上级政府评价、县乡两级政府自评、农村居民评价以及县乡两级政府中的公务员评价等。为方便各类主体参与评价过程，应实行公共服务供给过程透明化的办法。当然，评估要实现周期性和可持续性。这样的评估机制设计，会给地方政府造成一种无形的压力。因为公共服务供给绩效不高的话，既影响主要领导的职位晋升，同时也影响地方政府在农村的威信和信任程度。而这种无形的压力也正是不断提高公共服务供给质量、改善供给结构、节约供给成本、提高供给效率的动力。

# 河南省义务教育资源配置城乡差异研究*

何 水**

**摘 要：** 对《河南省教育统计年鉴》有关数据的分析表明，2009~2012年河南省义务教育资源配置状况有明显改善，但仍存在特定的城乡差异：一是教师资源有明显改善，乡村与城镇在教师数量上差异不明显，但在教师队伍整体素质上仍存较大差距，其中普通初中的城乡差距较为突出，并存在较明显的小学、普通初中专任教师从乡村流向城镇的问题；二是设备资源有一定改善，但乡村与城镇仍存在很大差距，其中小学计算机资源、普通初中仪器设备资源的城乡差距较为突出；三是图书资源中纸质图书资源有所改善、电子图书资源明显恶化，乡村学校图书资源渐优于城镇，且优势较明显；四是校舍资源有较大改善，乡村对城镇有校舍面积上的优势，但面临的危房改造任务较城镇明显更繁重。建议河南省：一是以解决专任教师从乡村流向城镇的问题、提升乡村义务教育特别是乡村普通初中教师队伍整体素质为重点优化义务教育教师资源配置；二是以改善乡村学校设备资源特别

---

\* 河南省教育科学规划重大课题"城乡基础教育均衡发展的理论与实证研究"（［2010］-JKGHAZ-0086），社会管理河南省协同创新中心开放课题"河南省城乡基本公共服务差异与均等化路径研究"（SHGL-2015-0017）研究成果。文中有关"总量"方面的数据直接来自2009年、2010年、2011年、2012年的《河南省教育统计年鉴》（河南省教育厅编），有关"生均"方面的数据根据年鉴中相关数据计算而成，不再一一注明。

\*\* 何水，博士，郑州大学公共管理学院副教授，社会管理河南省协同创新中心研究员，研究方向为政府改革、地方治理。

是乡村小学计算机资源和普通初中仪器设备资源为重点优化义务教育设备资源配置；三是以加强城镇学校纸质图书资源和城乡学校电子图书资源为重点优化义务教育图书资源配置；四是以增加城镇学校校舍面积和改造乡村学校危房校舍为重点优化义务教育校舍资源配置。

**关键词：** 河南省　义务教育　资源配置　城乡差异

党的十八大报告指出，"教育是民族振兴和社会进步的基石"，强调"大力促进教育公平，合理配置教育资源，重点向农村、边远、贫困、民族地区倾斜"。义务教育作为国家统一实施的所有适龄儿童、少年必须接受的教育，是国家必须予以保障的基本公共服务。义务教育均衡发展则是实现教育公平的重要基础，是基本公共服务均等化的应有之义。河南作为全国人口大省、农业大省，城乡二元特征明显，促进义务教育资源在城乡间均衡配置，实现城乡义务教育均衡发展，尤显必要。近年来，河南省各级政府认真贯彻落实《国家中长期教育改革和发展规划纲要（2010~2020）》、《河南省中长期教育改革和发展规划纲要（2010~2020）》及党的十八大会议精神，群策群力，真抓实干，全省义务教育事业得到新的发展。《河南省教育统计年鉴》（2012年）显示，截至2012年底，全省共有小学2.75万所，在校生1079.21万人，教职工50.49万人（其中专任教师49.69万人），专任教师学历合格率99.98%，适龄儿童入学率99.93%；普通初中4551所，在校生453.79万人，教职工31.61万人（其中专任教师28.24万人），专任教师学历合格率98.88%，学生入学率99.7%。尽管如此，实现义务教育资源城乡均衡配置仍是河南省有待解决的重大现实问题。而准确把握河南省义务教育资源城乡配置状况则是推动河南省义务教育资源实现城乡均衡配置的前提和基础性工作。

本文根据《国家中长期教育改革和发展规划纲要（2010~2020）》"均衡配置教师、设备、图书、校舍等资源"的要求，立足2009~2012年《河南省教育统计年鉴》有关数据，从教师、设备、图书、校舍四个方面对河南省义务教育资源的城乡配置状况进行透视和比较，以期掌握变动态势，找出城乡差异所在，进而为促进河南省义务教育资源城乡均衡配置提供政策建议。在具体分析指标上，"教师"方面结合数量指标与质量指标，主要选取反映"存量"的"生师比"、反映"流量"的"专任教师变动差值"以及反映"质量"的"专任教师中专（本）科及以上学历教师占比"三个指标；"设备"方面主要选取"生均计算机数量"和"生均仪器设备值"两个指标；"图书"方面主要选取"生均纸质图书藏量"和"生均电子图书藏量"两个指标；"校舍"方面主要选取"生均校舍面积"和"生均校舍危房面积"两个指标。

# 一 教师资源配置的城乡差异

## （一）教师资源存量小有改善，城乡差异不明显

从生师比来看，2009~2012年，在变动态势上，小学生师比，城区、镇区总体上略有下降，分别减少0.15、0.25，乡村则略有上升，增加0.09；普通初中生师比，城乡总体上均有不同程度下降，城区、镇区、乡村分别减少0.27、1.09、1.6；就城乡比较而言，小学、普通初中生师比四年间均表现为镇区略高于城区和乡村，但城乡差异均不大（见表1）。由此表明，2009~2012年河南省义务教育教师资源在存量方面小有改善，但整体变动不大，且城乡差异不明显。

## （二）专任教师从乡村流向城镇问题明显，不利于教师资源的城乡均衡

从专任教师变动差值来看，2009~2012年，城区小学专任教师各年变动差值除2009年外均为正，即增加的教师多于减少的教师，四年年均净增加值为1482.25人；镇区小学专任教师各年变动差值均为正，四年年均净增加值为3937人；乡村小学专任教师各年变动差值除2009年外均为负值，四

表1 河南省城乡义务教育生师比状况

| 年份 | | 2009 | 2010 | 2011 | 2012 |
|---|---|---|---|---|---|
| 城区 | 小学 | 21.73 | 21.96 | 21.02 | 21.58 |
| | 普通初中 | 16.32 | 16.69 | 15.8 | 16.05 |
| 镇区 | 小学 | 22.82 | 23.39 | 22.48 | 22.57 |
| | 普通初中 | 17.69 | 17.69 | 17.25 | 16.6 |
| 乡村 | 小学 | 21.18 | 21.43 | 22.14 | 21.27 |
| | 普通初中 | 16.83 | 16.5 | 16.16 | 15.23 |

年年均净减少值为2527.25人（见表2）。城区普通初中专任教师各年变动差值2009年、2010年为负，2011年、2012年为正，四年年均净增加值为1178.75人；镇区普通初中专任教师各年变动差值均为正，四年年均净增加值为2868.75人；乡村普通初中专任教师各年变动差值均为负，四年年均净减少值为2495.5人（见表3）。鉴于此，结合《河南省教育统计年鉴》中"专任教师"的"增加"主要表现为"录用毕业生"、"调入"、"校内变动"及"其他"四个方面且"调入"占比较大，而"减少"主要表现为"自然减员"、"调出"、"校内变动"及"其他"四个方面且"调出"占比较大。我们可以推知，四年间河南省义务教育教师资源的变动存在较为明显的专任教师从乡村流向城镇的问题。而一般来说，从乡村流向城镇的专任教师多为优质教师资源。因此，这种流动十分不利于河南省义务教育教师资源的城乡均衡。

表2 河南省城乡小学专任教师变动情况

单位：人

| 年份 | 城区 | | | 镇区 | | | 乡村 | | |
|---|---|---|---|---|---|---|---|---|---|
| | 增加 | 减少 | 差值 | 增加 | 减少 | 差值 | 增加 | 减少 | 差值 |
| 2009 | 5200 | 5264 | -64 | 10228 | 6361 | 3867 | 37291 | 37243 | 48 |
| 2010 | 5016 | 4481 | 535 | 10388 | 6480 | 3908 | 31965 | 35134 | -3169 |
| 2011 | 10646 | 6531 | 4115 | 17152 | 12109 | 5043 | 24828 | 28575 | -3747 |
| 2012 | 7852 | 6509 | 1343 | 17403 | 14473 | 2930 | 27116 | 30357 | -3241 |
| 年均 | 7178.5 | 5696.25 | 1482.25 | 13792.75 | 9855.75 | 3937 | 30300 | 32827.25 | -2527.25 |

表3　河南省城乡普通初中专任教师变动情况

单位：人

| 年份 | 城区 | | | 镇区 | | | 乡村 | | |
|---|---|---|---|---|---|---|---|---|---|
| | 增加 | 减少 | 差值 | 增加 | 减少 | 差值 | 增加 | 减少 | 差值 |
| 2009 | 4450 | 4743 | -293 | 11920 | 7856 | 4064 | 11470 | 13396 | -1926 |
| 2010 | 3664 | 4059 | -395 | 9691 | 7385 | 2306 | 8764 | 12075 | -3311 |
| 2011 | 7303 | 4085 | 3218 | 12514 | 8918 | 3596 | 6854 | 8116 | -1262 |
| 2012 | 6261 | 4076 | 2185 | 12692 | 11183 | 1509 | 5853 | 9336 | -3483 |
| 年均 | 5419.5 | 4240.75 | 1178.75 | 11704.25 | 8835.5 | 2868.75 | 8235.25 | 10730.75 | -2495.5 |

### （三）教师资源质量明显提升，城乡差距显著缩小，但城乡差距特别是普通初中的城乡差距依然较大

从专任教师中专科及以上学历教师占比，即小学专任教师中专科及以上学历教师占比和普通初中专任教师中本科及以上学历教师占比来看，2009～2012年，在变动态势上，城区和镇区小学专任教师中专科及以上学历教师占比、城区普通初中专任教师中本科及以上学历教师占比均经历了上升、下降、再回升的变动过程，而乡村小学专任教师中专科及以上学历教师占比、镇区和乡村普通初中专任教师中本科及以上学历教师占比则一直呈上升态势。其中，城区、镇区、乡村小学专任教师中专科及以上学历教师占比四年间分别增加2.2个百分点、4.35个百分点和11.47个百分点，城区、镇区、乡村普通初中专任教师中本科及以上学历教师占比四年间分别增加5.48个百分点、11.3个百分点和14.36个百分点。就城乡比较而言，小学和初中阶段四年里均表现为城区专科及以上学历教师占比最高、镇区占比次之、乡村占比最低，城乡差距总体上明显缩小但依然较大，其中，普通初中的城乡差距相对小学更为明显（见图1，图2）。由此表明，四年间河南省义务教育教师资源质量总体上有明显提升，其中乡村提升相对更快，城乡差距有显著缩小，但乡村仍不如镇区，更不如城区，城乡差距特别是普通初中的城乡差距依然较大。

综上所述，从"生师比"、"专任教师变动差值"以及"专任教师中专

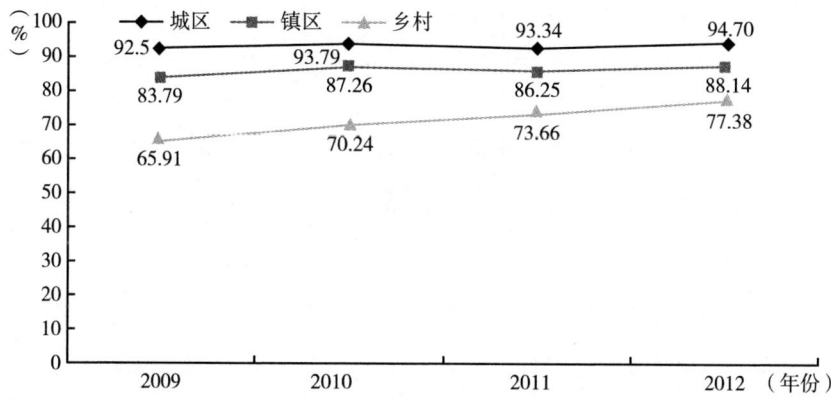

图1 河南省城乡小学专任教师中专科及以上学历教师占比情况

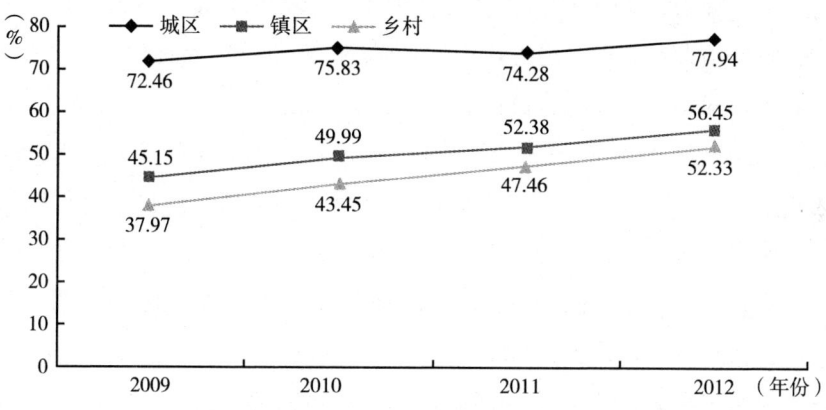

图2 河南省城乡普通初中专任教师中本科及以上学历教师占比情况

（本）科及以上学历教师占比"三个指标来看，2009~2012年，河南省义务教育教师资源总体上有明显改善，城乡差距显著缩小，但教师资源配置不均衡依然是河南省城乡义务教育不均衡的主要表现，也是促进河南省城乡义务教育均衡发展所要解决的关键问题。这种不均衡主要表现在"质量"方面即教师队伍整体素质乡村与城镇有较大差距，其中普通初中的城乡差距较为突出。而较为明显的专任教师从乡村流向城镇的问题则一定程度上加剧了这种不均衡。

## 二 设备资源配置的城乡差异

**（一）计算机资源有一定改善，城乡相对差距明显缩小，但城乡差距特别是小学阶段的城乡差距依然很大**

从生均计算机数量来看，2009～2012年，在变动态势上，小学生均计算机数量，城区、乡村均经历了上升、下降、再回升的变动过程，镇区则经历了下降后再回升的变动过程；普通初中生均计算机数量，城乡均一直呈增长态势。其中，小学生均计算机数量，城区和乡村四年间总体上均有所增加且乡村增幅更为明显，分别为0.0003台和0.0059台，而镇区四年间总体上有所下降，降幅为0.0007台；普通初中生均计算机数量，城区、镇区和乡村四年间增幅大致相当，均为0.012台左右。就城乡比较而言，小学生均计算机数量，四年里均表现为城区最高、镇区次之、乡村最低，城区、镇区、乡村三者之比从2009年的3.582∶2.148∶1下降为2012年的2.431∶1.409∶1；普通初中生均计算机数量，四年里均表现为城区最高、乡村次之、镇区最低，城区、镇区、乡村三者之比从2009年的1.409∶0.869∶1演变为2012年的1.334∶0.895∶1（见图3，图4）。由此表明，四年间河南省义务教育计算机资源总体上有一定改善，且城乡相对差距明显缩小，但乡村仍不如城区，城乡差距依然很大，特别是小学阶段城乡差距较为突出。

**（二）仪器设备资源明显改善，城乡相对差距在小学阶段有所缩小但依然很大，在初中阶段不仅未能缩小反而有所扩大**

从生均仪器设备值来看，2009～2012年，在变动态势上，城乡义务教育生均仪器设备值均呈增长态势。其中，小学生均仪器设备值，城区、镇区和乡村四年间分别增加60.89元、57.01元、43.74元，分别增长19.39%、33.89%、34.36%；普通初中生均仪器设备值，城区、镇区和乡村四年间分别增加211.18元、141.45元、107.84元，分别增长45.28%、51.5%、37.5%。就城乡比较而言，小学生均仪器设备值，四年里均表现为城区最

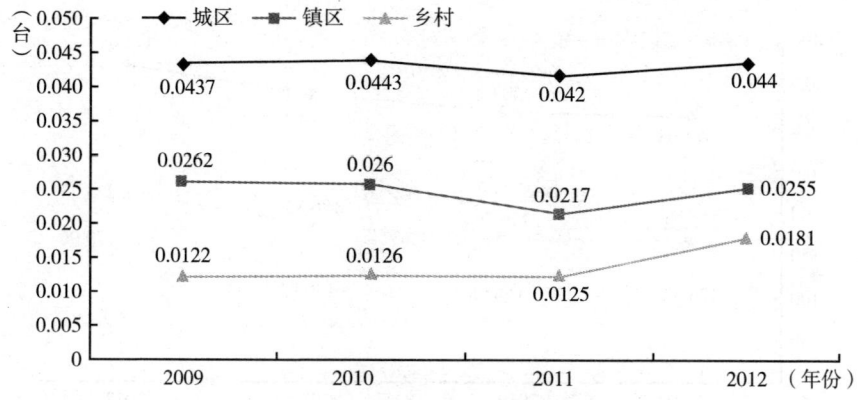

图3　河南省城乡小学生均计算机数

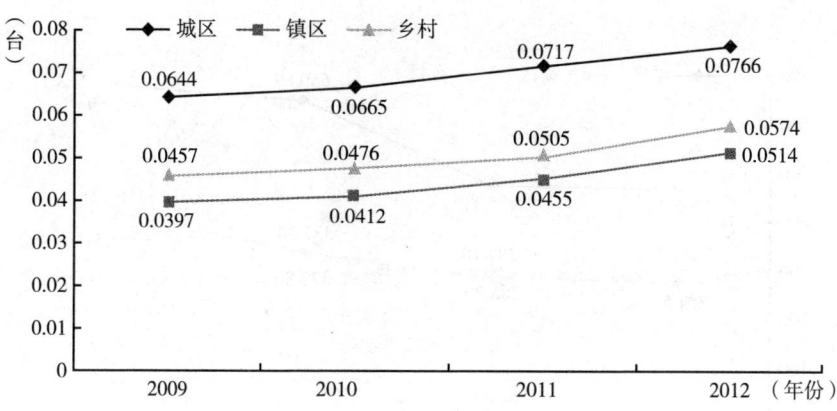

图4　河南省城乡普通初中生均计算机数

高、镇区次之、乡村最低，城区、镇区、乡村三者之比从2009年的2.486∶1.332∶1下降为2012年的2.205∶1.324∶1；普通初中生均仪器设备值，四年里均表现为城区高于镇区和乡村，镇区在前两年均略低于乡村，在后两年又均略高于乡村，城区、镇区、乡村三者之比从2009年的1.622∶0.955∶1扩大为2012年的1.714∶1.053∶1（见图5，图6）。由此表明，四年间河南省义务教育仪器设备资源总体上有明显改善，且小学阶段的城乡相对差距有所缩小，但乡村仍不如镇区，更不如城区，城乡差距依然很大，而初中阶段的城乡差距不仅未缩小反而有所扩大。

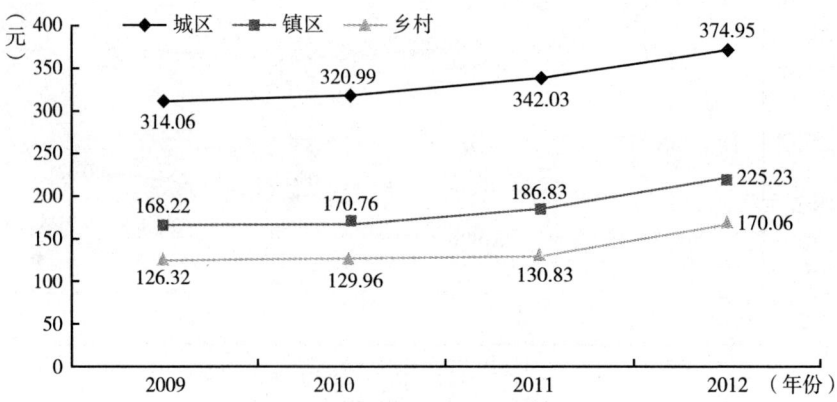

图5 河南省城乡小学生均仪器设备值

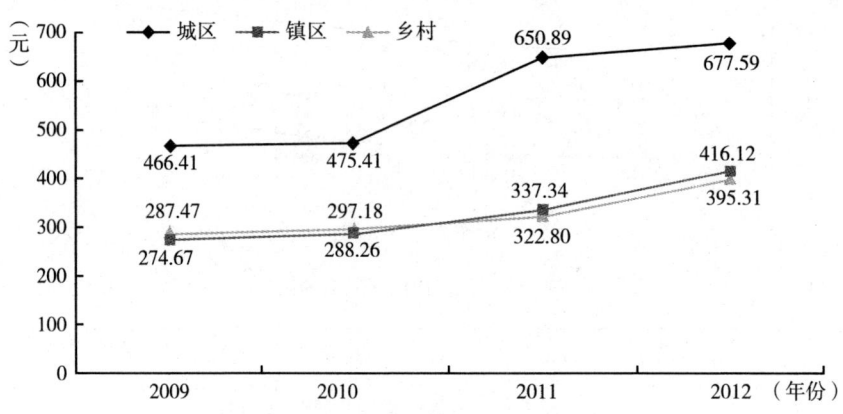

图6 河南省城乡普通初中生均仪器设备值

综上所述，从"生均计算机数量"和"生均仪器设备值"两个指标来看，2009~2012年，河南省义务教育设备资源总体上有一定改善，但城乡差距依然十分明显。其中，计算机资源的城乡相对差距总体上明显缩小但城乡差距特别是小学阶段的城乡差距依然很大；仪器设备资源的城乡相对差距在小学阶段有所缩小但依然很大，而在初中阶段不仅未能缩小反而有所扩大。

## 三 图书资源配置的城乡差异

**（一）纸质图书资源有所改善，小学阶段乡村渐优于城镇，初中阶段乡村相对城镇优势更加明显**

从生均纸质图书藏量来看，2009~2012年，在变动态势上，小学生均纸质图书藏量，城区、镇区均经历了下降后再回升的变动过程，乡村则经历了上升、下降、再回升的变动过程；普通初中生均纸质图书藏量，乡村一直呈增长态势，而城区和镇区均经历了下降再回升的变动过程。其中，城乡小学生均纸质图书藏量四年来总体上均有所增加，镇区、乡村小学生均纸质图书藏量增幅相对城区更为明显，城区、镇区、乡村增量分别为0.13册、0.62册和1册；城乡普通初中生均纸质图书藏量四年来总体上均有所增加，且乡村增幅最为明显，城区、镇区、乡村增幅分别为2.23册、3.23册和5.15册。就城乡比较而言，小学生均纸质图书藏量，四年里镇区均为最低，而乡村在前三年均低于城区，2012年又略高于城区，但三者差异并不太大；普通初中生均纸质图书藏量，四年里均表现为乡村最高、镇区次之、城区最低，城区、镇区、乡村三者之比从2009年的0.768∶0.861∶1演变为2012年的0.699∶0.813∶1（见图7，图8）。由此表明，四年间河南省义务教育纸质图书资源总体上有所改善，且小学阶段纸质图书资源乡村逐渐优于城镇，而初中阶段纸质图书资源乡村相对城镇的优势变得更加明显。

**（二）电子图书资源明显恶化，城镇尤甚，致使乡村渐优于城镇**

从生均电子图书藏量来看，2009~2012年，在变动态势上，小学生均电子图书藏量，城区、镇区均一直呈明显下降态势，且城区降幅尤为明显，乡村则经历了先上升后下降的变动过程；普通初中生均电子图书藏量，城乡均经历了先上升后下降的变动过程。其中，小学生均电子图书藏量，城区、镇区、乡村四年里分别减少0.628GB、0.125GB、0.0409GB，分别下降75.85%、38.95%、11.81%；普通初中生均电子图书藏量，四年里城区、

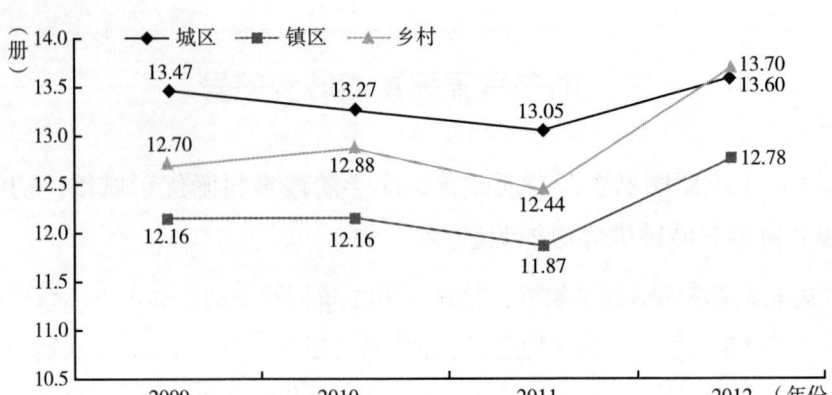

图 7　河南省城乡小学生均纸质图书藏量

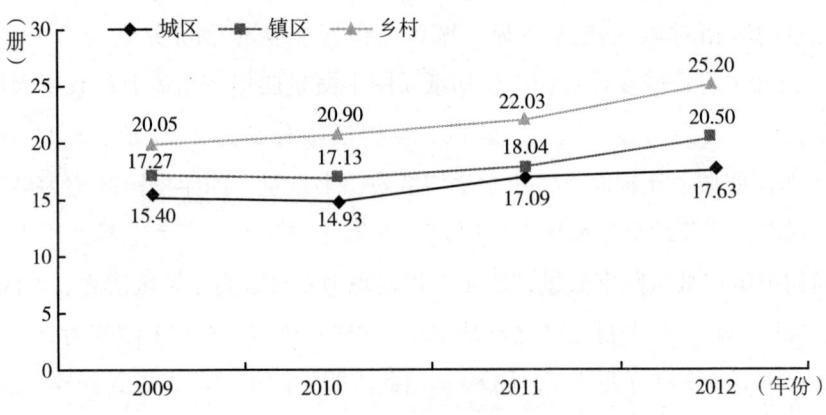

图 8　河南省城乡普通初中生均纸质图书藏量

镇区、乡村分别减少 0.2731GB、0.014GB、0.0929GB，分别下降 52.7%、6%、23%。就城乡比较而言，小学生均电子图书藏量，前两年均表现为城区最高、乡村次之、镇区最低，后两年均表现为乡村最高、城区次之、镇区最低，城区、镇区、乡村三者之比从 2009 年的 2.392∶0.927∶1 演变为 2012 年的 0.655∶0.642∶1；普通初中生均电子图书藏量，前两年均表现为城区最高、乡村次之、镇区最低，后两年均表现为乡村最高、城区次之、镇区最低，城区、镇区、乡村三者之比从 2009 年的 1.284∶0.581∶1 演变为 2012 年的 0.788∶0.71∶1（见图 9，图 10）。由此表明，四年间河南省义务教育电子图书资源明显恶化，由于城镇相对乡村恶化态势更为明显，致使整个义务教育阶段乡村逐渐优于城镇。

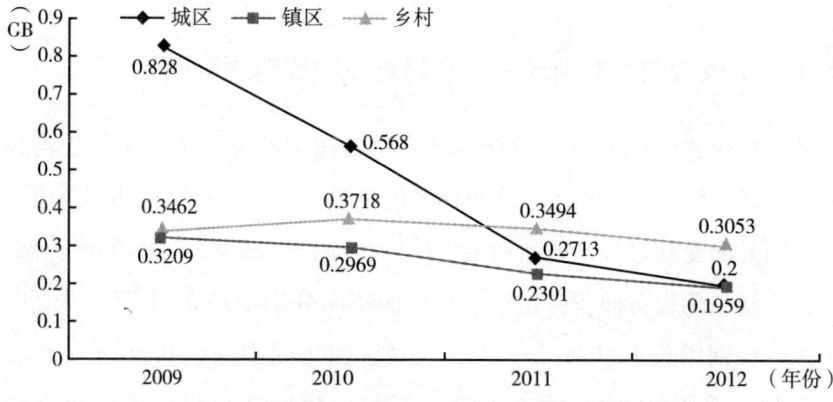

图9　河南省城乡小学生均电子图书藏量

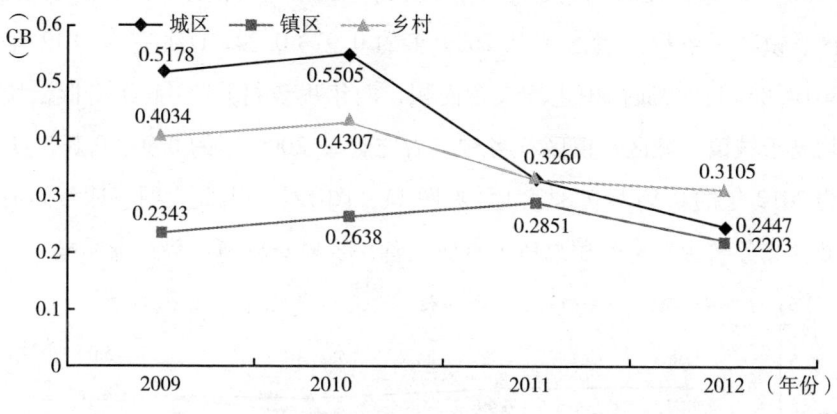

图10　河南省城乡普通初中生均电子图书藏量

综上所述，从"生均纸质图书藏量"和"生均电子图书藏量"两个指标来看，2009~2012年，河南省义务教育纸质图书资源总体上有所改善，小学阶段乡村渐优于城镇，初中阶段乡村相对于城镇优势更加明显。与此同时，河南省义务教育电子图书资源恶化态势明显，其中城镇表现尤甚，结果造成乡村渐优于城镇。

## 四 校舍资源配置的城乡差异

### （一）校舍面积有所改善，乡村对城镇优势逐渐明显

从生均校舍面积来看，2009～2012年，在变动态势上，小学生均校舍面积，城区、镇区均经历了下降再回升的变动过程，乡村则经历了上升、下降、再回升的变动过程；普通初中生均校舍面积，城乡均一直呈增长态势。其中，小学生均校舍面积，镇区、乡村四年间分别增加0.47平方米、0.41平方米，分别增长12.02%、8.76%，城区四年间则减少0.16平方米，下降3.52%；普通初中生均校舍面积，城区、镇区和乡村四年间分别增加0.97平方米、1.46平方米、1.68平方米，分别增长13.57%、22.85%、23.27%。就城乡比较而言，小学生均校舍面积，四年里乡村均高于城镇，城区、镇区、乡村三者之比从2009年的0.97∶0.84∶1演变为2012年的0.86∶0.86∶1；普通初中生均校舍面积，四年里乡村除2011年略低于城区外均高于城镇，城区、镇区、乡村三者之比从2009年的0.99∶0.893∶1演变为2012年的0.912∶0.882∶1（见图11，图12）。由此表明，四年间河南省城乡义务教育校舍面积总体上有所改善，乡村对城镇优势逐渐明显。

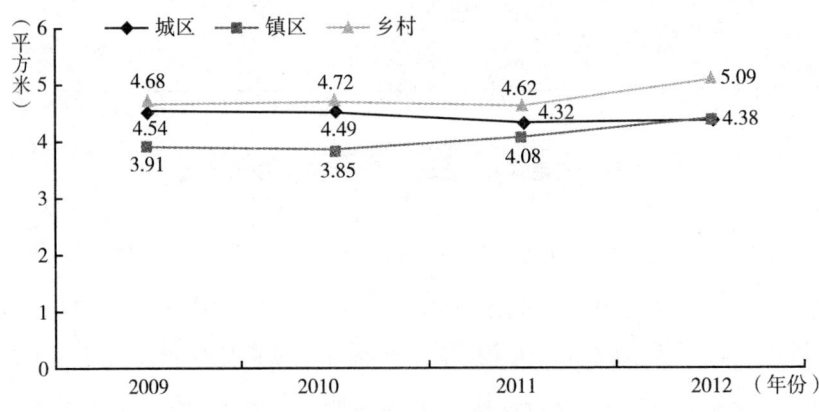

图11 河南省城乡小学生均校舍面积

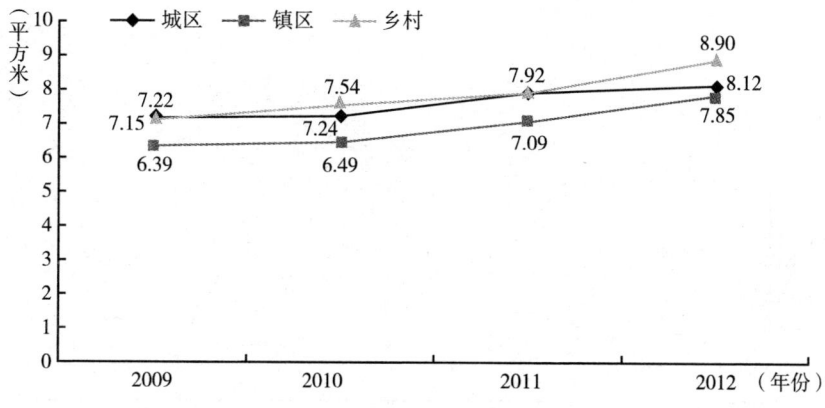

图12　河南省城乡普通初中生均校舍面积

## （二）校舍危房面积明显下降，城乡差距显著缩小，但城镇对乡村优势依然非常明显

从生均校舍危房面积来看，2009～2012年，在变动态势上，小学生均校舍危房面积，城区、乡村均一直呈明显下降态势且乡村降幅更为明显，镇区则经历了先上升后下降的变动过程；普通初中生均校舍危房面积，镇区、乡村均一直呈明显下降态势且乡村降幅更为明显，城区则经历了下降、回升、再下降的变动过程。其中，小学生均校舍危房面积，四年间城区、镇区、乡村分别减少0.1271平方米、0.1751平方米、0.5513平方米，分别下降51.27%、47.87%、60.72%；普通初中生均校舍危房面积，四年间城区、镇区、乡村分别减少0.1967平方米、0.4068平方米、0.5894平方米，分别下降46.03%、59.11%、50.67%。就城乡比较而言，小学生均校舍危房面积，四年里乡村均高于城镇，城区、镇区、乡村三者之比从2009年的0.273∶0.4029∶1演变为2012年的0.3388∶0.5348∶1；普通初中生均校舍危房面积，四年里乡村同样均高于城镇，城区、镇区、乡村三者之比从2009年的0.3673∶0.5916∶1演变为2012年的0.4019∶0.4904∶1（见图13、图14）。由此表明，四年间河南省城乡义务教育校舍危房面积明显下降，城乡差距总体上有显著缩小，但城镇对乡村优势依然非常明显。

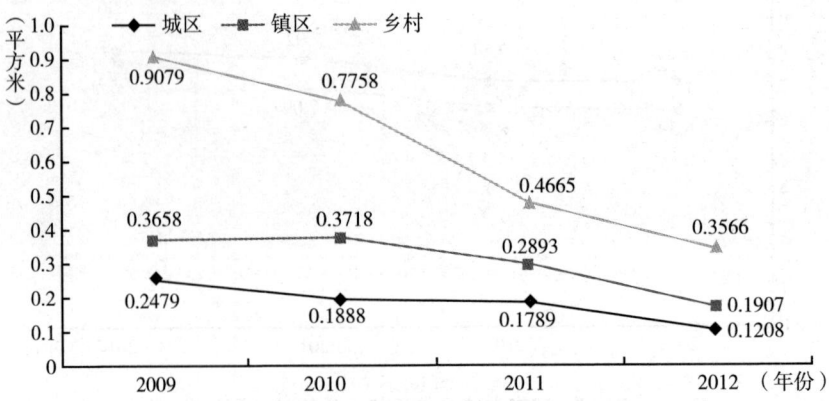

图13　河南省城乡小学生均校舍危房面积

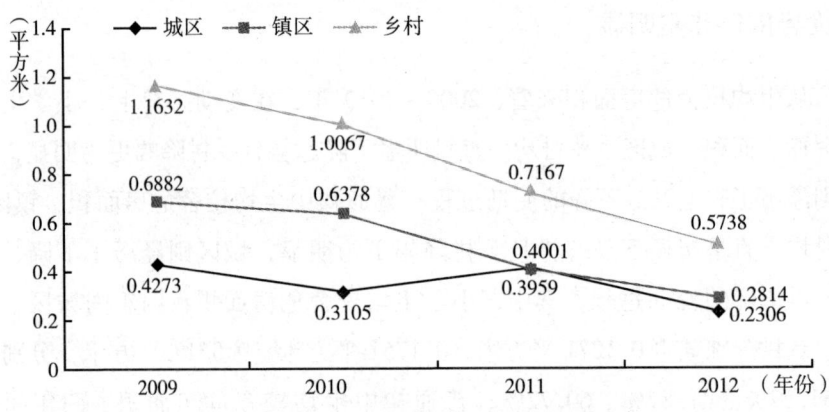

图14　河南省城乡普通初中生均校舍危房面积

综上所述，从"生均校舍面积"和"生均校舍危房面积"两个指标来看，2009~2012年，河南省义务教育生均校舍面积总体上呈增长态势而生均校舍危房面积总体上呈下降态势，表明河南省义务教育校舍资源有较大改善；义务教育生均校舍面积、生均校舍危房面积乡村均高于城镇，表明河南省城镇义务教育学校面临的校舍扩容工作较乡村更繁重，而乡村义务教育学校面临的危房改造工作较城镇更繁重。

## 五 结论与建议

从教师、设备、图书、校舍四个方面的相关指标来看,2009～2012年四年间河南省义务教育资源总体上呈改善态势,但仍存在特定城乡差异,城乡教育资源配置不均衡问题依然突出。具体表现为:一是教师资源有明显改善,乡村与城镇在存量即教师数量上差异不明显,但在质量即教师队伍整体素质上仍存在较大差距,其中普通初中的城乡差距较为突出,并存在较明显的小学、普通初中专任教师从乡村流向城镇的问题;二是设备资源有一定改善,但乡村与城镇仍存在很大差距,其中小学计算机资源、普通初中仪器设备资源的城乡差距较为突出;三是城镇与乡村图书资源中纸质图书资源有所改善、电子图书资源明显恶化,乡村学校图书资源逐渐优于城镇,且优势较为明显;四是校舍资源有较大改善,乡村对城镇有校舍面积上的优势,但面临的危房改造工作较城镇明显更重大。

鉴于此,同时考虑我国各地城乡义务教育资源配置不均衡的具体表现可能不尽相同,而教师是学校的灵魂,高素质、配置均衡的教师队伍对于城乡义务教育均衡发展具有关键性作用。因此,各地推动城乡义务教育资源均衡配置,促进城乡义务教育均衡发展,必须坚持"以优化教师资源配置为首要任务,以优化设备、图书、校舍等资源配置为基本保障"的总思路,立足本地实际,找准问题所在,有针对性地稳步推进。就河南省而言,应针对上述特定城乡差异,着力采取如下措施推动城乡义务教育资源均衡配置:一是以解决专任教师从乡村流向城镇的问题、提升乡村义务教育特别是乡村普通初中教师队伍整体素质为重点优化义务教育教师资源配置;二是以改善乡村学校设备资源特别是乡村小学计算机资源和普通初中仪器设备资源为重点优化义务教育设备资源配置;三是以加强城镇学校纸质图书资源和城乡学校电子图书资源为重点优化义务教育图书资源配置;四是以增加城镇学校校舍面积和改造乡村学校危房校舍为重点优化义务教育校舍资源配置。

# 河南省医疗卫生资源配置城乡差异研究[*]

侯圣伟[**]

摘　要：　河南省通过积极提升农村基本医疗卫生服务能力和水平，扩大和稳定农村优质医疗卫生人力资源存量，降低农民县级公立医院就医负担，激发农村医务人员医疗服务积极性，提升农村居民城乡医疗资源利用的衔接性等措施以探索解决城乡医疗卫生资源配置不均衡的问题，但效果并不理想。河南省人均医疗卫生财政投入整体低于全国水平，农村居民低于城市居民，农村医疗卫生机构数量多但小而分散且水平过低，农村医疗卫生机构从业人员绝对数量少且业务素质相对较低，每千人口拥有医务人员数量城乡比例严重失衡，农村医疗卫生机构床位数总量高但人均拥有量远低于城市，造成农村医疗卫生需求难以满足。河南省应从建立和完善医疗卫生财政投入城乡统筹稳定增长的长效机制、完善农村卫生技术人才培养和城乡强制交流的人力保障机制、建立公共卫生服务城乡均等化的评价监督动态机制、建立城乡一体化的医疗保障体系等方面着手继续优化医疗卫生资源的城乡配置。

关键词：　医疗卫生资源　城乡差异　公平性　可及性

---

[*] 郑州轻工业学院2012博士基金项目,河南省教育厅社科规划项目(2014 – GH – 125),2015年度河南省高等学校重点科研项目(15B630020),2012国家社科规划(12CGL105)阶段性成果。
[**] 侯圣伟,博士,郑州轻工业学院政法学院讲师,研究方向为医疗保障、卫生经济学。

党的十八大报告指出,"逐步建立以权利公平、机会公平、规则公平为主要内容的社会公平保障体系,努力营造公平的社会环境,保证人民平等参与、平等发展权利"。党的十八届三中全会上又指出"建立更加公平可持续的社会保障制度","整合城乡居民基本养老保险制度、基本医疗保险制度"。优化医疗卫生资源的城乡配置,建立相对均衡合理的医疗卫生资源配置体系,保障城乡居民医疗卫生资源使用的公平性和可及性,是顺应党的十八大和十八届三中全会精神和要求的具体体现。作为我国传统农业大省,河南省城乡二元结构明显,医疗卫生资源配置不合理问题明显,虽然最近几年河南省各级政府通过一系列政策措施,在改善医疗卫生资源的城乡配置方面取得很大成就,但仍然面临诸多问题。

## 一 河南省医疗卫生资源配置城乡优化实践探索

作为农业大省,河南一直存在医疗卫生资源城乡配置不合理的问题,医疗资源过度集中在以郑州、洛阳等为代表的城市地区,农村地区医疗资源短缺的问题长期存在,为改变医疗卫生资源城乡配置失衡的局面,河南社会各界进行了积极努力。

### (一)加强农村基本医疗卫生设施建设

农村居民就医需求大多来自基层。河南省委省政府在"保基本、强基层、建机制"的理念下,制定和出台了"五年百亿工程""村级卫生室基本药物制度""片医制度"等政策和措施,完善基层医疗卫生服务体系,先后完成611所中心乡镇卫生院和所有行政村31186个标准化卫生室建设,① 全面提升了基层医疗卫生服务能力和水平;在持续完善基层医疗卫生服务体系过程中,坚持优先发展县级医院,实施县级医院服务能力倍增计划,实现县

---

① 《河南持续完善基层医疗卫生服务体系》,http://www.ha.xinhuanet.com/add/touti/2012-02/06/content_24647136.htm。

级医院床位规模倍增,将全省约1/4的县级医院改造成三级医院标准,促进优质卫生资源持续向农村转移,缩小县医院与城市大医院的差距,提高农村居民的就医可及度及质量。

## (二)扩大和稳定农村优质医疗卫生人力资源

扩大优质医疗资源供给,整合现有医疗卫生资源,采取免费培养、薪级上浮等激励措施,面向农村医疗卫生机构,选拔高等医学院校毕业生到农村基层医疗卫生站(所)工作;加大对基层医疗卫生工作者的补贴力度,鼓励基层医务人员扎根农村;加强以培养全科医生为重点的基层医疗队伍建设,尽快实现基层医疗机构都有合格的全科医生;推进跨省、地区的医保结算合作机制,并加大统筹地区医保报销的比例,使农村居民能够享受优质高效便捷的医疗服务。

## (三)降低农民县级公立医院就医负担

县级医院为农村居民进行大病救治的主要渠道。河南省在2010年后积极推动区内公立医院改革的进程,鼓励40个试点县全面铺开公立医院改革。试点县(市)的医院全面取消药品加成实施药品"零差价销售",同时合理调整诊查费、护理费、手术费等医疗服务价格,并按规定纳入医保支付范围,不增加农村居民就医负担。调价补偿不足部分由各级财政按比例负担。经过改革,河南省县级改革公立医院收入中药占比由67%降到30%左右,患者自付比例下降10%,住院日期平均缩短5天,出院后两周内住院率为0,患者满意度在95%以上。①

## (四)激发农村医务人员的积极性

加大政府对医疗的投入力度,建立稳定长效的多渠道激励补偿机制,顺利推动了医疗改革事业的进展。各级财政积极调整支出结构,完善并落实对

---

① 李红梅:《医生一旦乱开药医保坚决不买单》,《人民日报》2012年12月13日。

村医的补助政策,将30%~40%的公共卫生经费拨付村卫生室,明确一般诊疗费标准为5元,其中医保支付4.5元,并按每100个农业户籍人口每年5000元的标准定额补助村卫生室,医保机构和医院经过谈判确定价格并签订服务合同,按照绩效支付,如有结余,则奖励给责任医护人员,结余费用占病种总费用4%~6%,"费用包干、超支不补、结余归己",医护人员成为改革的主动参与者。综合改革以来河南省基层医疗机构运转良好,医务人员工资普遍提高20%~30%,[1]不仅是患者,医务人员也切实享受了医疗改革带来的实惠,调动了农村基层医疗服务人员的积极性。

### (五)提升农村居民城乡医疗资源利用的衔接性

对于河南省农村基层医疗卫生资源不足,农村居民跨区、跨省就医负担过重等问题,河南省不断提高新农合补助标准;不断提高基本公共卫生服务经费标准,做到基本医保和大病救助的有效衔接;加快改革医保支付方式,扩大覆盖人群,提高了服务质量。经过不断调整,新农合政策范围内住院费用支付比例均在75%以上,缩小了参保(合)人员政策范围内住院费用支付比例与实际费用支付比例之间的差距;重大疾病医疗保障救治工作病种达到22个,主要癌症和精神病以及艾滋病等都被包含在内;实行患者限额付费,推行"先诊疗后结算"模式,方便了农村居民就医,减轻了患者的经济负担,患者满意率达到98%。[2]

## 二 河南省医疗卫生资源城乡配置现状

在河南省各级政府的努力下,河南省医疗卫生资源配置的均衡性问题得到一定程度的改善,但医疗卫生资源在城乡之间配置的差异性并未发生根本

---

[1] 李克:《河南省:重点突破积极探索全面深化医药卫生体制改革》,《医院领导决策参考》2012年第16期。
[2] 黄亮:《访谈:省卫生厅谈我省"先诊疗后结算"服务模式》,http://www.henan.gov.cn/hdjl/system/2013/02/21/010367496.shtml,2013年2月22日。

改变，医疗卫生资源过度集中于城市，农村医疗卫生资源匮乏。现阶段河南省医疗卫生资源城乡配置的现状主要体现在以下几方面。

## （一）人均医疗卫生财政投入整体低于全国水平，农村居民低于城市居民

表1　公共财政支出及医疗卫生支出比例

单位：亿元，%

| 区分 | | 公共财政支出（A） | 医疗卫生支出（B） | B/A×100% | 年度增长率（A） | 年度增长率（B） |
|---|---|---|---|---|---|---|
| 2010年 | 全国 | 73884.43 | 3416.14 | 6.4 | 0 | 0 |
| | 河南 | 3416.14 | 270.21 | 7.9 | 0 | 0 |
| 2011年 | 全国 | 92733.68 | 6358.19 | 6.9 | 25.5 | 86.1 |
| | 河南 | 4248.82 | 361.48 | 8.5 | 24.4 | 33.8 |
| 2012年 | 全国 | 107188.34 | 7170.82 | 6.7 | 15.61 | 12.8 |
| | 河南 | 5006.4 | 425.99 | 8.5 | 17.8 | 17.8 |
| 2013年 | 全国 | 119740.34 | 8203.2 | 6.9 | 11.7 | 14.4 |
| | 河南 | 5582.31 | 492.48 | 8.8 | 11.5 | 15.6 |

注：本文中除特别指出，一切数据均根据《中国统计年鉴（2014）》整理而来。

由表1可以看出，自2010年以来，河南省的公共财政支出逐年增加。虽然河南省公共财政支出2011年和2013年的增长率低于全国平均水平，但2012年和2013年的医疗卫生支出增长率高于全国平均水平，分别高出全国平均水平5个和1.2个百分点，医疗卫生支出占公共财政总支出的比重，也高于全国平均水平。

河南人口占全国人口的比重为6.9%，医疗卫生支出不到全国医疗卫生支出总量的6%，反映了河南人民享受的医疗卫生资源相对较少，低于全国平均水平，而河南人口中农村人口占56.2%，就当前医疗卫生资源过多集中于城市来看，农村人口可拥有的医疗卫生资源又会低于河南平均水平。

## （二）公共医疗卫生服务城市优于农村，农村医疗卫生需求难以满足

### 1. 农村医疗卫生机构数量多但小而分散且水平过低

河南医疗机构分布呈现医院数量及比例低于全国平均水平，农村基层医疗卫生机构比例高于全国平均水平，人均医疗卫生机构占有量过低，基层医疗卫生机构分散且水平不高的特点。

由表2可知，河南省总体医疗机构数量为全国总数量的7.3%，这比河南人口占全国总人口的6.9%要高，但医院的数量只占到全国数量的5.7%，乡镇卫生院占5.6%，这说明河南省城乡优质医疗卫生资源在全国均处于相对较低的水平，而医疗技术和医疗服务水平较低的村卫生室则呈现相对较高的比例。从医院比例来看，全国平均比例为2.5%，河南省为2%，全国与河南乡镇卫生院和村卫生室的比例分别为70.4%和82.6%，说明河南省优质医疗卫生资源的集中度比较高，城乡比例不合理。就农村医疗资源来说，河南省农村卫生室的比重为96.5%，高于全国水平的94.6%，也表明河南农村医疗卫生资源分散，医疗力量相对不足。

表2 城乡医疗机构分布状况

单位：个，%

| 类别 | 合计(T) | 医院(C) | 乡镇卫生院(D) | 村卫生室(E) | C/T | D+E/T<br>D/T  E/T | D/D+E | E/D+E |
|---|---|---|---|---|---|---|---|---|
| 全国(A) | 974398 | 24709 | 37015 | 648619 | 2.5 | 70.4<br>3.8  66.6 | 5.4 | 94.6 |
| 河南(B) | 71464 | 1402 | 2068 | 56955 | 2 | 82.6<br>2.9  79.7 | 3.5 | 96.5 |
| B/A | 7.3 | 5.7 | 5.6 | 8.8 | — | — | — | — |

### 2. 农村医疗卫生机构从业人员绝对数量少且业务素质相对较低

从表2来看，虽然河南省整体医疗机构占全国比例低于人口数量占比，但农村医疗机构的数量呈现绝对优势，占河南省整体医疗机构的80%以上，

但农村卫生医疗机构规模小、医护人员水平较低、设施简陋，农村居民对医疗资源的需求无法得到满足。

2013年全国卫生人员数量为9790483人，乡村卫生人员为1081063人，占全体卫生人员的比重为11.0%。河南卫生人员数量为716306人，其中乡村卫生人员为121349人，比重为16.9%，乡村卫生人员的比重高于全国平均水平，但河南省不同级别医疗机构人员学历构成差异巨大，高学历人才由省级到乡村递减幅度大，低学历及无学历人才构成比随医疗机构级别的降低而出现大幅度的变化。由表3可知，河南省级医疗机构拥有本科及以上学历人员的比例最高为38.39%（村卫生室仅为0.11%），中专及无学历人员构成比例最低，仅为30.15%，村卫生室该项比例则最高，为96.17%。

表3　河南省不同级别医疗卫生机构人员学历状况

单位：%

| 医疗机构级别 | 硕士以上 | 本科 | 大专 | 中专 | 无学历 |
| --- | --- | --- | --- | --- | --- |
| 省属 | 8.43 | 29.96 | 31.46 | 19.11 | 11.04 |
| 市属 | 1.16 | 26.80 | 36.80 | 21.84 | 13.40 |
| 县属 | 0.11 | 9.67 | 36.41 | 35.56 | 18.25 |
| 乡镇 | 0.00 | 1.42 | 19.58 | 58.78 | 20.24 |
| 村卫生室 | 0.00 | 0.11 | 3.72 | 24.69 | 71.48 |

注：王慧慧等，《河南省农村医疗卫生资源现状研究》，《中国卫生事业管理》2011年第1期。

由表3可知，虽然河南省农村医疗卫生机构数量较大，但医疗卫生从业人员学历较低或没有学历，本科及以上学历专业技术人员76.13%集中于县属及以上医疗机构，而县属及以上医疗机构只占到总体医疗机构数量的2%，乡镇医疗机构和村卫生室分别拥有79.02%和96.17%的中专与无学历医务人员，直接制约了农村居民医疗需求的满足。

### 3.每千人口拥有医务人员数量城乡比例严重失衡

不仅农村拥有的医务人员的业务水平相对较低，人均拥有的医务人员数量也有着明显的差别。如表4所示，每千人口拥有的医务人员（卫生技术人员）全国平均为5.27人，河南为4.24人；执业（助理）医师全国平均为

2.04人，河南平均为1.34人；注册护士全国平均为2.04人，河南为1.60人，河南的整体水平都低于全国平均水平，反映了河南省总体医务人员绝对数量不足的现实。从城乡居民每千人口拥有的医务人员〔卫生技术人员、执业（助理）医师、注册护士〕状况来看，全国整体情况为城市居民拥有的医务人员的数量分别为农村居民的2.52倍、2.29倍、3.28倍，而河南的情况为3.02倍、2.51倍、4.43倍，结合河南农村人口比例高于全国平均水平的现实情况，河南农村居民每千人口拥有的医务人员数量还会更低，河南省医务人员不仅在质量上，而且人均数量上也过度集中于县级及以上城市地区，农村地区医务人员匮乏。

表4　河南及全国城乡居民每千人口拥有的医务人员状况

单位：人

| 类别 | | 卫生技术人员 | 执业（助理）医师 | 注册护士 |
| --- | --- | --- | --- | --- |
| 全国 | 平均 | 5.27 | 2.04 | 2.04 |
| | 城市 | 9.18 | 3.39 | 4.00 |
| | 农村 | 3.64 | 1.48 | 1.22 |
| 河南 | 平均 | 4.24 | 1.34 | 1.60 |
| | 城市 | 9.34 | 3.21 | 4.34 |
| | 农村 | 3.09 | 1.28 | 0.98 |

**4. 农村医疗卫生机构床位数总量高，但人均拥有量远低于城市**

从医疗卫生机构床位数来看，城市床位数的数量整体低于农村，但每千人口床位数城市则远高于农村，河南省尤其严重。在表5中可以看出，全国整体床位数中，城市和农村分别占到了47.7%和52.3%，而河南省城市和农村的比例则分别为40.2%和59.8%，这一数据和城乡人口比例比较接近，反映了城乡之间床位数的整体分布较为合理。但从每千人口床位数来看，河南省城市大约是农村的3倍，而全国城市约为农村的2倍，河南医疗卫生机构床位数在城市地区的集中度明显高于全国平均水平，并且从每千农业人口卫生院床位数来看，河南仅为1.1张，远低于每千人口床位数全国农村3.35张和河南农村2.86张的水平，表明河南省农村居民住院服务设施严重不足，基层医疗卫生服役体系存在重大缺陷。

表5 城乡医疗机构床位数状况

单位：张

| 地域 | 床位数 | | | 每千人口床数位 | | | 每千农业人口卫生院床位数 |
|---|---|---|---|---|---|---|---|
| | 合计 | 城市 | 农村 | 合计 | 城市 | 农村 | — |
| 全国 | 6181891 | 2948465 | 3233426 | 4.55 | 7.36 | 3.35 | 1.3 |
| 河南 | 429810 | 172656 | 257154 | 4.57 | 8.44 | 2.86 | 1.1 |

综上所述，河南医疗卫生资源不仅在总量上低于全国平均水平，城乡医疗卫生资源的分布也呈现城乡严重失衡的态势，这种状况与河南经济大省的地位不相符，不利于推进城乡公共服务一体化建设，是当前农村离心力加强的重要原因。

## 三 河南省医疗卫生资源配置城乡差异问题及其原因

### （一）主要问题

医疗卫生资源配置问题的核心在于城乡配置的不均衡性，这种不均衡性体现在多个方面，如医疗机构数量、政府财政投入的偏好、医疗卫生人力资源流动的方向性等，而医疗卫生人力资源在城乡之间的配置是我国医疗卫生资源城乡差异配置的关键问题，是医疗卫生工作发展的基础，是保障城乡居民健康的前提，医疗卫生人力资源配置在我国医疗卫生改革中起到关键的基础性作用。河南省医疗卫生资源配置的城乡差异问题，从根本上来说是因医疗卫生人力资源分布不均而出现的。

从整体来看，河南省医疗卫生资源配置的突出问题是城乡不均衡、不公平，无论是在数量还是质量上，城市地区的医疗资源拥有量都高于农村，成为医疗卫生资源配置公平性和效率目标得以实现的主要障碍。

#### 1. 城乡医疗卫生资源数量和供给配置重城市轻农村

从卫生总费用来看，河南省医疗卫生总费用中政府和社会支出不高，个人医疗卫生费用所占比例偏高，不仅高于全国平均水平，也高于中部几个省份。由表6可知，河南总医疗卫生费用中，个人支出为534.73亿元，占卫生总费用支出的42.5%，人均卫生费用为1341.50元，与全国平均水平34.8%相比，高出7.7个百分点，也高于中部其他省份，为中部地区之首。而卫生总费用占的GDP的比重，河南为最低，不仅远远低于全国水平，也低于湖北和山西。这显示河南省个人医疗卫生费用负担较重，政府和社会支持不足，医疗资源相对短缺。

表6 医疗卫生费用及构成情况

| 地域 | 卫生总费用 | | | | 卫生总费用构成 | | | 卫生费用占GDP比重（%） | 人均卫生费用（元） |
|---|---|---|---|---|---|---|---|---|---|
| | 合计（亿元） | 政府（亿元） | 社会（亿元） | 个人（亿元） | 政府（%） | 社会（%） | 个人（%） | | |
| 全国 | 24345.91 | 7564.18 | 8416.45 | 8465.28 | 30.7 | 34.6 | 34.8 | 5.15 | 1806.95 |
| 河南 | 1259.40 | 418.75 | 305.92 | 534.73 | 33.2 | 24.3 | 42.5 | 4.68 | 1341.50 |
| 湖北 | — | — | — | — | 30.0 | 30.3 | 39.7 | 4.72 | 1608.66 |
| 安徽 | — | — | — | — | 33.9 | 26.0 | 40.1 | 5.83 | 1494.04 |
| 山西 | — | — | — | — | 32.7 | 31.7 | 35.6 | 4.97 | 1555.72 |

资料来源：根据《中国统计年鉴（2013）》相关数据整理而成。

从财政投入来看，河南省医疗卫生财政大多投到县级以上医疗机构，乡镇卫生院获得投入占比低或无法获得财政投入，村卫生室基本没有财政投入。根据王慧惠等[1]人以舞钢、临颍、平桥、尉氏和泌阳为调查对象的实证研究，这五县县级医疗卫生机构2008年共得到人员经费财政投入1377.92万元，81家乡镇卫生院得到人员经费投入803.3万元，县级医疗机构人均投入0.35万元，乡镇卫生院人均投入0.21万元，其中临颍县与尉氏县乡镇卫生院未得到财政经费投入。

从医疗卫生资源数量分布来看，乡镇医疗机构数量是医院的42.1倍，

---

[1] 王慧慧等：《河南省农村医疗卫生资源现状研究》，《中国卫生事业管理》2011年第1期。

但前者拥有的床位数、卫生技术人员数等都低于后者，城市每千人口床位数和医护人员数量分别为农村的2.95倍和3.02倍（见表7）。

表7 城乡医疗卫生资源数量分布

| 类别 | 机构数（个） | 每千人口床位数（张） | 每千人口医护人员（人） |
| --- | --- | --- | --- |
| 总计 | 71464 | 4.57 | 4.24 |
| 医院 | 1402 | 8.44 | 9.34 |
| 乡村医疗机构 | 59023 | 2.86 | 3.09 |

从医疗机构门诊和住院工作效率来看，乡村医疗机构以不到30%的卫生资源承担了16.30%的诊疗人次和24.91%的住院人次，[①]说明乡村医疗机构的利用率仍然比较低，未充分发挥对农村居民就地医疗的作用，农村居民医疗的可及性较低。

从城乡居民医疗保障支出的角度来看，2012年全国城镇居民人均医疗保障支出为1063.7元，农村居民人均医疗保障支出为513.8元，城镇居民人均医疗保障支出为农村居民的2.07倍，城镇与农民居民人均医疗保障支出占人均年消费支出的比例分别为6.4%和8.7%，而河南城镇居民人均医疗保障支出为919.8元，低于全国水平，是河南农民人均医疗保障支出399.7元的2.30倍。河南人均医疗保障支出占人均年消费支出的比例城镇和农村都分别高于全国平均水平，分别为7.5%和9.3%，这从侧面说明河南居民的医疗负担较大，其中农民的负担还要高于城镇居民。在中部四省中，河南省整体医疗保障支出的水平也高于其他省。在人均医疗保障支出方面，河南城镇居民医疗保障支出占人均年消费支出与山西相同，处于最高水平，高于相邻省份湖北和安徽，而河南农村居民医疗保障支出占人均年消费支出的比例在四省中最高，为9.3%，远高于安徽的8.9%，湖北的8.7%，山西的7.6%（见表8），表明了河南农村卫生医疗资源缺乏，农村居民无法就近获取低价高效的医疗服务的现实。

---

① 《中国统计年鉴（2013）》。

表8 2012年城乡居民医疗保障支出

单位：元，%

| 地域 | 城镇居民 | | | 农村居民 | | |
|---|---|---|---|---|---|---|
| | 人均年消费支出 | 人均医疗保障支出 | 占比 | 人均年消费支出 | 人均医疗保障支出 | 占比 |
| 全国 | 16674.3 | 1063.7 | 6.4 | 5908.0 | 513.8 | 8.7 |
| 河南 | 12336.5 | 919.8 | 7.5 | 4320.0 | 399.7 | 9.3 |
| 湖北 | 13163.8 | 915.7 | 7.0 | 5010.7 | 438.2 | 8.7 |
| 安徽 | 13181.5 | 907.0 | 6.9 | 4957.3 | 440.5 | 8.9 |
| 山西 | 11354.3 | 851.3 | 7.5 | 4587.3 | 349.3 | 7.6 |

资料来源：根据《中国统计年鉴（2013）》相关数据整理而成。

**2. 优质医疗卫生资源过度集中于城市，而农村优质资源缺乏且服务质量偏低**

在河南省委省政府"保基本、强基层、建机制"的理念下河南省农村医疗卫生事业取得了一定的成绩，但农村医疗卫生资源薄弱、优质医疗卫生资源不足的问题并没有得到根本解决。从前述可以看出，无论是优质医疗机构的分布，还是医疗卫生机构从业人员的学历状况，每千人口医护人员数量、卫生机构床位数，城市居民的拥有量都高于农村居民，医疗卫生优质资源的城市高度集中状况表现突出，不仅城乡比例不合理及农村医疗卫生资源薄弱、分散，整体医疗水平也偏低。特别是卫生人力资源的配置方面，存在较为严重的城乡分布的结构性失衡问题，高资质的卫生技术人员多集中在城市大型医疗机构，而农村和基层医疗机构整体素质偏低，是农村医疗技术水平和服务能力有限及农村医疗卫生服务质量偏低的根本原因。

**（二）原因分析**

第一，医疗卫生资源配置城乡失衡的根本原因在于二元经济社会体制下形成的城乡分立的社会经济结构和城市倾向的资源配置体制。资源的配置以及城乡之间的要素流动以保证满足城市需求为优先目标，卫生事业的发展也体现了这种社会经济二元化，城乡医疗卫生资源的配置政策是这种二元化的具体体现。

第二,政府的卫生投入和宏观调控力度的不足是造成城乡医疗卫生资源结构失衡的体制性原因。虽然农村卫生医疗一直是我国卫生工作的重点,但现实中缺乏政策的强力导向和机制约束,不仅医疗卫生人力资源存量城市大于农村的状况长期存在,而且增量资源投向城市的数量仍远大于农村,形成了城乡二元医疗卫生资源配置方式和发展模式,造成对医疗卫生资源的规划配量缺乏统筹性、全面性、科学性和可持续性以及城乡之间医疗卫生发展存在较大的差异。[1]

第三,政府政策缺乏针对性是河南医疗卫生资源城乡失衡的外部因素。政府对基层医疗机构认识存在不足,将医疗卫生费用过多地投到三级甲等医疗机构,导致基层医疗机构建设方面投入不足,倒金字塔形的医疗卫生资源配置体系没有得到彻底改变,而基层医疗机构承担承上启下的作用,由于其诊疗高效、价格低廉,在卫生服务的公平性和效率性、可及性方面作用突出,能有效抑制医疗费用的不合理增长;在吸引人才到基层工作方面,河南缺乏有效的激励机制,基层医疗机构难以吸引到优质人才,使得优质医疗人才难以在城乡间、地区间合理流动,基层人才取得经验后"倒流"回城市和大型医疗机构的现象普遍存在,农村基层医疗机构沦为"人才培训基地"。

## 四 优化河南省卫生资源配置、缩小城乡差异的对策建议

### (一)建立和完善医疗卫生财政投入城乡统筹稳定增长的长效机制

随着城乡一体化的进行,建立医疗卫生资源的城乡统筹优化配置机制愈加重要,在这种情况下,建立和完善医疗卫生财政投入的城乡统筹稳定增长

---

[1] 任苟:《城乡卫生资源配置的差异及发展思考》,《中国卫生人才》2014年第6期。

的长效机制，是破除长久以来城乡二元化体制下重城市、轻农村困局的有力保障。各级政府要更加明确河南省基层医疗卫生资源和全国平均水平，以及中部地区其他省份之间的差距，立足于河南省为农业大省的实际情况，认识农村基层医疗机构的公益性及其重要性，使公共卫生财政投入向农村基层倾斜，保障河南省农村地区基层医疗机构建设和发展的财政来源，切实解决农民的医疗需求问题。

制定相应的规划，明确省、市、县共同承担医疗卫生财政投入的比例必须与当地开展基本公共卫生服务需要的实际成本相适应，确保各级财政补偿公共医疗卫生服务项目的承担能力，强制规定财政用于基本公共医疗卫生支出的增长率不得低于同期财政投入增长率或GDP增长率；加强财政投入的省级统筹，按照各地区经济发展水平，合理调整财政投入标准，经济发达地区承担较高的投入比重，增加对欠发达地区的财政补贴力度，合理协调不同经济发展水平的区域财政投入水平。

形成多元化的医疗卫生筹资渠道和机制，通过税务减免、转移支付、转向经费、捐赠等方式吸引社会资本更多地投到农村基层医疗资源的培养和建设。基层医疗机构是河南省保障"人人享有基本卫生服务"目标实现的重要主体，基层医疗机构的数量和机构调整，只能通过增加投入才能实现，吸引社会资本是弥补政府财政投入相对不足的有效渠道。据《中国统计年鉴（2014）》数据，河南省乡村卫生室的资本全部来自民间，在保障农村居民基本医疗服务方面起到重要作用，但政府对其支持不足，成为影响其继续发展的重要原因。2010年8月以来实施的基层医疗机构基本药物制度，在减轻基层居民用药负担的同时，也使基层医疗卫生机构出现较大的收支缺口。[1]因此基本建设和设备购置等基层医疗机构提高服务质量方面所需的建设支出应由政府根据规划足额安排，对人员经费进行合理补助，提高诊疗费标准，扩大基层医疗机构有偿服务

---

[1] 王宇、胡慧华：《河南省基层医疗机构卫生资源现状的研究》，《现代医院管理》2011年第4期。

收入范围,增强基层医疗卫生机构的盈利能力,为更多的社会资本进入基层提供收入保障机制。

### (二)完善农村卫生技术人才培养和城乡强制交流的人力保障机制

河南省卫生人力资源学历偏低,卫生人力资源职称结构、专业结构不合理为当前河南省卫生人力资源的现状。充分利用全省高等医学教育资源的优势,加大卫生人力资源培养的力度。加强基层卫生技术人员学历教育和继续医学教育,对有一定业务功底,热心于农村卫生事业,留得住、用得上的业务技术骨干要加大培训力度,不断提高整体医疗水平;重视乡村医生的培养,对新建的村级卫生室,根据实际情况公派医务人员,或对医学院校毕业回乡的青年经考试考核后,择优录用选聘为乡村医生;针对河南省护理人员相对缺乏的状况,专业设置上要以发展护理专业为重点,扩大护理队伍,增加护理专业人才的培养数量,逐步改变河南省护理人员不足和医护比例失调的状况;制定宽松政策,放宽名额限制,职称晋升不论资排辈,积极培养和鼓励优秀年轻人才脱颖而出,加速培养和造就一批年轻的高层次人才,以保证合理的职称梯队结构。只有卫生人力资源的学历结构、专业结构、职称结构趋向合理,卫生人力资源才能发挥最佳的群体效能。①

提高优秀医疗卫生技术人员服务基层意识,实施人才"城乡强制交流"。继续推进和扩大城市医院医生下乡支农政策,确保医院医生全部做到"优质医疗资源下沉",通过"帮、扶、带"提高基层医疗卫生技术人员的业务水平,建立帮扶绩效考核机制,实行末位淘汰制,延长考核不合格者的下乡期限;建立新生代医疗卫生技术人员的从业门槛,强制规定医学院等的毕业生必须有一定期限(比如两年)的农村基层医疗服务经历才可以从事医务工作,以此作为从医的基本前提条件,达到强化优质医疗卫生人力资源对农村医疗水平起到带动作用的目的。通过这种城乡统筹医疗卫生人力资源

---

① 雒保军:《河南省卫生资源配置的城乡差异与对策》,《中国卫生经济》2009年第12期。

配置模式，调整城乡卫生人力资源的增量和存量，鼓励和引导城市医疗卫生人力资源向农村转移和下沉，实现卫生人力资源的有效整合。

改变现行的人事制度和定点职业制度，因为其已成为阻碍卫生人力资源在城乡之间均衡配置的重要障碍。[①] 逐步把医生从"单位人"变为自由执业者，废除公立医院行政级别的同时废除医生相应的行政级别，稳定医务人员队伍；鼓励医生多点执业，使其在保持"单位人"身份的前提下到需要的地方去行医，如是农村优质医疗资源短缺的状况即会得到一定程度的缓解。

### （三）建立公共卫生服务城乡均等化的评价监督动态机制

实行基本医疗卫生服务财政支出绩效评估。对提供基本医疗卫生服务的医疗卫生机构，建立绩效考评机制，在明确服务项目的目标、内容、资金来源、质量控制等基础上实行绩效评估，以医疗卫生服务的实际结果为导向，建立人事、财务激励机制，实现资金分配与工作完成数量、质量相结合。

建立基本医疗卫生财政支出的问责制度。医疗卫生服务的财政投入关系许多政府部门的服务质量及服务效率，应建立严格的问责制度，将医疗卫生服务均等化绩效评估与干部选拔、任用和内部激励相结合。同时，实现公共卫生服务信息的透明化，健全公共卫生服务均等化项目报告制度，发挥社会大众的监督作用，把群众满意作为干部政绩考核的重要因素。[②]

### （四）建立城乡一体化的医疗保障体系

构建"覆盖城乡居民的社会保障体系"是国家城市化和工业化发展达到一定水平的客观反映与要求，改革开放以来河南经济创造了连续多年持续高速增长的奇迹，城市化进程的加快，必然带来社会保障城乡一体化的新诉

---

[①] 吕国营：《从两极分化到均衡配置——整合城乡医疗资源的一种基本思路》，《经济管理》2009年第12期。
[②] 陈书全、张馨：《青岛市基本公共卫生服务均等化实现途径》，《卫生经济研究》2013年第2期。

求，走普惠性与渐进式相结合的道路是推进社会保障城乡一体化的可行路径。在社会保障制度的设计上把城乡居民作为一个整体来统筹，让城乡全体居民无论身份贵贱、地域差异、有无支付能力，都能病有所医，并享有同样的医疗保障待遇，这是缩小城乡差别、实现卫生资源配置公平的重大战略举措，也应是政府的庄严承诺和执政为民的职责体现。

# 河南省最低生活保障实施现状与对策研究

王海昌　王奎清*

摘　要： 河南省最低生活保障从 1995 年开始在城市和农村分别以不同的方式试点试行，2006 年全面建立和实施覆盖城乡的最低生活保障制度，距今已有近 20 年的发展历程。河南省最低生活保障自实施以来，受到各级党委政府的高度重视，得到了社会各界的广泛关注，最低生活保障呈现良性的运行状态，保障对象范围不断扩大、保障人数逐年增加、保障资金投入逐年递增，保障标准和补助（补差）水平在逐年提高，以最低生活保障为基础的政策环境支撑体系基本形成；但是最低生活保障在实际运行中仍存在着覆盖面偏小、标准偏低，资格认定难度较大的问题，存在着"漏保""错保""骗保"现象，"低保异化"现象比较突出，基层管理服务能力有待提升，进一步健全和完善河南省最低生活保障，应当以目标群体需求为取向提高制度设计的可及性、强化资金能力、建立健全居民家庭经济收入核对系统、完善监督和约束措施，打造"阳光低保"等，充分发挥其在促进经济社会发展、维护社会和谐稳定中的作用。

---

\* 王海昌，博士，河南省民政厅副处长，社会管理河南省协同创新中心研究员，主要从事社会保障和社会治理政策研究与实务工作；王奎清，中原工学院思政部副教授，研究方向为马克思主义理论教育与社会保障。

**关键词：** 最低生活保障 基本现状 问题与原因 对策建议

最低生活保障是国家对共同生活的家庭成员人均收入低于当地最低生活保障标准的居民实行差额补助的一项社会救助制度。河南省最低生活保障制度从1994年由城市试点开始、农村探索跟进，在试点试行的基础上，河南省人民政府分别于1997年10月和2006年4月，发布了《关于在全省建立城镇居民最低生活保障的通知》和《关于全面建立和实施农村居民最低生活保障的通知》，两个文件的颁布和实施建立了河南省最低生活保障的制度框架，实现由城市到农村、由"制度全覆盖"到"人群全覆盖"的历史性跨越。对于最低生活保障的价值和意义，相关文献是这样表述的：城市最低生活保障的建立和实施，充分体现了社会主义制度的优越性，体现了党和政府全心全意为人民服务的根本宗旨，有利于维护社会稳定、促进经济体制改革的顺利进行；农村最低生活保障的建立和实施是践行"三个代表"重要思想、落实科学发展观和构建社会主义和谐社会的必然要求，是解决农村贫困人口温饱问题的重要举措，也是建立覆盖城乡的社会保障体系的重要内容。做好这一工作，对于促进农村经济社会发展、逐步缩小城乡差距、维护社会公平具有重要意义。更有媒体报道："低保制度不光是保障基本生活，也是让最低生活保障对象更有尊严地生活。"

## 一 河南省最低生活保障实施状况

河南省最低生活保障自实施以来，引起各级党委政府的高度重视，受到社会各界的广泛关注。河南省委省政府连续9年将最低生活保障工作纳入全省"十大实事""十项民生工程"等重要内容，不断健全工作机制，扩大保障对象范围和覆盖面，加大资金投入，提高保障标准，推动了最低生活保障事业科学发展。

## （一）最低生活保障对象范围不断扩大、保障人数逐年增加

河南省最低生活保障对象范围，在城市，1996年试点试行时基本上是城市"三无"对象（即无劳动能力、无生活来源、无赡养人和扶养人的，或者其赡养人和扶养人确无赡养能力或扶养能力）和城市定期定量救济人员，1999年全面实施以后面向城市所有居民；保障对象人数由1996年试点试行时的2886人，到1999年全面实施时达到53899人，3年间增长了近18倍。在农村，1994年试点试行时基本上是农村特困户，2006年全面实施时面向农村所有居民；保障对象人数由1998年试点时的20多万人，增加到2006年全面实施时的200多万人，6年间增长10倍。特别是近五年（2009~2013年，下同）期间，河南省最低生活保障对象人数年均基本稳定在505万~521万人，覆盖了全省总人口的5.1%~5.5%，实现了由"制度全覆盖"到"人群全覆盖"（见表1）。

表1  2009~2013年河南省最低生活保障人数情况

| 类别\年份 | | 2009 | 2010 | 2011 | 2012 | 2013 |
|---|---|---|---|---|---|---|
| 最低生活保障人数(万人) | 城市 | 148.3 | 149.7 | 141.9 | 133.4 | 131.1 |
| | 农村 | 363.9 | 369.2 | 365.8 | 372.3 | 389.8 |
| | 合计 | 512.2 | 518.9 | 507.7 | 505.7 | 520.9 |
| 当年全省总人口(万人) | | 9967 | 9402 | 9388 | 9406 | 9413 |
| 保障人数占当年全省总人口比例(%) | | 5.1 | 5.5 | 5.4 | 5.4 | 5.5 |

注：数据参见河南省民政厅《河南省民政发展统计公报》2010年第1期，《河南省社会服务统计公报》2012年第1期、2013年第1期、2014年第1期；河南省统计局、国家统计局河南调查总队，《2009~2013年河南省国民经济和社会发展统计公报》，河南省统计局《河南省2010年第六次全国人口普查主要数据公报》。

## （二）最低生活保障标准和补助（补差）水平在逐年提高

最低生活保障标准是综合运用基本生活费用支出法、恩格尔系数法、消费支出比例法等测算方法制定的，一般是按照当地维持居民基本生活

所必需的衣、食、住费用，并适当考虑水电燃煤（燃气）费用以及未成年人的义务教育费用确定的，体现的是一个地区经济社会发展水平，并随着当地生活必需品价格变化和人民生活水平提高适时进行调整，由市、县政府制定并公布执行。2012年河南省要求由市级政府统一制定本行政区域内最低生活保障标准，做到区域标准相对统一，逐步缩小城乡差距、区域差距。最低生活保障补助水平也称补差水平，是保障对象实际得到的生活保障资金，在数量上等于保障标准减去家庭收入，是一个刚性系数，体现的是一个地区保障标准强度，随着保障标准的增长，补助水平也相应提高。

河南省最低生活保障标准和补助（补差）水平，在城市，1996年试点试行时保障标准和补助（补差）水平人均每月100元和22元，1999年全面实施时保障标准人均每月在50～110元，补助（补差）水平为人均每月52元，几年间人均补助（补差）水平增长1.5倍。在农村，1996年济源市试点建立和实施最低生活保障制度时保障标准和补助（补差）水平年人均550元和140元，到2006年全面实施时保障标准年人均在637～1200元，补助（补差）水平人均月22元，10年间人均补助（补差）水平增长近1倍。特别是近五年（2009～2013年，下同），河南省最低生活保障标准和补助（补差）水平呈逐年递增趋势，占当年城乡居民人均可支配收入（纯收入）的比例均在10%以上（见表2）。

表2 2009～2013年河南省最低生活保障标准和补助（补差）水平情况

| | 年份 | 2009 | 2010 | 2011 | 2012 | 2013 |
|---|---|---|---|---|---|---|
| 城市 | 保障标准(元/月·人) | 185 | 206 | 230 | 276 | 309 |
| | 补助(补差)水平(元/月·人) | 131 | 158 | 160 | 193 | 200 |
| | 全年城市居民人均可支配收入(元) | 14372 | 15930 | 18195 | 20443 | 22398 |
| | 年补助(补差)水平占当年城市居民人均可支配收入比例(%) | 10.9 | 11.9 | 10.6 | 11.3 | 10.7 |
| | 当年城市居民收入实际增长率(%) | 9.9 | 7.2 | 8.4 | 9.5 | 6.6 |

续表

| | 年份 | 2009 | 2010 | 2011 | 2012 | 2013 |
|---|---|---|---|---|---|---|
| 农村 | 保障标准(元/年·人) | 1080 | 1080 | 1280 | 1420 | 1560 |
| | 补助(补差)水平(元/月·人) | 52 | 63 | 73 | 88 | 101 |
| | 全年农村居民人均纯收入 | 4807 | 5524 | 6604 | 7525 | 8475 |
| | 年补助(补差)水平占当年农村居民人均纯收入比例(%) | 13.0 | 13.7 | 13.3 | 14.0 | 14.3 |
| | 当年农村居民收入实际增长率(%) | 7.5 | 11.0 | 12.7 | 11.3 | 9.5 |

注：数据参见河南省民政厅《河南省民政发展统计公报》2010年第1期，《河南省社会服务统计公报》2012年第1期、2013年第1期、2014年第1期；河南省统计局、国家统计局河南调查总队，《2009~2013年河南省国民经济和社会发展统计公报》。

## （三）最低生活保障资金筹集机制不断健全，投入和支出逐年递增

经济基础决定上层建筑。最低生活保障作为上层建筑的一种制度形态，充分有效的资金支持是建立和实施这种制度的经济基础。随着河南省最低生活保障从试点试行到全面铺开，保障资金及其筹集机制也随之而不断健全和完善。

### 1. 资金筹集渠道由地方财政上升到中央财政，从临时追加到纳入政府财政预算管理

河南省城市最低生活保障资金筹集渠道在1999年以前比较单一，投入主体是开展试点的市、县政府，中央财政从1999年、省级财政于2001年开始预算财政专项资金，支持各地开展城市最低生活保障；河南省农村最低生活保障资金筹集渠道在试点试行时由市（县）、乡、村按比例负担；随着农村税费改革，2004年省级财政给予适当预算安排，2005年开始省、市、县按比例分担，2007年中央财政开始预算财政专项补助资金支出，各地开始实施农村最低生活保障制度。

### 2. 资金投入逐年加大，发放保障金逐年递增

最低生活保障试点试行以来各级财政持续加大资金投入，城市最低生活

保障资金 1996 年试点时发放不到 100 万元，1999 年全面实施时约为 3500 万元；农村最低生活保障 1998 年试点试行时发放保障金不到 3000 万元，2006 年全面实施时发放最低生活保障金达到 3.7 亿元。在加快推进以改善民生为重点的社会建设的近几年时间，河南省最低生活保障资金投入和发放量呈逐年递增趋势，两项增长率均在 10% 以上，2012 年资金发放增长率在 24% 以上（见表 3）。

表 3　2009~2013 年河南省最低生活保障资金筹集与发放情况

| 年份 | | 2009 | 2010 | 2011 | 2012 | 2013 |
| --- | --- | --- | --- | --- | --- | --- |
| 省级以上资金投入（亿元） | 城市 | 25.3 | 25.8 | 28.4 | 31.1 | 32.0 |
| | 农村 | 23.2 | 24.0 | 29.7 | 35.8 | 42.3 |
| | 合计 | 48.5 | 49.8 | 58.1 | 66.9 | 74.3 |
| | 增长率(%) | — | 2.7 | 16.7 | 15.1 | 11.1 |
| 全省发放资金（亿元） | 城市 | 26.7 | 27.1 | 28.4 | 31.0 | 32.3 |
| | 农村 | 23.3 | 28.6 | 33.1 | 45.3 | 52.7 |
| | 合计 | 50.0 | 55.7 | 61.5 | 76.3 | 85.0 |
| | 增长率(%) | — | 11.4 | 10.4 | 24.1 | 11.4 |

注：数据参见河南省民政厅《河南省民政发展统计公报》2010 年第 1 期，《河南省社会服务统计公报》2012 年第 1 期、2013 年第 1 期、2014 年第 1 期；河南省统计局、国家统计局河南调查总队，《2009~2013 年河南省国民经济和社会发展统计公报》。

### （四）以最低生活保障为基础的政策环境支撑体系基本形成

政策环境是指对公共政策执行产生直接或间接影响的各种因素的总和。一项公共政策的产生、运行和发展需要有与其相关的政策支撑体系。离开与之配套的政策体系支撑，单独一项公共政策难以有效发挥功能。河南省在推进最低生活保障建设时，通过不断建立相应的政策支持体系，加强政策间有机衔接，以最低生活保障为基础，统筹实施社会救助，合力保障贫困群体的基本生活和生存权益。到目前为止，支撑政策主要包括：一是医疗救助，即资助最低生活保障对象参加城镇和农村基本医疗保险，保障其获得基本医疗卫生服务，并对其经过各项医疗保险报销后的个人自负医疗费用部分开展二次医疗救助。二是住房救助，即向住房困难的最低生活保障家庭，通过配租公共租赁住房、发放住房租赁补贴、农村危房改造等方式实施住房救助，满足其家庭生活基本需要。三是教育救助，即根据享受最低生活保障家庭学生的不同教育阶段需求，采取减免相关费用、发放助学金、给予生活补助、安排勤工助学等方式，保障其基本学习、生活需求。四是就业救助，即对最低生活保障家庭中有劳动能力并处于失业状态的成员，通过贷款贴息、社会保险补贴、岗位补贴、培训补贴、费用减免、公益性岗位安置等办法，给予就业救助。支撑政策有的实施时间较短，有的因特殊性采取了不同的方式进行。但总体来看，河南省以最低生活保障为基础的单一生活救助已转变为多样化的救助政策支持体系。作为最低生活保障的政策支持体系，在困难群体获得基本生活保障的基础上，通过各个专项救助保障，提高了困难群体社会保障的叠加性，增强了贫困群体抗贫困风险的能力（见表4）。

表4　2009~2013年河南省以最低生活保障为基础的政策支持体系实施情况

| 年份 | 2009 | 2010 | 2011 | 2012 | 2013 |
| --- | --- | --- | --- | --- | --- |
| 医疗救助(万人次) | 473.4 | 529.1 | 505.8 | 470.5 | 486.4 |
| 住房救助(廉租住房租赁补贴)(万户) | 22.3 | 28.0 | 28.5 | 23.9 | 11.2 |
| 教育救助(资助高校家庭困难学生)(万人次) | 55.1 | 57.2 | 204 | — | 184.7 |
| 就业救助(困难人员再就业)(万人) | 15.7 | 10.3 | 19.7 | 20.0 | 20.2 |

资料来源：《河南年鉴（2010~2014）》。

河南省最低生活保障自实施以来，开拓了传统社会救济方式的新路径，有效保障了全省居民，特别是困难居民基本生活和生存权益，有力改善了全省社会贫困现象，使城乡居民过上了有尊严的生活，促进了社会公平公正和社会和谐，体现了社会主义优越性，缩小了社会群体之间的收入差距，推动了经济社会的发展和社会文明的进步。正如有学者评论全面建立农村最低生活保障那样，"这意味着中国在解决城乡差距、实现社会公平上迈出重要一步"。时任国务院总理温家宝指出，在全国城乡建立最低生活保障，让城乡百姓特别是困难群众都能够享受公共财政的阳光，对于促进社会公平、构建和谐社会具有重大而深远的意义。2014年12月25日，李克强总理主持召开国务院常务会议，听取最低生活保障政策落实督查情况汇报，部署进一步加强和改进最低生活保障工作时指出："让最低生活保障等政策落地见效，保障困难群众尤其是特困群体基本生活，完善能托底的社会保障制度，不仅有利于社会公平，而且能鼓励更多人敢闯敢试敢创业"，最低生活保障的历史意义将随着经济社会发展而不断显现。

## 二　河南省最低生活保障实施中的问题及原因

河南省最低生活保障经历了从试点试行到全面实施和不断完善的过程，经过多年发展，基本上与河南省的经济社会发展水平相适应，一定程度上能满足困难群众的基本生活需求，已经取得良好的社会效果，但是实际运行中仍存在很多亟须解决的问题，既有制度设计层面的，也有操作层面的，主要表现为如下方面。

### （一）低保覆盖面偏小、标准偏低

最低生活保障的政策意向是将符合条件的居民全部纳入制度之内实施保障，即"应保尽保"。河南省最低生活保障虽然在1999年和2006年全面实现城乡覆盖，但从目前目标群体的需求来看，制度供给仍然存在较大差异。

保障对象范围存在选择性，并没有达到"应保尽保"。尽管河南省最低生活保障对象范围在不断扩大，但在实际操作中基本上根据年龄、有无劳动能力以及身体状况等因素，框定在传统贫困救济对象、"三无"人员、重度残疾人和患有重特大疾病患者等城乡绝对贫困群体，相当一部分扶贫对象、贫困边缘群体、"支出型"困难家庭等相对贫困群体得不到保障，从而引发部分居民因困难得不到最低生活保障而上访。

保障覆盖率与群体需求存在差距。应保尽保是最低生活保障的目标，但又是一个没有指数规定的软目标，在没有具体要求的情况下，基层往往避重就轻。从表5可以看出，在最低生活保障对象人数占当年总人口比例上，河南省社会保障覆盖率远低于全国平均覆盖率。2009~2013年河南省与全国最低生活保障对象比例差在0.1个~0.7个百分点，以河南省总人口9800万人计算，每年至少有100万人未能被纳入保障制度范围。

表5　2009~2013年河南省与全国最低生活保障人数占当年人口总数比例情况

| | 年份 | 2009 | 2010 | 2011 | 2012 | 2013 |
|---|---|---|---|---|---|---|
| 全国 | 城市和农村保障人数（万人） | 7707 | 7540 | 7590 | 7483 | 7443 |
| | 当年人口总数（万人） | 133474 | 133973 | 134735 | 135404 | 136072 |
| | 保障人数占当年总人口比例（%） | 5.8 | 5.6 | 5.6 | 5.5 | 5.5 |
| 河南省保障人数占当年总人口比例（%） | | 5.1 | 5.5 | 5.4 | 5.4 | 5.5 |
| 河南省与全国保障比例差（百分点） | | 0.7 | 0.1 | 0.2 | 0.1 | 0 |

注：数据参见中华人民共和国国家统计局《2009~2013年国民经济和社会发展统计公报》；中华人民共和国国家统计局《2010年第六次全国人口普查主要数据公报》；河南省保障人数占当年总人口比例见表1。

保障标准和补助（补差）水平偏低。一方面，最低生活保障资金主要来源于省级以上财政，地方投入较少，在上级补助资金不确定的情况下，基层实际操作中往往会量入为出，"以钱定标"；另一方面，保障标准具有不可逆转性，基层提高标准往往比较谨慎。河南省保障标准和补助（补差）水平近年来虽然在不断提高，但与同期全国平均保障标准和补助（补差）水平及全国农村贫困标准相比，仍然存在较大差距。从表6可以看出，近几年来，河南省的保障标准平均水平低于全国补助标准20%左右，其中，农村保障标准低于全国农村贫困标准约50%。同时，受城乡二元结构影响，河南省的最低生活保障在城乡之间存在着较大差异，从表7可见近几年来保障标准城乡差距在不断拉大，城乡保障标准和补助（补差）水平基本处于2:1状态，城乡最低生活保障不公平现象还比较突出，这与建立最低生活保障制度的目标有很大的差距。

表6 2009~2013年河南省与全国平均最低生活保障标准和补助（补差）水平对比

| | 年份 | 2009年 | 2010年 | 2011年 | 2012年 | 2013年 |
|---|---|---|---|---|---|---|
| 城市 | 河南省保障标准/补助（补差）（元/月·人） | 185/131 | 206/158 | 230/160 | 276/193 | 309/200 |
| | 全国保障标准/补助（补差）（元/月·人） | 228/172 | 251/189 | 288/240 | 330/239 | 373/264 |
| | 河南省与全国平均水平差距（元/月·人） | -43/-41 | -45/-31 | -58/-80 | -54/-46 | -64/-64 |
| 农村 | 河南省保障标准/补助（补差）（元/月·人） | 90/52 | 90/63 | 107/73 | 118/88 | 130/101 |
| | 全国保障标准/补助（补差）（元/月·人） | 101/68 | 117/74 | 143/106 | 172/104 | 203/116 |
| | 全国农村贫困标准/补助（补差）（元/年·人） | 1196/100 | 1274/106 | 2300/197 | 2300/197 | 2300/197 |
| | 河南省保障标准/补助（补差）与全国平均水平差距（元/月·人） | 11/16 | 27/11 | 36/33 | 54/16 | 73/15 |
| | 河南省农村保障标准与全国农村贫困标准平均水平差距（元/月·人） | 10 | 43 | 124 | 109 | 96 |

注：数据参见《河南省民政发展统计公报》2010年第1期，《河南省社会服务统计公报》2012~2014年第1期，《民政部2009年民政事业发展统计公报》，《民政部2011~2013年社会服务发展统计公报》，《2009~2013年国民经济和社会发展统计公报》。

表7 2009~2013年河南省最低生活保障标准和补助（补差）水平城乡差距对比

单位：元/（月·人）

| 年份 | 2009年 | 2010年 | 2011年 | 2012年 | 2013年 |
|---|---|---|---|---|---|
| 城市保障标准/补助（补差）水平 | 185/131 | 206/158 | 230/160 | 276/193 | 309/200 |
| 农村保障标准/补助（补差）水平 | 90/52 | 90/63 | 107/73 | 118/88 | 130/101 |
| 河南省城市和农村间差距 | 95/79 | 116/95 | 123/87 | 158/105 | 179/99 |

注：数据参见《河南省民政发展统计公报》2010年第1期，《河南省社会服务统计公报》2012年第1期、2013年第1期、2014年第1期。

## （二）低保认定存在着"漏保"、"错保"、"骗保"现象

在最低生活保障中，对象认定是基础环节，核实家庭收入是认定关键，

是确定其享受最低生活保障及享受程度的重要依据。在社会经济成分和经济利益、社会生活方式、社会组织形式、就业岗位和就业方式多样化的经济社会发展背景下，在核算居民的收入时发现其呈以下特点。一是多元化，存在显性的工资收入的同时，存在大量的隐性收入，在城市比较明显。二是难以货币化，无法将一些实物收入转化为货币进行结算，特别是农产品。三是收入的不稳定、不确定等。因收入状况难以准确核算，所以最低生活保障对象的认定主要是靠民主评议和入户调查，这种做法凭感觉、不精确、手段落后且成本高，影响认定的准确性，"漏保""错保""骗保"等问题无法得到杜绝。

### （三）"低保异化"现象突出

最低生活保障的价值理性反映的是制度本身所能代表的价值，即保障贫困者的基本生活；最低生活保障的工具理性反映的是通过制度的实施以达到制度目标的手段。最低生活保障设计的政策初衷应当是实现价值理性与工具理性的统一，即通过制度的实施以达到保障贫困者的基本生活。河南省最低生活保障基本上实现了制度设计的初衷旨意，保障了全省贫困者的基本生活，进而维护了社会稳定。但是一些地方在执行中歪曲了制度的价值理性和工具理性，出现"低保异化"，将最低生活保障作为一种平衡手段、补偿机制、维稳措施、拆迁承诺、安抚政策等，甚至作为产业发展的一种政策，将一些不符合保障条件的收入较高的上访户、拆迁户、土地征用户等纳入保障对象范围，出现"维稳保""拆迁保""占地保"等现象；同时，我国现行的就医、教育、住房等一些民生政策倾向于最低生活保障对象，提升了最低生活保障"含金量"，因争取低保资格而出现的"关系保""优待亲友"现象便应运而生，这都与最低生活保障目标价值相违背，影响了制度的公平、公正，为媒体和社会各界所诟病。

### （四）基层管理服务能力有待提升

服务能力特别是基层服务能力是最低生活保障工作有效开展的重要基础。虽然河南省各级政府普遍建立了最低生活保障工作机构，但这些机构的服务能力多数是在城市最低生活保障工作开展之初，按照城市最低生活保障工作的需要编配的，而目前这些工作机构及其工作任务已由最初单一的城市拓展到农村和全部城乡社会救助体系建设等多项管理服务。与管理服务职能的扩大相伴的是，管理服务能力并没有随之增强，现有的管理服务能力与工作任务不相适应，尤其是基层乡镇具体落实层级中问题比较突出，管理服务机构力不从心，落实制度往往是以点对面的应付方式。基层管理服务能力不足在实际工作中造成三种不良后果：一是委托给村（居）委会、社区等中介认定，伴随权力下放而来的是"低保寻租"乱象；二是程序简化、公示不足，操作程序不规范；三是动态管理、应保尽保流于形式，监督管理不到位等问题，"关系保""人情保"等现象的发生在所难免。2013年9月河南省在开展城乡低保专项检查中，清退城乡"人情保""关系保"2928人。基层管理服务能力薄弱，严重制约了最低生活保障的有效落实。

## 三 完善河南省最低生活保障制度的对策建议

作为一项制度安排，最低生活保障是保障和改善民生、加强社会管理的重要组成部分，是现代国家普遍实行的社会保障制度。"要像抓经济建设一样抓民生保障，像落实发展指标一样落实民生任务"，从最低生活保障的自身特点和发展规律出发，借鉴国内外经验，结合省情，应当沿着以下路径，进一步健全和完善河南省最低生活保障。

### （一）以目标群体需求为取向，提高制度设计的可及性

作为一项保障民生、促进社会公平的重要制度，最低生活保障的制度设计应当契合目标群体的价值需求，首要的考虑是所设计制度应当最大限度地惠及政策对象，即制度的可及性，这也是评价最低生活保障政策绩效的重要标准。从当前河南省最低生活保障政策的实际运行过程来看，进一步完善制度供给，提高政策可及性的途径主要包括以下方面。

首先，适当提高保障标准。综合国内外关于社会救助标准比较研究，学

者认为，最低生活保障标准应当占到当地居民平均收入的30%~40%。在保障标准的制定上，应综合以最低工资标准、居民消费支出和物价同比增长指数等数据化的指数为参照，除了保障基本需求外，更应该考虑人力资本投资，应当从"生存型"、"输血式"转向"造血式"、"发展型"，真正改善贫困群体的生存状态，实现贫困群体有尊严地生活。

其次，适当扩大保障对象范围和保障覆盖面。"提标"和"扩面"是相互联系的，以全国平均覆盖率为参照，在把保障标准线以下的群体纳入保障范畴的基础上，将处于保障标准线的边缘群体同时纳入保障范畴，确保更多困难群众受益，真正实现"应保尽保"。

最后，推进最低生活保障城乡一体化。破除城乡二元结构的思维，在政策体系、保障标准、覆盖率、管理机制、资金筹集等方面实现城乡统筹、城乡一体，缩小或消除城乡差距，实现城乡平等对待，从而达到政策的公平性。

## （二）进一步强化资金保障，为最低生活保障提供财力支撑

经济基础决定上层建筑，保障资金是最低生活保障制度顺利实施的关键，河南省之所以存在保障覆盖率、标准和补助（补差）水平偏低等制度供给问题，主要原因还是在于目前最低生活保障资金总量不足，结构不合理，造成实际操作中存在"以钱定保"现象，无法实现应保尽保。实际上保障标准应随经济发展同步提高。提高全省保障资金，可以从以下几个方面推进。

首先，积极争取中央财政继续加大对河南省保障资金的投入和支持力度，提高低保资金补助额度。按照保障资金分配办法，河南省可以通过提高工作绩效和"以奖代补"机制，争取中央财政保障补助资金的倾斜。

其次，省级财政加大对最低生活保障资金投入。省级财政应当随着保障对象的增加、标准和补助水平的提高等，提高保障资金投入水平。

最后，强化市、县配套资金投入力度。近年来市、县资金配套率偏低，约占全省发放保障资金总量的10%，而且在现实中各市、县筹资结构不合

理;经济水平较高的地方,筹资能力较强,但是保障对象相对较少;经济水平较低的地方,筹资能力较弱,但是保障对象相对较多。解决这个悖论需要从两个方面化解,一方面,强化地方政府责任,加大资金配套力度;另一方面,省级以上财政对于贫困地区的市、县给予适当的政策倾斜,缓解筹资困境。

### (三)建立健全居民家庭经济收入核对系统

居民家庭经济收入核对系统是指将与居民家庭成员经济收入有关的税务、房地产、社会保险、公积金、车辆、工商、金融等公共部门中信息资源进行整合,建立核对专线,在取得个人同意、保护个人隐私的前提下,对申请家庭经济收入核对者的各项收入信息进行比对、汇总,以掌握其实际情况,然后按照收入与相应的社会保障政策的差距决定其是否进入政策范围以及享受保障政策的水平,比较好地支持公共政策在最大范围内科学准确的实施。目前这一核对系统在我国的经济发达地区的最低生活保障管理工作中试点运行,并在实践中取得良好的社会效果。在河南省最低生活保障对象资格的认定中,推行这种成熟的经验,建立健全居民家庭经济收入核对系统,通过系统技术手段上的比对,不仅可以较为全面地了解居民家庭收入,提高最低生活保障对象认定的准确性和工作效率,而且有助于实现最低生活保障规范化操作和科学化管理,维护最低生活保障的公平性和公信力。

### (四)完善监督和约束措施,打造"阳光低保"

监督虚置是最低生活保障不规范甚至是腐败的重要原因,最低生活保障要想管控得好,公开至关重要。

首先,完善公开公示制度,提升最低生活保障救助透明度。公开是最好的防腐剂,只有让权力运行于监督的阳光之下,才能有效防止"最低生活保障腐败"。在强化最低生活保障政策宣传力度的同时,完善最低生活保障公示常态化机制,做到过程公开、结果公开,保障群众的知情权、参与权、表达权。

其次，强化监督，加强最低生活保障执行力。建立健全社会、群众参与、监督最低生活保障机制和方式，对最低生活保障救助的审查、审核、审批、公示等核心环节进行有效监督，确保最低生活保障救助政策在基层中执行不走样、不变形。

最后，适应信息化发展，探索试行最低生活保障救助"网上审批"制。建立最低生活保障网上业务审批系统，开展电子政务、网络审批，用现代科技手段制权防腐，把最低生活保障运行全方位、全天候置于公众视野，便于群众参与、社会监督，促进城乡最低生活保障的规范管理、高效服务。

# 河南省城市居民获得感调查分析*

樊红敏　欧广义　李岚春**

**摘　要：** 基于社会管理河南省协同创新中心"河南省城市居民幸福感调查"数据，从安全保障、政府质量以及生活质量三个维度，定量分析了河南省居民的获得感状况。调查发现，居民获得感指数较低；从安全保障、政府质量以及生活质量三个二级指标对比来看，居民生活质量指数最低；从三级指标对比来看，居民信心感指数最高、公平感指数最低；群体比较分析发现，私营企业从业人员群体获得感指数最低；从年龄分布来看，获得感随着年龄的增加而增强，老年人的获得感满意度最高，30岁以下的获得感满意度最低。基于以上发现，笔者建议从以下四个方面着手增强居民获得感：一是大力改善民生，增加居民收入；二是通过培育社会组织、加强居民社区参与等，强化居民社会参与；三是加强法治建设，充分保障居民权利；四是从缩小城乡差距、贫富差距，弱势群体保护三个方面推进社会公平，提升居民公平感和尊严感。

**关键词：** 居民获得感　安全保障　政府质量　生活质量

---

\* 河南省哲学社会科学规划项目"县域维稳制度化及动态稳定机制构建研究"（2013BZZ006），2014年河南省高等学校哲学社会科学研究"三重"重大项目"治理视角下河南省化解基层社会矛盾的路径及机制创新研究"（2014－SZZD－08）阶段性成果。

\*\* 樊红敏，博士，教授，郑州大学公共管理学院副院长，博士生导师；欧广义，郑州大学公共管理学院2013级行政管理专业硕士研究生；李岚春，郑州大学公共管理学院2014级政治学理论专业硕士研究生。

改革开放以来，伴随着市场经济体制的确立和工业化进程的推进，人民生活水平和富裕程度得到普遍提高，但是，资源分配不均、利益失衡成为社会广泛关注的现实问题。习近平总书记在2015年2月第一次明确提出"让人民群众有更多获得感"。"获得感"作为一个理解改革与发展的关键词，引发了社会广泛共鸣，让百姓共享更多的发展成果，提升居民获得感，已成为社会各界共识。本文以2014年11~12月社会管理河南省协同创新中心在全省18个地市开展的"河南省城市居民幸福感调查"结果为依据和资料来源，从安全保障、政府质量以及生活质量三个维度，评价分析河南省居民获得感状况，在此基础上提出提升河南省居民获得感的对策建议。

## 一 获得感评价指标体系构建

经济增长的最终归宿是增进国民的福利。从当前研究成果看，学界侧重于通过测量居民的主观幸福感来衡量国民福利水准的高低，并以此评判个人的生活满足感；[1] 在幸福感测量研究中，居民的获得感是一个重要的指标。有学者认为，个人收入与主观幸福感之间呈显著的正相关关系，收入是提升主观幸福感的重要因素；[2] 也有学者提出，政府质量显著影响了居民幸福感，其对居民幸福感的影响远远大于经济增长的影响；[3] 也有学者认为上述变量之间的互动关系，是构成居民幸福感的主要影响因素。[4] 总之，经济增长、个人收入、政府质量等变量是幸福感提升的重要影响因素。[5] 但是，也有学者的研究得出相反的结论，居民的幸福感并没有随着经济增长得到同步

---

[1] Frey and Stutzer, "Happiness, economy and institutions," *Economic Journal* 2004, 110 (10).

[2] 罗楚亮：《绝对收入、相对收入与主观幸福感——来自中国城乡住户调查数据的经验分析》，《财经研究》2009年第11期。

[3] 陈刚、李树：《政府如何能够让人幸福？——政府质量影响居民幸福感的实证研究》，《管理世界》2012年第8期。

[4] 苗元江：《从幸福感到幸福指数——发展中的幸福感研究》，《南京社会科学》2009年第11期。

[5] 刘军强、熊谋林、苏阳：《经济增长时期的国民幸福感——基于CGSS数据的追踪研究》，《中国社会科学》2012年第12期。

提高;① 居民收入对城乡居民主观幸福感的影响并不显著;② 居民收入的不均衡增长，将进一步产生"相对被剥夺感"，从而显著降低居民幸福感。③ 显而易见，居民的主观幸福感并不能简单地等同于国民的福利获得，而居民的"获得感"与居民的福利获得直接相关，是客观评价居民分享发展成果的重要依据。对于居民获得感的研究，能更清晰地分析出民众在改革开放进程中是否真正分享改革红利，居民的福祉是否得到确实的保护和增大。

"获得感"是指在经济社会发展过程中，居民在个人收入、社会安全、公共服务、权利保护以及社会参与等方面，通过实实在在的"得到"，而产生的安全感、舒适感和满足感。从本质上来看，获得感是指"居民对美好生活的向往"。获得感主要包含三个层次：第一个层次，居民收入增加，医疗、教育、养老有保障，具有安全保障；第二个层次，居民的个人权利能够得到有效保护，居民能享受政府提供的基本公共服务，政府质量有所保障；第三个层次，居民通过社会参与，体验社会公平，过上体面、有尊严的生活，生活质量得到保障。

基于获得感的内涵，本文从安全保障、政府质量、生活质量三个维度来测量居民的获得感。安全保障指数选取经济安全、生活安全和社会安全三个指标来评价；公共服务是居民获得感的重要组成部分，政府质量指数选取公共服务供给、居民权利保护两个指标来评价；生活质量是评估居民获得感的关键指标和依据，生活质量指数选取参与感、法治化、公平感、信心感四个指标来评价（见表1）。

---

① Easterlin R A, "Income and happiness: Towards a unified theory," *Economic Journal* 2001, 111 (473).
② 邢占军:《我国居民收入与幸福感关系的研究》，《社会学研究》2011年第1期；闫丙金:《收入、社会阶层认同与主观幸福感》，《统计研究》2012年第10期。
③ 王鹏:《收入差距对中国居民主观幸福感的影响分析》，《中国人口科学》2011年第3期；理查德·伊斯特林罗布森·摩根等:《中国的主观幸福感研究（1990~2010）》，《国外理论动态》2013年第7期。

表1 居民获得感评价指标体系

| 一级指标 | 二级指标 | 三级指标 |
| --- | --- | --- |
| 获得感 | 安全保障 | 经济安全 |
| | | 生活安全 |
| | | 社会安全 |
| | 政府质量 | 公共服务供给 |
| | | 居民权利保护 |
| | 生活质量 | 参与感 |
| | | 法治化 |
| | | 公平感 |
| | | 信心感 |

## 二 数据选取与评价方法

### 1. 数据选取

本文以社会管理河南省协同创新中心于2014年12月20~31日开展的"河南省城市居民幸福感调查"为数据支撑。调查团队围绕居民公共服务满意度、社会参与满意度、法治建设满意度以及居民安全感、幸福感、城市归属感、未来信心指数等方面进行了问卷调研。此次调查团队共由68名郑州大学公共管理学院的研究生、本科生组成，调查范围涵盖了河南省的18个地市，调查采用街头偶遇方式，在目标城市的公园广场、大型超市、商场、书店等地点开展。此次调查累计发放问卷4320份，回收有效问卷4070份。

### 2. 样本分析

调查样本中，男性1829人占45%，女性2235人占55%；在文化程度上，初中及以下654人，高中或中专1274人，大专1044人，本科及以上1093人，分别占样本总量的16.1%、31.3%、25.7%、26.9%；在年龄阶段上，30岁以下1713人，30~45岁1551人，46~60岁594人，60岁以上205人，分别占总样本量的42.2%、38.1%、14.6%、5.0%；在职业分布上，行政单位250人，事业单位690人，国有企业569人，私营企业（包括外资和合资企业）1247人，其他1310人，分别占总样本量的6.1%、17.0%、14.0%、30.7%、32.2%（见表2）。

表2 调查样本描述分析

单位：人，%

| 变量 | 指标 | 人数 | 比例 | 变量 | 指标 | 人数 | 比例 |
| --- | --- | --- | --- | --- | --- | --- | --- |
| 性别 | 男 | 1829 | 45 | 年龄 | 30岁以下 | 1713 | 42.2 |
| | | | | | 30~45岁 | 1551 | 38.1 |
| | 女 | 2235 | 55 | | 46~60岁 | 594 | 14.6 |
| | | | | | 60岁以上 | 205 | 5.0 |
| 文化程度 | 初中及以下 | 654 | 16.1 | 职业分布 | 行政单位 | 250 | 6.1 |
| | 高中或中专 | 1274 | 31.3 | | 事业单位 | 690 | 17.0 |
| | 大专 | 1044 | 25.7 | | 国有企业 | 569 | 14.0 |
| | 本科及以上 | 1093 | 26.9 | | 私营企业 | 1247 | 30.7 |
| | | | | | 其他 | 1310 | 32.2 |

3.评价方法

本次调查通过了解全省居民在生活水平、公共服务、居民参与、社会公平等方面的主观感知来判定河南省以及18个地市居民的获得感。把全省及18个地市安全保障、政府质量、生活质量按照5分量表进行分类，划分为"非常满意、比较满意、一般、比较不满意、非常不满意"5个等级。获得感知度按照5分量表的形式进行赋值，1.00分表明非常不满意，5.00分表明非常满意，分数越高意味着满意度越高。依此得出全省及18个地市的各三级指标指数，通过加权计算，得出二级指标安全保障指数、政府质量指数、生活质量指数及最终的获得感指数。居民安全保障指数、政府质量指数、生活质量指数、获得感指数评定标准为：1.00~2.00分为低，2.00~3.00分为比较低，3.00~3.50分为中，3.50~4.00分为比较高；4.00~5.00分为高。

# 三 河南省居民安全保障状况分析

居民的安全保障是指居民日常生活的基本需求能够得到满足，这些基本需求包括物质需求、生活安全需求、治安安全需求等。河南省居民安全保障状况选取了经济安全、生活安全和社会安全来评价。在经济安全方面，选取"您认为您目前的生活水平"来测量；在生活安全方面，选取"您对当地食品药品安全的评价"来测量；在社会安全方面，选取"您对当地治安状况的总体评价"来测量。居民安全保障指数由经济安全指数、生活安全指数、社会安全指数加权平均获得，河南省及其18个地市的经济安全指数、生活安全指数、社会安全指数以及安全保障指数如下。

表3 河南省18个地市的安全保障指数

| 序号 | 地市 | 经济安全指数 | 生活安全指数 | 社会安全指数 | 安全保障指数 |
| --- | --- | --- | --- | --- | --- |
| 1 | 济源 | 3.91 | 4.03 | 4.20 | 4.05 |
| 2 | 濮阳 | 3.52 | 3.41 | 3.96 | 3.63 |
| 3 | 许昌 | 3.37 | 3.35 | 3.77 | 3.50 |
| 4 | 鹤壁 | 3.45 | 3.22 | 3.63 | 3.43 |
| 5 | 洛阳 | 3.34 | 3.21 | 3.51 | 3.35 |
| 6 | 南阳 | 3.31 | 3.07 | 3.25 | 3.21 |
| 7 | 平顶山 | 3.34 | 2.82 | 3.38 | 3.18 |
| 8 | 漯河 | 3.20 | 3.09 | 3.25 | 3.18 |
| 9 | 新乡 | 3.22 | 2.86 | 3.43 | 3.17 |
| 10 | 三门峡 | 2.95 | 3.08 | 3.29 | 3.11 |
| 11 | 信阳 | 3.15 | 2.98 | 3.19 | 3.11 |
| 12 | 开封 | 3.15 | 2.79 | 3.30 | 3.08 |
| 13 | 焦作 | 3.04 | 2.80 | 3.35 | 3.06 |
| 14 | 郑州 | 3.22 | 2.64 | 3.31 | 3.06 |
| 15 | 驻马店 | 3.12 | 2.72 | 3.27 | 3.04 |
| 16 | 商丘 | 3.14 | 2.78 | 3.18 | 3.03 |
| 17 | 周口 | 3.08 | 2.70 | 3.23 | 3.00 |
| 18 | 安阳 | 3.28 | 2.65 | 2.99 | 2.97 |

总体来看，全省安全保障指数偏低。由表3可知，河南省安全保障指数平均为3.22，指数为中，说明河南省安全保障指数偏低。

河南省居民生活安全程度最低。从经济安全、生活安全、社会安全指数对比情况来看，生活安全指数为2.98，生活安全指数较低；全省的经济安全指数为3.26，经济安全指数为中；社会安全指数为3.41，社会安全指数也为中。

河南省18个地市安全保障指数差异显著。济源、濮阳和许昌三市安全程度为高和较高，济源市安全保障指数为4.05，濮阳和许昌分别为3.63和3.50；鹤壁、洛阳等14个市在3.00~3.50，安全程度为中；安阳安全保障指数为2.97，排名最后，安全程度较低。

## 四 河南省政府质量状况分析

政府质量是指政府使其服务对象受益的程度，本文选取公共服务供给、居民权利保护两个指标来评价政府质量状况。选取"您对本地公共服务的总体满意度"来评价居民获得政府提供公共服务的状况；选取"您对本地政府维护群众权益的满意度"来评价居民的权利保护状况。政府质量指数由公共服务供给指数和居民权利保护指数加权平均得出，河南省及其18个地市的公共服务供给指数、居民权利保护指数以及政府质量指数如表4所示。

表4 河南省18个地市的政府质量指数

| 序号 | 地市 | 公共服务供给指数 | 居民权利保护指数 | 政府质量指数 |
| --- | --- | --- | --- | --- |
| 1 | 济源 | 4.04 | 4.02 | 4.03 |
| 2 | 濮阳 | 3.98 | 3.65 | 3.81 |
| 3 | 许昌 | 3.61 | 3.28 | 3.44 |
| 4 | 洛阳 | 3.56 | 3.25 | 3.41 |
| 5 | 鹤壁 | 3.50 | 3.28 | 3.39 |
| 6 | 平顶山 | 3.36 | 3.30 | 3.33 |
| 7 | 新乡 | 3.32 | 3.09 | 3.21 |
| 8 | 漯河 | 3.28 | 3.03 | 3.16 |
| 9 | 郑州 | 3.25 | 2.98 | 3.12 |
| 10 | 开封 | 3.25 | 2.93 | 3.09 |
| 11 | 南阳 | 3.22 | 2.95 | 3.08 |
| 12 | 三门峡 | 3.13 | 3.03 | 3.08 |
| 13 | 焦作 | 3.22 | 2.88 | 3.05 |

续表

| 序号 | 地市 | 公共服务供给指数 | 居民权利保护指数 | 政府质量指数 |
|------|------|------------------|------------------|--------------|
| 14 | 安阳 | 3.24 | 2.86 | 3.05 |
| 15 | 信阳 | 3.18 | 2.87 | 3.02 |
| 16 | 商丘 | 3.07 | 2.97 | 3.02 |
| 17 | 驻马店 | 3.15 | 2.81 | 2.98 |
| 18 | 周口 | 2.81 | 2.75 | 2.78 |

总体看来，河南省整体政府质量指数一般。由表4可知，全省政府质量指数平均得分为3.22，得分为中，政府质量一般。

公共服务供给满意度高于居民权利保护满意度。全省公共服务供给平均指数为3.34，得分为中；全省居民权利保护平均指数为3.10，得分为中。从两者得分情况来比较，政府在居民权利保护方面，居民满意度较低。

济源和濮阳两市政府质量较高，济源市政府质量指数为4.03，濮阳为3.81；许昌、洛阳等14个市该指数在3.00~3.50，政府质量中；驻马店和周口分别为2.98和2.78，排名最后，政府质量较低。

## 五 河南省居民生活质量状况分析

生活质量是指在居民基本生活得到满足的基础上，过上体面、有尊严的生活。居民的参与感是居民自我价值实现的体现，法治化水平和居民的社会公平感反映了居民的满足感，居民的信心感反映的是居民对未来的态度。生活质量从居民参与感、法治化水平、居民公平感、居民未来信心感来评价。在参与感方面，选取"如果发生危害公共利益的情况，您认为本地居民主动反映问题的可能性"来测量；在法治化方面，选取"您对本地法治建设的总体满意度"来测量；在公平感方面，选取"您认为本地的社会公平状况是"来测量；在信心感方面，选取"您对未来的信心如何"来测量。居民生活质量指数由参与感指数、法治化指数、公平感指数和信心感指数加权平均得出,河南省及其18个地市的参与感指数、法治化指数、公平感指数、信心感指数以及居民生活质量指数如表5所示。

表5 河南省18个地市的居民生活质量指数

| 序号 | 地市 | 参与感指数 | 法治化指数 | 公平感指数 | 信心感指数 | 生活质量指数 |
|---|---|---|---|---|---|---|
| 1 | 济源 | 2.68 | 2.68 | 2.32 | 4.39 | 3.02 |
| 2 | 濮阳 | 2.50 | 2.59 | 2.16 | 4.43 | 2.92 |
| 3 | 鹤壁 | 2.31 | 2.52 | 2.06 | 4.17 | 2.77 |
| 4 | 许昌 | 2.28 | 2.49 | 2.05 | 4.10 | 2.73 |
| 5 | 平顶山 | 2.40 | 2.24 | 1.96 | 3.96 | 2.64 |
| 6 | 洛阳 | 2.17 | 2.42 | 1.94 | 3.95 | 2.62 |
| 7 | 南阳 | 2.11 | 2.39 | 1.88 | 4.07 | 2.61 |
| 8 | 漯河 | 2.23 | 2.36 | 1.88 | 3.97 | 2.61 |
| 9 | 开封 | 2.20 | 2.36 | 1.87 | 3.98 | 2.60 |
| 10 | 信阳 | 2.08 | 2.42 | 1.78 | 4.04 | 2.58 |
| 11 | 新乡 | 2.08 | 2.33 | 1.93 | 3.87 | 2.55 |
| 12 | 郑州 | 2.12 | 2.12 | 1.87 | 3.93 | 2.51 |
| 13 | 焦作 | 2.11 | 2.23 | 1.78 | 3.91 | 2.51 |
| 14 | 驻马店 | 2.11 | 2.15 | 1.81 | 3.94 | 2.50 |
| 15 | 商丘 | 2.18 | 2.09 | 1.82 | 3.74 | 2.46 |
| 16 | 周口 | 2.00 | 2.13 | 1.85 | 3.80 | 2.45 |
| 17 | 三门峡 | 2.17 | 2.15 | 1.77 | 3.68 | 2.44 |
| 18 | 安阳 | 2.04 | 2.14 | 1.75 | 3.72 | 2.41 |

总体来看,全省居民生活质量指数普遍较低。由表5可知,河南省居民生活质量指数平均得分为2.60分,得分"比较低"。从18个地市的得分情况来看,各地市居民生活质量指数差异不大。济源市得分最高,为3.02分,得分为"中",同时也是唯一一个生活质量指数得分在3.00分以上的地市,其余地市居民生活质量指数均在2.00~3.00分,相差不大,普遍得分较低,说明河南省居民自我价值实现的需求没有得到满足。

河南省居民的公平感指数最低。从表5可知,居民公平感指数的全省平均值是1.91,是四个三级指标中唯一指数在2.00以下的,指数显示居民对社会公平的满意程度低;居民公平感指数最高的济源市也仅为2.32,为"比较低";安阳居民公平感指数最低,仅为1.75;说明河南省社会公平亟待加强。

## 六 河南省居民获得感总体状况分析

将河南省居民安全保障指数、政府质量指数、生活质量指数这三个指数进行加权平均,得出获得感指数(见表6)。河南省居民获得感总体评价如下。

### (一)全省居民获得感指数较低

如表6所示,全省平均获得感指数为3.01,全省居民获得感满意度得分为"中",接近"比较低",居民获得感指数不高。在18个地市中,仅有一个地市该指数在3.50以上,居民获得感感知度为"比较高",有5个地市在3.00~3.50,获得感感知度为"中",有12个地市得分在2.00~3.00,显示居民获得感感知度为"比较低"。

表6 河南省18个地市的获得感指数

| 序号 | 地市 | 安全保障指数 | 政府质量指数 | 生活质量指数 | 获得感指数 |
|---|---|---|---|---|---|
| 1 | 济源 | 4.05 | 4.03 | 3.02 | 3.70 |
| 2 | 濮阳 | 3.63 | 3.81 | 2.92 | 3.45 |
| 3 | 许昌 | 3.50 | 3.44 | 2.73 | 3.22 |
| 4 | 鹤壁 | 3.43 | 3.39 | 2.77 | 3.20 |
| 5 | 洛阳 | 3.35 | 3.41 | 2.62 | 3.13 |
| 6 | 平顶山 | 3.18 | 3.33 | 2.64 | 3.05 |
| 7 | 漯河 | 3.18 | 3.16 | 2.61 | 2.98 |
| 8 | 新乡 | 3.17 | 3.21 | 2.55 | 2.98 |
| 9 | 南阳 | 3.21 | 3.08 | 2.61 | 2.97 |
| 10 | 开封 | 3.08 | 3.09 | 2.60 | 2.92 |

续表

| 序号 | 地市 | 安全保障指数 | 政府质量指数 | 生活质量指数 | 获得感指数 |
|---|---|---|---|---|---|
| 11 | 信阳 | 3.11 | 3.02 | 2.58 | 2.90 |
| 12 | 郑州 | 3.06 | 3.12 | 2.51 | 2.90 |
| 13 | 三门峡 | 3.11 | 3.08 | 2.44 | 2.88 |
| 14 | 焦作 | 3.06 | 3.05 | 2.51 | 2.87 |
| 15 | 驻马店 | 3.04 | 2.98 | 2.50 | 2.84 |
| 16 | 商丘 | 3.03 | 3.02 | 2.46 | 2.84 |
| 17 | 安阳 | 2.97 | 3.05 | 2.41 | 2.81 |
| 18 | 周口 | 3.00 | 2.78 | 2.45 | 2.74 |

## （二）全省居民生活质量指数最低

从安全保障指数、政府质量指数、生活质量指数三个二级指标对比发现，全省居民安全保障指数和政府质量指数均为3.22，全省居民安全感、政府质量居民满意度为"中"；居民生活质量指数为2.60，生活质量满意度"比较低"（见图1），说明目前河南省居民基本需求已经得到满足，但离个体尊严、自我价值实现等还有很大差距。

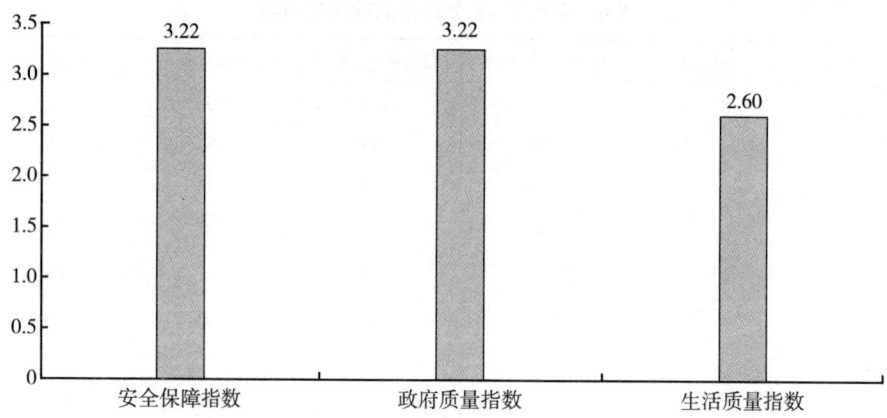

图1  二级指标指数全省对比

## （三）河南省居民对未来充满信心

在经济安全、公共服务、社会公平等9个三级指标中，居民信心感指数得分最高，为3.97，未来信心感知程度为"较高"；社会安全指数、公共服务供给指数、经济安全指数、居民权利保护指数为"中"，得分分别为3.41、3.34、3.26、3.10；生活安全指数、法治化指数、参与感指数为"较低"，得分依次为2.98、2.31、2.20；全省居民公平感指数为"低"，得分仅为1.91（见表7）。

表7 九个三级指标指数全省平均值对比

| 三级指标 | 全省平均 | 三级指标 | 全省平均 |
| --- | --- | --- | --- |
| 信心感指数 | 3.97 | 生活安全指数 | 2.98 |
| 社会安全指数 | 3.41 | 法治化指数 | 2.31 |
| 公共服务供给指数 | 3.34 | 参与感指数 | 2.20 |
| 经济安全指数 | 3.26 | 公平感指数 | 1.91 |
| 居民权利保护指数 | 3.10 | — | — |

## （四）私营企业从业人员群体获得感指数最低

从不同职业群体获得感指数对比分析中发现，私营企业从业人员获得感指数最低，为3.36；行政单位从业人员获得感指数最高，为3.48；事业单位从业人员和国有企业从业人员获得感指数分别为3.41和3.38。可以发现，从体制内到体制外，获得感指数逐渐降低（见图2）。

## （五）随着年龄增加获得感逐步增强

在年龄阶段的对比分析中，60岁以上的居民获得感指数最高，为3.26；30岁以下的居民获得感指数最低，为3.08。随着年龄段从大到小，获得感指数也随之逐渐降低（见图3）。

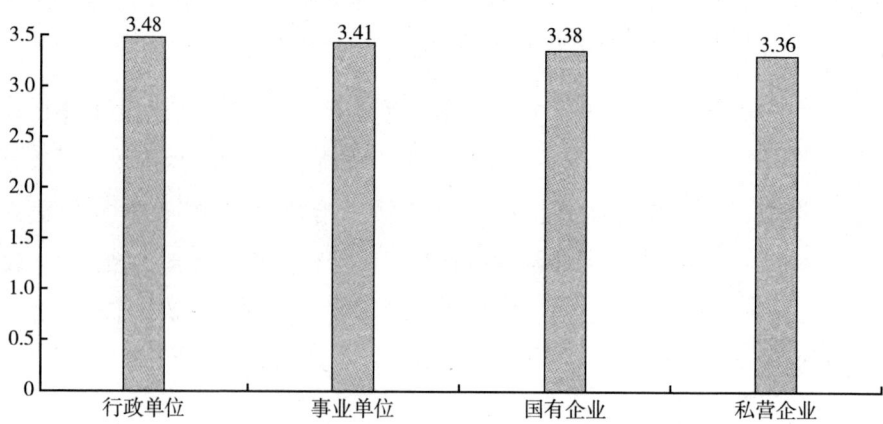

**图2　不同职业群体获得感指数对比**

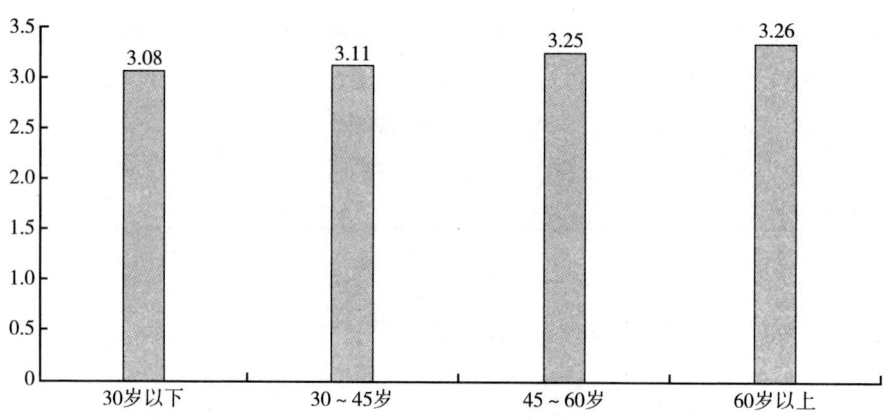

**图3　不同年龄阶段获得感指数对比**

## 七　对策建议

### （一）大力改善民生，增加居民收入

分析发现，居民经济安全指数较低，要增加居民收入，让民众共享改革成果，宜从以下三个方面着手：一是要千方百计增加就业机会，实施积极的

就业政策，加强就业服务，扩大就业，确保居民收入稳定增长；二是要不断提高居民工资性收入，要通过收入分配制度改革，切实不断提高各阶层居民的收入水平，使居民收入增长与经济增长相匹配；三是要增加公共服务供给，加大在医疗、教育、就业等公共服务供给诸方面的投入，使居民能享受到更好的基本公共服务，增强居民"获得感"。

### （二）强化居民社会参与

分析发现，居民在社会参与方面的满意度较低。要从以下三个方面强化居民社会参与：一是培育社会组织，通过资金和政策扶持，面向居民的现实需求，着力培育各种服务类、娱乐类组织，丰富居民社会参与的载体；二是拓宽居民社会参与的方式和渠道，通过开通官方微博、微信公众号、电子政务等网络平台，拓展居民社会参与的空间，以及通过开展建言献策、文体娱乐等活动创新参与方式；三是加强居民社区参与，要通过社区论坛、民情信息站等，保障居民的知情权、参与权等，培养居民社区意识；通过壮大社区文体协会、书法协会、舞蹈协会等社区组织，营造参与文化，培育居民的公共精神。

### （三）加强法治化建设，强化居民权利维护

分析发现，居民对政府法治化建设和权利保护满意度较低。要从以下三个方面强化居民权利维护：一是要推进法治建设，通过普及基本法律知识、普法宣传教育等，培育公民的法律意识；二是政府要做到有权不能任性，通过简政放权、加强监督，做到依法行政、公正司法，切实保障居民权利不受侵害；三是要注重城镇化进程中农民土地权益、农民工等弱势群体权益的维护，通过医疗、教育、就业等社会保障手段，让居民的权利得到有效维护。

### （四）提升居民公平感和尊严感

分析发现，居民公平感最低。要通过提升居民的公平感，让居民过上体面、有尊严的生活。要从以下三个方面推进社会公平：一是缩小城乡差距，

推进区域公平；要合理调整收入分配格局，增加农民收入；要加大农村基础设施建设力度，推进城乡基本公共服务均等化，促进城乡公平。二是缩小贫富差距，促进不同群体公平；要进一步完善分配制度，加大收入分配调节力度，缩小行业及不同社会阶层间的收入差距。三是关注弱势群体，提升弱势群体的公平感；要大力促进教育公平，合理配置教育资源，重点向农村，边远、贫困、民族地区倾斜；关注农民工等弱势群体，在农民工收入、居住、社会保障、城市融入等方面多措并举，使弱势群体能够享有自由和发展机遇，过上有尊严的生活。

·专题三　社会组织·

# 河南省社会组织承接政府职能转移研究

孙发锋[*]

摘　要：社会组织的参与和配合是顺利转变政府职能的重要保证。目前，河南省对社会组织与政府职能转移的密切关系有了深刻认识，河南省社会组织承接政府职能转移取得了明显成效，主要表现在：对承接政府职能转移的社会组织资质提出明确要求；对社会组织承接职能的资金来源做出了规定；对政府向社会组织转移职能的范围做出了规定；对政府向社会组织转移职能的程序做出了规定。但是，一些深层次问题仍制约着政府向社会组织转移职能的顺利进行，如思想观念偏差和既得利益者阻挠，延缓职能转移—承接步伐；政策法规相对滞后，职能转移—承接过程不顺畅；社会组织承接能力弱，政府难以找到适宜的承接主体；职能转移—承接陷入"体制内循环"怪圈，背离政府职能转移的本义；公众信任度低，职能转移—承接阻力较大。推进河南省社会组织承接政府职能转移，应从以下几个方面下功夫：转变思想观念，扩大政府向社会组织转移职能的范围；完善政策法规，健全社会组织承接政府转移职能的制度体系；培育社会组织，增强社会组织的承接能力；加强监督力度，确保社会组织恪守自身的宗旨和使命；推进社会组织"去行政化"改革，防控廉政风险。

---

[*] 孙发锋，博士，郑州大学公共管理学院副教授，社会管理河南省协同创新中心研究员，研究方向为中国政府与政治、中国政治发展。

关键词： 社会组织　政府职能转移　承接

自党的十三大强调转变政府职能以来，转变政府职能一直是我国行政管理体制改革的核心和重点。当"转变政府职能"这一口号化为实际行动时，河南立即面临一个现实问题，即由谁来承接政府卸载、释放、放弃、外移的职能。经过多年的探索和实践，我国政府已经认识到社会组织是承接政府卸载职能的适宜主体，没有社会组织的参与和配合，政府职能就不可转变到位。本研究立足河南，着力探讨河南省社会组织承接政府转移职能的经验、问题及对策建议，以期对加快社会组织承接政府转移职能的步伐、扩大社会组织承接政府职能转移的范围有所助益。

## 一　河南省社会组织承接政府转移职能的背景

在当今世界，社会组织从政府手中承接原本应由政府承担的社会服务职能是一种普遍并且日益通行的做法。比较而言，美国、英国、韩国等国家的社会组织数量大、种类多、发展迅速、活动领域广，在社会事务治理中发挥了积极且重大的作用。例如，美国佐治亚州的桑迪斯普林斯市，拥有约94000名居民，但仅有七名政府雇员领取国家工资，这得益于该市把一切能够外包的公共服务都外包给社会主体。①

党的十八大以后，社会组织对于政府职能转移的重大价值被提到了前所未有的高度。党的十八届三中全会指出："适合由社会组织提供的公共服务和解决的事项，交由社会组织承担。"十二届全国人大一次会议通过的《国务院机构改革和职能转变方案》要求，减少微观事务管理，更好发挥社会力量在管理社会事务中的作用，真正做到该管的管住管好，不该管

---

① 梁美兰、张振：《美国一城市仅7人领取国家工资　法院外包给私企》，http://business.sohu.com/20120627/n346644498.shtml。

的不管不干预。① 民政部负责人公开表示："非基本公共服务领域，要更多更好地发挥社会组织的作用，凡适合社会组织承担的，都可以通过竞争性选择方式交给社会组织承担。基本公共服务领域的教育、就业、社保、医疗卫生、住房保障、文化体育、残疾人服务等，也要逐步加大政府购买服务的力度。"② 在我国的单一制政体下，地方政府是中央政府的执行机关，中央层面的政策明确了，下面就好办了。据统计，我国已有10多个省出台政府购买社会服务的有关实施意见。③ 而在2014年各地"两会"的政府工作报告中，至少有26份政府工作报告提及政府购买公共服务，占所有省份的近八成。④ 这说明，对于政府购买服务，各级政府已经取得广泛共识。

《国务院关于支持河南省加快建设中原经济区指导意见》指出："支持各类社会组织发展，推动政府部门向社会组织转移职能，加快建立和完善政府向社会组织购买服务的制度。"河南省省委原书记卢展工在省第九次党代会上指出："引导各类社会组织增强服务社会能力，加强社会工作者和志愿者队伍建设，探索群众参与社会管理服务的有效途径。"2015年，河南省省长谢伏瞻在省十二届人大四次会议上指出，"创新流动人口、特殊人群、非公有制经济组织、网络虚拟社会服务和管理，引导社会组织有序参与社会治理"。

这些分析说明，党和政府对社会组织与政府职能转移的密切关系有了深刻认识。然而，理论认识的深化是否等同于实践探索的成功？对于河南省来说，政府向社会组织转移职能是否到位？河南省社会组织承接政府职能转移的阻力是什么？本研究试图对这些问题进行尝试性回答。

---

① 《国务院机构改革和职能转变方案》，人民出版社，2013，第8~9页。
② 张维：《"政社脱钩"迎来改革实招》，《贵州政协报》2014年12月19日。
③ 张媛媛：《政府买服务须厘清职责与范围》，《经济日报》2014年12月29日。
④ 《2014年地方政府两会"政府购买服务"成为热词》，http://www.eqyn.com/manage/html/ff808181126bebda01126bec4dd00001/_content/14_02/25/1393325865976.html。

## 二 河南省社会组织承接政府职能转移的现状

所谓社会组织,是指基于共同利益或共同价值观成立的,具有非政府性、非营利性、自治性、志愿性、合法性、非政党性、非宗教性的正式组织,主要包括社会团体、基金会、民办非企业单位三种类别。所谓政府职能转移,是指政府根据经济社会发展的需要,调整职能重点,重塑职能结构,改变职能行使方式的行为。从整体上看,河南省社会组织承接政府职能转移尚处于启动阶段,但也有许多方面已经取得突破,如某些地市(郑州市等)的社会组织承接行为已持续多年,某些领域(教育、卫生等)也已取得相当不俗的成果。

为推动河南省各级政府向社会组织转移职能,使社会组织承接政府职能转移于法有据,2013年,河南省民政厅、财政厅联合颁布了《河南省政府购买社会工作服务实施办法》;2014年,河南省政府办公厅出台了《关于推进政府向社会力量购买服务工作的实施意见》,就政府购买服务的基本准则、购买程序、资金管理、绩效管理等做了明确的规定。

根据这些文件,河南省社会组织承接政府转移职能的主体地位已经明确,远景目标也已经明确,即到2020年建立比较完善的政府向社会组织购买服务的体系。同时,河南省的实践探索解决了一些长期困扰社会组织承接政府转移职能的重要问题,取得显著成效。

一是对承接政府职能转移的社会组织资质提出明确要求。社会组织应具有独立承担民事责任的能力,具备承接职能所必需的设施、人员和专业技术能力,具有健全的内部治理结构、财务会计和资产管理制度,具有良好的社会和商业信誉,具有依法缴纳税收和社会保险的良好记录,并符合登记管理部门依法认定的其他条件。

二是对社会组织承接职能的资金来源做出了规定。社会组织承担政府转移的职能事项,需要一定的资金支持。这就要求政府按照"费随事转"的原则，依据事权与财权相匹配的要求，给予社会组织适当的财政支持。但是，一些社会组织在办理政府转移的职能事项时，必要的财政投入难以得到落实。尽管《政府采购法》规定，政府部门可以使用财政性资金采购依法制定的集中采购目录以内的或者采购限额标准以上的货物、工程和服务，但是，政府采购的对象主要是指企业。对于政府向社会组织购买公共服务所需的资金，是否应按照预算管理要求列入财政预算，法律法规并没有给出明确答案。有人指出：地方购买资金包括财政预算资金、预算外资金（主要是福彩公益金）、专项资金（比如财政资金和社会捐赠），但具体是直接从部门财政预算资金中支出，还是从专项资金中支出，没有政策依据。① 实践中，社会组织承担政府转移职能事项所需的资金，大多属于预算外资金，尚未纳入财政预算。由于缺乏公共财政保障，容易导致两种不良后果。一种后果是一些社会组织"承担了大量的政府职能，但并未获得相应的经费支持。'活儿派下去了，但经费没有到位'"。② 也就是说，政府部门向社会组织转移了职能、交办了任务，但是一直"拖欠"应付费用。另一种后果是资金支持缺乏稳定性，即受政府收入状况、领导人重视程度等因素影响较大，公共财政投入难以实现常态化。为了稳定公共资金链，为政府购买服务提供稳定的资金保障，河南省的政策文件已经规定，政府购买社会组织服务所需资金，应当在既有财政预算中统筹安排，且购买主体应当在现有财政资金安排的基础上，按规定逐步增加政府购买社会组织服务的资金比例。

三是对政府向社会组织转移职能的范围做出了规定。由于政策法规对于哪些职能适合社会组织承担、哪些职能应由政府部门行使没有做出明确规定，导致各方认识不一。2009年，郑州市金水区花园路办事处试水"物业城管"，把城市管理中的市容市貌管理、基础设施管理、社会秩序管理外包，引起诸多争议，最终被"叫停"。河南省的政策文件已经规定政府购买社会组织服务的指导性目录，明确政府购买的服务种类、性质和内容，并要

---

① 《中国探索政府向社会购买服务 有地方现以权谋私现象》，http://china.huanqiu.com/hot/2013 - 12/4664711.html。
② 王东亮：《政府向社会组织转移职能目录将公布》，《北京日报》2014年3月13日。

求及时进行动态调整。目前，在具体实践中，河南省社会组织承接政府职能转移主要集中在以下两个方面：(1) 特殊群体类社会服务，主要包括养老服务、助残服务、特殊人群技能培训服务、外来人口服务、统筹社会资源服务等。特别是居家养老服务和社会工作服务近年来受到河南省政府的重视，民众对其需求也越来越大，河南省社会组织的服务主要集中在这两个领域。(2) 行业性的服务与管理，主要包括行业发展、行业调查、业务咨询、资质认证、行业技术培训与指导等方面。[1]

四是对政府向社会组织转移职能的程序做出了规定。河南省现有政策文件对政府职能转移应该先办什么、社会组织应该先办什么及如何办等问题都做出了具体规定，例如招标项目标准、应标组织资质、竞标流程、购买主体和承接主体的权利和义务、合同管理、绩效和监督管理等的落实，从而保证了职能转移—承接过程相对公平性。

## 三　河南省社会组织承接政府职能转移存在的问题及成因

社会组织承接政府转移职能对河南省来说仍是新生事物。尽管河南省已经启动向社会组织转移职能的实践探索，社会组织承担部分政府职能的工作已经展开。但是，一些深层次问题仍制约着政府向社会组织转移职能的顺利进行。

### （一）思想观念偏差和既得利益者阻挠，延缓职能转移—承接步伐

长期以来，我国政府垄断公共服务和公共产品供给，社会力量鲜有参与社会事务治理的机会。政府长期包揽公共服务供给，容易使部分政府官员不

---

[1] 王洁：《社会服务组织承接政府职能转移方式研究——以郑州市社会服务组织发展为例》，硕士学位论文，郑州大学，2013，第17页。

重视、不认可社会组织在政府职能转移中的重要作用。政府职能转移的重要内容是权力的再分配和收缩，而政府权力不过是实现经济利益的手段。在利益的驱动下，一些政府部门不愿意卸载自身的职能。结果，一些本该交由社会组织承担的职能，政府部门却抓住不放。政府下属的事业单位是主要的公共服务机构，政府向社会组织转移职能，不仅会使事业单位失去部分公共服务市场，而且会对其构成竞争压力。这样，既得利益者（事业单位）与未来得利者（社会组织）之间会产生利益矛盾，[①] 延缓了政府向社会组织转移职能的步伐。

### （二）政策法规相对滞后，职能转移—承接过程不顺畅

尽管河南省在党的十八大后密集出台了许多政策文件，但是有关政府向社会组织转移职能的政策法规仍然不能满足实践探索的需要，特别是由于政策时滞的存在，职能转移—承接过程的规范性仍有待提高。

一是政府部门之间协调合作困难。政府向社会组织转移职能事关多个部门（对政府向社会组织购买公共服务来说更是如此），如民政部门、财政部门、审计部门以及许多职能部门（如教育、卫生、环保等主管部门），需要它们之间互相配合、互相支持。但是，我国政府体系中存在着部门本位主义现象。有学者用"自利官僚竞争模式"这一概念来分析这一现象。[②] 由于存在部门本位主义现象，政府部门之间的协调配合往往较为困难。尤其是，当有关政策法规对部门之间的责任、权利和义务等缺乏详细规定的情况下，政府部门之间通力合作障碍重重。这常常成为政府向社会组织转移职能的不利因素。

二是政府部门逃避责任、规避风险。有些政府部门认为，职能已经转移给社会组织了，政府无须承担任何责任甚至必要的监管职责。一旦公众和舆

---

[①] 王昆、冯国栋、潘晔、方问禹：《政府购买服务需警惕利益集团借机牟利》，http://www.chinareform.org.cn/gov/service/Practice/201312/t20131205_182329.htm

[②] 张钟汝、范明林：《政府与非政府组织合作机制建设——对两个非政府组织的个案研究》，上海大学出版社，2010，第76页。

论问责，板子只打在社会组织身上，与政府部门无关。例如，郑州市部分社区所筹建的儿童之家项目，由政府筹资提供场地、桌椅及相关的设备，具体的活动由志愿者执行。但该项目后续监管并未跟进，导致利用率不高、活动较少，不能满足社会的需要。① 在这种情况下，向社会组织转移职能成为某些政府部门逃避责任的"挡箭牌"。郑州市的一位社会组织负责人甚至认为，政府向社会组织转移职能是选择性的，即把责重利小的事项移交给社会组织，而对于责轻利大的事项却揽权不放。② 而且，在向社会组织转移职能过程中，为了规避责任风险，某些政府部门不惜设立烦琐的管理制度，不利于社会组织进行实践创新，不利于调动社会组织的积极性和创造性。

三是职能转移—承接的随意性导致改革回潮。政策法规的不健全可能使职能转移承接具有不稳定性。例如，对于已经转移给社会组织的职能，政府部门往往又会以各种理由收回。在郑州市的部分市区，已经出现政府部门与社会组织争事权的现象，政府部门对原来移交给社会组织的事项，过了几年，觉得自己也可以做，又重新收回去。面对这种"出尔反尔"的行为，社会组织丝毫没有办法。③

### （三）社会组织承接能力弱，政府难以找到适宜的承接主体

由于人才资源缺乏、筹资能力低下、内部治理制度不健全，河南省社会组织处于弱小化状态。弱小化使社会组织在职能转移—承接过程中处于不对等地位，转移—承接事实上是体现政府意志的单向度行为。比如，在编制政府向社会组织转移职能事项目录时，一些政府部门不认真听取公众和社会组织的意见，且不随情势的发展及时动态调整转移职能事项目录。结果，所确定的转移职能事项目录与社会组织的承接能力和公众的意愿相脱节。更为重要的是，弱小化使不少社会组织缺乏承接政府职能的资质，导致政府难以找到适宜的承接主体。郑州市民间组织管理部门的工作人员坦言，郑州市社会

---

① 资料来源：2015年1月28日对郑州市某社区居委会工作人员的访谈。
② 资料来源：2014年12月27日对郑州市高新区相关社会组织负责人的访谈。
③ 资料来源：2014年12月27日对郑州市高新区相关社会组织负责人的访谈。

组织在自身建设方面还存在严重不足,承担政府购买社会服务还难以跟进对接。郑州市民政部门早在2007年便已经对整个郑州市的社会组织实施了网格化管理模式,但是在管理的过程中缺乏对社会组织的工作指导和监督,2015年的郑州市政府购买项目已经出现"粥多僧少"的局面,社会组织已经无法满足政府对职能转移的需求。① 河南省社会组织发展还存在不平衡现象。不平衡是指社会组织集中在某几个领域,而其他领域的社会组织甚少。而政府转移职能涉及方方面面、多个领域,这必然与社会组织发展的不平衡发生矛盾。当政府在某一领域有转移职能的要求时,却面临着难以找到适宜的承接主体的难题。

### (四)职能转移—承接陷入"体制内循环"怪圈,背离政府职能转移的本义

政府转移的职能事项应该交给谁来办理,不应该由少数人说了算,应该引入竞争机制,交给市场来评判。竞争机制的引入,可以使政府部门找到最优秀的承接主体,并让其提供物美价廉的服务。但是现状与这种要求相去较远。由于缺乏竞争机制,作为"二政府"、"准政府"或政府部门下级机构和内设组织的行政化社会组织通常能获得承接政府剥离的职能的优先权。在调研中,有的社会组织负责人反映,某些官办社会组织承接政府转移的事项,不是靠信誉、质量,而是靠熟人关系和政府系统内部的人脉资源,这打击了草根社会组织的积极性。有的社会组织负责人反映,一些政府部门自己组建社会组织,或由某个政府官员的亲属出面组建社会组织,以承接转移的职能。这相当于左手给予的东西,右手又拿回去了。② 因此,政府部门表面上向社会组织转移职能,但是仍然掌握所转移职能的控制权,将本应转变和精简的职能继续予以保留。

---

① 资料来源:2015年1月27日对郑州市民间组织管理部门工作人员的访谈。
② 资料来源:2014年12月27日对郑州市高新区相关社会组织负责人的访谈。

### (五)公众信任度低,职能转移—承接阻力较大

根据笔者的调查,公众对活跃于民间的社会组织仍知之甚少。在对郑州市高新区某社区居民的访谈中,当问及 NGO、社会组织这些名称时,多数访谈对象较为茫然。有些访谈对象虽然对其有一定的认知,但是了解极其肤浅,特别是对社会组织的运转过程、国家的有关政策一知半解。绝大多数公众在面对困难时,首先想到的是向政府部门寻求帮助,而很少将社会组织作为求助对象。一位访谈对象告诉笔者,社会组织是私人的东西,不值得信任。①

与此相联系,一些民众对社会组织承接职能事项有顾忌,甚至是疑虑重重。有关的实践探索证实了这一点。在郑州市的居家养老社会服务开展初期,一些社会组织义工经常成为怀疑对象,部分老人总担心上当受骗。郑州市的某医疗卫生志愿服务组织开展的"送医下乡"活动中,一些农民对志愿者的无私奉献、慈善爱心表示怀疑,常以有色眼镜看待志愿者的公益行为,导致活动常常陷入僵局。② 民众不信任社会组织,使职能转移—承接进程面临重重阻力。而累积社会组织与公众之间的社会资本,绝不是一朝一夕能够完成的。这一点也决定了政府向社会组织转移职能将是一个渐进而长期的过程。

## 四 推进河南省社会组织承接政府职能转移的对策建议

### (一)转变思想观念,扩大政府向社会组织转移职能的范围

思想是行动的先导。如果认识不到位,行动上就会犹豫不决;如果没有认识上的统一,就很难有行动上的统一。对一项改革来说,有无共识,关系改革的合力是否可以形成,关系改革的成败。各级政府要摒弃"全能政府"的落后理念,跨越观念误区,改变"政府垄断公共服务供给"的思维定式,

---

① 资料来源:2014 年 12 月 20 日对郑州市高新区某社区居民的访谈。
② 资料来源:2014 年 12 月 29 日对郑州市金水区相关社会组织负责人的访谈。

自觉冲破既得利益藩篱，凝聚政府向社会组织转移职能的改革共识。各级政府要从改善民生、促进社会和谐的高度看待职能转移—承接行为，明确政府职能定位。要按照"尽可能社会，必要时政府"的原则，将行规行约制定、行内企业资质认定及等级评定，行业调查、统计、培训、咨询、考核、宣传，社区事务、公益服务，产品检验检测，专业技术职称和执业资格评定等属于行业管理与服务、社会事务管理与服务、专业技术管理和服务等性质的职能向社会组织转移。建议由省机构编制部门牵头，结合行政审批制度改革，推动各职能部门梳理本部门职能事项，制定出本部门应向社会组织转移职能的目录。

## （二）完善政策法规，健全社会组织承接政府职能的制度体系

在上位法缺失的情况下，河南省应先行制定有关地方性规范性文件，为政府向社会组织转移职能提供实质规则和程序规则，对职能转移—承接过程的下列环节做出明确规定。（1）确定事项。政府有关部门向本级机构编制部门提出拟转移的职能、方式、承接主体范围等并说明理由。机构编制部门会同监察、法制等部门进行评估，提出意见报本级政府审定后，以适当的方式向社会公布。（2）制定方案。职能转出部门应当在规定期限内，根据转移职能的分类（充分竞争性事项、适度竞争性事项和非竞争性事项）和转移方式（授权、委托或其他方式）制定实施方案，报本级机构编制部门审定。（3）组织实施。转移实施方案经审定同意后，职能转出部门应当立即按以下步骤实施：公告事宜→报名竞争→公示名单→签订协议→事项交接。（4）监督评估。职能事项向社会转移后，职能转出部门应明确监管职责，制定后续监管措施，及时开展监督检查和考核评估工作。

## （三）培育社会组织，增强社会组织的承接能力

培育和扶持社会组织，加强社会组织能力建设，才能确保有关职能事项"转得出、接得住"。要不断提高社会组织的融资能力、营销能力、创新能力、可持续发展能力、服务能力。重点要抓好四个方面的工作：一是打造高素质的社会组织人才队伍。政府要对社会组织的中高层管理人员定期进行职

业和管理能力长效培训,对社会组织的专职工作人员和兼职工作人员进行专业培训。在培训的基础上,鼓励和引导社会组织人员参加继续教育、职业资格认证考试、职业水平考试等,以考促学。二是做好社会组织信息公开工作。政府要督促社会组织及时公开资金来源和使用、职能实施效果、行政性开支等信息。三是提升社会组织公信力,彰显社会组织特色,形成品牌效应。四是完善社会组织内部治理机制。督促社会组织采用决策—执行—监督分权分工式组织结构。

### (四)加强监督力度,确保社会组织恪守自身的宗旨和使命

社会组织并非都是"天使",在某些情况下,社会组织负责人会打着公益、慈善的幌子谋取不正当利益。因此,要建立政府监督、行业自律、社会监督相结合和自律、互律、他律相结合的问责体系。首先,要充分发挥第三方评估的作用。第三方评估,是指与政府没有隶属关系、与社会组织没有利益关系的具有专业性、独立性、民间性的中介机构对社会组织的全面评估。要从壮大第三方力量、维护第三方独立性、提升第三方权威性等方面完善第三方评估机制。其次,加强审计监督。完善社会组织内部审计、注册会计师审计和政府审计三种审计制度,实现由内向外、内外结合、内外同治。最后,加强社会监督。提高公众、媒体、捐赠人、受益人的监督积极性。对于它们的投诉举报和反映的问题线索,有关政府部门要及时调查核实,做出处理。

### (五)推进社会组织"去行政化"改革,防控廉政风险

在我国的特殊制度环境下,社会组织行政化色彩浓厚。由于行政化,政府与社会组织之间存在着复杂的利益关系。在政府系统"高压反腐"的情况下,腐败分子可能开辟新战场,借职能转移之机,利用社会组织继续公款吃喝、变相"三公消费"。推进社会组织"去行政化"改革,一要落实"直接登记"改革措施,逐步扩大"无主管登记"范围,去除社会组织的行政化"胎记"。二要推进党政机关与社会组织人员、资产、业务、办公住所、

利益"五脱钩"。尤其要限制乃至禁止党政领导干部在社会组织兼职任职。对于违反规定在社会组织兼职的直接责任人和负有领导责任的政府官员要及时进行问责,以便惩处违规的政府官员,以儆效尤。对于在社会组织兼职取酬的党政领导干部,要参照《中国共产党纪律处分条例(试行)》第77条的规定进行处理。三要减少政府直接组建社会组织的数量,通过增量改革的方式增强社会组织的自治性。

# 河南省政府购买社会工作服务现状与对策建议

田丰韶*

**摘　要：** 近年来，河南省政府购买社会工作服务项目越来越多，形成省级政府购买、基层政府购买社会工作服务及其他类型等三种模式，呈现项目覆盖面广、规模大、影响深远等特征，积累了"以业务部门为主导的社会工作服务项目申报机制、以专家评审为主的项目立项机制、多部门合作与社会参与的实施机制和第三方介入评估机制"的项目实施经验。但由于起步晚、水平不高，政府购买社会工作服务项目存在着不少问题：项目设计服务对象缺位明显、项目规则制定以项目发包方为主，忽视其他主体利益诉求、社区或机构参与动力不足，服务工作开展难度大与资金投入不足，社会工作服务项目持续性不强。改善目前的状况应从以下三个方面着手：第一，以提升治理能力为理念，改进项目申请与实施机制；第二，促进政府购买社会工作服务制度的有效运作；第三，注重统筹兼顾社会工作的公平性、专业性与效率追求，从而促进河南省社会工作的发展。

**关键词：** 政府购买社会工作服务　实施机制　政策建议

---

\* 田丰韶，博士，河南大学哲学与公共管理学院副教授，社会管理河南省协同创新中心研究员，研究方向为社会工作、贫困与反贫困等。

河南省社会工作起步较早，作为国内较少开展社会工作专业教育的省份之一，在社会工作服务开展方面，河南尽管起步不晚，但明显落后于广东、上海等地。2011年，郑州市金水区试水政府购买社会工作服务项目，开创了河南省向社会组织购买社工服务先河。2012年中央财政支持社会工作参与社会服务项目启动，河南省获批四个项目。2013年河南省民政厅、财政厅下发《河南省政府购买社会工作服务实施办法》。2014年5月项目申报工作启动，2014年9月至今省级政府购买社会工作服务项目进入实施阶段。

## 一　河南省政府购买社工服务项目实施背景与发展现状

### （一）背景分析

河南省是国内较早推动社会工作专业教育和实务探索的省份之一。1988年郑州大学设立"社会工作"专业，社会工作专业教育探索迄今为止开展了近30年。2005年郑州绿城社工服务站成立，社会工作实务探索已有十年。截止到2015年2月，河南省在艾滋病防治，医患关系调解，临终关怀，婚姻危机，社区服务，老人、青少年、流浪儿童服务等各个领域均有社会工作涉入，所开展的社会工作服务活动既有省内各级政府、社会工作机构开展的服务项目，又有河南本地机构承担的国家级项目，同时也有外地社会工作机构在河南开展的社会工作服务项目，如国家计生委与香港乐施会在洛阳开展的社会性别敏感的社会工作在人口计生工作中的应用项目。由于河南省缺乏激励社会工作服务机构发展的具体支持措施与激励制度、社工机构外在环境建设滞后及社会公益慈善事业发展较为缓慢，社会工作机构总量少、机构能力不强。各地市发展不均衡，河南省各地市除郑州、开封、洛阳、南阳、平顶山等地社会工作发展较快外，其他地市社会工作发展动力明显不足。河南省社会工作发展整体呈现起步早、发展缓慢的特征，政府购买社会工作服务项目起步晚、水平不高。

### （二）发展现状

基层政府购买社工服务项目状况：（1）岗位社工情况。2007年河南省淇县依托敬老院等单位探索社会工作岗位设置。2011年郑州市金水区投入130万元，通过岗位社会工作者形式，设置26个社工岗位，以岗位设置带动服务开展，2012年增加到50个。增加投入150万元，开发3个政府购买社工服务项目，侧重养老服务、社区和低保群体。2011年信阳市平桥区招聘51名社工，纳入事业单位编制，开展老人社会工作服务。（2）项目社工情况。洛阳市荣军医院精神康复社会工作服务项目、河南省社会福利协会的"河南省艾滋病致孤儿童安置工作中的社工介入服务项目"等一系列项目实施。开封市、南阳市开展社会工作知识普及培训服务项目等。

省级政府购买社工服务项目状况：2013年《河南省政府购买社会工作服务实施办法》下发，2014年5月河南省民政厅针对省直各单位下发了《关于做好2014年度河南省政府购买社会工作服务项目申报工作的通知》，对省直各单位的项目需求进行征集与汇总。2014年7月项目申报开始，2014年9月政府购买社会工作服务评审结果公布，共有12家机构和1家社工机构联合体获得14个项目支持，6家机构获批妇女、志愿服务、社区矫正、老年、青少年英雄等岗位社工，其中医务社工、社会工作行政岗位被取消。从此次中标情况来看，共有16家机构获批20个政府购买社会工作服务项目。

其他类型的政府购买社会工作服务项目状况：2012年中央财政支持社会组织参与社会工作示范项目启动至今，先后有洛阳市心理咨询师协会、河南大学教育发展基金会、三门峡老年护理院、新郑市爱心助老人健康服务中心、驻马店市喜盈门老年公寓、洛阳市金雨点启智中心、河南省家庭发展研究会、新郑市阳光社会工作服务中心、固始老年公寓等机构成功获批社会工作服务类项目12个。在老人社会工作、家庭社会工作、儿童青少年社会工作领域做出了积极探索。

综上所述，在河南省实施的各层级政府购买社会工作服务项目中，老年人社会工作服务项目所占比例较大，积累了一定的工作经验，同时在企业社会工作、社区矫正等领域进行了积极探索。在申报方面，以单一机构申报为主，联合体申报较少。

（三）特征

第一，项目覆盖面广。尽管老年人社会工作服务项目较多，但从覆盖面来讲基本上囊括了青少年、青壮年、老年各个年龄阶段的人群，覆盖了企业社会工作、婚姻家庭社会工作、司法矫正社会工作、医务社会工作等众多领域。

第二，项目规模大。在基层政府开展的政府购买社会工作服务项目，项目资金总额基数大，尤其是郑州市金水区每年投入近150万元的资金，在河南省是独一无二的。另外，河南省民政厅实施的2014年度省级政府购买社会工作服务项目资金总额在150万元左右，也是史无前例的。

第三，项目影响深远。在众多项目中，志愿服务领域引入社会工作，具有很强的影响力。目前，河南省志愿服务发展迅速，有着一支近500万人的队伍。在志愿服务领域设置政府购买社会工作服务项目，对于促进志愿服务专业化、规范化和科学化意义深远。其他领域的社会工作服务，在具体领域开展工作均具有很强的示范性和较大的推广价值。

## 二 河南省政府购买社工服务项目实施的主要经验

以业务部门为主导的社会工作服务项目申报机制。在基层政府实施的政府购买社会工作服务项目，往往以民政部门为主导，项目需求较多集中在救助、康复、福利等领域，老人、福利机构收留的人员往往是主要的项目服务对象。以2014年5月《关于做好2014年度河南省政府购买社会工作服务项目申报工作的通知》文件下发为标志，赋予了省直各单位项目设计的权力。不过河南省首次开展的政府购买社会工作服务项目申报主体为民办社会工作机构，决定了社会工作服务机构必须寻求省直有关单位的支持，将项目设计以有关单位的名义集中到有关单位。在实施工作中，不少社会工作服务机构鉴于各种原因往往通过民政系统递交项目设计。农业、科技、文化等部门均没有意识到部门业务与社会工作的关系。社会工作服务机构则以确定好的服务内容与目标对具体的项目方案进行申报。

以专家评审为主的项目立项机制。作为一项新的社会治理机制和社会服务模式，政府购买社会服务项目有着很强的专业性，客观上要求采取专家评审的方式确立项目。在河南省首次开展的政府购买社会工作项目立项过程中采取专家盲评、会评的方式。从立项结果来看，并不存在普惠制特征，社会工作服务项目评审立项具有公开透明性，通过项目需求公开、评审结果公示等环节接受社会监督。

多部门合作与社会参与的实施机制。在项目宏观运作平台方面，河南省初步形成民政厅为牵头单位、其他省直单位落实、社会工作服务机构执行、服务对象所在机构或社区参与其中的项目运作机制。在项目微观运作平台构建方面，河南省政府购买社会工作服务项目多采取"社会工作者进驻服务对象所在机构或社区"的方式，整合社区、企业和福利机构资源。整体来讲，社工＋机构、社工＋社区是主要的合作模式，项目覆盖郑州、三门峡、新乡、南阳、开封、焦作等地有关部门。而基层政府购买社会工作服务项目则是民政部门单一主导下的"社会组织＋社工＋社区"三社联动机制。

第三方介入评估机制。积极构建第三方评估机制，发挥专业评估机构、行业管理组织、专家等方面的作用，对社会工作服务提供机构的计划管理、服务成效、经费使用等内容进行全面评估。民政部中央财政支持社会组织参与社会服务社会工作类示范项目评估则分为中期评估和结项评估两个环节。省级政府购买社会工作服务项目采取的是每月督导、季度评估、中期评估和结项评估，评估方式有材料评估、现场评估两种。评估不仅注重短期效果，更注重长远效果，力求实现经济效益、社会效益的最大化，确保评估工作的全面性、客观性和科学性。

## 三 河南省政府购买社工服务项目实施
## 存在的问题与原因分析

### （一）项目设计服务对象缺位明显

为了更好地论述河南省政府购买社会工作服务项目存在的问题，笔者采取文本分析方法，结合自身所承担的政府购买社会工作服务项目实施经验，反思存在的问题及原因。以某机构所承担的2014年度中央财政支持社会组织参与社会服务之社会工作示范服务项目为例，该项目力图通过项目实施实现五大目标，即开展服务、创新模式、规范志愿服务、探索"社工＋义工"机制和打造品牌。其中，后四个目标强调利用项目在志愿服务管理、构建"社工＋义工"运行机制、创造品牌方面取得突破。由此可见，项目实施所取得的外部效应更为主要。这些外部效应体现了政府开展此类服务在社会反响、项目示范价值、体制机制创新方面的诉求，与政府建设和谐社会的目标一致。

贯穿政府政绩意志、追求示范性的项目设计存在明显的缺陷。首先，对服务对象的需求满足重视不够。政府购买社会工作服务，由专门的社会工作机构和社工人员开展社区服务，其目的是提高服务供给效率和服务质量，满足社会公众多样化的服务需求。而项目在设计上重点强调的是项目运行模式和运行过程的优化以及社区服务队伍的培育，缺少对服务对象需求满意度的关注，没有关于评估服务效果和服务对象满意度的设计。其次，项目设计过多地注重外部效应，对项目本身的价值与内在需求重视不足。

项目设计在服务对象上缺位明显，究其原因，主要是：第一，社会工作服务是一个新生服务类型，社会认可度不高。社会工作服务项目的开展急需证明此类项目的特别之处，急需通过项目实施证明其存在与发展的合法性，导致不少社会工作服务项目只注重项目宣传和经验推广，项目目标设计体现了国家意志、社会工作自身需求、机构迎合等具体特征。因此，在活动设计方面,以宏大、创新、特色为指引,忽略了服务对象自身的需求,违背了社会工作"需求为本"的价值理念。第二,社会工作发展存在自上而下的脉络缺陷。这一问题背后的原因在于河南省社会工作发展是教育先行、政府推动。在一定程度上,社会工作的发展是自上而下的,是为了满足国家创新公共服务供给、提升社会工作服务水平、构建和谐社会的需要。对基层社会与民众对社会工作的需求到底如何我们缺乏应有的把握。河南省于1988年在高校设立"社会工作"专业,2005年成立绿城社工服务站,2011年试水政府购买社会公众服务项目,是专业逻辑和政府逻辑相互结合的产物,社会工作发展是在政府需要、教育需要推动下完成的。第三,民众对社会工作知晓度不高。目前,不少民众乃至政府有关部门不知道社会工作为何物,对社会工作的知晓率低和对其服务供给几乎没有需求。民众的需求被精英人士代言论证而建构了理想的专业服务类型。

### (二)项目规则制定以项目发包方为主,忽视其他主体利益诉求

从河南省民政厅、财政厅出台相关文件解读来看,有关部门更多地考虑了财务管理、民政职能履行等职能要求,没有考虑社会工作服务机构整体发展现状与自身运作逻辑,没有考虑项目实施所在机构或社区的需求,更没有考虑服务对象的需求与渴望,因而在制度设计环节缺乏多元主体视角。

首先,缺少对基层地方政府如何参与省级、市级项目的规定。在我国压力型体制下,推进政府购买社会工作服务的过程中,基层政府的参与能为项目实施与经费使用带来很好的条件,基层政府很可能成为非常重要的落实者和参与者。而河南省相关文件规定在政府购买社会工作服务中各级民政部门负责统筹规划、组织实施和绩效评估;财政部门负责计划审核、经费安排与监督管理;各有关部门负责社工服务需求评估。由此可见基层政府的视角在文件制定中并没有被纳入,基层政府有可能成为"只出力、无收益补偿"的责任承担者。其次,缺少对项目服务对象所在机构、社区利益需求的重视。政府购买社会工作服务项目是一个系统性很强的公共服务项目,是民政部门、各有关部门及社团组织、项目执行机构、评估机构、服务对象、服务

对象所在地政府、福利机构或社区共同参与的集体性项目。除了本级民政部门外，其他主体都有着自己的利益诉求。在没有明确规则的情况下，主体间利益分配与协作方式将成为影响项目执行效果的主要因素。河南省相关文件除了规定民政部门、财政部门和相关职能部门的职责外，还规定社会工作服务提供机构负有执行项目计划、接受监督检查和考核评估的职责，却没有将项目服务对象所在机构、社区利益需求纳入其中，主体间的利益分配不平衡，终将影响项目执行效果。

导致这种安排的原因主要有以下几点：第一，项目制本身的缺陷。河南省政府购买社会工作服务项目是新时期"项目治国"的具体体现，与政府购买其他公共服务项目一样体现了强烈的国家主导的发展逻辑，明显的用工程项目思维发展社会工作的逻辑，是政府逻辑代替社会工作服务开展的多元发展逻辑。第二，行政管理体制的制约。中国社会工作发展借助了行政管理权威体制和压力型体制，自上而下的动力机制使得省级部门拥有绝对优势，地方政府往往仅以执行者面孔出现，民众体制内利益表达渠道不畅通且缺乏足够的动力去进行反馈，主体间的资源失衡和逻辑差异也就决定了其难以在项目运作过程中形成有效的协作体系，政府购买社会工作服务项目自然会受到影响。第三，社会工作发展的"民政"色彩浓厚。我国各地社会工作的推动一直是由民政部门来完成的，与民政部门有关的共青团、妇联、工会等在社会工作中的知晓度偏高，其他部门在社会工作中的知晓度不高，导致在项目设计时其他省直部门参与不足。截至目前，所有通知均由民政部门发出，其他职能部门是否参与完全取决于社会工作知晓度，这就导致其他职能部门参与不足。

### （三）社区或机构参与动力不足，服务工作开展难度大

目前，多数社会工作服务机构中标社会工作项目后，往往面临着确定项目在什么地方实施、如何实施的问题。这一问题的核心是基层社会动员与资源整合。社会工作者在服务开展过程中不仅仅是服务者，还扮演着倡导者、资源整合者等其他角色，而且这些角色还影响着"服务者"这一角色职能的履行。

因此，梳理项目实施者、执行者、参与者之间的关系是十分重要的工作。

由于社会工作机构缺乏独立性，多数机构在执行服务项目计划时就不得不依靠有关职能部门，借助体制影响力完成整合，这就引起了两大问题：第一，社会工作服务项目实施过度行政化。按照政府购买公共服务政策导向，社会工作服务机构作为社会组织应该独立承担政府转移出来的职能开展服务工作，但目前河南省社会工作机构发展不成熟，政府职能转变不到位，社会工作服务机构仍然无法独立运行。第二，社会工作服务项目开展的两难困境。政府购买社会工作服务项目的运行机制导致其带有很强的依附性，这使得各级政府的政策意图都能融入项目，在确保项目能够实施的前提下，依附性将项目实施推向了政府直接提供服务效率低、社会工作项目依赖政府的两难困境。

之所以出现这种问题，主要是因为：第一，社会工作服务机构基础薄弱。尽管河南省有超过30家的社会工作服务机构，但这些机构筹资困难，面临着资金不足、场地缺乏、人才不足等困境。按照最低工资标准加上社会保障支出，对一个专业社会工作者一年支出大概4万元，导致不少社工服务机构没有专职人员或者很少。同时，社工机构负责人年龄偏低，社会资本不高，社会各界对社会工作服务机构缺乏应有的了解，导致社会工作机构无法正常独立运行。第二，项目申报主体单一。尽管河南省形成多部门合作和社会参与的机制，但在社会工作服务项目实施的微观平台方面重视不足。不少社会工作服务机构在申报项目时没有考虑合作机构或社区有关事宜，同时对项目实施难度估计不足，在规则的引导下进行了项目申报。第三，职能部门在政府购买社会工作服务项目中职责不清。条块关系是基层社区中开展社会工作服务项目所面临的最复杂的关系。有的项目被多头管理，有的项目则无人关注，常常使社会工作者在服务工作中不知所措，难以专业化和职业化地开展工作。其根本原因在于基层政府组织的业务主管部门基本上不清楚在政府购买服务的制度框架下他们所应承担的职能与职责。

### （四）资金投入不足，社会工作服务项目持续性不强

目前，河南省政府购买社会服务项目平均每个项目金额在15万元左右，

而且不包含机构办公经费和运行成本。一家社工服务机构房租、水电等基本开支在2万元左右，加上两个专职社会工作者，基本上要在8万元以上才能正常运转。由此可见，发包方仅仅考虑了项目成本，没有将机构运行成本考虑进去。由于社会工作服务的宗旨是助人自助，要达到这一目标，必须有持续的投入，成本不会太低。但政府购买社工服务的根本动机在于降低公共服务供给成本，提高服务供给效率。社会工作服务机构在运行成本高、项目经费少的情况下如何有效组织社会工作服务是个值得关注的问题。项目资金需要机构先行垫付，加之后期项目资金到位慢，这就导致一些购买服务项目不仅不能支持社会组织发展，反而透支社会组织的可持续发展能力。

资金投入不足导致社会工作服务项目持续性不强，其根源在于：第一，政府购买社会工作服务的根本动机使然。"政府购买社会工作服务，是把市场资源优化配置机制引入到公益领域中，有效配置公共服务资源，激励社会组织创新，提高公共服务的效率和质量。"[①] 为了解决传统的资金使用不合理和服务效率低的问题，许多地方政府实施社会工作服务项目外包，以此提高资金的使用效率和效益，客观上促使政府减少在购买社会工作服务项目方面的资金投入。第二，非社会工作服务类项目的经验转移。在非社会工作服务项目制中，项目所需要的专项资金主要来源于财政拨款，同时也希望地方政府有一定比例的配套资金，最起码基本运行成本由地方政府独立承担。这一经验迁移到政府购买社会工作服务项目中却是致命的：一是社会工作服务机构没有资金可投入；二是社会工作服务机构无力改变项目目标。

## 四 河南省推进政府购买社会工作服务对策建议

在最近两年，河南省政府购买公共服务的探索才刚刚开始，政府购买社会工作服务项目也将是未来一段时期社会工作服务开展的主要方式。"政府

---

① 董云芳：《政府购买社会工作服务发展初期的困境与突破——对J市的质性研究与思考》，《华东理工大学学报》（社会科学版）2013年第3期。

购买社会工作服务"模式本身也许无可厚非,但它显然需要较崇高的价值取向和完善的制度配套方能发挥应有的作用。

第一,以提升治理能力为理念,改进项目申请与实施机制。政府、社会组织等各个主体都要认识到:引入社会工作服务机构参与公共事务的核心价值在于建构一个现代的社会治理结构。从这一意义上讲,我们不能简单地将政府购买社会工作服务理解成为政府分忧和承担政府职能,改变公共服务供给方式,而应该理解为社会建设的重要一环。这就要求制度设计者以治理为基本理念,制定政府购买社会工作服务的正式制度和规则。

成立省级社会工作发展委员会。改变现有的民政部门主导的社会工作发展格局,搭建融合多个部门的社会工作发展委员会,建立财政部门、农业、水利、司法、文化、民政、共青团、组织部、宣传部等多个厅局的协调机构,通过协商民主,构建全省政府购买社会工作服务制度。

鼓励以项目联合体形式进行设计与申报。鼓励民办社会工作机构联合地方政府职能部门、有关福利机构、社区等共同开展项目需求评估、项目设计。在项目设计过程中完成资源整合与平台搭建,这样就可以降低项目实施的难度,加强项目资源整合力度和项目执行力。

项目申请实行无纲化。在政府购买社会工作服务项目时,只需设定好具体领域、具体目标和地域,赋予项目申请者更多的权力。同时强化项目评审环节的需求报告评估,设计需求评估、项目目标设定、活动创新、机制创新、经验与示范等综合项目评审指标体系,强化社会工作服务对象需求的先导性。

第二,促进政府购买社会工作服务制度的有效运作。尽快启动各级政府购买社会工作服务项目,尽快将街(镇)政府部门纳入政府购买服务制度体系,确定各级政府在购买社会工作服务项目实施中的职能。

成立专门的社会服务项目管理机构。为了有效实施政府购买服务制度,建议基层政府成立专门的社会服务项目管理机构,专项负责立项招投标之后项目执行过程的审批、监管、评估等工作,逐步梳理街(镇)政府与社会工作机构及社会工作者的职能分工和角色定位,建立合理的政社关系。

加强对社会工作服务机构的培育与支持。增加政府购买社会工作服务项目支持力度，核算民办社工机构基本运行成本，确保项目执行机构的正常运转。同时设立民办社会工作服务机构孵化基地，在基地内进行房租无偿提供、办公场所无偿使用，减少社工机构的后顾之忧，这样民办社会工作机构才能走上可持续发展道路。对于社会工作服务机构运转良好的地区，可采取购买服务项目的形式；而在社会工作机构数量少、规模小、发育不完善的地方，可采取购买社工岗位模式。

实施差别化的政府购买社会工作服务项目。在提供社会服务的政府机构内部如学校、医院、社会福利机构等，设置由政府买单的社会工作岗位，再逐步过渡到通过招投标方式直接向社工机构购买社会工作服务。可向有着成熟的理念和较先进的技术的国际组织购买其培训和技术服务，可向有较强的政治合法性、动员能力和相对完整的组织体系的社会工作机构购买其宣传、倡导等项目，对于理论与实践相结合的具有本土化优势的高校教师领办的社会工作机构可向其购买倡导型服务和研究型服务。

第三，注重统筹兼顾社会工作的公平性、专业性与效率追求。政府购买社会工作服务的初衷是提高政府职能，发挥效率，提高资金使用效率。在政府追求效率的指引下，较低的投入、较大的产出是政府期望看到的，否则就不具有向社会工作服务机构购买服务的合法性。然而，社会工作服务机构是以促进社会工作为基本价值诉求的，追求的是助人自助。在政府追求效率与社会工作服务机构追求公平的张力下，社会工作服务机构作为非营利组织，应该采取各种措施挽回衰退的社会工作价值理念。社会工作机构在管理上要注重效率，而在项目实施中要坚守公平理念，重视资源公平分配和对服务对象的人文关怀。强调社会工作服务项目的专项、专门、专业特征，强调技术理性，规范项目运作流程，强化专业知识和专业方法的介入。引导社会工作者以服务对象为本，根据项目的意向或者资助者的意图、服务对象的情况进行周密的设计，设计出一份具有创新性和可操作性的项目方案。在成功申请项目之后可以再进行细化，制定实施的行动计划，并贯彻落实该计划。这样既实现了政府购买社会工作服务项目的公平性、专业性，又兼顾了效率。

·专题四　社会治理评价·

# 河南省地方政府门户网站评价[*]

马闯　张萌[**]

摘　要： 运用层次分析法构建河南省地方政府门户网站评价指标体系，对18个省辖市和10个直管县（市）政府门户网站运行情况进行评价。结果表明：信息公开透明度不断增强；在线服务实现度整体较低；公众参与便捷度尚需提高；网站设计友好度有待提升；网站安全防护度为中高等级。比较而言，在省辖市政府门户网站中，改版后的郑州市表现较好，许昌市表现较差；省直管县政府门户网站中，滑县表现较好，新蔡县表现较差。总体来看，目前河南省28个地方政府门户网站建设尚处于任性生长阶段，发展不均衡。加强和改进河南省地方政府门户网站建设的根本路径在于从各自为政转向协同治理、从被动敷衍转向主动常态、从粗放开发转向精准管理、从定向传播转向互动交流、从内容展示转向服务实用。

关键词： 省辖市　省直管县　政府门户网站　评价

互联网已经成为公众日常工作、生活、学习中必不可少的组成部分，甚至上升为国家战略。2015年国务院总理李克强在政府工作报告中首次提出了"制

---

[*] 河南省高等学校重点科研项目"河南省直管县体制改革效果评估与推进路径研究"（15A630045）阶段性成果。
[**] 马闯，博士，郑州大学公共管理学院讲师，社会管理河南省协同创新中心研究员，研究方向为地方治理；张萌，郑州大学公共管理学院2013级政治学理论专业硕士研究生。

定'互联网+'行动计划",即是让互联网与诸多传统行业相融合、渗透,并且用一加一大于二的创新思维,全面激发市场和社会活力。而"互联网+政务"的结合就是通过建立统一的政务网络,打通各个政府部门的"信息孤岛",实现数据交换与共享,这对于政府提升协同治理能力、增加政务透明度、压缩权力寻租空间等都具有很强的现实意义。建设"以公众为中心、以需求为导向、以服务为基础"的政府门户网站则是"互联网+政务"计划中的关键一环。

2015年2月3日,中国互联网络信息中心(CNNIC)发布的第35次《中国互联网络发展状况统计报告》显示,截至2014年12月,我国网民规模达6.49亿,互联网普及率为47.9%。其中,河南省网民人数为3474万人,普及率为36.9%,网民规模增速5.8%,全国排名第26位。[①] 社会管理河南省协同创新中心2014年度综合调查显示,38.2%的公众从未访问过河南省地方政府门户网站,40.9%的公众极少访问河南省地方政府门户网站;被调查者认为"不需要""难以获得所需信息""在线功能形同虚设"等是河南省地方政府门户网站在公众中的认知度和影响力偏低的主要原因。这种状况反映了地方政府在互联网时代的公信力和话语权日渐式微,社会(虚拟社会)治理能力现代化亦面临着极大的挑战。

河南省地方政府门户网站是促进"两大跨越"和实现中原崛起战略的新平台。通过"以评促建"、"评建结合",对河南省地方政府门户网站进行评价,将更好提高地方政府的工作效率和信息化水平,树立服务型政府执政为民的良好形象。

## 一 评价指标与评价对象

### (一)评价指标与方法

2006年中国政府门户网站绩效评估指出:坚持以内容为主,以政

---

① 第35次《中国互联网络发展状况统计报告》,http://www.cac.gov.cn/2015-02/03/c_1114222357.htm。

府网站的功能定位作为指标体系的顶层框架。信息公开方面，从门户网站发挥作用角度出发，按"监督、服务和整合"三方面完善评估框架；在线办事方面，继续倡导"一站式、一体化"的发展方向，贯彻落实国家电子政务总体框架的要求；公众参与方面，更加关注互动效果，坚决反对一切"花架子"和形象工程的做法；网站设计方面，鼓励政府网站在技术实现上加强创新，展示部门或地方特色，不能千人一面。[①]

从2009年起，工业和信息化部不再委托评估机构开展全国性政府网站综合评估工作，制定了《政府网站发展评估核心指标体系（试行）》，该指标体系重心放在政府信息公开、网上办事、政民互动三个环节，鼓励地方政府根据实际工作需要做好政府网站发展评估工作。

遵循上述要求，结合《河南省政府系统网站绩效评估指标体系》和《河南省政府门户网站内容保障方案》，立足服务型政府建设的内在要求，本文从"网站设计友好度""网站安全防护度""信息公开透明度""在线服务实现度""公众参与便捷度"等五个方面，按照层次分析法（AHP）构建河南省地方政府门户网站的评价指标体系，设置5个一级指标、14个二级指标、102个三级指标（见表1）。

一级指标涵盖了地方政府门户网站的"网站设计、网站安全、信息公开、在线服务、公众参与"，比较容易对其整体进行衡量和评价；加权权重按照AHP法则确定的方法；三级指标通过制定一些具体的方法，进行主观打分或客观指标，得出量化分值，从而完成对二级指标的评价，最终完成整个体系的评价。

随着河南省地方政府网站建设的成熟，今后指标评价的侧重点将逐步转变为"在线服务可靠度"、"政务信息开放度"和"公众参与满意度"，即全流程在线服务、全方位信息共享、全时空沟通交流。

---

① 参见2006年中国政府网站绩效评估结果发布暨经验交流会，http://www.mofcom.gov.cn。

表1 河南省地方政府门户网站发展评价指标体系

| 一级指标 | 二级指标 | 三级指标 | | |
|---|---|---|---|---|
| 信息公开透明度（25%） | 公开规范 | 信息公开指南 | 信息公开制度 | 依申请公开 |
| | | 信息公开目录 | 信息公开年报 | |
| | 政务信息 | 机构信息 | 财政预决算 | 应急管理 |
| | | 政务动态 | 政府采购 | 社会公益 |
| | | 法规公文 | 收费管理 | 重大建设项目 |
| | | 政府公报 | 行政许可 | 重点领域 |
| | | 规划计划 | 统计信息 | 监督检查 |
| | | 人事任免 | | |
| 在线服务实现度（20%） | 个人服务 | 生育收养 | 医疗卫生 | 消费维权 |
| | | 文化教育 | 租房住房 | 出境入境 |
| | | 考试就业 | 城乡低保 | 护照驾照 |
| | | 住房 | 社会保障 | 法律援助 |
| | | 交通 | 纳税服务 | 离休退休 |
| | | 户籍身份 | 兵役服务 | 殡葬服务 |
| | | 婚姻家庭 | | |
| | 法人服务 | 设立变更 | 年审年检 | 资质认证 |
| | | 准营准办 | 投资审批 | 教育科技 |
| | | 文化体育 | 出版广电 | 文物保护 |
| | | 国土建设 | 环保绿化 | 工业生产 |
| | | 人力社保 | 信息产业 | 商贸服务 |
| | | 招标拍卖 | 知识产权 | 税费财务 |
| | | 融资信贷 | 安全防护 | 质量标准 |
| | | 医药卫生 | 检验检疫 | 公安消防 |
| | | 司法公证 | 海关口岸 | 涉外服务 |
| | | 民族宗教 | 农林牧渔 | 水利水务 |
| | | 破产注销 | 其他 | |
| | 特色服务 | 地方特色 | | |
| 公众参与便捷度（25%） | 电子信箱 | 渠道功能 | 答复情况 | 信件处理时效性 |
| | 咨询投诉 | 渠道功能 | 栏目设置 | 回复处理情况 |
| | 在线访谈 | 渠道功能 | 内容质量 | 节目的常态化 |
| | 网络调查 | 渠道功能 | 内容策划 | 结果统计 |
| | 人气论坛 | 渠道功能 | 活跃度 | 回复处理情况 |

续表

| 一级指标 | 二级指标 | 三级指标 | | |
|---|---|---|---|---|
| 网站设计友好度（15%） | 页面展示 | 艺术设计 | 页面层级 | 国际化 |
| | | 栏目设置 | 域名规范 | 访问速度 |
| | 用户体验 | 站内检索 | 网站标识 | 无障碍阅读 |
| | | 导航链接 | | |
| 网站安全防护度（15%） | 网站运营维护 | 网站组织管理 | 页面正常访问 | 信息更新频度 |
| | 网站安全 | 信息保护安全 | | |

## （二）评价对象

本次评价选择的样本数量共计28个，包括河南省18个省辖市和10个省直管县（见表2）。28个地方政府门户网站创建时间有先后，平均时长为12.6年，最早的始于1998年，如开封市和鹤壁市，最迟的建于2008年，如长垣县和鹿邑县。

表2 本次调查的样本名单

| 省直辖市(18个) | 郑州市、开封市、平顶山市、洛阳市、商丘市、安阳市、新乡市、许昌市、鹤壁市、焦作市、濮阳市、漯河市、三门峡市、周口市、驻马店市、南阳市、信阳市、济源市 |
|---|---|
| 省直管县(10个) | 巩义市、兰考县、汝州市、滑县、长垣县、邓州市、永城市、固始县、鹿邑县、新蔡县 |

## 二 分析与评价

本次评价的数据采集时间节点为2015年1月15日至2015年2月2日，数据修正时间为3月18~26日。评价结果表明：河南省地方政府门户网站平均得分为59.1分，最高分为78.9分，最低分为28.7分，53.6%的网站在平均值以上。

其中，信息公开透明度平均得分为21.8分，最高分为25分，最低分13.8为分，57.1%的网站在平均值以上；在线服务实现度平均得分为

6.9 分,最高分为 14 分,最低分为 0 分,46.4% 的网站在平均值以上;公众参与便捷度平均得分为 12.5 分,最高分为 21.2 分,最低分为 5 分,42.8% 的网站在平均值以上;网站设计友好度平均得分为 5.5 分,最高分为 11.3 分,最低分为 1.5 分,46.4% 的网站在平均值以上;网站安全防护度平均得分 12.4 分,最高分为 14.5 分,最低分为 6.8 分,64.3% 网站在平均值以上。由此表明,河南省地方政府门户网站信息公开透明度不断增强、在线服务实现度整体较低、公众参与便捷度尚需改善、网站设计友好度有待提升、网站安全防护为中高等级。

## (一)信息公开透明度不断增强

政府信息公开是实施"依法治省"的内在要求,是打造"阳光政府"的重要措施,是开发"智慧政府"的前提条件。根据《中华人民共和国政府信息公开条例》第十、十一条和《当前政府信息公开重点工作安排》(国办发〔2013〕73 号)两个文件,测评项目包括政府信息公开目录、依申请公开、政府信息公开年度报告制度的实施情况,以及机构信息、政务动态、法规公文、政府公报、规划计划、人事任免、财政预决算、政府采购、收费管理、行政许可、统计信息、重大建设项目、重点领域、监督检查等方面。通过对地方政府门户网站中政府信息公开情况进行观察、验证、统计,课题组发现省直管县和省辖市之间在信息公开数量和内容质量上有较大差距,且都存在一些问题:有的仅公开内容提要,有的未公开关键数据,有的公开时间滞后,有的项目"开天窗"等。

总之,50% 的省直管县政府门户网站表现为良好及以上,新蔡县表现最差;39% 的省辖市政府门户网站表现在良好及以上,信阳市和许昌市表现最差。

## (二)在线服务实现度整体较低

随着地方服务型政府建设的推进,28 个地方政府门户网站都设置了公共服务的栏目,基本包括生育收养、文化教育、考试就业、住房、交通、户籍身份、婚姻家庭、医疗卫生、租房住房、城乡低保、社会保障、纳税服务、兵役服务、消费维权、出境入境、护照驾照、法律援助、离休退休、殡葬服务等个人事项和法律服务事项，但大多数网站只提供内容简介、事项答疑和表格下载，并不能直接办理在线业务，如网上预约、网上申报、在线审批、网上查询等。

本次评价从基本公共服务覆盖面、事项内容细化程度、办事流程图示、表格下载与联系方式等方面给予三级指标打分，通过调查统计结果显示，14.3%的政府门户网站在线服务表现较好，32.1%表现良好，25%表现一般，28.6%表现较差。其中，新蔡县没有开发在线服务的任何内容，商丘市和巩义市的在线办事栏目里二级内容部分无法访问或显示不存在。

总之，在在线服务实现度上，新蔡县表现最差；郑州市政府门户网站深度改版后，在线办事功能实现了质的改善；驻马店市改版后的在线服务功能也表现较好。尽管开封市、郑州市、济源市和信阳市表现突出，但是部分事项仍然未能开通在线服务功能。

### （三）公众参与便捷度尚需提升

"去中心化"是互联网的基本属性之一，网络空间给广大网民提供了平等表达自己意见的"新公共领域"。CNNIC调查显示，有43.8%的网民表示喜欢在互联网上发表评论，其中非常喜欢的占6.7%，比较喜欢的占37.1%。[①] 网络空间已经成为人们发表言论的重要场所。近年来，公众通过互联网评论时事、反映民生、建言献策，参政议政的热情日渐高涨，地方政府门户网站正在成为政府与民众交流互动的桥梁和窗口。

通过调查发现，为了提高公众参与度，大多数地方政府门户网站（除了新蔡县）专门开设了带有公众参与性质的栏目，44.4%的网站以"互动交流"为栏目名称，也有的少数以"网络问政""公众互动""公众参与"

---

① 第35次《中国互联网络发展状况统计报告》，http：//www.cac.gov.cn/2015-02/03/c_1114222357.htm。

"政民交流"等作为栏目名称。① 此类栏目一般包括"领导信箱""在线访谈""网上调查""政务论坛""建言献策""网上信访""网上举报""网上咨询"等子栏目。

89.3%的网站启用了"电子信箱",活跃度非常高,一般2~5天就可以回复公众的电子来信。只有兰考县、新蔡县没有设置电子信箱。

60.7%的网站开设了"网上调查",但是存在调查内容空洞、调查后无结论等问题,导致网上调查基本流于形式,没有发挥收集民意社情的作用。

28.6%的网站开设了政务BBS,访问量较高,如洛阳市"连线政府"、焦作市的"政府在线"、鹤壁市的"政务论坛"、郑州市的"心通桥"、安阳市的"连线政府"、新乡市的"牧野论坛"、南阳市的"百姓心声"、信阳市的"人民政府论坛"等。

71.4%的网站开设了"在线访谈"栏目,其中,三门峡市存在"开天窗"现象,信阳市的内容更新停留在2009年。但是,焦作市的《政风行风热线》直播节目和濮阳市的《阳光热线》视频访谈节目表现突出。

此外,64.3%的网站开辟了官方政务微博,分别是郑州市门户网站、微博洛阳、安阳新闻网、新乡发布、焦作发布、濮阳发布、精彩漯河、商丘发布、印象南阳、精彩济源、信阳红信阳市政府、精彩巩义、焦裕禄民心热线、汝州政府网、滑县发布、永城博报、固始发布、微博新蔡等。而开封市和巩义市则开通了自己的政务微信。但是各政务微博功能定位模糊,活跃度总体不高。

总之,在公众参与便捷度上,兰考县、新蔡县表现最差。

### (四)网站设计友好度有待提升

网站设计友好度关系用户访问网站的直接感受,决定了网站对用户吸引

---

① "政民互动"(济源市、巩义市、兰考县、滑县、鹿邑县、驻马店市)、"网络问政"(洛阳市)、"互动交流"(长垣县、固始县、邓州市、永城市、汝州市、南阳市、三门峡市、焦作市、鹤壁市、安阳市、平顶山市、开封市)、"交流互动"(信阳市、漯河市、许昌市、濮阳市、郑州市)、"政民交流"(周口市)、"公众互动"(商丘市)、"公众参与"(新乡市)。

力的强弱程度。首先,网址与网站名称的规范直接关系用户的检索准确性与可访问性;网址或网站名称的不规范可能导致无法访问、登录钓鱼网站、反复查询等问题,极大影响用户使用。作为政府门户网站,在网址与网站名称的规范上应该更加严谨;一般来说,网址应采用"www. 行政区简称汉语全拼. gov. cn"的形式,网站名称应确定为"×××人民政府门户网站"。通过调查发现,规范性较好的政府门户网站(郑州市、漯河市、许昌市、南阳市、信阳市)仅占17.9%,规范性一般的占64.3%,规范性较差的(洛阳市、安阳市、滑县、永城市、固始县)占17.9%。进一步调查发现,39.3%的政府门户网站网址规范性较差;60.7%政府门户网站中文名称规范性较差。

其次,河南省对外开放不断深化,各级政府门户网站作为全球信息化浪潮的桥头堡,其重要地位日益凸显。通过调查发现,75%的政府门户网站没有外文版,50%没有中文繁体;仅14.3%的网站国际化程度较高。信阳市虽设置了简体、繁体和英文选项,但只能使用简体。许昌市、巩义市虽设置了英文选项,但是不可以使用。开封市设置了简体、繁体、英文、日语、韩语,并都可以使用,国际化程度最高。此外,工信部网站公布的数据显示,2014年我国移动互联网用户达到8.38亿;据Talking Data发布的《2014移动互联网数据报告》显示,河南省移动用户比较集中,在全国占比4.7%,排名第7位。所以,河南省地方政府开展移动政务业务非常有必要。但是,目前只有开封市、新乡市、巩义市、洛阳市、濮阳市、鹤壁市的手机版可以正常使用。

最后,政府门户网站的用户体验将直接影响公众对网站和政府本身的整体印象的判断。网站用户体验是指"产品如何与外界发生联系并发挥作用的",也就是人们如何"接触"和"使用"它。[①] 简单来说,网站用户体验也就是"让用户觉得有用""让用户容易上手""服务有吸引力""功能更友好"。在调查分析中,我们着重从网站标识、站内搜索和无障碍阅读三个

---

① Jesse James Garrett:《用户体验的要素》,范晓燕译,机械工业出版社,2007。

方面入手,一是因为 2014 年 11 月 25 日中央编办、中央网信办联合发布了"党政机关网站统一标识"的管理要求;二是因为站内搜索能够大大降低用户在网站当中"迷路"的可能性而提高快速找到信息的概率;三是出于对以人为本和信息公平的基本体现。

通过调查发现,89% 的地方政府自觉以国徽作为门户网站首页 logo,突显了政府网站的权威性;但是,46.4% 的政府门户网站没有按照中央要求登记"党政机关网站统一标识",包括鹤壁市、濮阳市等 11 个政府网站。在站内搜索上的体验,21% 的网站表现很差。譬如,汝州市、驻马店市和长垣县的站内搜索"徒有其表";周口市和新蔡县根本没有设置站内搜索;商丘市的站内搜索藏在二级页面里。在网站无障碍阅读方面,71.4% 的网站体验较差。仅郑州市、开封市、洛阳市、鹤壁市、新乡市、濮阳市、漯河市和商丘市 8 个地方政府门户网站设计了无障碍阅读功能。在数据修正期间发现,周口市和驻马店市分别补登上了"党政机关网站统一标识";驻马店市改版后的站内搜索以导航栏而不是以搜索条的常见形式显示。

总之,在网站设计友好度上,开封市表现最好,周口市、驻马店市、滑县、永城市、新蔡县表现最差。

## (五)网站安全防护度为中高等级

2014 年 2 月 27 日,在中央网络安全和信息化领导小组第一次会议上,组长习近平同志明确指出"没有网络安全就没有国家安全,没有信息化就没有现代化"。2014 年 11 月 24 日,首届国家网络安全宣传周在北京举行,这是中国第一次举办全国范围的国家级网络安全主题宣传活动。2014 年 12 月 3 日,中国软件评测中心发布评估报告显示,900 余家政府网站中,超过 93% 存在各种危险等级安全漏洞,近 50% 的网站被监测到的安全漏洞超过 30 个,当前政府网站安全形势严峻,安全防护能力亟待提升。与上述评估相比,本次对河南省 28 个样本网站进行的 360 网站安全检测(http://webscan.360.cn/)结果显示,50% 的河南省地方政府门户网站存在不同程度的安全风险(见表 3)。

表3　河南省地方政府门户网站360安全检测结果

| 100分 | 开封市　洛阳市　安阳市　新乡市　焦作市　濮阳市　漯河市<br>商丘市　南阳市　济源市　巩义市　兰考县　滑　县　永城市 |
|---|---|
| 99~80分 | 邓州市　三门峡市　驻马店市 |
| 79~62分 | 鹤壁市　郑州市　平顶山市　鹿邑县 |
| 61分以下 | 周口市　长垣县　固始县　许昌市　信阳市　新蔡县　汝州市 |

在运营维护管理方面,各政府门户网站的负责机构不同。46%的是政府办公室负责;38%是网络信息中心负责,11%是电子政务办,5%是信息化工作办公室或宣传部。在运营维护效率方面,永城市、巩义市多次出现"您访问的页面不存在",固始县很多栏目正在建设中。随着云安全技术的广泛应用,各政府门户网站应加强"云运维",降低网站信息管理成本。

总之,在网站安全防护度上,长垣县、固始县、许昌市、新蔡县、信阳市、汝州市网站存在非常严重的安全风险。

## 三　结论

依据河南省地方政府门户网站评价指标体系,对28个样本网站进行评价,结果表明:河南省28个地方政府门户网站建设目前处于任性生长阶段,发展不均衡;从横向比较来看,18个省辖市政府门户网站中,改版后的郑州市表现较好,许昌市表现较差;10个省直管县(市)政府门户网站中,滑县表现较好,新蔡县表现较差。

综上所述,河南省地方政府门户网站在内容准确性、资源关联性、服务实用性、页面易用性、网站安全性和用户交互性等方面还存在不足,"看不懂、不好找、不准确、不实用、不亲民"等现象还比较普遍。今后,加强和改进河南省地方政府门户网站建设的根本路径在于从各自为政转向协同治理、从被动敷衍转向主动常态、从粗放开发转向精准管理、从定向传播转向互动交流、从内容展示转向服务实用。

# 河南省网络群体性事件的形势与治理对策[*]

郭彦森[**]

**摘　要：** 通过对2007~2014年50起河南省网络群体性事件统计分析发现，自2009年以来河南省网络群体性事件始终处于多发、高发状态，主要涉及政治生活和社会安全两大领域，反映的突出问题有地方政府决策不当、职能部门越位和缺位、工作人员言行失范、公安机关和干警知法犯法等。有效治理网络群体性事件，需减少"次生"和"再生"灾害，提高应急处置的科学性，加强管理和扬长避短。

**关键词：** 河南省　网络群体性事件　应急处置　治理对策

2007~2014年，内容涉及河南省在全国产生重大影响的网络群体性事件达50多起，其中灵宝市"跨省抓捕王帅"事件、郑州市规划局副局长"替谁说话"事件、新密市农民工"开胸验肺"事件、商丘市农民赵作海"被杀人犯"事件、济源市"双汇瘦肉精"事件等都进入了当年全国"网络热点事件排行榜"的前20位。通过对这些事件的年度变化情况、区域分布

---

[*] 教育部人文社会科学研究规划基金项目"妥善处置涉及'公共问题'的网络群体性事件：基于公民政治参与视角"（12YJAZH023），河南省哲学社会科学规划项目"完善河南省网络群体性事件处置工作研究"（2012BSH018）阶段性成果。

[**] 郭彦森，郑州大学马克思主义学院教授，社会管理河南省协同创新中心研究员，研究方向为当代中国社会矛盾与改革发展。

特征、折射的主要问题、涉及领域、发生方式、传播路径等进行统计分析，可全面掌握河南省网络群体性事件的形势并据此提出治理对策。

# 一 样本选择

要准确判断河南省网络群体性事件的形势，首先要确定研究样本及其选择标准和理论依据，即首先要阐明网络群体性事件的涵义、量度指标及以此为据选择的典型案例。

## （一）网络群体性事件的涵义

网络群体性事件的概念由群体性事件的概念引申而来。"群体性事件"的称谓，"是基于我国政治生态、媒介生态和社会历史的独特语境而形成的独有概念"。[①] 国外将类似于我国群体性事件的社会现象一般称为：集群行为、集体行动、社会运动、大众抗议、广场政治、社会骚乱等，或者直接以集会、游行、示威、罢工等冠名，属于社会运动或社会冲突的一种形式。把群体性事件和网络相结合形成一个新的概念即网络群体性事件，重在强调它是网络空间的大规模集群行为，与现实群体性事件具有类似的行为特征，但并不具有内在的直接联系。如果网络集群行为的目的是发起现实行动，那么它属于现实群体性事件的一个环节，是借助网络平台实施的宣传、动员、组织活动，即网络社会动员。如果网络集群行为没有溢出网络，始终局限于网络场域，那么，它主要表现为一种群体言说行为，即围绕某一事件、话题制造舆论。综上所述，网络群体性事件即不特定多数人一定时段内在网络空间大规模集聚，制造舆论或发起现实行动，以此影响相关事件处置和经济社会发展的群体行为及过程。

## （二）网络群体性事件的量度指标

群体性事件是一种集群行为，但并非所有的集群行为都可称为"事

---

[①] 董天策、王君玲：《网络群体性事件研究的进路、议题与视角》，《现代传播》2011年第8期。

件"。产生重大影响的体制内集群行为一般不叫"事件",因为它对现有体制、社会秩序不构成冲击;黑社会组织、暴力恐怖组织的集团犯罪行为,以推翻社会制度为目的的"革命运动"也不叫"事件"。由人民内部矛盾引发,群体性(信访条例规定,最少5人以上),体制外抗争(程序上缺乏法定依据),产生重大影响,这就是群体性事件的四个基本特征。网络群体性事件在网络场域主要表现为制造网络舆论,因此,除具备以上四个基本特征外,舆论还必须达到一定的量度、强度或热度。如何测评舆论的量度、强度或热度,国内的主要研究机构都有自己开发的专业分析工具,并按时发布月度、季度、年度报告。人民网舆情监测室根据对某一"事件/话题"在天涯社区、凯迪社区、强国社区的主帖数以及新浪微博、腾讯微博、人人网、开心网的主帖数和转帖数进行统计汇总,然后有一个舆论热点事件排行榜。中国人民大学舆论研究所根据一个议题的时间维度(舆论稳定性)、数量维度(总帖数和平均每天的帖数)、显著维度(在论坛总帖子中的比例)、集中维度(舆情分布)、意见维度(不同意见的分布)五个指标的权重计算出每一议题的舆情指数,并分为红(90分以上)、橙(80~89分)、黄(70~79分)三级舆情。中国传媒大学网络舆情(口碑)研究所有自己研发的"IRI热度指数"。一般而言,人民网舆情监测室年度"网络热点事件排行榜"前20位,中国人民大学舆论研究所某一话题舆情指数80分以上,"IRI热度指数"80分以上的,都可称之为网络群体性事件,其典型特征为参与人员多、舆论强度大、影响范围广。

### (三)河南省网络群体性事件典型案例

根据以上对网络群体性事件涵义和量度指标的界定,本文主要依据人民网舆情监测室的月度、季度和年度"网络热点事件排行榜",同时参考中国人民大学舆论研究所"舆情指数"、中国传媒大学网络舆情(口碑)研究所"IRI热度指数"和本课题组平时积累的资料,来选择河南省网络群体性事件的研究样本即典型案例。2007~2014年,河南省网络群体性事件典型案例汇总结果如表1所示。

表1 河南省网络群体性事件典型案例汇总

| 发生时间 | | 事件名称 | 发生时间 | | 事件名称 |
|---|---|---|---|---|---|
| 2007 | 12月 | 洛阳市烈士墓被毁事件 | 2008 | 2月 | 南街村破产案大讨论 |
| 2009 | 4月 | 灵宝市"跨省抓捕王帅"事件 | 2012 | 4月 | 漯河"副局长持枪殴打记者"事件 |
| | 5月 | 郑州市副局长"替谁说话"事件 | | 7月 | 中牟县超编公车低价拍卖事件 |
| | 6月 | 杞县"钴60引发群众恐慌外逃"事件 | | 10月 | 郑州市"百米红地毯迎领导"事件 |
| | 7月 | 新密市农民工"开胸验肺"事件 | | 11月 | 周口平坟事件 |
| | 9月 | 新蔡县"中国最疯狂敛财校长"谣言事件 | | 12月 | 光山县学生被砍事件 |
| | 9月 | 平顶山"九·八"矿难 | | 12月 | 郑州"房妹"事件 |
| | 12月 | 曹操墓真伪之争 | 2013 | 1月 | 兰考县"1·4"火灾事件 |
| 2010 | 2月 | 鲁山县青年看守所"喝开水死亡"事件 | | 1月 | "郑州房妹事件"继续发酵 |
| | 3月 | 商丘市出租车罢运事件 | | 2月 | 连霍高速三门峡段义昌大桥坍塌事件 |
| | 3月 | 睢县农民"杯具"事件 | | 5月 | 郑州夜店"热烈欢迎项城市田局长"事件 |
| | 4月 | 漯河农民徐林东"被精神病"事件 | | 6月 | 女民警被当卖淫女错抓事件 |
| | 4月 | 尉氏县抓精神病人抵杀人犯事件 | | 7月 | 林州市民警酒后摔婴事件 |
| | 5月 | 商丘农民赵作海"被杀人犯"事件 | | 9月 | 《南风窗》不实报道事件 |
| | 5月 | 平顶山平棉纺织集团罢工事件 | | 10月 | 王洛镇政府欠70万"猪蹄款"事件 |
| | 7月 | 栾川县大桥垮塌事件 | | 10月 | 郑州市卫生局强行摊派精神病指标事件 |
| | 9月 | 信阳蜱虫事件 | | 11月 | 郑州"皇家一号"事件 |
| 2011 | 1月 | 禹州市农民"天价过路费"事件 | 2014 | 2月 | 河南省人大代表遭情妇举报事件 |
| | 1月 | 正阳县碾人案 | | 7月 | 河南高考替考案 |
| | 3月 | "双汇瘦肉精"事件 | | 8月 | 新郑市夫妻半夜被抛墓地,房屋被强拆事件 |
| | 7月 | 南阳市公安局"最牛回复帖"事件 | | 9月 | 获嘉县化工厂扰民事件 |
| | 9月 | "河南宋庆龄基金会"事件 | | 9月 | 洛阳市副市长"失联"事件 |
| | 10月 | 汝南县警察酒后肇事事件 | | 9月 | 少林寺与政府部门门票官司事件 |
| | 11月 | 信阳市老促会主任酒后强奸案 | | 11月 | 被罚货车车主夫妇服毒自杀事件 |
| | 11月 | 郑州市"强拆自焚"事件 | | 12月 | 南阳市"艾滋病拆迁队"事件 |

## 二 总体形势

通过对2007~2014年河南省网络群体性事件的历年发生情况、区域分布特征、涉及的主要领域、折射的主要问题、发生方式、传播路径等进行统计分析，河南省网络群体性事件的总体形势呈现如下特征。

### （一）2009年以来持续呈现多发高发态势

河南省网络群体性事件历年发生情况如何？呈现什么样的变动态势？通过对相关数据进行统计分析，得到如下结果。

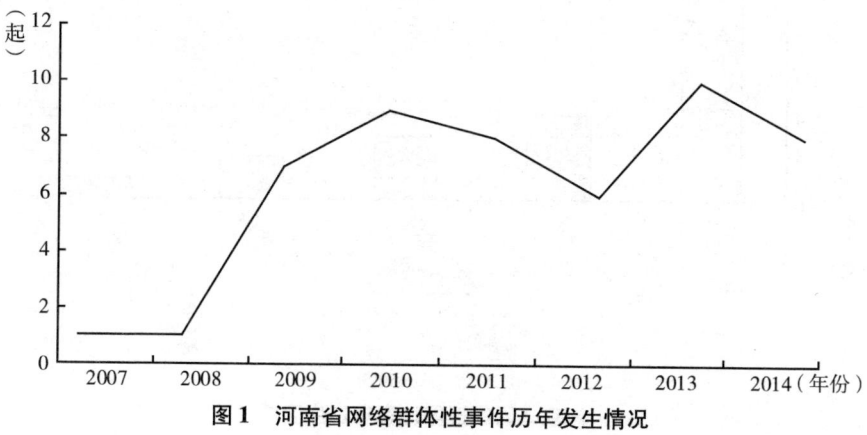

图1 河南省网络群体性事件历年发生情况

由图1可知，2007年至2014年底，内容涉及河南省的网络群体性事件共50起。其中，2007年、2008年每年只有一起，2009年陡然增加到7起，2010年达到相对高峰9起，2011年、2012年稍有回落，2013年又增加到10起，2014年也有8起。这表明自2009年以来，河南省即进入网络群体性事件高发期，六年来始终在高位运行，目前尚无明显减弱迹象。这种情况与社会矛盾持续累积、网络技术不断发展、网络舆论日趋活跃有关。2008年是"舆论监督年"，2010年是"微博发展年"，2011年是"微博问政年"。2013年全国加大了对利用网络信息实施诽谤、诈骗等犯罪行为的打击力度，但从河南省的情况看，网络群体性事件的发生起数并无明显减少。

## （二）事件发生与区域经济社会发展的关联性不强

对 50 起网络群体性事件发生区域进行统计的结果是，郑州市 14 起，开封、平顶山、商丘三市各 4 起，信阳、洛阳、漯河、驻马店、三门峡五市各 3 起，南阳、安阳各 2 起，许昌、济源、周口、新乡、鹿邑（省直管县）各 1 起（见图 2）。

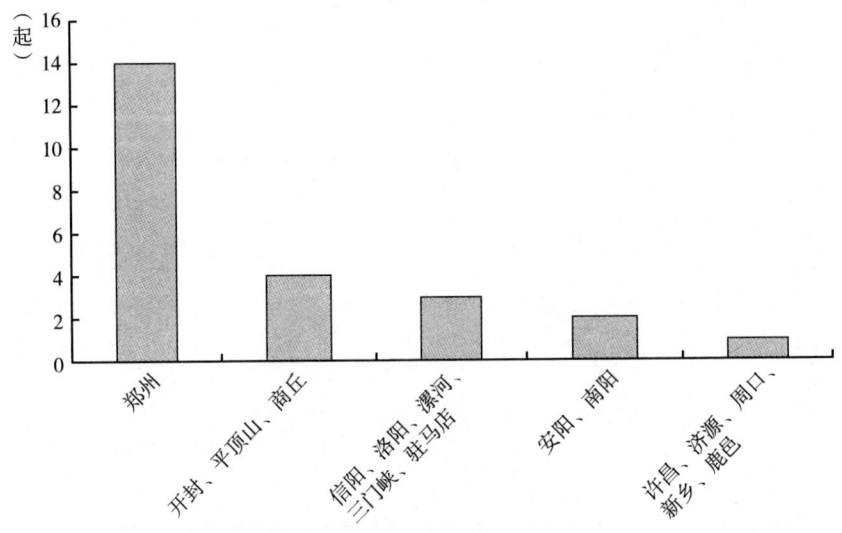

图 2 河南省网络群体性事件发生区域统计

结果显示，除郑州市情况比较特殊外，河南省网络群体性事件的发生情况与区域经济社会发展的关联性不太明显。郑州市经济社会发展水平相对较高，网络群体性事件的发生概率在全省也最高，但像开封、商丘、驻马店、信阳等经济社会发展水平相对较低的地区，网络群体性事件的发生概率则并不低。平顶山、漯河、洛阳、三门峡等中等发展水平地区的网络群体性事件发生概率也较高。这表明网络群体性事件的发生不是某一因素作用的结果，而是区域经济社会发展水平、人们的权利意识和参与意识、地方政府行为的规范化、地方政府官员的执政能力和水平、社会矛盾的积累程度等多种因素交互作用的结果。一般而言，经济社会发展水平相对较高地区人们的权利意识和参与意识较强,经济社会发展水平相对较低的地区社会矛盾积累较多,都可能引发网络群体性事件。

### (三)政治生活和社会安全领域问题突出

对50例河南省网络群体性事件涉及的内容按照经济、政治、文化、社会、其他进行一级分类,然后再把政治区分为政府自我管理、公安执法、司法,把社会区分为社会安全、社会组织等,河南省网络群体性事件的领域分布情况如表2所示。

表2　河南省网络群体性事件分布领域

单位:起,%

| 领域 | 政府自我管理 | | | 公安执法 | | 司法 | 社会安全 | | | 社会组织 | 经济 | 文化 | 其他 |
|---|---|---|---|---|---|---|---|---|---|---|---|---|---|
| 涉及单位和人 | 地方政府 | 职能部门 | 工作人员 | 公安机关 | 公安干警 | 法院检察院 | 生产安全 | 食品安全 | 公共安全 | 河南宋庆龄基金会 | 企业 | 曹操墓考古 | 谣言 |
| 件数 | 9 | 9 | 8 | 4 | 3 | 2 | 2 | 1 | 5 | 1 | 2 | 1 | 3 |
| 合计 | 26 | | | 7 | | 2 | 8 | | | 1 | 2 | 1 | 3 |
| 占比 | 52 | | | 14 | | 4 | 16 | | | 2 | 4 | 2 | 6 |

由表2可知,如果按照一级分类,河南网络群体性事件发生最多的领域是政治生活领域,政府自我管理、公安执法、司法三项合计占比70%,其次是社会安全领域,三项合计占比16%。如果按照二级分类,政府自我管理又是网络群体性事件涉及最多的领域,占比52%。另外,公安机关实际上也属于政府部门,公安干警也是政府工作人员,如果将其列入政府自我管理领域,政府自我管理领域总占比达66%。这种情况与全国的情况基本相似,即"在网络群体性事件中,涉及公权力大、公益性强、公众关注度高的'三公部门'和公职人员'涉腐'、'涉富'、'涉权'事件最容易引起网民关注"。[①] 社会安全问题如"瘦肉精"、矿难、火灾、大桥垮塌、"信仰蝉

---

① 高新民、吴桂韩:《领导干部应对群体性事件案例选评》,中共中央党校出版社,2011,第137页。

虫"、小学生被砍等事件，关系人民群众的生命财产安全，因此也容易受到广泛关注。网络谣言是网络舆论遭到诟病最多的问题，但就河南省而言，只有3例，即新蔡县"中国最疯狂敛财校长"事件、杞县"钴60引发群众恐慌外逃"事件、《南风窗》不实报道事件。

### （四）主要问题是地方政府决策不当和行为失范

以50起典型案例为研究样本，依据媒体和大众对"事件"归因的基本共识，我们对河南省网络群体性事件折射的主要问题进行聚类分析，具体情况如下。

#### 1. 政府决策不当

漯河市农民徐林东"被精神病"事件的主要问题是政府决策错误，以损害上访群众权益的方式强力维稳；灵宝市"跨省抓捕王帅"事件的实质是以"诽谤"之名打压群众举报，维护违法征地的错误行为；郑州市"百米红地毯迎领导"事件的主要问题是决策不周；周口平坟事件的主要问题在于决策不民主；杞县"钴60引发群众恐慌外逃"事件和中牟县超编公车低价拍卖事件的主要问题在于政府信息不公开，行为不规范。这要求提高地方政府科学决策、民主决策、依法决策的能力。

#### 2. 政府缺位和越位

政府缺位主要表现在两个方面：一是公共管理不到位。"双汇瘦肉精"事件、信阳蜱虫事件、平顶山"九·八"矿难、栾川县大桥垮塌事件、光山县学生被砍事件、兰考县"1·4"火灾事件等暴露了政府在公共卫生、食品药品安全、生产安全、社会治安等涉及人民群众生命财产安全问题上重视不够、措施不力、管理有漏洞。二是公共服务意识不强。商丘市出租车罢运事件、新密市农民工"开胸验肺"事件、郑州"房妹"事件等暴露出政府职能部门追求部门利益甚至个人利益倾向严重。政府职能部门越位的典型案例是"南街村破产案大讨论"和"河南宋庆龄基金会"事件。南街村破产案大讨论引发的主要议题是"南街神话是如何产生的？""南街神话为什么会破产？"，矛头直指地方政府违背经济社会发展规律，人为塑造典型，结果导致政府公信力受损。"河南宋庆龄基金会"事件本来是民间组织问题，但最后政府背了黑锅。

### 3. 政府工作人员言行失范

郑州市规划局副局长情急之下"慌不择言"，"替谁说话"暴露了个别领导干部潜意识中不自觉地把党和政府同人民群众对立起来，并主动站在人民群众的对立面。正阳县碾人案、漯河"副局长持枪殴打记者"事件、睢县农民"杯具"事件、信阳市老促会主任酒后强奸案等则显示个别地方干部道德约束松弛、法制观念淡薄、胆大妄为、胡作非为而无所忌惮。

### 4. 公安机关和公安干警知法犯法

尉氏县抓精神病人抵杀人犯事件、鲁山县青年看守所"喝开水死亡"事件、灵宝市"跨省抓捕王帅"事件、汝南县警察酒后肇事事件、林州市民警酒后摔婴事件等都是典型的知法犯法行为。南阳市公安局"最牛回复帖"事件虽不是知法犯法，但表明其特权意识浓厚，不能正确对待群众监督。

### 5. 司法不公

商丘农民赵作海"被杀人犯"事件、禹州市农民"天价过路费"事件暴露了司法过程中存在的司法不公问题。《潇湘晨报》的《赵作海能否不以奇迹申冤?》、《中国青年报》的《冤案错案非个案》等深度评论，从个案上升到对司法制度、司法独立、办案人员素质等问题的反思。禹州市农民"天价过路费"事件引发"高速公路乱收费""司法公平""司法腐败""假军车牌照"等问题，虽然事件一波三折，但是始终受到公众的关注。

## （五）市场化、社会化媒体是最主要的首发信息源

现代社会条件下，现实生活中存在的问题或发生的某一"事件"，只有经过大众传媒才能迅速被人们知晓，成为热门话题，然后形成舆论。统计分析河南省网络群体性事件的首发信息源，有助于我们掌握网络群体性事件的生成和传播规律。

表3 河南省网络群体性事件首发信息源统计

单位：起，%

| 首发信息源 | 传统媒体 | | 网络媒体 | |
|---|---|---|---|---|
| | 传统主流媒体 | 晚报/都市报 | 新闻/政府网站 | 商业网站/微博 |
| 最先报道数 | 9 | 12 | 9 | 20 |
| 占比 | 18 | 24 | 18 | 40 |

表3显示，50起河南省网络群体性事件中，如果将媒体区分为传统媒体和网络媒体，那么传统媒体首发21起，网络媒体首发29起。如果将媒体细分为四类，那么，商业网站、论坛/BBS、微博等社会化媒体是最主要的首发信息源。如果将媒体区分为体制内媒体（包括传统主流媒体、新闻/政府网站）、市场化媒体（晚报/都市报）和社会化媒体（商业网站/微博等），那么，市场化媒体和社会化媒体是最主要的首发信息源。这表明，舆论监督主要来自体制外，当然体制内舆论监督的力量也在增强。

表4 河南省网络群体性事件首发信息媒体统计

单位：起

| 首发信息源 | 传统主流媒体 | | 晚报都市报 | | 新闻/政府网站 | | 商业网站 | |
|---|---|---|---|---|---|---|---|---|
| 最先报道数 | 中央电视台 | 2 | 《大河报》 | 5 | 中国新闻网 | 1 | 论坛/BBS | 14 |
| | 中央人民广播电台 | 2 | 《南方都市报》 | 2 | 新华网/人民网 | 2 | 微博 | 6 |
| | 《中国青年报》 | 1 | 《法制晚报》 | 1 | 大河网 | 3 | | |
| | 河南电视台 | 4 | 《东方今报》 | 2 | 商都网 | 1 | | |
| | | | 《南方周末》 | 1 | 光山网 | 1 | | |
| | | | 《潇湘晨报》 | 1 | 中国网河南频道 | 1 | | |

通过表4，笔者进一步分析发现，本地区媒体——河南电视台、《大河报》、《东方今报》、大河网等又是主要的首发信息源，但大多数是新闻事实报道，一般不做深度评论，舆论监督作用不明显。第一时间报道发生事件、独家披露事实真相、具有舆论监督功能的往往是异地媒体和商业网络媒体，如央视《每周质量报告》播出的3·15特别节目《"健美猪"真相》，《中国青年报》的文章《替残疾人状告乡政府，一农民被关精神病院六年半》，

中央人民广播电台"中国之声"《新闻纵横》报道的郑州市副局长"替谁说话",《南方都市报》发表的"南街真相",《法制晚报》对林州市警察酒后摔婴案的报道,《南方周末》对"河南宋庆龄基金会"资金使用情况的质疑等。而灵宝市"跨省抓捕王帅"事件、尉氏县公安局抓精神病人抵杀人犯事件、漯河市昭陵区房管局副局长持枪殴打记者事件、中牟县低价拍卖超编公车事件、郑州"房妹"事件、南阳市公安局"最牛回复帖"事件等则都是由网络媒体首先爆料。这表明,目前条件下,舆论监督主要是上级媒体和异地媒体监督,同级传统媒体因受体制内因素制约,舆论监督作用弱化。

### (六)新老媒体互动形成强大舆论声势

通过对50起河南省网络群体性事件的统计分析,现实生活中发生的某一事件被媒体报道或网络爆料后最终演变为网络群体性事件,一般有三条路径:一是网民首发信息(发帖)——网民间相互转发和评论(灌水)——网民开展"全民侦探"、人肉搜索,爆料更多内容印证首发信息(加精)——商业网站在首页开辟讨论专栏(置顶)——舆论形成。二是网民首发信息(发帖)——传统媒体接手深入采访和评论(加精)——商业网站在首页开辟讨论专栏(置顶)——网民间相互转发和评论(灌水)——舆论形成。三是传统媒体首发信息——商业网站在首页开辟讨论专栏(置顶)——网民间相互转发和评论(灌水)——舆论形成。从发展态势看,新老媒体互动的特征非常明显,两种情况特别容易形成强大舆论声势:一是传统媒体接手网络议题进行深入采访和深度评论。二是网络媒体接手传统媒体报道的内容在首页开辟讨论专栏。也就是说,在全媒体时代,舆论的形成绝非单一因素作用的结果,而是传统媒体和网络媒体互动的结果,网络媒体所具有的技术特征,如开放性、低门槛、便捷性、匿名性、自由性等,对舆论的形成起到了推波助澜的作用。

## 三 对策建议

根据斯梅尔塞的"价值累加理论",集体行为的发生是结构性有利条件、怨恨情绪（或剥夺感、压迫感）、一般化信念、刺激性事件、有效动员、社会控制能力降低六个因素共同作用的结果。网络群体性事件的发生同时还需要网络技术支持和网络社会化程度提高两个因素。与这些影响因素相联系，网络群体性事件的治理对策可区分为宏观、中观、微观三个层面。宏观层面的对策强调全面深化改革，消除结构性矛盾和怨恨情绪产生的社会基础，这是治本之策，但短期内很难有根本性改变，可操作性不强。微观层面的对策主要强调两点：一是技术规制，即删帖、封号（查封 QQ 号、微信公众号）、封网、断电等。二是应急处置技巧。这些对策简单实用、立竿见影，但治标不治本，并可能产生一定负面效应。因此，本文立足中观层面，提出如下对策。

### （一）减少"次生"和"再生"灾害

网络群体性事件最终都根源于现实生活中发生的某一事件或暴露的某一问题，可统称为刺激性事件。刺激性事件是扣动网络舆论的扳机，引燃网络群体性事件的导火索。从前置预防的角度看，只有减少刺激性事件的发生，才能相应减少网络群体性事件的数量和能量，从而扭转目前网络群体性事件易发多发、滚动散发，政府疲于应付的被动局面。要减少刺激性事件的发生，关键在于减少"次生"和"再生"灾害。

绝大多数刺激性事件是由多个主体、多重关系、多个环节相互关联组成的复合型事件。按照发生时间的先后顺序及不同环节之间的因果关系，我们把最早发生并作为后来其他问题产生原因的事件称为"原生事件"，将"原生事件"发生后当事人或地方政府对"原生事件"的回应（态度和处置行为）不当称为"次生事件"，"原生事件"和"次生事件"被媒体报道或网络爆料后地方政府对媒体报道的回应不当又称为"再生事件"。相关研究表明："近年来发生的各种网络群体性事件70%属于'次生型灾害'，即政府相关部门做出的第一反应本身成为激化矛盾的拐点；80%的发生恶性变化的网络群体性事件，都与初次应对中的措辞失当密切相关。"[①] 比如"跨省抓

---

[①] 翁铁慧：《网络群体性事件与政府执政能力提升》，《中共中央党校学报》2013 年第 1 期。

捕""替谁说话""喝开水死""被精神病""最牛回复帖""拆迁户夫妻半夜被抛墓地""艾滋拆迁队"等都非"原生事件"而是"次生"或"再生"事件。这也就是说,网民更加关注的是"原生事件"发生后地方政府的态度和行为,如果地方政府态度诚恳,处置得当,那么"原生事件"大多不会演变为网络群体性事件。

要防止"原生事件"出现恶性变化,减少"次生"和"再生"灾害,必须强化地方政府的政治责任,提高地方政府官员的政治敏锐性、政治鉴别力及其应对突发事件的能力。要清醒地认识到,在全媒体时代,网络舆论监督无处不在且不可避免。在每时每刻发生的众多事件中,一般性的问题会很快被淹没在信息的汪洋大海中,无人问津,但凡是涉及干群矛盾、劳资矛盾、贫富矛盾、卖官鬻爵、官商勾结、干部道德败坏、社会道德沦丧等群众最不满意的问题,或者住房、教育、医疗卫生、收入分配、劳动就业等群众最关心的问题,网络舆论就会表现极大的政治热情、参与冲动和不妥协姿态,甚至不惜使用断章取义、迎合低俗、制造悬疑、符号对抗、话语陷阱等不正当手段恶意炒作,吸引公众眼球。因此,在面对这类问题时地方政府必须保持高度的政治敏锐性,不能麻木不仁或者掉以轻心。在处理这类问题时,要准确判断事件的性质、主动承担责任、坚持依法办事、积极化解矛盾,不给网络舆论炒作和网络谣言传播创造机会。从长远看,在不断总结经验教训的基础上,地方政府要逐步建立健全网络群体性事件分类分级处置预警制度,并通过系统培训和学习,提高地方政府官员处置网络群体性事件的能力和水平。

## (二)"第一时间"回应、准确表态

当前我国社会矛盾的复杂性加之网络传播的特点决定了对于网络群体性事件很难做到有效预防,甚至可以说防不胜防。因此,认真做好事后处置工作就显得特别重要。网络群体性事件的演变过程,一般经历舆情发生、发酵、发展、高涨、回落五个阶段。舆情发酵阶段应急处置工作是否尽早尽快做出回应,回应时对舆论反映问题的认知、判断、评价是否准确无误,不仅影响网络群体性事件的演变趋势,而且某种意义上决定着之后处置工作的成败。这一阶段,处置工作的基本要求是"第一时间"回应、准确表态。

"第一时间"回应指危机信息出现后,相关地方政府和企事业单位要在第一时间发声,第一时间处理问题,做事件的第一定义者,在受众中形成第一印象,掌握舆论的话语权,让真相跑在流言前面,从而影响舆论走势。其理论根据是舆论传播中的"首因效应"。① 实际操作中,何为"第一时间"?并无统一说法,强调的是回应速度要快,即兵贵神速。人民网舆情监测室提出"黄金4小时"概念,指出手机等移动媒体的普及,微博、微信等社交技术的发展,大大缩短了信息传播的周期,加快了网络舆情的发酵速度,"黄金4小时"内做出回应,才能体现"第一时间"的要求。"4小时"考虑了厘清事实真相、协调政府各部门、完成信息披露文书所需要的最短时间。②

"准确表态"是舆情发酵期对政府回应态度的要求,包括正面回应和态度诚恳两方面。正面回应即充分肯定公众质疑和舆论监督的合理成分和积极作用,满足公众的表达需要,而不能夸大舆论监督中的不合理因素,自觉不自觉地站在舆论的对立面,激化对立情绪。其理论根据是政治参与中的"表达效应"。③ 态度诚恳即对公众提出的诉求,在初步判断哪些是合理的或有合理成分,哪些是不合理的或属于过分要求的基础上,重在表明政府认真对待和解决问题的立场、态度,确立人们对政府公开透明、公正解决问题的信心。对于事实真相,查明多少,知道多少,就公布多少,不回避、不隐瞒,及时公布,尊重公众的知情权。2009年,云南陆良"8·26"群体性事

---

① "首因效应"指在信息接受顺序中,初次接受的信息记忆最深刻,比以后接受的信息在认知、态度形成中具有更大的权重。同时,人们接受信息具有明显的选择性特征,更多地接受与自己原有观点相同的信息,下意识地过滤掉与第一信息相反的信息。
② 人民网舆情监测室:《36计跳出舆论漩涡》,人民出版社,2014,第46页。
③ "表达效应"指在民主决策和解决纠纷过程中,不管人们的认识是否完全正确、诉求是否完全合理,都必须尊重人们的表达权,允许和保障人们充分表达自己的认识、观点和证据的权利,有了这一公正程序,组织成员就会认为事情的处理是公正的。参见《社会学:理论与经验》(第二辑),社会科学文献出版社,2005,第315~316页。

件的处置经验可供借鉴。事件发生之初，当地个别媒体在报道中称："不明真相的群众在一小撮别有用心的农村恶势力煽动下，围攻煤矿施工人员和公安民警。"8月28日，云南省委宣传部发现新闻报道中这些"刺眼"的用语后，当即提请有关媒体予以纠正，并下发紧急通知，要求新闻媒体在报道和评价突发公共事件时，不得随意给群众乱扣"刁民""恶势力"等帽子，禁用、慎用"不明真相群众""别有用心""一小撮"等词语，此举收到良好效果。

### （三）公开透明、妥善引导

进入舆情发展期和高潮期，解决舆论反映的现实问题和舆论应对工作必须同时展开，学会两条腿走路。通过解决实际问题为舆论应对奠定基础，通过舆论应对为解决实际问题创造有利环境。解决实际问题的关键是迅速启动问责程序，加大问责力度，舆论应对的基本要求是公开透明、妥善引导。

"公开透明"即提高政府信息发布的透明度，及时公布事件进展情况，及时回应公众质疑，及时澄清网络谣言。具体要求是：一要内容真实可靠，体现权威性。网络时代，没有什么秘密可言，堵住一个记者的口，堵不住所有记者的口，堵住所有记者的口，堵不住网民的口。实践证明，通过"跨省追捕"、删帖等高压手段封堵舆论，或者避重就轻、无理狡辩等糊弄公众，等到真相大白后相关部门会更加被动，给党和政府的形象和公信力造成更大伤害。二要发布方式透明，体现主动性。通过举行新闻发布会，召开背景吹风会，组织媒体采访，发布新闻公报，或者通过政府网站、政务微博、微信、手机等多种形式，及时发布信息，不为谣言滋生提供温床。三要动态反应，体现针对性。进入这一时期，舆情变化的最大特点是各种猜测、质疑、谣言、流言、传闻等喷涌而出，并且"诉求不断转换"。这就要求必须随时针对舆情变化，及时应对。四要加强信息发布的归口管理，体现一致性，防止一些基层领导不负责任或没有水平的言论引发"次生危机。"

"妥善引导"即主动设置议题，合理引导预期，提升言论理性，防止舆论失控。主动设置议题即主动提供信息和观点吸引人们关注，形成讨论话题。目的是引导舆论主体回归理性，减少感性，要客观认识问题，合理评价问题，防止观点偏激；稳定对解决问题的预期，不提过分要求；增强对政府的信心和信任，不信谣、不传谣。但要慎用公关活动，不可为了急于挽回不利影响或树立正面形象仓促行事。"双汇瘦肉精"事件后举行的"万人誓师大会"饱受公众诟病，被认为是不下功夫解决问题而搞花拳绣腿，效果适得其反。光山县"学生被砍"事件发生后，《信阳日报》头版刊文《光山：努力办好人民满意的教育》盛赞光山教育，引发网友争议，被骂没有人性。全国范围内处置网络群体性事件公关比较成功的案例有浙江"钱云会案"、四川会理县"悬浮照"事件等，可资参考。

### （四）依法管理、扬长避短

网络群体性事件的内容多为社会"负面问题"，以揭丑、揭黑、反腐、扒粪为主；立场观点坐南朝北，对涉事地方政府和官员多有批评、质疑，甚至漫骂、攻击；每一起网络群体性事件也都夹杂着一些传言、谣言等。如果任其自由发展、疯狂生长，将会对人的合法权益、党和政府形象、党群干群关系、社会和谐稳定等造成严重损害，因此，依法严厉打击利用网络信息实施诈骗、诽谤，通过网络从事非法组织动员以及网络造谣传谣等行为，是治理网络群体性事件的应有之义和重中之重。只有这样才能防止网络舆论成为"脱缰的野马"和"危机制造者"，也才能确保网络信息安全和人们的言论自由。

在依法打击各种网络犯罪行为的同时，网络群体性事件的积极作用也不能否认。网络群体性事件的实质是公民利用网络技术进行的政治参与行为，虽然目前还属于体制外或非制度化参与，但其组织成本低、参与人员多、管道通畅、即时互动、直面问题、直抒胸怀、无所畏惧，以及舆论形成时间短、影响范围广、影响力度大等优势非常明显。如何实现对网络政治参与的扬长避短、积极利用？合理的选择是实现网络政治参与和体制内政治参与的对接和融合。一方面，通过健全网络法律法规制度、完善网络伦理道德体系，把网络政治参与从体制外纳入体制内，实现网络政治参与法治化、制度化、有序化；另一方面，加速推进和完善"电子政府"建设，充分利用和发挥网络技术的优势实现政治过程公开化、信息化、便捷化，健全网络民意调查、网络问政、在线访谈、网络举报等相关制度，从而激活民主因子，激发民主活力。

# 河南省公众网络社会参与状况及其发展建议[*]

蒋美华　李兴珍[**]

**摘　要：** 公众通过网络来参与社会发展已成为社会生活的新常态。在网络社会参与中，河南省公众和政府总体上正努力扮演积极的角色，但也存在一些不容忽视的问题：公众对网络参与的认知较模糊，参与的主动性不足；公众在网络社会参与中处于弱势地位，参与的有效性不足；政府在公众网络参与中的介入不足，面临亟须治理的一系列问题等。为此，需要从以下四方面着手：加强对公众网络社会参与的正确引导，提高公众网络社会参与的能力；加强网络平台的建设与宣传，提高公众网络社会参与的积极性；加强电子政务建设，确保网络信息的公开性和真实性；加强网络立法和监管，推进网络社会参与法治化。只有这样才能更好地促进公众网络社会参与与社会治理的和谐互动。

**关键词：** 公众　网络社会参与　社会治理

---

[*] 教育部人文社会科学研究规划基金项目"网络意识对女性网民行为的影响研究"（10YJA840016），河南省教育厅科学技术研究重点项目"河南省新型城镇化背景下文化建设研究"（14A630042）阶段性成果。

[**] 蒋美华，博士，郑州大学公共管理学院教授，社会管理河南省协同创新中心研究员，研究方向为社会工作与社会治理；李兴珍，郑州大学公共管理学院2013级社会学专业硕士研究生。

2015年2月，中国互联网信息中心（CNNIC）发布了第35次《中国互联网络发展状况统计报告》。报告显示，截至2014年底，中国网民规模已达6.49亿人，全年共计新增网民3117万人，互联网普及率为47.9%。[①] 随着我国网络社会的发展，网络在公众生活中正占据着越来越重要的地位。公众通过网络来参与社会发展已成为社会生活的新常态。为此，课题组对河南省公众的网络社会参与状况进行了调查和分析，在此基础上提出了相关的发展建议，希望能更有效地推进公众网络社会参与与社会治理的和谐互动。

## 一 数据资料来源与调查样本情况

### （一）数据资料来源

本文的数据资料主要来源于课题组所进行的专项问卷调查和个案访谈，调查主要集中于2014年11月至2015年1月，共发放问卷1000份，回收有效问卷840份，有效回收率为84%。另对30名调查样本进行了个案深度访谈。调查样本主要来自河南省的各个地市。调查结束后，全部问卷数据由调查员核实后进行编码录入，然后用Spss17.0统计分析软件进行数据分析。

### （二）调查样本情况

在有效回收的840份问卷中，从性别分布来看，男性占48.8%，女性占51.0%，男女比例较为均衡；从年龄分布看，样本以中青年为主，18～25岁占40.3%，26～29岁占18.4%，30～39岁占16.4%；从文化程度来看，样本文化程度普遍较高，大专文化程度占23.8%，本科学历占38.5%，研究生及以上学历占16.9%；从政治面貌来看，中共党员占41.4%，共青团员占33.6%，群众占24.2%；从目前居住地来看，调查样本中城市的居

---

① CNNIC发布第35次《中国互联网络发展状况统计报告》，http：//news.xinhuanet.com/politics/2015-02/03/c_127453226.htm，2015年2月3日。

多，占75.0%，农村则占24.2%。

从目前的职业来看，样本中在校学生占31.2%，企业公司职员占21.1%，事业单位员工占18.9%，样本中还包括其他行业的群体，如国家公务员（8.4%）、个体工商户（5.6%）、自由职业者（4.5%）、无业/待业人员（2.2%）、农民（1.9%）、家庭主妇（1.9%）、退休人员（1.8%）、农民工（1.6%）等。从每月的收入状况来看，1001~3000元的最多（31.5%），其次是1000元以下（29.8%），再次是3001~5000元（26.1%），收入5000元以上的最少（12.6%）；从被调查者的网龄来看，58.6%的被调查者网龄在5年以上，3~5年的占20.9%，1~3年的占12.3%，1年以下的占6.6%。调查样本可以较好地反映河南省公众的网络社会参与状况。

## 二 河南省公众网络社会参与的基本状况

公众网络社会参与就是指普通民众借助电脑技术和互联网平台，在网络的环境中发表自己参与社会发展和社会治理的见解与意见，表达自身意愿和利益诉求，从而影响政府及其相关部门的决策运行和社会全面运行的一种社会行为。公众网络社会参与的基本状况可以从网络社会参与的内容、参与的途径、参与的时间、参与的程度、参与的态度、参与的地位、参与的障碍、参与的回应等维度进行考察分析，具体情况如下。

### （一）参与内容广泛，更关注与自身相关的热点问题

河南省公众的网络社会参与范围较广，倾向于社会生活的诸多方面，对于与自己生活息息相关的事物会给予较高的重视。公众比较关心社会生活的热点问题，如腐败问题占18.1%、女大学生失联问题占14.2%、老年人问题占12.7%等（见表1）。在关于社会发展议题方面也是如此，公众比较关心的有：市政建设的发展占19.9%、教育事业的发展占18.8%、城乡社区建设的发展占17.5%等（见表2），大部分是公众本身比较熟悉的问题。当

社会热点问题关系公众自身日常生活时，公众则会有比较多的关注，会到河南省省委、省政府及其所属单位的公开网站查看与自己有关的问题，在网上给政府部门提建议或意见。当公众不了解或者遇到与其日常生活相差较远的或者比较抽象的问题时，公众的关注度和参与程度就会明显降低。

表1 您在网上对下列哪些社会问题比较关注（限选三项）

单位：人次，%

| 问题 | 频数 | 占比 |
| --- | --- | --- |
| 老人摔倒大家不敢去扶的问题 | 274 | 12.7 |
| 女大学生失联问题 | 308 | 14.2 |
| 留守儿童成长问题 | 208 | 9.6 |
| 农民工的权益维护问题 | 126 | 5.8 |
| 老年人养老问题 | 175 | 8.1 |
| 腐败问题 | 392 | 18.1 |
| 交通拥堵问题 | 170 | 7.9 |
| 环境污染问题 | 187 | 8.6 |
| 征地补偿问题 | 85 | 3.9 |
| 教育公平问题 | 166 | 7.7 |
| 互联网安全问题 | 61 | 2.8 |
| 总数 | 2163 | 100 |

表2 您在网上对下列哪些社会发展议题比较关注（限选三项）

单位：人次，%

| 问题 | 频数 | 占比 |
| --- | --- | --- |
| 市政建设的发展（如修地铁、改造水表等） | 405 | 19.9 |
| 城乡社区建设的发展 | 357 | 17.5 |
| 社会工作服务的发展 | 216 | 10.6 |
| 社会组织的发展 | 122 | 6.0 |
| 慈善公益事业的发展 | 156 | 7.7 |
| 文化事业的发展 | 161 | 7.9 |
| 教育事业的发展 | 382 | 18.8 |
| 环保事业的发展 | 229 | 11.2 |
| 其他 | 8 | 4 |
| 总数 | 2036 | 100 |

## （二）在新媒体参与中，官方网站利用率较低

公众对于政府官方网站使用程度较低，大部分被调查者利用新媒体平台的比较多，因此需要河南省政府在这方面加大努力。在公众关注社会热点新闻最喜欢使用的网络途径问题（限选三项）中（见表3），累计的反应总数为1690人次，其中选择最多的是百度/搜狐新闻，占36.3%，其次的选择是微信，占26.2%，再次是微博，占16.4%。

表3 您关注社会热点新闻最喜欢使用的网络途径

单位：人次，%

| 统计 | 政府官方网站 | 百度/搜狐新闻等 | 微信 | 微博 | 论坛/贴吧 | 其他 | 总数 |
| --- | --- | --- | --- | --- | --- | --- | --- |
| 频数 | 168 | 614 | 443 | 278 | 141 | 46 | 1690 |
| 占比 | 9.9% | 36.3% | 26.2% | 16.4% | 8.3% | 2.7% | 100% |

调查数据显示，50.1%的被调查者表示从未看过河南省省委、省政府及其所属单位的公开网站，40.2%的被调查者表示偶尔看一下与自己有关的内容，经常浏览的只有9.7%，说明公众较少利用政府的官方网站平台参与社会治理。

## （三）参与时间较长，但大多为被动参与

关于每天在网上浏览社会热点新闻的时间问题，25.6%的被调查者选择了0.5小时以下，37.3%的被调查者选择了0.5~1小时，24.3%的被调查者选择了1~2小时，8.7%的被调查者选择了2~3小时，3.9%的被调查者选择了3小时以上，说明公众每天在网络社会参与上所花费的时间比较充足。

河南省公众的网络社会参与程度较低，很少发表评论，只在网络上关注一些自己感兴趣的问题，这样直接导致了公众在网络社会参与中缺失主动性，处于被动的状态，容易受到网络言论的影响。当被问到"您在网上对新闻进行过评论吗？"，60.0%的被调查者表示只喜欢看，从不评论；评

论过但只对自己感兴趣的新闻进行评论的被调查者占 34.9%；而评论过且经常评论的被调查者只有 5.1%。当被问到"您在网上给政府部门提过建议或意见吗？"，82.0%的被调查者表示从来没有提过，在 840 份问卷中经常提建议的被调查者只有 30 人，占总人数的 3.6%。

### （四）对网络参与较认可，认知评价较理性

通过我们的调查可见，网络已经成为公众普遍使用的一种现代工具，58.6%的被调查者拥有 5 年以上的网龄，并且每天在网上花费将近 1 个小时的时间，这些都表明了，目前河南省被调查者使用网络十分普遍，使用网络对社会热点新闻进行关注的现象十分普遍。公众对于网络社会参与这种方式也比较认可，认为公众在网络上发表意见对政府决策有一定影响，政府会在一定程度考虑公众意见，认为公众网络社会参与很便捷（78.3%），认为公众网络社会参与的效率很高（53.5%），认为公众网络社会参与的匿名性好（67.8%），认为公众网络社会参与的平等性高（57.2%）（见表 4）。对于公众网络社会参与这一行为，被调查者的正面反应超过半数，说明大部分被调查者认为网络社会参与是公众参与社会生活和政治生活较好的途径。

公众对于网络社会参与总体上持较理智的态度，主要集中于以下几方面：首先，70.0%的被调查者认为在网络上发表建议有一定的言论自由，但是也有所顾虑，24.2%的被调查者则认为在网络上言论自由程度高，可以真实表达自己的想法；其次，公众普遍认为网络上的新闻涉及的范围较宽（72.1%），同时 43.2%的被调查者认为网络上的新闻可信，选择网络新闻一般可信的则有 51.0%；再次，67.7%的被调查者认为制造以及传播网络谣言是一种不道德的行为，会造成一定的不良影响，22.0%的被调查者认为谣言在一定程度上反映了民意，是某些人表达对现状不满的一种方式；最后，只有 14.1%的被调查者曾将网络作为不良情绪的宣泄地，只有 18.7%的被调查者表示曾在网络上发表过消极言论。

表 4 您对公众网络社会参与以下看法的态度

单位：%

| 类别 | | 非常同意 | 同意 | 无所谓 | 不同意 | 很不同意 |
|---|---|---|---|---|---|---|
| 很便捷 | 有效百分比 | 20.8 | 57.3 | 11.7 | 9.1 | 0.9 |
| | 累计百分比 | 21.0 | 78.3 | 90.0 | 99.1 | 100 |
| 效率高 | 有效百分比 | 8.5 | 44.7 | 19.8 | 24.4 | 2.3 |
| | 累计百分比 | 8.8 | 53.5 | 73.3 | 97.7 | 100 |
| 匿名性好 | 有效百分比 | 14.9 | 52.7 | 15.3 | 15.2 | 1.7 |
| | 累计百分比 | 15.1 | 67.8 | 83.1 | 98.3 | 100 |
| 平等性高 | 有效百分比 | 11.2 | 45.7 | 19.6 | 20.0 | 3.2 |
| | 累计百分比 | 11.5 | 57.2 | 76.8 | 96.8 | 100 |

当被问到"您认为公众网络社会参与对政府管理发挥的积极作用有哪些？"（限选三项）时（见表5），累计的反应总数为1968人次。根据累计频数可以看出，公众认为公众网络社会参与对政府管理发挥的积极作用主要集中在：扩大了政府决策的信息来源（27.6%），增强了政府政策的方案合理性（22.7%），监督了政府权力的运行（22.6%）。

表 5 您认为公众网络社会参与对政府管理发挥的积极作用有哪些？（限选三项）

单位：人次，%

| 问题 | 频数 | 占比 |
|---|---|---|
| 扩大了政府决策的信息来源 | 543 | 27.6 |
| 增强了政府政策的方案合理性 | 446 | 22.7 |
| 提升了政府决策的执行效果 | 306 | 15.5 |
| 监督了政府权力的运行 | 444 | 22.6 |
| 促进了新型政治文化的形成 | 216 | 11.0 |
| 其他 | 13 | 0.7 |
| 总数 | 1968 | 100 |

当被问到"您认为公众网络社会参与对政府管理产生的消极作用有哪些？"（限选三项）（见表6），累计的反应总数为1574人次。根据频数统计可以看出，公众网络社会参与对政府管理产生的消极作用主要有：网络社会参与具有缺陷，

无法完全代表真实的民意（33.9%），网络带来的被动舆论压力，易使政府出现决策失误（28.7%），网络社会参与权力集中在少数人手中，易使决策信息失真（24.8%）。总体看来，大部分的被调查者对于公众网络社会参与的认知较理性。

表6 您认为公众网络社会参与对政府管理产生的消极作用有哪些？（限选三项）

单位：人次，%

| 问题 | 频数 | 占比 |
| --- | --- | --- |
| 网络社会参与具有缺陷，无法完全代表真实民意 | 534 | 33.9 |
| 网络社会参与权力集中在少数人手中，使决策信息失真 | 39 | 24.8 |
| 网络带来被动舆论压力，易使政府出现决策失误 | 452 | 28.7 |
| 社会主流政治文化受到冲击 | 187 | 11.9 |
| 其他 | 10 | 0.6 |
| 总数 | 1574 | 100 |

### （五）参与的效能感较低，弱势地位感较强

在网络社会参与中公众的效能感较低，弱势地位感较强。当被问到"您觉得在网络社会参与方面我省公众与政府的地位是怎样的？"，75.8%的被调查者认为是政府占主导地位，公众处于弱势地位，14.3%的被调查者认为政府与公众的地位相等，只有9.5%的被调查者认为公众占主导地位，政府处于辅助地位。同时，政府对于公众在网上建议回复得不及时，直接导致公众对于网络参与社会治理信心的缺失，25.2%的被调查者认为公众在网络上发表意见对政府决策没有影响，政府依然按照自己的想法决策。

### （六）参与中面临的障碍较多，希望改善参与坏境

当被问到"您认为公众网络社会参与目前存在的障碍有哪些？"（限选三项）时（见表7），累计的反应总数为1786人次。540位被调查者认为公众在网络上表达意见时过于情绪化，占30.2%，其次是362位被调查者认为公众网络社会参与的能力不足，占20.3%，再次是332位被调查者则认为公众网络社会参与的热情不足，占18.6%。

表7　您认为公众网络社会参与目前存在的障碍有哪些？（限选三项）

单位：人次，%

| 问题 | 频数 | 占比 |
| --- | --- | --- |
| 公众在网络上表达意见时过于情绪化 | 540 | 30.2 |
| 公众网络社会参与的热情不足 | 332 | 18.6 |
| 公众网络社会参与的能力不足 | 362 | 20.3 |
| 公众网络社会参与缺乏有效而便捷的途径 | 318 | 17.8 |
| 政府对于公众网络社会参与的管制太多 | 228 | 12.8 |
| 其他 | 6 | 0.3 |
| 总数 | 1786 | 100 |

关于网络监管体系，被调查者的声音则比较一致，68.7%的被调查者认为有必要建立专业的网络社会参与监控体系，因为这样可以防止不法分子的恶意言论；47.7%的被调查者认为加强网络社会参与的监管建设最重要的是加强法律监管，加快公众网络社会参与的相关法律法规的制定。可见公众普遍认为应该加强网络监管体系，尤其是在法律监管方面，这就对政府积极介入网络治理提出了更高的要求。

当被问到"您对政府推进公众网络社会参与有哪些建议？"时（见表8），累计的反应总数为2037人次。公众认为最有效的三个建议为："政府应加强对公众的网络参政的积极宣传和引导"，占23.1%，"政府应加强政府网站、微信、微博等网络多元化信息平台的建设"，占21.5%，"政府应进一步加大和提高信息的公开化、透明度"，占20.4%。

表8　您对政府推进公众网络社会参与有哪些建议？

单位：人次，%

| 问题 | 频数 | 占比 |
| --- | --- | --- |
| 政府应加强对公众的网络参政的积极宣传和引导 | 470 | 23.1 |
| 政府应构建公众网络社会参与的良好社会政治文化 | 310 | 15.2 |
| 政府应加强政府网站、微信、微博等网络多元化信息平台的建设 | 438 | 21.5 |
| 政府应进一步加大和提高信息的公开化、透明度 | 416 | 20.4 |
| 政府应增加与提升网络问政的频率和成效 | 169 | 8.3 |
| 政府应加快对公众网络意见的回应速度 | 229 | 11.2 |
| 其他 | 2 | 0.2 |
| 总数 | 2037 | 100 |

### （七）政府对公众网络参与的回应得到认可，但仍需继续努力

被调查者对于河南省各级政府在公众网络社会参与方面的总体表现满意度较高，占52.5%。可见河南省各级政府在公众网络社会参与方面也进行了很大的努力，公众比较满意。

但在840份问卷中经常给政府提建议的被调查者只有30人，占总人数的3.6%，而在提过意见的150人当中，13人（占提过意见人数的8.7%，下同）认为政府回应速度比较快，47人（占31.3%）认为回应速度一般但在可接受的时间范围内回应，34人（占22.7%）对于政府的回应速度表示不满，认为回应迟缓，存在严重的形式主义或者不回应、回避所提的意见或建议。可以看到，政府对公众在网络上所提出的建议回复不及时，在这方面仍需继续努力。

## 三 河南省公众网络社会参与存在的突出问题

从前述河南省公众网络社会参与的基本状况可以看出，河南省公众网络社会参与存在以下一些突出问题，需要引起政府和社会的共同关注。

### （一）公众对网络参与的认知较模糊，参与的主动性不足

虽然69.7%的被调查者认为自己了解公众网络社会参与的含义，但是48.1%的被调查者只是一般了解，可以看出河南省公众对于网络社会参与的含义并没有一个很深刻的认识，大多数被调查者处于一个模糊了解的状态。河南省公众在网络社会参与中常常缺乏主动性，扮演着被动接受者的角色。60.0%的被调查者对于网上的新闻是只喜欢看，从不评论，82.0%的被调查者从来没在网络上给政府部门提过建议或意见，50.1%的被调查者从未看过河南省省委省政府及其所属单位的公开网站。这些都说明，公众在网络社会参与中很少自己主动地去对社会新闻发表评论，也很少对社会问题提出建议，公众的网络社会参与程度整体较低。

## （二）公众在网络社会参与中处于弱势地位，参与的有效性不足

河南省公众在网络社会参与中仍处于较弱势的地位，75.8%的被调查者认为在公众的网络社会参与中，是政府占主导地位，公众处于弱势的地位。一方面，网络作为一个比较自由、可以充分发表个人言论的地方，充斥着许多不良的信息。公众在网络社会参与时容易受到这些舆论或者网络谣言的影响，对于社会问题不能有一个比较公正客观的认识，凸显网络有效参与能力的不足。另一方面，当公众对于自己关心的问题给政府提意见后，公众就只能处于一个等待回复的状态，除此之外也没有别的有效的方式。因此在网络社会参与中，公众在网络参与能力、网络参与的利益维护等方面仍处于较为弱势的地位。

## （三）政府在公众网络参与中的介入不足，面临亟须治理的一系列问题

从本次的调查情况来看，河南省政府在公众网络社会参与中仍面临艰巨的任务。虽然超过一半的被调查者（52.5%）表示对目前河南省政府在公众网络社会参与方面的作为表示满意，但不满意的仍占25.2%。可见河南省政府在公众网络社会参与方面也进行了很多的努力，获得了大部分公众的认可，但仍有部分被调查者持不满意的态度，说明河南省在公众网络社会参与方面仍需继续努力。

本次调查显示，50.1%的被调查者从未看过河南省省委省政府及其所属单位的公开网站，"偶尔看一下与自己有关的内容"占40.2%，"经常浏览"的只占9.7%，说明河南省政府公开网站利用效率较低，政府公开网站的宣传力度较小；68.7%的被调查者认为有必要建立专业的网络社会参与监控体系；47.7%的被调查者认为加强网络社会参与的监管建设最重要的是加强法律监管，加快公众网络社会参与的相关法律法规的制定；被调查者中，34人（占提过意见人数的22.7%）对于政府的回应速度表示不满，认为回应迟缓，存在严重的形式主义或者不回应，回避所提的意见或建议等。诸如

此类的问题都反映了目前政府在公众网络社会参与中的介入不足，仍面临艰巨的任务，需要政府进行系统治理。

## 四 河南省公众网络社会参与合理发展的对策建议

鉴于河南省目前公众网络社会参与的整体状况及其存在的突出问题，为了更好地推进河南省公众网络社会参与与社会治理的和谐互动，需要从以下几方面加以努力。

### （一）加强对公众网络社会参与的正确引导，提高公众网络社会参与的能力

我们常说，网络是一把双刃剑，网络可以给予人们充分的言论自由，可以使公众在网络上随心所欲地发表自己的观点和看法，一方面使公众的观点得到抒发，但另一方面网络上也容易形成网络舆论和网络谣言，一些网民容易在网络庞大的信息群的影响下失去自己本身的思考力，容易人云亦云。所以非常有必要加强对公众网络社会参与的正确引导，提高公众网络社会参与的能力，促进河南省公众网络基本素质的提高，使河南省公众在面对网络上庞大的信息群时，可以坚持自己的思考、自己的思想，对于网络信息具有辨别能力，在网络社会参与中保持自己独立的人格，更好地在网络上表达自己的观点看法，有效地参与河南省的社会治理。

### （二）加强网络平台的建设与宣传，提高公众网络社会参与的积极性

调查显示，河南省公众在网络社会参与中对于政府的国内公开网站了解较少，河南省省委省政府及其各级部门的公开网站很少能得到公众的利用。由于渠道不足或不畅，导致网络上的社情民意沟通不畅，这大大影响了公民网络社会参与的积极性。因此十分有必要加强对于网络平台的建设与宣传活动，使更多的公众认识了解到河南省省委省政府的作为，充分利用省委、省

政府所提供的网络平台进行网络社会参与。在调查中，我们发现公众对于微信、微博等新兴网络平台运用十分广泛，河南省也可以在这方面多加努力，改变传统的政府公开网站的形式，充分利用新媒体平台，为公众网络社会参与提供更加快捷、方便的方式，并及时回应公众在网络上提出的相关问题，促进公众积极进行网络社会参与。同时，要通过积极的宣传来努力增强河南省公众的社会治理的使命感，提高公众网络社会参与的积极性，使公众自觉参与河南省的社会治理，促进网络社会参与与社会治理的和谐互动。

### （三）加强电子政务建设，确保网络信息的公开性和真实性

电子政务是我国信息化建设的重要组成部分，电子政务既能够使政府与公民之间便捷平等地交流，还能够让相关部门在网络虚假信息散播的第一时间出来有效地辟谣，这就保证了政务网络信息的真实性。河南省的政务公开基本上属于权力型公开的方式，大部分社会信息资源掌握在政府手中，信息公开的相关方面均是由政府部门决定的，公众则是处于被动的地位。在调查中也明显看出，公众认为个人在网络社会参与中与政府相比处于比较弱势的地位，利用省委、省政府官方网站的很少，提出自己合理建议的更少。因此，有关部门应积极加强电子政务建设，运用各种相关手段和方法确保政务网络信息的公开性，有效地促进公众的网络社会参与。

### （四）加强网络立法和监管，推进网络社会参与法治化

随着我国信息化的高速发展，目前虽然相关的法律和法规已经颁布，但是立法的速度很难跟上网络发展的速度，近年来一些网络恶性事件在公众中造成了较大的影响。一个良好并且文明的网络环境是必不可少的，由于网络的虚拟性、匿名性和法律、法规方面的不完善，造成网络中会出现一些混乱无序的极端现象，也可能被一些不法分子所利用。通过我们的调查，也可以明显地看出，公众一致认为应该从各个方面加强对于网络的监管。回应公众的需求，河南省有关部门应尽快加强完善网络监管和网络的法治化建设，这样才能够建构一个良好的网络平台，更好地整合资源、利用资源，推动公众

的网络社会参与。

总之,随着社会的快速发展,网络在社会生活中正在扮演着越来越重要的角色,网络社会参与为公众参与社会治理提供了更为便捷的途径。公众网络社会参与能力的提升、公众网络社会参与有效性的提高都有赖于包括河南省政府在内的社会治理的多元主体的共同努力,才能更好地促进公众网络社会参与与社会治理的和谐互动。

# 党的十八大以来反腐败努力能得到公众认可吗？

——基于河南省18个地市4070份问卷的调查分析

樊红敏　周勇振　张玉娇\*

**摘　要：** 2014年11～12月，社会管理河南省协同创新中心围绕党的十八大以来反腐倡廉建设总体状况在全省18个地市开展了调查。调查结果显示，十八大以来反腐成效获得公众认可，反腐工作满意度较高；反腐力度加大增强了居民对政府的信任程度；不论是显性腐败行为还是隐性腐败行为，其发生频率都大幅降低，显性腐败行为下降比例显著高于隐性腐败行为；反腐力度加大，居民未来信心指数提高，超过七成的居民对未来生活的信心感增强。河南省反腐倡廉建设面临的问题有：一是居民总体廉洁感知度较低，在全省18个地市中，有11个市廉洁感知度位于"较低"层次，属于"不太廉洁"。二是不同地市、不同群体居民反腐满意度差异显著，私营企业从业人员满意度低。三是社会廉洁性有待进一步提升，河南省法治化状况有待进一步加强。今后，一是要进一步加大反腐力度，提振公众信心；二是要警惕显性腐败的隐身衣现象，从文化、制度上反"四风"；三是要加大隐性腐败治理力度，根除寻租空间；四是要以法治化促廉政建设，

---

\* 樊红敏，博士，教授，郑州大学公共管理学院副院长，博士生导师；周勇振，郑州大学公共管理学院2014级行政管理专业硕士研究生；张玉娇，郑州大学公共管理学院2014级行政管理专业硕士研究生。

提升社会廉洁性。

**关键词：** 反腐成效　公众认可度　河南省

2012年以来，河南省反腐败工作进入新阶段。2013~2014年，全省纪检监察机关的腐败案件立案数突破19988件，结案19807件，给予党政纪处分22039人，其中厅级干部40人，县处级干部773人，乡科级干部4379人，基层和农村党员干部16847人。公众对反腐败成效是否认可？老虎苍蝇一起打、不断出现的贪腐案件是加大还是降低了公众对政府的信任？政府廉洁程度改善状况如何？基于这些问题和思考，2014年11~12月，社会管理河南省协同创新中心围绕党的十八大以来反腐倡廉建设总体状况在18个地市开展了调查，本次调查采用街头偶遇式访谈法，共发放问卷4320份，回收有效问卷4070份。其中男性1832人，占45%，女性2238人，占55%；从工作单位来看，有23.1%的受访者单位性质为行政事业单位，14%的受访者（569人）在国有企业工作，28.1%（1143人）的受访者为私营企业职工，2.6%（104人）为外资、合资企业职工，另外还有32.2%（1310人）选择工作单位为个体户、零工及自由职业等其他职业；从文化程度来看，初中及以下占16.1%，高中或中专占31.3%，大专占25.7%，本科及以上占26.9%；从年龄结构上来看，30岁以下居民占42.1%，30~45岁居民占38.2%，46~60岁居民占14.6%，60岁以上居民占5.0%。调查结束后，对问卷进行信度测量，克隆巴赫信度系数为0.933，显示为"非常可信"。

## 一　党的十八大以来河南省反腐倡廉建设的总体状况

### （一）反腐成效获得公众认可，总体满意度较高

调查结果显示，河南省整体反腐成效得到了公众的认可。在4057份有

效问卷中，认为反腐成效非常大和比较大的占41.0%，认为反腐成效不太大和非常小的分别为16.3%和5.9%（见图1）。可见，居民对中央十八大以来加大反腐力度持积极和支持的态度。

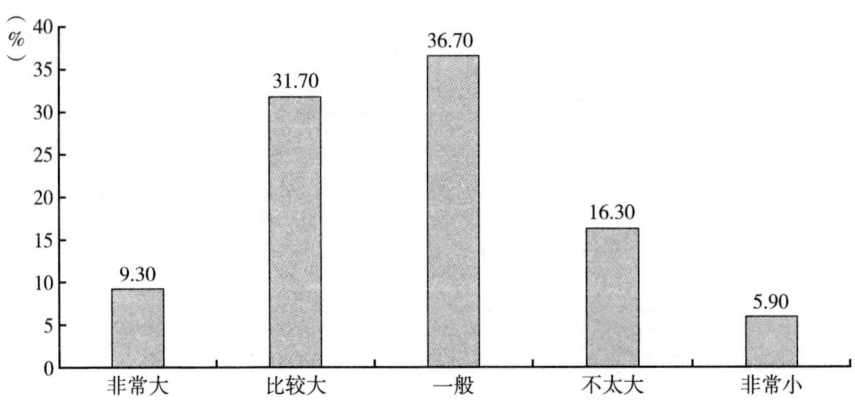

**图1 近两年来，您认为本地反腐成效如何**

居民对当地反腐败工作的满意度整体较高。在"您对本地反腐败工作的满意度"这一问题中，有效问卷为4065份，选择非常满意和比较满意的比例为41.3%，其中8.7%的人选择非常满意，32.6%的居民选择了比较满意，选择不太满意和非常不满意的仅有17.6%（见图2）。

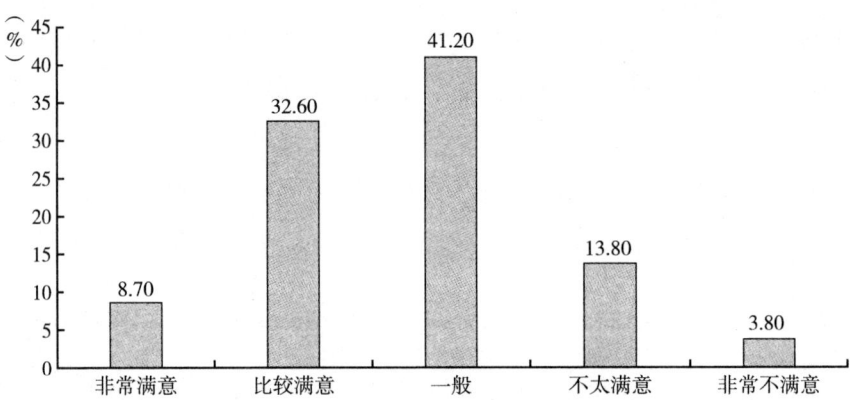

**图2 您对本地反腐败工作的满意度**

## （二）公众对政府的信任度有较大提高

在"随着反腐力度的加大,您对政府的信任程度"这一问题中,有效问卷为4068份,在五个选项"大幅提高、有所提高、不变、有所下降、下降很大"中,超过一半的受访者对政府的信任"有所提高",对政府的信任"大幅提高"和"有所提高"合计为63.9%,对政府信任"有所下降"和"下降很大"仅为12.3%（见图3）。可见,反腐过程中查处腐败案件增多,反而增强了居民对政府的信任感。

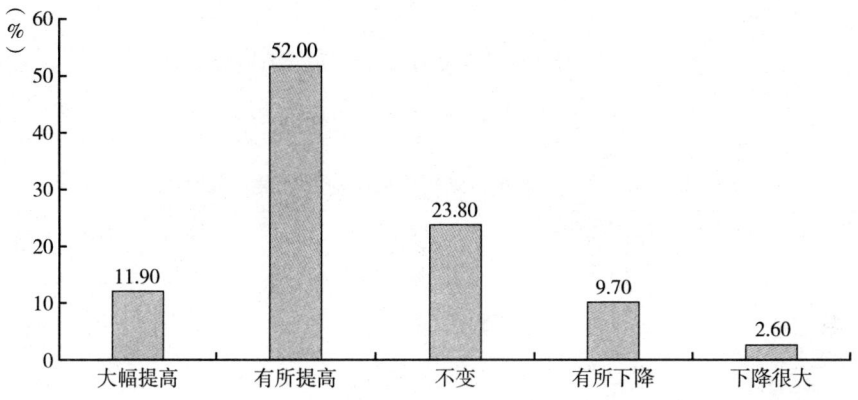

图3  随着反腐力度的加大,您对政府的信任程度

调查发现:反腐成效认可度与政府信任度呈正相关关系,反腐成效可以大幅提高公众信任度。从18个地市反腐成效认可度与政府信任度趋势对比分析,对于反腐成效,选择"非常大"和"比较大"的表示认可反腐成效,因此,以"非常大"和"比较大"的选择频率来测量反腐成效认可度,对政府信任度以"大幅提高"和"有所提高"的选择频率为测量依据,以18个地市为测量单位,发现反腐成效认可度与对政府信任度呈正相关关系,公众越是认可反腐成效,对政府信任度越高（见图4）。

对图4中18个城市政府信任度与反腐成效认可度进一步对比分析发现,反腐成效认可度与政府信任度之间呈倍增关系,反腐成效每增加一分,居民对政府的信任度增加区间为1.31～1.88（见表1）。

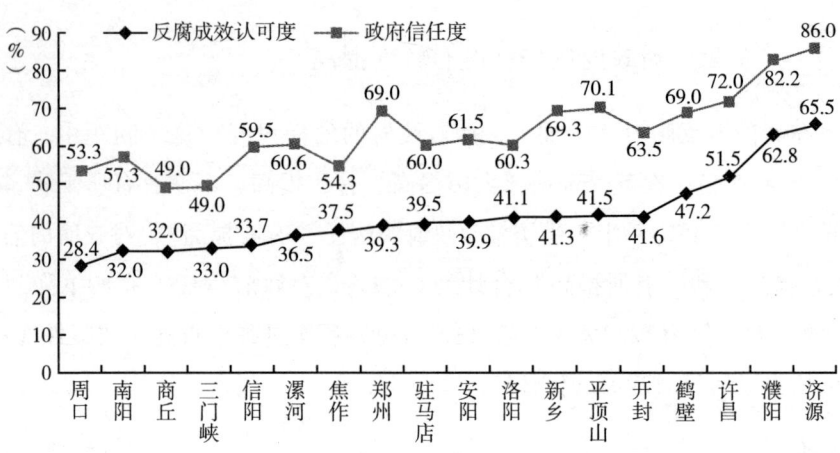

图4 反腐成效认可度与政府信任度对比趋势

表1 18个市反腐成效认可度与政府信任度及其比值

| 地市 | 反腐成效认可度(%) | 政府信任度(%) | 政府信任度/反腐成效认可度 |
|---|---|---|---|
| 济 源 | 65.5 | 86.0 | 1.31 |
| 濮 阳 | 62.8 | 82.2 | 1.31 |
| 许 昌 | 51.5 | 72.0 | 1.40 |
| 鹤 壁 | 47.2 | 69.0 | 1.46 |
| 开 封 | 41.6 | 63.5 | 1.53 |
| 平顶山 | 41.5 | 70.1 | 1.69 |
| 新 乡 | 41.3 | 69.3 | 1.68 |
| 洛 阳 | 41.1 | 60.3 | 1.47 |
| 安 阳 | 39.9 | 61.5 | 1.54 |
| 驻马店 | 39.5 | 60.0 | 1.52 |
| 郑 州 | 39.3 | 69.0 | 1.76 |
| 焦 作 | 37.5 | 54.3 | 1.45 |
| 漯 河 | 36.5 | 60.6 | 1.66 |
| 信 阳 | 33.7 | 59.5 | 1.77 |
| 三门峡 | 33.0 | 49.0 | 1.48 |
| 南 阳 | 32.0 | 57.3 | 1.79 |
| 商 丘 | 32.0 | 49.0 | 1.53 |
| 周 口 | 28.4 | 53.3 | 1.88 |

## （三）显性腐败行为下降明显高于隐性腐败行为

调查根据腐败行为是否容易被观察到，将腐败分为显性行为和隐性行为两类。显性腐败行为用公款吃喝、公款旅游、公车私用、大操大办、公款娱乐、超标接待六个指标测量，隐性腐败行为用收取赞助费、企业参股、乱收费、设小金库、收红包五个指标测量。对工作单位性质为行政单位、事业单位、国有企业的1509份有效样本开展调查，询问调查对象所在单位相关腐败行为发生的频率，1代表从来没有，5代表经常发生。调查数据显示，党的十八大前显性腐败行为发生频率均值在2.217~2.936，而隐性腐败行为发生频率均值在1.327~1.613。党的十八大以后显性腐败行为的发生频率均值在1.363~1.672，隐性腐败行为的发生频率均值在1.044~1.172（见表2）。

表2 显性和隐性腐败行为发生频率值及下降幅度

| 分类 | 分项 | 十八大之前 | 十八大之后 | 下降幅度(%) |
| --- | --- | --- | --- | --- |
| 显性腐败行为 | 公款吃喝 | 2.267 | 1.507 | 33.5 |
|  | 公款旅游 | 2.217 | 1.185 | 46.5 |
|  | 公车私用 | 2.936 | 1.672 | 43.1 |
|  | 大操大办 | 2.308 | 1.363 | 40.9 |
|  | 公款娱乐 | 2.790 | 1.620 | 41.9 |
|  | 超标接待 | 2.632 | 1.410 | 46.4 |
| 隐性腐败行为 | 收取赞助费 | 1.613 | 1.127 | 30.1 |
|  | 企业参股 | 1.559 | 1.172 | 24.8 |
|  | 乱收费 | 1.327 | 1.044 | 21.3 |
|  | 设小金库 | 1.603 | 1.153 | 28.1 |
|  | 收红包 | 1.574 | 1.103 | 29.9 |

调查表明，党的十八大以后，不论是显性腐败行为还是隐性腐败行为，两类腐败行为的发生频率都大幅降低。其中显性腐败行为发生频率下降幅度

在33.5%~46.5%，隐性腐败行为发生频率下降幅度在21.3%~30.1%。显性腐败行为下降比例显著高于隐性腐败行为。

在显性腐败行为中，公款旅游下降幅度最大，为46.5%，其他依次为超标接待、公车私用、公款娱乐、大操大办、公款吃喝，令人意外的是，公款吃喝下降幅度最小，可见吃喝腐败的隐身衣现象仍然较为突出。在隐性腐败行为中，"收取赞助费"发生频率下降幅度最大，为30.1%，其他依次为收红包、设小金库、企业参股、乱收费。可见，乱收费现象仍然较为普遍，要予以重视。

### （四）河南省居民对未来信心感较强

在"您对未来的信心如何"这一问题中，有效问卷为4067份，在"非常有信心""比较有信心""一般""不太有信心""完全没有信心"这五个选项中，超过75%的受访者表示对未来"非常有信心"和"比较有信心"，"不太有信心"的为5.1%，仅有1%的受访者对未来"完全没有信心"（见图5）。可见，反腐力度加大，提高了居民的信心指数，超过七成的居民对未来生活的信心感增强。

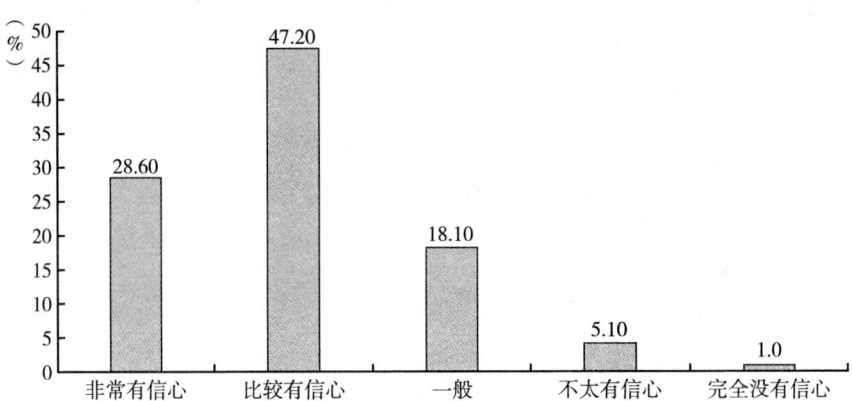

图5　您对未来的信心如何

## 二 当前河南省反腐倡廉建设存在的问题

### （一）居民总体廉洁感知度较低

本次调查以全省居民对本地政府廉洁程度的主观感知度为依据建立廉洁感知指数。调查组将全省及18个地市廉洁感知指数划分为"非常廉洁、比较廉洁、不太廉洁、比较不廉洁、非常不廉洁"5个等级，1分表明非常不廉洁，5分表明非常廉洁，分数越高意味着廉洁感知程度越高。评定标准是：1.00～2.00分为廉洁感知度低，风险信号用红色表示，显示发生腐败的可能性非常大；2.00～3.00分为廉洁感知度较低，风险信号用橙色表示，显示发生腐败的可能性比较大；3.00～3.50分为廉洁感知度中，风险信号用黄色表示，显示发生腐败的可能性居中；3.50～4.00分为廉洁感知度较高，风险信号用蓝色表示，显示发生腐败的可能性较低；4.00～5.00分为廉洁感知度高，风险信号用绿色表示，显示发生腐败的可能性低。河南省总体廉洁感知度均值为3.07分，处于廉洁程度"中"的下游，总体廉洁感知度还有待提高。在全省18个地市中，济源、濮阳得分在3.5分以上，属于廉洁感知度"较高"，鹤壁、许昌等共有5个地市得分在3～3.5分，居于廉洁感知度中等层次。南阳、漯河、商丘、开封、郑州等11市得分在3分以下，廉洁感知度位于较低层次（见表3）。

表3 18市政府廉洁感知指数

单位：分

| 地级市 | 得分 | 廉洁感知度 | 风险等级 | 风险信号 |
| --- | --- | --- | --- | --- |
| 济　源 | 3.77 | 较高 | ★★ | 蓝色 |
| 濮　阳 | 3.64 | 较高 | ★★ | 蓝色 |
| 鹤　壁 | 3.325 | 中 | ★★★ | 黄色 |
| 许　昌 | 3.275 | 中 | ★★★ | 黄色 |
| 平顶山 | 3.24 | 中 | ★★★ | 黄色 |

续表

| 地级市 | 得分 | 廉洁感知度 | 风险等级 | 风险信号 |
|---|---|---|---|---|
| 洛　阳 | 3.205 | 中 | ★★★ | 黄色 |
| 新　乡 | 3.16 | 中 | ★★★ | 黄色 |
| 南　阳 | 2.985 | 较低 | ★★★★ | 橙色 |
| 漯　河 | 2.975 | 较低 | ★★★★ | 橙色 |
| 商　丘 | 2.97 | 较低 | ★★★★ | 橙色 |
| 开　封 | 2.955 | 较低 | ★★★★ | 橙色 |
| 郑　州 | 2.94 | 较低 | ★★★★ | 橙色 |
| 三门峡 | 2.925 | 较低 | ★★★★ | 橙色 |
| 周　口 | 2.91 | 较低 | ★★★★ | 橙色 |
| 焦　作 | 2.845 | 较低 | ★★★★ | 橙色 |
| 安　阳 | 2.82 | 较低 | ★★★★ | 橙色 |
| 信　阳 | 2.795 | 较低 | ★★★★ | 橙色 |
| 驻马店 | 2.77 | 较低 | ★★★★ | 橙色 |
| 全省平均 | 3.07 | 中 | ★★★ | 黄色 |

### （二）不同地市、不同群体居民反腐满意度差异显著

调查表明，周口、南阳、商丘等市居民对反腐满意度较低。比较18市居民对当地反腐败工作的满意度，18市居民反腐满意度差异显著，选择"非常满意和比较满意"的占比为40%以上的为7市，郑州市、漯河市、安阳市、南阳市在35%～40%，周口、开封、信阳等7市满意度为35%以下。其中，信阳市和商丘市居民对本地反腐败工作的满意度分别为33.17%和32.52%，三门峡市和焦作市的居民对本地反腐败工作的满意度都是33%，驻马店市居民对本地反腐败工作的满意度最低，仅为30%（见图6）。从选择"不太满意"和"非常不满意"的频率来看，信阳最高，达到25.9%，其他超过20%的依次为三门峡（24.5%）、商丘（23.5%）、焦作（22.8%）、安阳（22.1%）、驻马店（22%）。可见，反腐倡廉建设和反腐败宣传有待进一步加强，以提升居民满意度。

从不同群体比较，私营企业从业人员最不满意。本次调查从居民不同的单位性质区分了职业群体，对不同职业群体满意度进行对比分析表明，公职

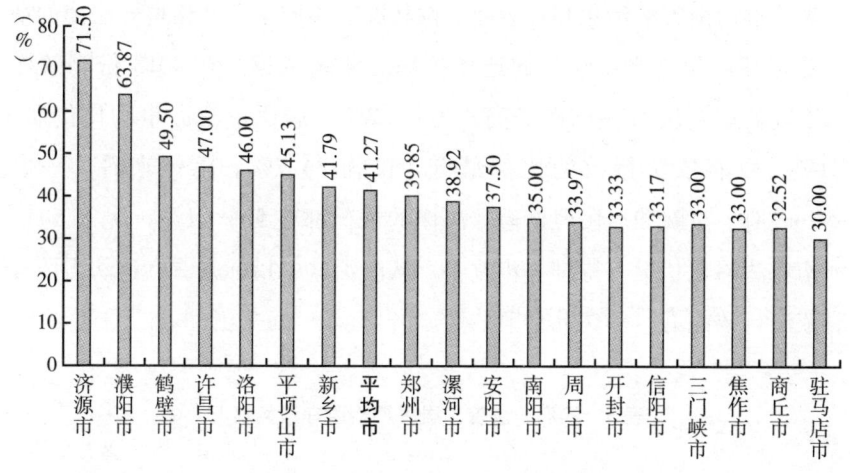

图6 您对本地反腐工作的满意度

人员对本地反腐工作满意度最高，选择"非常满意"和"比较满意"的达51.6%，事业单位工作人员的满意度仅为34.3%，私营企业从业人员对本地反腐工作的满意度最低，只有26.7%（见表4）。河南要针对私营企业经营发展的各个环节和制度，加大反腐倡廉力度，提高私营企业满意度。

表4 不同职业群体满意度及排名

单位：%，位

| 单位性质 | 满意度 | 排名 |
| --- | --- | --- |
| 行政单位 | 51.6 | 1 |
| 国有企业 | 41.8 | 2 |
| 个体户、零工及自由职业等 | 41.8 | 3 |
| 外资、合资企业 | 38.4 | 4 |
| 事业单位 | 34.3 | 5 |
| 私营企业 | 26.7 | 6 |

## （三）社会廉洁性有待进一步增强

法治是判断政府和社会廉洁性的重要指标。法治化程度越高，社会廉洁性越高。本次调查从政府依法行政、法院公正判决和居民依法办事三个维度,来了解河南省法治化和社会廉洁性状况。不同主体严格遵守法律的情况以"非常好"和"比较好"的选择频率为测量依据。在4013份有效样本中,法院公正判决所占比例最高,为46.2%,居民依法办事的比例居中,为41%,政府依法行政的比例最低,仅为34.7%。总体来看,三个主体——政府、法院和居民严格遵守法律的情况都在50%以下(见表5),表明河南省法治化状况有待进一步改善。从法治这一指标来看,迫切需要提升政府依法行政能力,提高社会廉洁性。

表5 政府、法院、居民严格遵守法律情况

单位:%

| 主 体 | 严格遵守法律情况 |
| --- | --- |
| 政府(依法行政) | 34.7 |
| 法院(公正判决) | 46.2 |
| 居民(依法办事) | 41 |

## 三 对策建议

### (一)进一步加大反腐力度,提振公众信心

调查表明,反腐成效可以大幅提高公众信任度,政府反腐的力度和民众对政府的信任呈正比的倍增关系。因此,面对依然严峻复杂的党风廉政建设和反腐败斗争形势,河南省应继续保持反腐的高压态势、进一步加大惩治力度,提振公众信心。

### (二)警惕显性腐败的隐身衣现象,从文化、制度上反"四风"

调查表明,加大惩处力度,对显性腐败行为更为有效,公款旅游、超标接待、公车私用现象减少明显,但吃喝腐败的隐身衣现象仍然较为突出。可见,对已经明显改观的"四风"现象,一要从文化上转变政府、居民的行为和理念;

二要从制度上如财务、审计等方面加强制度建设，从根本上遏制"四风"现象；三要重点整治吃喝腐败，严厉查处吃喝腐败的隐身衣现象和行为。

### （三）加大隐性腐败治理力度，根除寻租空间

调查表明，加大惩处力度，对治理隐性腐败行为的有效性降低，乱收费现象仍然比较严重，针对隐性腐败行为，要从制度建设入手，构建不敢腐、不能腐的制度体系。私营企业是中国经济发展的活力和动力所在，要针对私营企业经营发展中的各个环节和制度，加大反腐倡廉力度，重点治理企业发展环境，从制度上根除寻租空间，提升私营企业满意度。

### （四）以法治化促廉政建设，提升社会廉洁性

调查表明，政府、法院和居民严格遵守法律的情况尚有很大的提升空间。要做到反腐"不是一阵风、不是一阵子"，一要把严格查处违法违纪行为与加强法治建设结合起来；二要把司法公正、培育公民守法意识和反腐倡廉结合起来；三要提升政府依法行政能力。以法治化促廉政建设，做到政府依法行政、法院司法公正、居民知法守法，通过提高全社会的法治意识和法治化水平，建立廉洁型社会。

# 案例篇
Case Reports

# 社会工作介入农村留守儿童治理的"宝丰模式"研究

刘学民 许冰 等*

**摘 要：** 在农村留守儿童问题的治理方面，河南省平顶山市宝丰县以留守儿童的假期安全为切入点，通过社会工作介入的方式创建了"留守儿童暑期日间托管项目"，经过两年的实践探索，逐渐形成政府购买、社会组织承办、专业社会工作介入以及社会力量积极参与的社会共治模式。这种社会工作介入模式可以为河南省其他地区加快社会工作发展，强化社会治理能力，推进国家治理体系和治理能力现代化提供参考和借鉴。

---

\* 刘学民，教授，郑州大学公共管理学院党委书记，社会管理河南省协同创新中心研究员，研究方向为公共组织与人力资源管理；许冰，博士，郑州大学公共管理学院讲师，社会管理河南省协同创新中心研究员，研究方向为社会工作、社会组织与社会救助；张秋，宝丰县民政局社会工作指导中心主任；阮玉红，宝丰县民政局民间组织管理办公室主任。

**关键词：** 社会工作介入 宝丰模式 农村留守儿童

党的十八届三中全会公报指出，全面深化改革的总目标是完善和发展中国特色社会主义制度，推进国家治理体系和治理能力现代化。社会工作作为社会组织治理国家的一个主要方面，在推进国家治理体系和治理能力现代化的过程中发挥着重要作用。近年来，河南省宝丰县在培养专业人才、培育社工机构、开展专业服务等方面进行了积极有效的探索和实践，取得了一定的成效。2007年，宝丰县被民政部确定为社会工作人才队伍建设试点。2014年1月，民政部下发《关于确定首批全国社会工作服务示范地区、社区和单位的通知》（民发〔2014〕4号），在全国范围内确定了北京市朝阳区等61个首批全国社会工作服务示范地区。宝丰县由于在社会工作介入社会治理方面的积极探索，成为全国仅有的两个农村示范地区之一。本文结合宝丰县留守儿童问题治理的实践案例，对宝丰县社会工作介入社会治理的路径和模式等进行分析探讨，为加快河南省社会工作发展，强化社会治理能力，推进国家治理体系和治理能力现代化提供参考和借鉴。

## 一 "宝丰模式"的创建及发展

2013年5月，全国妇联课题组发布的《我国农村留守儿童、城乡流动儿童状况研究报告》显示，中国目前有农村留守儿童6102.55万名，占农村儿童37.7%，占全国儿童21.88%。其中，河南省农村留守儿童占全国农村留守儿童的比例已经达到10.73%，仅次于规模最大的四川省（11.34%）。[①] 农村留守儿童的安全、教育、心理、卫生等诸多问题日益凸显，且具有长期性、复杂性和紧迫性，亟须得到关注和解决。

---

① 全国妇联发布《我国农村留守儿童、城乡流动儿童状况研究报告》，http://www.ce.cn/xwzx/gnsz/gdxw/201305/10/t20130510_24368366.shtml。

宝丰县位于河南省中西部，总面积722平方公里，辖9镇3乡1办事处1林站，303个建制村，总人口为50万人，外出务工人员较多，留守儿童人数约12000人。鉴于暑期为留守儿童安全问题的高发期，自2013年起，河南省宝丰县将留守儿童的安全问题作为切入点，创建了"留守儿童暑期日间托管项目"，经过两年的实践探索，逐渐形成政府购买、社会组织承办、专业社会工作介入以及社会力量积极参与的社会共治模式。

### （一）2013年：政府购买模式的形成

2013年7月，宝丰县民政局启动了"留守儿童暑期日间托管项目"，在该县杨庄镇设立"留守儿童暑期日托中心"，并出资8000元，以购买社会组织社会服务的方式，委托宝丰县建筑业协会在当地招募了4名勤工俭学的大学生，免费为中心的留守儿童提供作业辅导、兴趣培养、安全教育等服务。一期项目共设立一个试点，覆盖当地103名留守儿童。

从服务成效上来看，2013年的政府购买模式只能解决留守儿童暑期监管问题，以及满足一部分的教育需求，当地留守儿童的心理教育、健康教育、安全意识教育需求却无法通过这种模式予以解决。

### （二）2014年：社会共治模式的形成

2014年，宝丰县民政局遴选出六家3A级以上民办学校承办托管中心，由政府出资，向这些学校购买留守儿童的托管服务。与此同时，宝丰县民政局又与郑州大学公共管理学院签署了"合作建设社会工作服务示范区战略协议"，在宝丰县建立郑州大学社会工作实践基地暨社会工作专业人才培训基地，引入郑州大学社会工作团队，为项目设计服务方案并提供社会工作专业服务。由于社会工作具有较强的资源链接能力，充分调动了媒体资源、慈善机构以及社会力量的关注和投入。宝丰县"留守儿童暑期日间托管项目"在其运行的第二年，最终形成政府、社会组织、专业团队三方合作以及社会力量参与的社会共治模式。二期项目共设立六个试点，覆盖到当地846名留守儿童。

假期一直都是留守儿童人身安全事故频发的高危时期，宝丰县"留守儿童暑期日间托管项目"自2013年启动便受到了当地留守儿童家庭的充分认可，2014年建立了六个试点，依然无法满足当地留守儿童的需求。2014年每个托管中心报名的儿童远远超过了既定名额。考虑到当地留守儿童的切实需求，2014年末，宝丰县政府制定了2015年的项目发展规划，将设立十五个试点，力求覆盖更多的留守儿童，同时也会将服务对象延伸至留守儿童家长、老师以及社区。

## 二 "宝丰模式"的运行机制及特点

"宝丰模式"之所以会受到留守儿童家庭乃至社会的普遍认可，首先是其满足了留守儿童及其家庭的迫切需求；其次，其运行机制也为整个项目的顺利实施提供了组织保障、资金保障、责任承担以及服务品质保障。

### （一）组织保障：政府主导，促成多方合作

在"宝丰模式"中，当地政府始终扮演主导角色，包括最初项目方案的设计、政府购买社会组织模式的建立以及促成与专业社会工作团队的合作。

2013年，当地政府就开始探索政府购买社会组织服务的实践路径。2013年6月由宝丰县民政局社工指导中心和民管办根据宝丰县社会组织的现状，研究确定具有资质的社会组织承接政府购买留守儿童社会工作服务，并和社会组织签订了购买服务的协议。在协议签订后，政府又指导社会组织招募合适的大学生和志愿者参与托管工作。在服务质量的保障方面，一期项目由宝丰县民政局社工指导中心对项目开展的情况进行全程督导。

一期项目取得了显著的成效，但作为项目负责部门的宝丰县民政局也开始意识到政府承载了过多的服务角色，要逐渐由主导者和服务者变为引导者和监督者。2014年初，宝丰县民政局就开始积极联系设置有社会工作专业的高校，以获取专业团队的支持。2014年5月，最终与郑州大学社会工作系签订了"合作建设社会工作服务示范区战略协议"，并在宝丰县建立了郑州大学社会工作实践基地暨社会工作专业人才培训基地，以此平台为基础，

一方面培养宝丰县当地的社会工作人才,另一方面让社会工作专业人才参与项目,应对一期项目无法解决的问题,确保项目的服务质量。

### (二)资金保障:政府出资,确保项目的公益性

宝丰县民政局在其《2013年关于"留守儿童暑期日间托管项目"实施方案》中明确规定,购买社会组织进行社会服务的资金由政府财政承担,项目工作费用由民政局办公经费承担。2013年宝丰县财政投入8000元,确保了一期项目的顺利实施。

2014年宝丰县财政投入13万元,其中12万元用于六个项目试点,1万元用于项目后期的服务评估。六个承办单位一经确定,政府便向每个中心拨付了1万元的启动资金,用于师资及志愿者招聘,项目结束后又根据各个学校招收儿童的人数及其实际开支进行了补贴和奖励。经成本核算,当地农村学校一个月的人均餐费约为300元,六个承办单位主动将就餐费减免为200元,不在学校吃住的留守儿童则全部免费。

2015年宝丰县政府财政预算30万元,计划投入到十五个项目试点中。政府的财政投入确保了项目的公益性,在政府承担主要责任的同时也强调了家庭和社会责任,其具体的执行标准得到了留守儿童家长的一致认可。

### (三)责任承担:政府出面,为儿童购置商业保险

留守儿童中最为棘手的问题就是监管缺失以及监管责任的承担问题,留守儿童会因监管缺失而面临较多的个人安全隐患。宝丰县"留守儿童暑期日间托管项目"就是以留守儿童的安全监管作为切入点而设计的,但同时其也要面临一个问题,就是留守儿童在托管期间的人身安全保障以及责任归属问题,这也是承办服务的社会组织最为关切的问题,关乎社会组织参与社会服务的积极性和主动性。

宝丰县民政局在2014年项目启动之初,便以政府的名义与当地商业保险公司进行了合作洽谈,最终为六个承办服务的民办学校统一购买了为期一个月的集体意外伤害保险。宝丰县政府为托管中心的留守儿童购置意外伤害

保险的做法，很好地解决了社会组织的后顾之忧，充分调动了他们承接社会服务的积极性。

### （四）服务保障：专业团队＋志愿团队＋本土专业人才的培养

"宝丰模式"中的具体服务由两个服务团队提供，一为与当地政府合作的高校专业团队，二为政府委托每个托管中心面向社会招聘的师资以及大学生志愿者团队。在项目的执行中，二者有着明确的分工和职责。高校社会工作的定位是为项目设计科学合理的执行方案，明确不同阶段的项目执行重点，并为托管中心的留守儿童提供专业社会工作服务；面向社会招聘的师资及大学生志愿者则需要承担留守儿童生活以及学习辅导方面的责任。民办学校的校长为托管中心的负责人，具体部署和安排工作。专业团队和志愿者各司其职，相互配合，为留守儿童服务提供了品质保障。

此外，宝丰县近年来也非常注重本土社工人才队伍的培养和建设。2011年11月，宝丰县委、县政府联合印发了《宝丰县中长期人才发展规划（2010~2020年）》（宝文〔2011〕181号），为社会工作专业人才建设设定了具体的目标，即到2020年，宝丰县社会工作人才总量达到1000人，其中助理社会工作师500人，社会工作师350人，高级社会工作师150人。为了实现这一目标，宝丰县积极采取了开发与设置社会工作岗位、建立健全社会工作人员职业水平评价制度体系、组织社会工作人员参加社会工作师职业水平考试，以及为在岗社会工作专业技术人才发放补贴等多项措施。这些举措使宝丰县形成理解尊重、关心支持社会工作专业人才的良好社会氛围，激发了广大社会工作专业人才的工作热情和创造潜能，也为留守儿童等项目的可持续发展储备了专业人才。

## 三 "宝丰模式"的实践意义和推广价值

近年来，我国各地都将农村留守儿童问题作为现阶段的重大社会问题高度重视，将留守儿童关爱服务工作纳入经济社会发展总体规划和社会管理创新总体部署,进行顶层设计,统筹推进。但从目前各地对留守儿童群体的介入状况来看,对这一群体的社会保护仍停留在政策摸索阶段,留守儿童在家庭环境、年龄、性别方面的差异决定了留守儿童需求的多样化以及问题的复杂性,致使已有的干预手段存在诸多局限。

已有的干预普遍存在以下问题:第一,介入周期短,缺乏长期可持续项目。第二,介入层面浅,无法满足农村留守儿童及其家庭最迫切的需求。第三,多头治理,资源重复投入。从现有的介入主体来看,政府的不同部门以及诸多社会组织都有不同程度的介入和干预,但多个主体之间缺乏组织和协调。从已生成的项目运行状况来看,倡导性的项目多于已经付诸实践的项目,短期项目多于周期性、长期项目。在这种状况下,"宝丰模式"的创建从服务内容、成效以及运行机制方面来看都颇具实践意义和推广价值。

## (一)项目设计以需求为本,具有长期性和建设性

### 1. 满足了农村留守儿童暑期安全监管的需求

需求是一个项目存在以及持续发展的根本,是否满足服务对象的需求是评判一个项目优劣的首要指标。留守儿童的需求虽然多样和复杂化,但是其人身安全以及教育问题是其家庭最关切的问题。

在2014年社工对当地留守儿童的一次需求评估中发现,通过随机抽样获取的478个留守儿童样本中,有47.1%的留守儿童在暑期的度假方式上选择了"待在家里",有19.5%的留守儿童选择"找朋友玩",有8.6%的留守儿童选择"去亲戚家",只有5.4%的留守儿童选择"去父母打工的城市度假"。而在这些儿童中,父母均外出务工的占到30.1%,约占留守儿童总数的1/3,其中寄宿生占到96.3%,有55.6%的儿童与祖父母一起居住。这些留守儿童平时基本由学校进行监管和教育,暑期离校后大多由老人监管或者处于无人监管的状态。留守儿童的度假方式既单调又存在较大的安全隐患,每年暑期留守儿童意外伤害事件屡有发生,留守儿童假日监管缺失成为其外出务工父母最为担心的问题,监管也是留守儿童家庭最为迫切的需求。

"宝丰模式"以保障暑期儿童的安全为切入点，同时引入专业团队为留守儿童全面增能，满足了留守儿童及其家庭最迫切的需求。

**2. 满足了贫困留守儿童暑期教育的需求**

此外，农村留守儿童中有很大一部分属于贫困儿童，478个留守儿童样本中，56.9%的儿童家庭经济状况不太好，11.3%的儿童家庭经济状况较差。在农村不少留守儿童家庭没有经济能力为孩子报名收费较高的托管班与兴趣班，一些农村地区也基本没有这种性质的暑期辅导班。宝丰县"留守儿童暑期日间托管项目"是公益性的，留守儿童凭当地村委会证明，交纳少量餐费就可入托或免费入托，这种公益性的项目，自然能够吸引诸多贫困的留守儿童家庭。

**3. 满足留守儿童综合发展的需求**

在宝丰县2014年的二期项目中，每个托管中心都常驻社工专业师生4~5人。服务团队对中心内所有的留守儿童进行了需求评估，确定了为留守儿童赋权，通过专业服务增强留守儿童人际交往能力、情绪处理能力、应对意外伤害的自我保护能力、健康生活的自理能力、自觉自主的学习能力等服务目标。为期一个月的专业服务覆盖到了当地876个留守儿童，为804个留守儿童建立了服务档案和健康档案，围绕项目目标设计了37个服务主题，策划并实施了58个小组活动，开展了33次个案服务，并为每个案主建立了服务档案。通过项目效果的评估，不少留守儿童的综合能力有了显著提升，参与评估的804名儿童中，88.9%的儿童表示喜欢托管中心。

## （二）项目运行机制科学合理，充分整合社会资源

2014年的"宝丰模式"已经不同于2013年政府购买社会服务的简单框架，当地政府通过资源整合、责任承担、财政保障以及政策引导形成留守儿童问题的社会共治模式。

**1. 政府部门间的资源整合**

在2014年的项目运行中，宝丰县形成专门的项目领导小组和统筹小组，项目发起部门仍为宝丰县民政局，但是统筹小组则联合了宝丰县关心下一代

工作委员会。部门间的联合在很多问题的解决上以及资源的链接和动员上都颇具优势。在 2015 年的工作规划中，宝丰县政府已经计划将"留守儿童暑期日间托管项目"纳入办公会议，将由县级领导出面成立专门的领导小组，整合民政局、关工委、教育局、共青团、妇联以及地方媒体部门资源，共同推进工作。这种工作模式有效整合了不同政府部门的资源，避免了不同部门对同一目标群体的重复投入和盲目投入。

**2. 社会资源的整合**

近年来，各地政府都在积极探索政府购买社会组织服务的实践路径，从已有模式来看，基本上是一对一的合作关系，而在宝丰模式中出现了参与主体的多元化。

首先，当地政府在调动社会组织的积极性方面做了大量的前期工作，宝丰县民政局民管办充分了解了社会组织参与政府购买的主要顾虑，通过为托管中心整体购买学生意外伤害保险的方式消除了其承办服务的顾虑，同时政府财政也为项目运行提供了资金保障。

其次，当地政府促成与高校专业团队的合作。两者的合作从严格意义上来讲并非一种购买关系，高校社会工作发展也需要积累本土经验，参与社会实践，这种合作关系是基于双方需求达成的。

再次，社会工作专业团队的入驻除其本身专业知识的整合之外，也链接到了大量社会资源。社会工作者的职能之一便是进行资源链接。在 2014 年的项目执行过程中，六个试点的社工专业师生除面向留守儿童服务之外，还积极进行了资源链接。社会工作者具有较强品牌建设与宣传意识，其首先对媒体资源进行了资源链接，截至项目结束，全国几十家知名媒体都对该项目进行了报道，有不少为整版报道。此外，社会工作者也进行了 NGO 资源方面的链接，某国家级基金会已经对项目进行实地考察和走访，并初步确定了 2015 年的合作。此外，在项目的执行过程中，社会工作者还成功链接社会各界对项目的支持，平顶山市优秀企业家带领员工采购了水果和玩具亲自到六个托管中心进行慰问，并为每个托管中心捐赠了现金。

"宝丰模式"中最大的创新点就是充分调动了社会各界的力量，为关爱留守儿童创造了良好的社会氛围,形成留守儿童问题的社会共治模式。在这一过程中,当地政府的角色和努力是最为关键的。

## 四 "宝丰模式"对推进社会工作介入社会治理的启示

从服务成效及工作机制创新来看,"宝丰模式"的确有较大的实践意义和推广价值,但也需要注意,社会工作在当地的成功介入也具备了一些条件和基础,这种介入以及发展模式是否能在全省乃至全国范围内推广是需要进一步讨论的。

### (一)农村社会工作的介入需要组织保障

以留守儿童问题的治理为例,宝丰县有关留守儿童假日托管的工作思路在不少地方政府也存在,但是能够真正落地的项目较少,主要原因就是找不到合适的社会组织提供场地及社会工作缺少介入的载体和组织平台。宝丰县2013年的项目是委托给当地建筑业协会的,第二年则是委托给具有资质的民办学校。当地有别于中西部其他地区的一点就是各类社会组织,特别是民办学校发展较快,数量较多。因当地公办学校一般不具备住宿条件,而诸多留守儿童又有住宿需求,因而催生了一大批民办学校。

若将此模式向留守儿童数量较为集中的中西部农村地区推广,面临的最大瓶颈就是找不到合适的组织平台。特别是西部贫困地区,留守儿童数量大,且相对集中,对住宿条件要求较高。通过调研发现,中西部农村具有住宿条件的基本上只有公办学校,但各地教育部门有明确政策规定,禁止公办学校利用暑期办班。此外,暑期托管班面向的是一个区域内的留守儿童,这些儿童不一定都是一个学校的,这就又涉及短期托管阶段学校的公共财物的维护及责任归属问题。经过访谈,不少公办学校的负责人都明确表示,若没有更高层面的政策允许,他们是不会主动参与项目的。

因此,"宝丰模式"若想在更大的范围内进行推广,就必须有更高层面的政策动员以及部门资源整合,在留守儿童问题的治理方面就特别需要教育部门的参与、支持和监督,为社会工作的介入提供稳定的组织平台。

### (二)农村社会工作的介入需要本土专业人才保障

"宝丰模式"是政府与高校的社会工作专业团队进行合作,高校参与有助于理论和实践的相互促进发展,以及地方经验的总结和推广。但高校师生无法长期稳定地参与项目,这也是一个值得讨论的问题。所以,除了链接高校专业资源外,必须要注重本土社会工作专业人才的培养。

此外,若向全国推广,中西部贫困地区还将面临专业人才匮乏的问题。在"宝丰模式"中,进行合作的高校距离宝丰县只有两个小时的车程,具备长期合作的基础。但中西部的偏远山区,很难与高校建立起长期的合作关系,除非有专门的资金保障,解决专业人才下乡服务的交通和食宿开支。

因此,若想解决这些问题,其一是要有相应的人才支持计划,鼓励专业人才走进农村,服务留守儿童群体;其二是要有配套资金,引进和培养当地的社会工作及相关专业人才,确保项目的可持续发展;其三则可以鼓励社会工作机构以项目招标的模式,派出专门的社会工作人员入驻,提供服务。

### (三)农村社会工作的可持续发展需要稳定资金保障

"宝丰模式"中,地方政府基本上提供了项目运行的所需资金,虽然也链接了部分社会资源,但较之政府投入来讲只能算作补充。宝丰留守儿童假日托管项目在2013年投入了8000元,2014年投入了13万元,2015年将投入30万元。按照每个托管中心招收200名儿童来算,十五个托管中心只能覆盖到3000名留守儿童,而该县有12000名留守儿童,若实现全员覆盖,则需要六十个托管中心,按每个中心2万元的预算,则需要120万元。

河南省共有20个县级市及88个县,在2014年全省的县城经济排名中,宝丰县位列第38,在河南省属于中上水平。这样的水平维持现有的项目规模还是可以的,但在今后的几年内,项目还有扩张的需求和趋势,县财政的负担也会越来越重。若按照该模式的投入规模,一些中西部贫困地区的地方财政是无力承担的，除非在省级或者国家层面进行统筹，列支专项资金。

综上所述，宝丰县社会工作介入社会治理的模式若想在全国更多地区进行推广，需要国家层面的政策推动以及政府专项资金的保障。其中国家政策需要整合不同政府部门的力量，打破项目运行的制度障碍，建立专门的人才引进或培养计划，以及形成政府购买服务的方案及服务评估计划。同时也要由更高层面的政府列支专项资金，确保项目的可持续发展以及服务品质。

# 汝州市以德治建设促进社会治理的实践探索及经验启示

马润凡*

**摘　要：** 近年来，汝州市委、市政府突出德治建设在社会治理中的基础性作用，坚持把思想道德建设作为创环境、打基础的重要内容，构建以规立德、以文养德、以评树德、以德育人的德治建设体系，并从增强和巩固官德、发掘和培育民德两个层面进行了德治实践，在实践中初步探索出一条具有自身特色的有效促进社会治理的建设之路。汝州市以德治建设促进社会治理创新的实践对于河南省社会治理具有重大的启示意义：一是创新社会治理理念，强调社会治理中德治与法治有机结合，突出德治在社会治理中的基础性作用；二是创建文明村（户）评选活动，突出德治建设中的群众主导和参与；三是构建德治建设体系，积极发挥官德对民德的示范引领作用。

**关键词：** 汝州市　德治建设　社会治理创新

## 一　汝州市以德治建设促进社会治理的背景

党的十八届三中全会把创新社会治理体制作为推进国家治理体系和治理

---

\* 马润凡，博士，郑州大学公共管理学院副教授，社会管理河南省协同创新中心研究员，研究方向为比较政府与政治、政治认同与公民参与、地方政府治理与改革。

能力现代化的重要内容，提出"加快形成科学有效的社会治理体制，确保社会既充满活力又和谐有序"，强调"创新社会治理，必须着眼于维护最广大人民根本利益，最大限度增加和谐因素，增强社会发展活力，提高社会治理水平，全面推进平安中国建设，维护国家安全，确保人民安居乐业、社会安定有序"。位于河南省中西部的汝州市，总面积为1573平方公里，总人口为120万，辖20个乡镇、街道。汝州市历史悠久，文化底蕴深厚，矿产资源丰富，交通四通八达，战略地位重要，是河南省直管试点市、河南省改革开放特别试点市、对外开放重点市、加快城镇化进程重点市、经济管理扩权市、畜牧业发展重点市。汝州市正处于转变经济增长方式、实现跨越式发展的重要机遇期，如何通过加强和创新社会治理为汝州市的可持续发展和经济发展健康转型注入新的活力和动力，是汝州市委、市政府优化和推进社会治理探索的重点。

近年来，汝州市委、市政府针对全市上下不同群体、不同社会阶层的特点，从宣传教育、示范引领、实践养成等多个环节入手，践行文明河南，打造文明汝州，倡导做文明人，办文明事。在实践探索中，汝州市创新工作方法，加大工作力度，以德治建设为着力点，深入开展精神文明创建活动，积极弘扬传统美德，着力提高广大干群的思想道德素质和社会文明程度，教育引导全市干部群众积极培育和践行社会主义核心价值观，形成良好社会风尚，凝聚干部群众干事创业合力，进一步激发良性社会治理的内在动力，汝州初步探索了一条具有自身特色的有效促进社会治理的建设之路。汝州市加强德治建设促进社会治理创新的实践对于河南省社会治理具有重要的借鉴意义。

## 二 汝州市以德治建设促进社会治理的实践探索

没有德治支持的法治，是没有根基的；德治首先是官德的规范，然后才是对社会和国家公民的社会伦理规范。在这一共识下，汝州市委、市政府突出德治建设在社会治理中的基础性作用，坚持把思想道德建设作为创环境、打基础的重要内容，构建以规立德、以文养德、以评树德、以德育人的德治建设体系，并从增强和巩固官德、发掘和培育民德两个层面进行了德治实践。

### （一）以规立官德，驱动干部模范带动

汝州市以爱国、敬业、诚信、友善为重点，在全市广泛开展社会主义核心价值观道德实践活动，加强社会公德、职业道德、家庭美德、个人品德教育，注重发挥地方党委的引领带动作用，引导干部群众自觉形成修身律己、崇德向善、礼让宽容的道德风尚。开展"讲党性、重品行、作表率"活动，要求全市党员干部围绕市委提出的"保底线、保民生、保运转、创环境、求发展"总要求和"汝和万事兴、汝升万事兴、汝美万事兴"总方略，牢固树立德治法治意识、民生优先意识，发挥模范带头作用。出台《公务员诚信量化考核工作实施意见》《干部选拔任用优先条件管理办法》（汝发〔2015〕号），设置优先条件，从全局性业绩、岗位性业绩、综合素质三个方面进行考核评定，将公务员的职业道德、家庭美德、社会公德、个人品德等"四德"纳入工作考核考评，形成干部选拔任用的自动生成机制，激励广大党员干部干事创业。在评选活动中，共评选出10名学习焦裕禄精神好干部、10名优秀村党支部书记、10名先进村党支部书记，较好发挥了模范带头作用，受到汝州市市委、市政府隆重表彰。

精神的力量是无穷的，道德的力量也是无穷的。汝州市通过评选活动，树立了一批爱岗敬业、无私奉献、敢于担当、务实肯干、诚实守信、大善大爱的先进典型，教育和引导广大领导干部从基本道德规范做起，把良好道德行为落实到日常生活和工作之中，弘扬坚定信念、无私奉献和敬业爱岗、虔诚勤勉的工作作风，推动形成知荣辱、讲正气、做奉献、促和谐的社会风尚，发挥党员干部和道德模范的带头和示范引领作用，形成学先进、比先进、争先进、当先进的良好风气。

## （二）以评树民德，激发民众向善能量

**1. 通过开展评树道德模范，寻找实诚汝州人、身边好人，评选最美家庭等活动，进行典型正面引导**

为充分发挥先进人物在公民道德建设中的示范引导作用，动员广大市民关心、支持和参与道德建设，大力弘扬"讲文明、树新风""做文明人、办文明事"的良好社会风尚，有效提升市民文明素质和城乡文明程度，市委宣传部、市文明办在全市开展道德模范评选活动。经基层推荐，初步筛选确定候选人，邀请部分人大代表、政协委员、老干部代表进行无记名票选，评选出了助人为乐、见义勇为、诚实守信、敬业奉献、孝老爱亲五类道德模范各2人，授予高长军等10名同志"汝州市道德模范"称号，市四大班子领导亲自为道德模范颁发证书进行表彰，对他们每人奖励现金1万元，并在汝州电视台等市属新闻媒体持续开展系列报道。他们当中有乡镇卫生院的楷模张广仁（遗属代为出席）、救治数百名脑瘫患儿的汝州市金庚医院院长宋兆普、坚守承诺的"鸡蛋哥"任庆河、空手夺刀制伏歹徒的公安民警何建奇、山乡大爱母亲董桂英、献身山乡教育的义务教师高长军、见义勇为的好青年穆亚飞、爱岗敬业的岗位能手连洪涛、孝老爱亲的好媳妇郭娟、工作家庭兼顾的好干警薛九敏。

为巩固提高汝州市道德模范评选活动成果，发扬道德模范的示范引领作用，推进汝州市各行各业健康快速发展，汝州市组织道德模范基层巡回报告团，前往汝州市各乡镇、办事处和有关委局进行巡回报告40多场，使其先进事迹家喻户晓、妇孺皆知，引导广大干部群众学习典型、争当先进，激励广大干部群众结合自身实际工作，以道德模范为榜样，弘扬、践行典型精神，弘扬社会正气，树立道德新风。同时，市委宣传部、文明办、市妇联等单位联合评出最美家庭10户、优秀家庭23户。市妇联、教体局联合开展"好家风、好家规"征文比赛，入选征文280篇。在身边好人评选活动中，热心助人、情动中原的汝州好人闫建敏，勇挑生活重担、还清亡夫债务的大峪农民董桂英等3人荣登"中国好人榜"。在全市开展征集"汝州精神"表

述语活动，征集"汝州精神"表述语 3048 条，经公开投票评选出一等奖 1 名，奖金 20000 元；二等奖 2 名，奖金 5000 元；三等奖 3 名，奖金 3000 元；入围奖 10 名，奖金 1000 元；所有获奖者均颁发荣誉证书。通过舆论引导，在全市营造了学习先进、弘扬正气、传递正能量的浓厚氛围。

2. 开展"六文明"网上谈，以文养德，营造良好社会风尚

汝州市开展文明服务、文明执法、文明经营、文明交通、文明旅游、文明餐桌"六文明"活动，在汝州政府网、汝州新闻网、汝州文明网、汝州在线、汝州百姓网组织开展"六文明"网上谈，通过曝光不文明现象设置话题，引导网民展开热议。并通过官方微博展示活动中各行各业涌现的善行义举和感人事例，先后报道了爱岗敬业、奉献青春的农村医生张广仁，为患病邻居奔波求助奉献爱心的湖南工学院汝州籍大学生张高峰等先进典型。开展文明诚信企业、十大敬老模范等评选活动，树立了一批讲奉献、讲诚信、讲爱心、讲社会责任的先进典型，如垫资 3000 万元，竭力救治 1630 名脑瘫弃婴的民营医院院长宋兆普；店拆了诚信在，坐守 3 个月兑换 6000 斤鸡蛋票的"鸡蛋哥"任庆河；四十六年如一日，任劳任怨照顾婆家 3 位老人的好媳妇郭娟等在全省乃至全国引起了强烈反响。

3. 深入开展星级文明村（户）评选活动，在群众中扬正气、树新风

汝州市以构建文明和谐社会，提高城乡文明程度，改善农村生产生活环境为主要任务，以评选 100 个星级文明村（社区）和评选 1000 户星级文明户活动为载体，广泛深入开展农村精神文明创建活动。市委、市政府研究制定了《汝州市星级文明村（居）评选管理办法》，把村"两委"班子建设、文明道德建设、村容村貌等十个方面的内容作为文明村评选标准，把"六文明"融入市民公约、社区公约、乡规民约，纳入文明村镇的创建活动内容和评价体系中，调动民众"做文明人、办文明事"的积极性。其中，"两委班子健全有力"评选标准明确要求：村（居）两委班子敢于担当、勇于负责，团结协作，公道正派，自己致富能力强，带领群众致富能力强，在群众中有较高的威信；村（居）两委各项制度健全，能够认真执行"四议两公开"、"一事一议"，村务公开、财务公开运行良好，公开透明，群众满

意度高。"文明道德建设"标准规定：尊老爱幼蔚然成风，积极开展道德大讲堂活动，成立道德评议会，经常面向广大村民、青少年开展传统文化和道德实践活动，形成浓厚的道德文化氛围；开展"好媳妇、好公婆"身边好人评选表彰和学习宣传活动；发动群众在熟悉的人群中挖掘道德模范，在日常的生活里争当好人。完善村规民约，逐步形成互帮互助、尊老爱幼、邻里和睦、勤俭持家的良好风尚。

此外，《星级文明村（居）评选管理办法》还明确和细化奖惩办法。文明村划分一星级、二星级、三星级和义明示范村四个类别，由市委、市政府授予荣誉称号，颁发荣誉证书和奖牌，并通报表彰。文明村（居）的奖励按照"精神奖励为主、物质奖励为辅"的原则进行，凡被评为文明村（居）的享受村级建设资金奖励、村"两委"班子工作经费奖励、小学生及教师学习奖励、70岁以上老年人生活奖励、优惠政策帮扶倾斜等。河南已评出首批100个星级文明村，对文明村儿童、教师奖励了书包、文具、书籍等学习用品，对959名文明村学生在中招考试中降低3分录取，对237名文明村考生在今年事业单位人员和教师公开招录中笔试加1分。在星级文明村创建基础上，又评出1000户星级文明户。通过这些激励措施，调动了群众参与文明创建的积极性。同时推动广大乡村建立村规民约，通过健全村民议事会、道德评议会、老人促进会等群众组织规范村民行为，引导农民自我教育、自我管理，依法依规办事，形成舆论监督的约束机制，营造出文明创建、奉献爱心、敬老孝老、幸福和谐的良好氛围。通过对文明村、星级文明户进行表彰命名，在全市倡导文明新风，提高文明素质，逐步形成向上、向善、向好的淳朴民风和深厚氛围。

## 三 汝州市以德治建设促进社会治理的经验启示

汝州市加强德治建设，充分发挥德治建设在社会治理建设中的基础性作用的实践探索和创新，被中共河南省委列为河南的一个亮点报送至中共中央办公厅，引起有关中央领导的高度重视，并对汝州市德治建设的经验做法给予了充分肯定。汝州市社会治理创新主要发力点在于坚持德治与法治相结合，不断探索和积累德治有效支持法治的基层经验，并通过开展具有针对性、操作性和导向性的文明村（户）评选活动，摸索县域精神文明建设的特点和规律。汝州市加强德治建设促进社会治理创新的实践对于河南省社会治理创新具有重要的启示意义。

一是创新社会治理理念，强调社会治理中德治与法治有机结合，突出德治在社会治理中的基础性作用。习近平总书记指出："国无德不兴，人无德不立。必须加强全社会的思想道德建设，激发人们形成善良的道德意愿、道德情感，培育正确的道德判断和道德责任，提高道德实践能力尤其是自觉践行能力，引导人们向往和追求讲道德、尊道德、守道德的生活，形成向上的力量、向善的力量。"汝州市创新社会治理理念，明确提出"德治法治意识"是牢固树立科学发展观的意识之一，坚持把德治与法治作为社会治理的两条主线，以有序、和谐、活力、惠民为核心价值取向，突出德治在社会治理中的基础性作用，坚持把思想道德建设作为创环境、打基础的重要内容，弘扬时代主流，倡树文明新风，做到法治和德治相辅相成、相互促进，提升城市文明程度。其中，开展文明村、文明户评选活动，是汝州市在德治建设上的有益探索，更是创新社会治理理念的具体体现，既符合上级要求，又符合汝州实际，具有极强的针对性、操作性和导向性，已经被实践充分证明是正确的，并受到了省委有关领导的高度评价。

二是创建文明村（户）评选活动，突出德治建设中的群众主导和参与，挖掘了社会有效治理的内在动力。德治建设的一个重要功能就是通过人的内心自觉和社会舆论，明确行为"应当、失当、正当"的维度，并借助道德评价和社会舆论的力量来宣示社会提倡什么、允许什么、反对什么，以进行价值导向，促进人们的思想和行为从"现有"到"应有"的转化，进而引导公民美德的养成。汝州市在德治建设上进行有益探索，开展文明村、文明户评选活动，严格按照《星级文明村（居）评选管理办法》、《星级文明村（居）奖惩实施细则》的要求，用政策的导向和看得见、摸得着的好处，让文明村群众受尊重、得实惠，赢得了群众的理解支持和一致好评。文明村

（户）评选活动以提高村民的道德底线为切入点，起到了"四两拨千斤"的作用，对老百姓震动很大，促使广大群众培养和形成普遍认同的道德标准和价值尺度，极大地调动了群众参与基层社会治理的积极性和主动性。

三是构建德治建设体系，创新"巩固官德"和"培育民德"的有效方式，积极发挥官德对民德的示范引领作用。汝州市市委、市政府反复强调，德治首先是官德的规范，然后才是对社会和国家公民的社会伦理规范，党员干部的道德影响会对社会有着楷模般的影响作用。基于这一认知，汝州市构建以规立德、以文养德、以评树德、以德育人的德治建设体系，并从增强和巩固官德、发掘和培育民德两个层面进行了德治实践。在实践中，汝州市通过政府积极有效作为，突出强调以规制立官德，引导党员干部牢固树立德治法治意识、民生优先意识，推动形成知荣辱、讲正气、做奉献、促和谐的社会风尚。在党员干部的道德化活动、道德化行为的示范引领下，全社会的道德习惯、道德行为就比较容易养成，并进一步形成良好的道德观念和价值判断标准，从而使社会稳定和谐地发展。

# 河南省人民陪审制度改革的探索与启示

卢少锋 蔡艺*

**摘　要：** 河南省为积极倡导公众参与审判，实现良性社会治理，自2009年6月起在全国率先进行人民陪审团的实践探索，其背景为缓解信访压力、重视公众参与、矫治传统陪审制度弊端。人民陪审制度改革的主要措施是：普通民众参与不同案件审判；建立陪审员成员库；规范参与庭审的方式。自实行人民陪审团后，河南省取得了良好的社会治理效果，但仍存在不少问题：人民陪审团陪审的审级不确定；当事人没有选择人民陪审团的权利；人民陪审团的意见不具有法律效力。解决相关问题的思路在于：明确人民陪审团参与陪审的审级；将选择人民陪审团陪审规定为当事人的权利；协调好人民陪审团对事实的裁决与法官判决的关系。

**关键词：** 人民陪审制度　司法改革　河南省

河南省为积极倡导公众参与审判，实现良性社会治理，自2009年6月起，在全国率先进行人民陪审团的实践探索。希望通过实行人民陪审团制度拓宽公众参与司法的渠道，革除现行陪审制度的弊端，实现司法的公正与民主，实现民众参与社会治理。本次实践先以郑州、开封、新乡、商丘、驻马

---

\* 卢少锋，博士，郑州大学法学院副教授，社会管理河南省协同创新中心研究员，郑州大学宪法行政法研究中心研究员；蔡艺，郑州大学法学院诉讼法学专业硕士研究生。

店、三门峡6个中级人民法院为试点，后推广至全省。为了确保公众参与社会治理实践的顺利进行，河南省高院先后出台了有关建议、意见，从法律层面对河南省人民陪审员的管理机构、组织人事、审判权利、退出机制、后勤保障等做了详细规定。根据改革中出现的新情况，2012年底又对试点法院做出调整，集中在5个中级人民法院、18个基层法院进行重点实验。截至2014年底，此项改革已持续五年多，积累了一定经验并取得了丰硕的成果。为保证人民陪审团在全省能够继续良性发展，总结改革实践中的成功经验与解决存在的问题已成为十分必要的课题。

## 一 河南省人民陪审制度改革的背景

一项改革的实施，往往有多种诱因。河南省进行人民陪审制度改革也有其现实考量和制度背景，归纳起来有以下几点。

第一，缓解信访压力。诉讼程序中的当事人或其家属对司法机关处理具体案件的过程或结果不满，往往向有关党政机关等提出信访要求。来自信访考核的压力给法院审判工作带来了极大的挑战，引起了各级法院的高度关注。在很多上访案件中，当事人往往根据自身利益来判断职业法官所做的裁判是否公正，若判决结果"不合心意"，即使该判决合情合理，也会引起当事人上访。面对这种社会治理困境，法院希望通过改革人民陪审制度来寻求出路，探索通过吸收公众参与审判来实现良性社会治理，有效化解矛盾。

第二，重视公众参与。公众参与司法能够拉近民众与司法的距离，使裁判更易获得广泛的认可。纠纷当事人将争议问题送至法院，希望通过司法裁判得到公正、终局的解决。然而在实际审判过程中，职业法官做出判决后，一些纠纷的当事人表现为对职业法官的裁判不买账，其部分原因在于司法活动强调所谓法律职业共同体，使用的语言、程序较为专业化、复杂化，难以为普通民众所理解；加之法官的精英化、职业化、白领化使得审判距离普通老百姓越来越远，颇有"高处不胜寒"之意味。因此重视并加强公众参与成为人民陪审制度"团式"改造的重要原因。重视公众参与审判，也能使败诉的当事人一定程度上降低对司法的不信任感,从而息诉罢访,达到良好的社会治理效果。

第三,矫治制度弊端。吸收人民陪审员参与审判,其根本目的是体现公众参与和司法民主,同时用普通人的常识弥补职业法官可能存在的职业偏见,使判决体现社会的主流价值观。然而,纵观我国人民陪审制度的发展历程,出现了许多"异化"现象。人民陪审员固定化,"形式参与","陪而不审,审而不议"等问题,不仅使陪审制度流于形式,更使人民群众对司法公正产生了质疑,故而对现行陪审制度改革势在必行。

## 二 河南省人民陪审制度改革的实践探索

河南省实施的人民陪审制度改革,是对我国现行人民陪审制度的一次创新,是社会治理方式的有益探索。此次改革既要将陪审团制度引入我国的司法审判活动,在实施过程中又要区别于英美国家的陪审制。因此,能够借鉴的经验较少,改革也一直是"摸着石头过河"。不过,在探索过程中,各试点法院边实践边总结,积累了不少经验,人民陪审制度的发展也逐渐步入正轨。

### (一)人民陪审制度改革的主要措施

#### 1. 普通民众参与案件审判,司法公正得以彰显

法谚云"阳光是最好的防腐剂"。实行人民陪审团参与案件审判,是将法院审判工作置于群众的监督之下,不仅能够规范司法工作人员的诉讼行为,还能保证判决具有说服力,使司法公正真正得以实现。根据省高院《关于开展人民陪审团制度意见(试行)》中的规定,适用人民陪审团案件的范围总体涵盖了刑事、民事及行政案件。刑事案件因涉及剥夺被告人的基本权利,需要予以高度重视。尤其是对被告人可能判处无期徒刑或死刑的案件,裁判时更要慎重。加之我国近年来频繁出现"冤假错案",在刑事审判中引入人民陪审团显得十分必要。人民陪审团参与审理的民事案件则限定为

婚姻、家庭和邻里纠纷，陪审团根据"人情""常理"提出处理意见，便于纠纷顺利解决。对人民陪审团参与审理的行政案件，省高院也做了相关规定。司法实践中，各试点法院也将人民陪审团适用于不同的案件。根据洛阳市中级人民法院的统计，截至2013年，全市两级法院人民陪审团参与审理428起案件，其中刑事案件176件，民事案件235件，行政案件17件。

2. 建立陪审员成员库，确保利益代表广泛

在改革过程中，各试点基层法院根据实际需要，纷纷建立陪审团成员库，为人民陪审团参与庭审工作提供"质"和"量"的保障。以巩义市人民法院为例，该院陪审员的来源大体可以分为三类。第一类是各村委、乡镇推荐的人，以农民为主。这些人占到成员库人数的70%。第二类是行政企事业单位在岗和离退休职工，主要为干部或工人。第三类是调解员、人民陪审员、民调员和社会法官等。① 这些不同利益主体的参与，为陪审工作的展开提供了"质"的保障。由农民、退休人员参与审判，则解决了陪审员借工作之由推辞参与庭审的难题，有益于人民陪审团工作的顺利进行。就"量"的需求来讲，截至2014年7月，巩义市人民法院人民陪审员的数量已是法官的3.1倍，实现了陪审员的倍增计划，为随机挑选陪审团成员提供了条件。

3. 规范参与庭审的方式，注重陪审团的意见

为保证人民陪审团的有效参与，省高院做出了系统规定。首先是陪审团成员的选取。法院从陪审员成员库中随机抽取20～30人，根据各成员是否应当回避，是否参加庭审等情况，最终确定9～13人（单数）组成人民陪审团参加庭审。其次是参与庭审的程序。开庭前，法院向陪审团成员发放当事人的起诉书和答辩状，便于其初步了解案情。开庭时，在审判庭旁听席设置"人民陪审团专席"并竖立标志牌。庭审过程中，赋予陪审团成员发问的权利，但行使方式会受到一定限制，即不能直接向当事人或证人发问，而

---

① 《河南省法院人民陪审制度改革论文集》（内部资料），河南省高级人民法院陪审团研究室，2013。

是通过递纸条的方式由审判长代问。庭审后的评议阶段,则需召开陪审团会议,全体陪审员列席并就案件的有关问题发表意见。最后是人民陪审团关于案件处理意见的效力。在陪审团评议案件提出处理意见时,鼓励陪审员从大众的视角,发表对案件事实和法律适用方面的意见。法官对于人民陪审团提出的意见要充分重视。通常情况下,法官根据陪审团意见对案件进行判决和处理;与陪审团意见存在较大分歧,应向本院审判委员会或上级法院汇报案件时,上报人民陪审团的意见,抑或直接将案件提交本院审委会讨论。

### (二)河南省人民陪审制度改革的社会效果与存在的问题

#### 1. 人民陪审制度改革取得的成效

河南省自实行人民陪审制度后,取得了良好的社会治理效果,司法审判工作也迎来了"暖春"。

(1) 上诉、信访案件急剧减少,司法公信力提高

通过吸收人民陪审团参与审判,各试点法院上诉和信访案件的数量急剧减少。比如巩义市人民法院,在近年来人民陪审团参与审理的 25 起刑事案件中,未出现上诉和信访的情况;人民陪审团参与审理的 61 起民事案件,调解的有 12 件,撤诉的 13 件,判决 36 件。在判决的案件中,上诉的有 16 件,未上诉的有 20 件(见表1)。

表1　陪审团参与审理案件处理情况

单位:件,%

| 案件类型 | 总数 | 结案 | 上诉 | 上诉率 |
| --- | --- | --- | --- | --- |
| 刑事案件 | 25 | 25 | 0 | 0 |
| 民事案件 | 61 | 61 | 16 | 26 |

不仅是巩义市人民法院,河南各试点法院的上诉、信访案件都有所减少。人民陪审团参与案件审理,使当事人在心理上有所依靠,相信在陪审团的监督下,法官能够公正审理,从而减少了对裁判结果的抵触情绪,对法院工作的认同度也大大提高。同时,人民陪审团成员往往根据经验、常识来判

定当事人在法庭中所言的真伪性，所做出的判断也更贴近民意。如此良性循环，司法公信力得以提高。

（2）法制教育作用显著，社会治理效果明显

党的十八届四中全会提出了我国法治建设的新目标，其中"全民守法"是对全体公民的要求。若要做到全民守法，则需先"知法"。由人民陪审团参与司法审判，为更多普通公民接近和参与司法提供了方便。尤其是有些试点法院，吸收广大农民作为陪审员，一方面保证了农民的司法参与权，另一方面则起到了法制宣传和教育的作用。公民在参与庭审的过程中，法律素养不断提高。

此外，参加过庭审的陪审团成员，在社会生活中成为法制宣传员，将庭审的经历和所获法律知识进行传播，影响和教育其他社会成员。在这种法制氛围下，法院"公正裁判者"的形象得以在群众中树立，全体社会成员的法律意识也有所提升，河南省的社会治理、法治建设走上良性发展的道路。

**2. 人民陪审制度改革中存在的问题**

虽然河南省实行人民陪审制度取得了良好的社会治理效果，不过就制度本身而言，仍存在不少问题与不足。主要表现在以下几方面。

（1）人民陪审团陪审的审级不确定

人民陪审团参与陪审的审级不确定是当前改革亟须解决的一个问题。根据现行人民法院组织法规定，人民法院审判第一审案件，由审判员组成合议庭或者由审判员和人民陪审员组成合议庭进行，即人民法院审判第一审案件，可以实行人民陪审员制度。《刑事诉讼法》与《民事诉讼法》也做出同样的规定。不过根据各试点法院的具体做法，人民陪审员参与审理的案件，既包括一审，也包括二审。比如梁红亚死刑上诉案件就将人民陪审团直接引入二审。这种与法律规定不符的做法引来了多方批评，因此河南省人民陪审团制度若要进一步坚持和推广，就必须将案件审级限制在法律规定的范围内。

（2）当事人没有选择人民陪审团的权利

根据河南省人民陪审团的实施情况可知，是否由人民陪审团参与审判的选择决定权在法院而不是在当事人手中。对比采用陪审团制的国家，选择适用陪审团还是由法官直接裁判，除例外情况，往往属于当事人的权利。例如

美国宪法第六修正案规定，刑事被告人享有"由公正的陪审团予以迅速而公开审判的权利"。此外，美国联邦最高法院在判例中确认，如果被告人被指控六个月以上的监禁，其就有权要求由陪审团进行审判。并且，该权利可以放弃，只不过不能任意放弃，被告人如放弃由陪审团审理需要满足以下条件：被告人提出书面放弃申请，并经法庭批准和政府检察官的同意。事实上，河南省试行人民陪审团参与案件审理，目的之一便是改变当事人对判决结果的不满，减少上诉或上访的压力。从这个角度讲，赋予当事人选择是否适用人民陪审团的权利，更有利于该目的的实现。

（3）人民陪审团的意见不具有法律效力

根据省高院的规定，人民陪审团的意见只是作为法官判案的一个参考依据，而不具有实际的法律效力。那么实行人民陪审团的意义和价值就值得探讨了。根据英美等实行陪审团制国家的规定，陪审团通常负责事实问题的裁断，法律问题则由法官负责。并且陪审团有"使法律归为无效"的特权。因此，这些国家陪审团的意见往往对案件处理起决定性作用。河南省如今试行人民陪审制度改革，将人民陪审团引入司法实践，却不赋予人民陪审团的意见以法律效力，这不免使人产生怀疑，认为其不过是"走过场""搞形式主义"，而不具有实际意义。由此，通过陪审制度吸收公众参与社会治理的制度设计初衷便很难实现。

## 三 河南省人民陪审制度改革的建议与启示

### （一）完善河南省人民陪审团改革的建议

针对上述人民陪审团实施中出现的问题，本文提出了解决相关问题的建议。

第一，明确人民陪审团参与陪审的审级。我国现行法律规定的人民陪审员参与一审案件的审理有其合理之处。首先，一审案件主要集中在基层法院，便于人民陪审员的参与。根据《关于人民陪审员制度的决定》第14条规定,基层人民法院审判案件依法应当由人民陪审员参加合议庭审判的,应当在人民陪审员名单中随机抽取确定。中级人民法院、高级人民法院审判案件依法应当由人民陪审员参加合议庭审判的,在其所在城市的基层人民法院的人民陪审员名单中随机抽取确定。由该规定可知,人民陪审员隶属于基层法院管理,而基层法院承担着大多数一审案件的审理,因此,将人民陪审团参与审理的案件限定为一审较为合理。其次,由案件的复杂情况所决定。二审案件往往是由于一审过程中出现问题而对案件进行再处理,其面临的问题多数较为复杂和专业。人民陪审团成员基本上是普通民众,其参与案件审理往往是根据生活经验对事实做出判断,对于法律适用等问题则须由专业法官来处理。如此就决定了人民陪审团不适宜参与二审案件的审理。

第二,将是否选择人民陪审团陪审规定为当事人的权利。陪审制度的建立是为了纠正法官职业思维的弊端,使判决结果更符合普通人的价值判断。然而,有时将陪审团适用于审判对当事人来说可能是一种风险负担。陪审团的成员大多不具备专业的法律知识,常常根据法庭中当事人的表现来做出判断,由他们对案件进行裁判具有相当大的不确定性。既然对于当事人来说适用陪审团是一种风险,法律就应将这种风险的选择权交予当事人,由他们选择是否适用陪审团。河南省在试行人民陪审团时,应将其规定为当事人的权利,即在民事案件中,须有双方当事人的同意方能适用人民陪审团;在刑事案件中,则将此项权利赋予被告人,由其选择适用与否。

第三,协调好人民陪审团对事实的裁决与法官判决的关系。美国是实行陪审团制度的典型国家,在审判过程中,陪审团通常负责案件事实部分的认定,并且只有当陪审团认定该人有罪时,法官才考虑对此人应该科以怎样的罪名和处罚。法官并不具体认定案件的是与非,而只专注于法律问题的适用。由于我国现阶段审判方式侧重于职权主义,强调对案件事实的发现。因此直接借鉴美国陪审团对事实认定的法律效力显然操之过急。解决该问题可以从陪审团的组成入手,先由专家陪审团对事实进行完全裁判,而职业法官则专注于法律问题的指示、解释和量刑问题。试行人民陪审团,不能一开始就要求陪审员有广泛的代表性。审判毕竟是一项专业性较强的工作,且判决结果往往牵涉当事人的切身利益。因此在推行人民陪审团时应先组织专家陪审团（这里指事实方面的专家）来积累裁决事实的经验。在经过试点和积累经验后，民众耳濡目染陪审制度的方方面面，有了基本的知识储备，可以在重大的案件中逐渐扩大普通陪审员的范围，由专家过渡到普通人，由普通民众组成陪审团对事实进行裁断，成为完全的陪审团制。

### （二）河南省人民陪审团改革的启示

第一，公众积极参与社会治理，是人民陪审制度深入改革的基础。在陪审员的选取阶段，公民应积极参与，将陪审视为一项义务和职责，不应借故推辞参与；在庭审过程中，人民陪审团成员需要切实参与其中，怀着对公平正义的追求来审理案件，认真听取双方的意见，根据社会常识和良知做出是非判断；在评议过程中，每位陪审员都应积极参与讨论，就案件发表个人观点，不能置身事外，"评而不议"。

第二，社会各方为陪审员参与社会治理提供保障，是人民陪审制度改革继续进行的条件。首先是物质保障。在司法实践中，许多人民陪审员不愿参与审判的一个重要原因是补助少。在某些基层法院，陪审员参与一天审判只有50元补助，更有些法院，对陪审员的补助就是管一顿中午饭。因此在很多人看来，花费一天时间却获得如此回报，实在没有参与的必要。河南省将人民陪审团引入审判活动，扩大了参与庭审的陪审员数量，如果不能从物质上给予这些人合理补助，此项改革也会逐渐陷入困境。其次是制度保障。比如出台相关法律，规定陪审团成员参与审判其工作单位要给予积极的配合；各级人大和人民法院配合完成陪审员的选取和更换工作等。

第三，促进社会治理良性运行、实现司法公正，是人民陪审制度改革的最终目标。人民陪审团参与案件审理能够有效防止司法腐败，为实现司法公正提供了可能。首先是对法院进行监督，最主要的是对法官的监督。庭审过程中，制约法官的审判活动，规范其行为，纠正裁判的不合理之处；庭审结束后，督促法官公正及时地做出判决，确保当事人权利的实现。其次是对检察院的监督。法院若要公正裁判，必须独立行使审判权。在实践中，很多刑事案件提起公诉后，人民检察院为了胜诉，往往对法院施压，导致法院的独立审判权受到侵害。由人民陪审团参与刑事案件的审判，不仅能够规范公诉人员的行为，还能对人民检察院的工作进行监督。最后，人民陪审团也监督当事人的诉讼行为。由于陪审团的意见对案件的审理具有重要意义，因此涉诉当事人会将注意力放在证据收集以及庭审活动中，而不是向法官行贿，如此一来司法腐败现象将大大减少，司法公正便得以实现。

# 郑州市慈善总会捐赠工作的实践与启示

霍海燕　胡晓明　高　荣*

摘　要： 郑州市慈善总会慈善捐赠工作取得显著成绩，其在创新捐赠方式、增强慈善组织公信力、弘扬慈善文化和营造慈善氛围等方面的经验和做法在全国产生了一定影响；但同时慈善捐赠工作也存在慈善组织行政化倾向明显、尚未形成稳定的善款筹集渠道和缺乏慈善捐赠人才等问题。郑州市慈善总会捐赠工作实践为河南省其他地区开展慈善捐赠工作提供了重要借鉴与启示。加快推进河南省慈善捐赠事业应从几个方面入手：一是坚持"党委领导、政府推动"原则；二是打造透明慈善，不断增强慈善组织公信力；三是传播慈善文化，积极营造慈善氛围；四是培育慈善项目，打造慈善品牌。

关键词： 郑州市　慈善捐赠　慈善总会

郑州慈善总会成立于1995年8月11日，由热爱慈善事业的社会各界人士、企事业单位及团体自愿参加，经民间组织登记管理机关核准注册登记，是具有法人资格、全市性非营利性的社会团体组织。郑州市慈善总会以发扬人道主义精神，弘扬中华民族扶贫济困的传统美德，关怀帮助社会上不幸的

---

\* 霍海燕，郑州大学公共管理学院教授，博士生导师，社会管理河南省协同创新中心研究员，研究方向为公共政策与社会保障；胡晓明，郑州大学公共管理学院2013级博士研究生；高荣，郑州大学公共管理学院2013级博士研究生。

个人和困难群体，开展多种形式的社会救助工作为宗旨，为推动社会公平、文明、进步服务。

郑州慈善总会实行会员制，最高权力机构是会员代表大会。郑州慈善总会下设六个部门，分别为秘书处、办公室、社会工作部、募捐救助部、项目部和宣传策划部。郑州市慈善总会的业务主管单位为郑州市民政局，接受郑州市民政局的业务指导和监督管理。本报告采取实地调研与个人访谈相结合的方法，在对郑州市慈善总会实地调研的基础上，分别对郑州市慈善总会名誉会长和相关人员进行访谈。根据调研情况，我们撰写了本报告。

## 一 郑州慈善总会捐赠工作的实践

慈善捐赠工作是发展慈善事业的根本保障，直接关系慈善工作开展的广度和深度，是慈善事业赖以生存和发展的基础。近年来，郑州市慈善总会多方筹措慈善捐赠资金，认真实施救助项目，努力提升慈善捐赠工作水平。

### （一）创新捐赠方式，不断拓宽慈善捐赠渠道

近年来，郑州市慈善总会一直将捐赠工作作为第一要务来抓。不断创新捐赠方式，拓宽慈善捐赠渠道。

#### 1. 举行"郑州慈善日"系列活动

自2007年起每年的10月16日为"郑州慈善日"。近年来，市委办公厅、市政府办公厅、郑州警备区政治部每年都联合下发《关于开展"郑州慈善日"活动的通知》。省、市领导对慈善日活动都给予了高度重视和支持，亲自出席慈善日活动仪式，带领机关领导干部带头捐赠，全市各县（市、区）、市直机关各部门、学校、企业、部队等社会各界纷纷慷慨解囊，2009~2014年"郑州慈善日"活动现场共募集善款27605万元，且募集的善款逐年攀升。

#### 2. 大力推广合同认捐、留本捐息、冠名基金等慈善资金募集方式

为解决郑州市交通拥堵，保障百姓出行，爱心企业为郑州市"畅通工

程"合同认捐公交车781辆,资金高达40597万元。截至目前,郑州市定向捐赠企业"慈善冠名基金"9个,主要有"薛景霞教育慈善基金""商都关爱女性健康慈善基金""启福烛光爱心基金""中晟集团爱心企业联盟基金""智在行慈善基金"等,募集资金总额达7000万元。

#### 3. 以品牌项目吸引社会捐赠

近年来,郑州市慈善总会陆续开展"牵手工程""心理援助""银龄行动""善行绿城之大病救助"等品牌慈善项目,这些项目的开展,激发了企业家的善举,收到了很好的效果。比如郑州日产汽车有限公司"牵手工程"项目是用于对郑州市贫困大学生和孤儿的救助,共救助贫困大学生2937人,孤儿200人,救助金额达960万元。

#### 4. 创建慈善捐赠平台

针对爱心企业开展慈善事业的需要,通过企业冠名基金等方式,联合打造各类平台,促进更多企业加入慈善捐赠事业。联合郑州日产创立了"牵手工程"公益项目,在五周年庆典上发布了品牌新标识,计划在2015~2019年捐赠1500万元,帮扶贫困地区小学生和家庭经济困难的大学生。联合郑州马可波罗瓷砖举行的第三届"马可波罗瓷砖慈善之旅——郑州站"救助贫困学子捐赠活动,使来自中牟县的15名贫困学生领到了3万元的助学金。联合满利兴业有限公司设立了"爱康医疗救助慈善基金",帮助解决城乡困难群众医疗保障问题。

#### 5. 充分发掘社会捐赠资源

四年来,郑州市慈善总会重点做好企业的劝募工作,与企业建立起良好的合作关系,倡导企业树立社会责任的理念,宣传企业捐赠的救助效果,扩大企业的社会影响力,把慈善理念引入企业文化,促进了企业与慈善事业的良性互动。同时积极倡导"人人可慈善"的理念,在全市400多家超市、宾馆、医院等公共场所设置爱心募捐箱500多个,吸纳零散资金,激发人们的爱心,鼓励社会公众积极参与慈善捐赠、支持慈善捐赠。

### (二)创新慈善透明方式,增强慈善组织公信力

慈善组织的公信力是社会各界对慈善组织认可与否的焦点。慈善组织的

公信力是一个有实际影响力的指标，是社会动员的前提条件，关系慈善组织吸引公众捐赠的能力。郑州市慈善总会在组织公信力建设方面不断创新方式方法，积极打造透明慈善，主动接受社会各界的监督，使组织的公信力不断迈向新的高度。

**1. 全国率先成立慈善组织监事会，打造透明慈善**

2011年在第二届理事会第三次会议上郑州市慈善总会在全国率先成立了由市纪检委、人大代表、政协委员、审计局、财政局、民政局、新闻媒体、受赠代表、捐赠代表组成的郑州慈善总会监事会。监事会以财务监督为核心，根据有关法规的规定，对慈善项目的调研、立项、运行、管理、资金使用情况、项目评估等进行监督，确保慈善项目规范运作，资金合法、安全、有效的使用。监事会的成立，标志着郑州慈善总会长期以来推行的"透明慈善"迈上了一个新的高度，让社会各界真正地参与慈善组织的运营，主动接受社会各界的监督。

**2. 加强社会参与，接受各界监督**

通过在郑州电视台、《郑州日报》、《郑州晚报》、郑州人民广播电台、中原网等省市新闻媒体发布消息，面向社会公开征集2014年慈善捐赠项目，并在总会官网上公示，确定了2014年实施的30个慈善捐赠项目。对善款募集和慈善救助情况，在郑州慈善网上实现了同步更新，市民可以查询每一笔善款的去向，并在《郑州日报》上公示了年度慈善捐赠和善款使用情况，接受市民的监督。通过向社会公开，促进了资源优化配置，扩大了受益人群覆盖面，保证了项目更具人性化、合理化。

### （三）注重慈善捐赠宣传，着力弘扬慈善文化

郑州市慈善总会不断深化慈善捐赠宣传，开拓慈善捐赠宣传领域，形成形式多样、内容丰富的慈善捐赠宣传工作，主要做法如下。

**1. 依托传媒扩大宣传**

近年来，郑州市慈善总会加强与新闻媒体的联系和合作，通过报纸、电视、电台、网络等媒体宣传慈善工作，先后在省内各大主流媒体以多种形式

发表慈善活动等稿件 900 多篇，被各大网络媒体转载达万余次，长期设慈善专栏 6 个，累计达 300 多期，在国家级刊物《社会福利》《大众慈善》《中国社会报》《公益时报》《新慈善》《慈善公益报》等杂志发表文章和信息 20 余篇（条）。编辑印发各种郑州慈善活动简报 264 期。在全市 86 个快速公交车站台和公交车内电子广告屏发布慈善公益广告。在社区、机关张贴慈善宣传海报 200000 份，让更多人了解慈善、关心慈善、参与慈善。

#### 2. 依托项目重点宣传

近年来，慈善总会围绕安老、扶孤、助残、济困，实施了 46 个慈善项目，并通过慈善项目发布会、慈善项目启动、慈善项目验收、慈善项目评比等活动，组织省、市人大代表、政协委员、捐赠代表、新闻媒体等对慈善项目进行重点宣传，全程进行跟踪回访，提高了慈善工作的透明度，提升了宣传效果。2012 年慈善总会在郑州电视台开辟了《爱满绿城》慈善公益栏目，全方位展示郑州市的各类慈善活动，主动策划组织灵活多样的各类捐赠救助社会活动，最大限度地利用电视栏目平台的传播效应，在全社会弘扬慈善文化、促进慈善捐赠事业发展。栏目开播后社会反响强烈，社会效应良好。

#### 3. 拍摄"慈善微电影"，探索慈善捐赠宣传的新方法

郑州市慈善总会拍摄了河南省首部慈善微电影《阳光慈善　温暖郑州》，该电影通过纪实手法，以救助对象故事为主线，真实描述了留守儿童、空巢老人、大病家庭三个特殊社会群体的生存现状。微电影在优酷网、新浪微博发布三小时后，瞬间引起了全国网民争相转载和传阅，转载超过千次，评论数百条，收到了良好的宣传慈善、人人争做慈善的效果。

## 二　郑州慈善总会捐赠工作的成效

大德无声，丰碑无言。郑州慈善总会围绕"安老、扶孤、助学、济困"的宗旨，以"关注民生、关爱弱势群体"为出发点和落脚点，立足改善民生、服务社会，多方筹措慈善资金，努力提升慈善捐赠工作水平，取得了良好成效。截至 2014 年底，共接收善款 6.63 亿元，支出 5.89 亿元，救助困

难群众百万余人次。一系列卓有成效的工作，为郑州市慈善总会赢得了众多美誉。2012年荣获第二届"中国城市公益慈善指数"最高荣誉——七星级慈善城市；2012年、2013年两度荣获"中国政府推动奖"和"中国慈善透明榜样"荣誉称号，并连续11次获得中华慈善奖。

（一）全社会慈善氛围日益浓厚，爱心企业和慈善个人层出不穷

在民政部主办的"慈善的力量"2012中国慈善年会上，由郑州慈善总会开展的全民参与的"人人可慈善、天天可慈善"的微公益慈善理念在"分享·捐赠的力量"中脱颖而出，荣获"2012年度中国慈善政府推动奖"；在第二届中国公益慈善项目交流展示会上获得"中国慈善透明榜样"称号；2012年由郑州慈善总会推荐的敞福置业股份有限公司荣获"最具爱心企业"、郑州市第一按摩医院第二起跑线医疗志愿服务团队获"最具影响力的慈善行为楷模"、登封市贫困孤儿和留守儿童文武帮扶项目荣获"最具爱心慈善项目"。

（二）慈善劝募成效显著，捐赠数额屡攀新高

在郑州市第六个法定慈善日当天，慈善募捐善款高达9700万元，创造了郑州市慈善捐赠的新纪录；在郑州市委主持召开的中国共产党郑州市第十届委员会第四次全体（扩大）会议上，郑州市委书记吴天君，市长马懿等领导在活动现场带头捐款，郑州宇通客车股份有限公司等15家企业现场认捐1250万元，会议现场共募集善款1257.95万元；敞福置业捐赠3250万元用于购置郑州市交运集团公交车和郑州市社会福利单位用车，成功捐赠的背后离不开政府和社会各界人士的理解和支持，更离不开郑州慈善总会的积极协调和劝募。

（三）慈善捐赠项目开展井然有序，社会效应明显

近年来，郑州市慈善总会共设立70多个慈善捐赠项目，涵盖了医疗救助、助学、安老、抚孤、心理援助、慈善文化建设等多个方面，累计救助

各种困难群体30余万人（次），《郑州日报》、《郑州晚报》、郑州电视台、郑州人民广播电台、中原网等省市新闻媒体对其各类慈善捐赠项目进程报道1000余次，在社会上产生了较为显著的影响。"善行绿城"系列慈善捐赠项目对诸多贫困病人起到了雪中送炭的作用，让不少本来已经绝望的病人恢复了生活的信心，让社会民众更多地认识到了慈善的存在，使面临困境的群体切实感受到了慈善爱心的温暖，让慈善工作与老百姓生活的距离不断拉近。

## 三 郑州市慈善总会捐赠工作面临的问题

郑州市慈善总会经过数十年的发展，取得了长足的进步，但也如我国众多非营利组织一样，受体制机制等诸多因素的制约，在某些方面尚存在一些问题，亟须得到重视与改进。

### （一）慈善捐赠工作尚未形成稳定的善款筹集渠道

从郑州市慈善总会善款筹集方面来看，募集方式单一，规模有待进一步扩大，在"慈善捐赠日"通常主动捐款者较少，主要靠组织大型捐赠活动和企业认捐。有时只是靠总会领导的社会关系和威信来动员慈善捐赠，或者靠临时走访一些企业来动员慈善捐赠。总体来说，开辟新的慈善捐赠渠道不多，慈善捐赠劝募方式比较单一，慈善总会发展慈善捐赠事业的独特优势尚未充分发挥出来，动员社会资源的能力有待进一步提高。

### （二）慈善总会组织队伍建设需要进一步加强

郑州市慈善总会工作人员构成繁杂，难以满足慈善捐赠事业职业化、专业化需求。一方面，组织内重要岗位多由各政府部门退休的老领导担任，且大多是兼职从事慈善捐赠工作。不可否认，退休的老领导、老干部为慈善捐赠事业的发展做出了突出贡献，但现代慈善捐赠事业不同于以往的社会救济，它要求全新的服务理念、技能和管理方式，行政化的、强制性的管理思路和模式已经不适应现代慈善捐赠事业的发展。另一方面，慈善组织的待遇低，造成慈善组织难以吸纳和留住具有专业知识的高素质人才。郑州市慈善总会共有大约20名工作人员，总会管理层大部分为退休市领导或者民政局借调人员，其余工作人员均是社会招聘人员。慈善总会的低工资状况和岗位不稳定性难以吸引慈善组织所需要的专业人才，如慈善项目策划人员、慈善组织财务人员、基金运作人员、审计人员等。由于没有专业人才的加入，没有职业化的专业人才，仅靠兼职的非专业的爱心人士，人才缺乏影响了慈善捐赠事业的发展。

### （三）慈善总会的行政化倾向明显

郑州慈善总会行政化倾向的运作方式也给慈善组织带来了诸多弊端。行政化的动员方式和组织运作方式使得总会日益"趋官化"，总会的各个方面，包括人员构成、经费来源、运作规范及活动方式都带有强烈的行政色彩。慈善总会依靠自身具有的优势，依托政府的行政力和公信力，在慈善捐赠上造成一种无须竞争的发展环境，容易占据社会大量的慈善资源，但是与此同时也忽略了慈善组织自身综合能力的提升。此外，一些慈善捐赠项目申请需要经过层层审批，在灵活度和自主性方面欠佳，不利于慈善项目运作效率的提高，从而对慈善服务的质量造成一定影响。郑州市慈善总会的行政化倾向在我国带有一定的普遍性。这与慈善组织的民间性相违背，不利于总会的健康发展。

### （四）慈善捐赠方式创新不足

郑州市慈善总会在慈善捐赠项目设计与运作方面虽然已经开始呈现多样化特征，但是，相对于社会的需求来说，其运作形式还是比较单一，慈善项目运作往往需要经过政府层层审批，这也造成慈善捐赠方式创新较难。同时，慈善项目的运作大多要与政府政策相配套，也造成在慈善活动策划上缺乏创新点。在慈善事业大发展的今天，慈善捐赠项目单一使得慈善总会很难满足多样化、多层次的社会需求。

## 四 加快推进河南省慈善捐赠事业的对策建议

当前,河南省慈善事业尚处于发展的初级阶段,特别是慈善捐赠工作在许多地区尚未得到有效开展,慈善捐赠机制和流程还未建立,筹款能力弱,社会效应不明显,致使许多地区慈善组织的发展运营举步维艰。通过对郑州市慈善总会慈善捐赠工作的研究和总结,我们得出以下启示,以期对河南省慈善工作开展提供有益借鉴。

### (一)坚持"党委领导、政府推动"的原则

坚持"党委领导、政府推动"原则是当前开展慈善捐赠工作的根本要求。特别是在慈善捐赠工作起步阶段,政府重视和推动显得尤其重要。以郑州市为例,从2007年起每年的10月16日举行市委市政府规定的"郑州慈善日"活动,省、市领导对慈善日活动都给予了高度重视和支持,亲自出席慈善日活动仪式,带领机关领导干部捐赠,在省市领导亲力亲为下,全市各县(市、区)、市直机关各部门、学校、企业、部队等社会各界纷纷慷慨解囊,2009~2014年"郑州慈善日"活动现场共募集善款27605万元,且募集的善款逐年攀升。郑州市的实践告诉我们,只有各级党政领导重视,才能真正做到齐抓共管,多方行动,全民参与,形成心往慈善事业想、劲往慈善事业使的共识,才能进一步做好慈善捐赠工作。

### (二)打造透明慈善,增强慈善组织公信力

公信力是慈善的生命,丧失了公信力,慈善组织就会丧失资源、丧失力量,甚至丧失存在的价值。只有全面实现慈善信息公开透明,才能最大限度地提高慈善事业的公信力,才能保证慈善的纯洁性和慈善事业的可持续发展。为此,郑州市慈善总会在全国率先成立了由社会各界人士代表组成的郑州慈善总会监事会。监事会以对总会财务监督为核心,根据有关法规的规定,对慈善捐赠项目的调研、立项、运行、管理、资金使用、项目评估等进行监督,确保慈善项目规范运作,资金合法、安全、有效的使用。郑州市慈善总

会对每一笔捐赠善款都在郑州慈善总会官方网站上及时公布，善款使用情况实现同步更新，市民可以查询每一笔善款的去向。每年郑州市慈善总会都在《郑州日报》上公示年度慈善捐赠和善款使用情况，接受社会各界的监督，确保慈善款物公开透明，取之于民，用之于民，不断提高自身的社会公信力。

### （三）传播慈善文化、营造慈善氛围

传播慈善文化，营造慈善氛围，是开展捐赠工作的重要保障。郑州市慈善总会通过报纸、电视、电台、网络等媒体宣传慈善捐赠工作，并在全市86个快速公交车站台和公交车内电子广告屏发布慈善公益广告。在社区、机关张贴慈善宣传海报20万份，郑州市慈善总会还不断探索慈善捐赠宣传的新方法，拍摄了河南省首部"慈善微电影"，让更多人了解慈善、关心慈善、参与慈善。郑州市慈善总会的实践告诉我们，要重视与媒体的合作，发挥宣传舆论作用，传播至爱慈善理念，使全社会将参与慈善当成一种应尽义务、一种生活习惯、一种道德新风尚。

### （四）培育慈善项目，打造慈善品牌

近年来，郑州市慈善总会陆续开展"牵手工程""心理援助""银龄行动""善行绿城之大病救助"等品牌慈善项目，通过这些项目的开展，激发了企业家的善举，收到了很好的效果。例如，郑州市慈善总会联合郑州日产创立了"牵手工程"公益项目，在五周年庆典上发布了品牌新标识，计划在2015～2019年捐赠1500万元，帮扶贫困地区小学生和家庭经济困难大学生。郑州慈善总会在慈善项目上着力打造慈善品牌，发挥品牌效应，给了我们深深的启发，"有为才有位"，只有紧密结合当地实际，做实做好一些让社会认可的慈善项目，才能有效激发社会积极参与慈善捐赠的热情。

慈善捐赠作为社会的"第三次分配"对缓和社会矛盾，实现经济社会的协调发展具有十分重要的意义。慈善捐赠事业是一项崇高的社会公益事业。郑州市慈善总会作为河南省慈善捐赠事业的"排头兵"，其慈善捐赠工作的实践与探索，可以为河南省其他地区开展慈善捐赠工作提供借鉴。

# 济源市土地流转实践探索[*]

梁思源 周勇振[**]

**摘　要：** 济源市土地流转起步早、推进快、规模大，流转价格高、期限长、方式多样、主体多元，产出率高、效益明显，成效位居河南省前列。在土地流转过程中，济源市采取了工业化、城镇化推动，产业结构调整带动，新型经营主体引领，确权颁证保障，健全土地市场的措施。其以粮为本、宏观布局、勇于创新、与时俱进、市场与制度建设并进的做法，为河南省土地有序流转提供了有益的参考与借鉴。

**关键词：** 土地流转　规模经营　实践探索

土地流转是实现土地规模经营、优化土地资源配置的重要手段。近年来，土地流转已经成为中央政府积极推行的一项方针政策。2015年中央一号文件《关于加大改革创新力度加快农业现代化建设的若干意见》继续鼓励土地流转，并指出要创新土地流转和规模经营方式，积极发展多种形式适度规模经营。① 在全国开展土地流转的大潮中，济源市政府和民众也积极响

---

[*] 河南省教育厅科学技术研究重点项目"河南省土地流转与农业现代化实证研究"（14A630008）阶段性成果。

[**] 梁思源，博士，郑州大学公共管理学院讲师，社会管理河南省协同创新中心研究员，研究方向为社会治理与社会发展、土地资源管理；周勇振，郑州大学公共管理学院2014级行政管理专业硕士研究生。

① 中共中央国务院：《关于加大改革创新力度加快农业现代化建设的若干意见》，2015年2月1日。

应。济源市位于河南省西北部、黄河北岸,有农业人口46.5万人,占总人口的69.4%,是一个以农业为主的城市;① 耕地面积近70万亩,其中可流转土地面积逾40万亩。② 近年来,济源市积极开展土地流转工作,实践探索出了一套切实有效的经验办法,为实现农业现代化,助推工业化和城镇化起到了十分重要的作用。

## 一 济源市土地流转基本情况

### (一)土地流转推进快、比率高、规模大

济源市的土地流转起步早、推进快,自2007年以来,济源市土地流转开展迅速,由2007年的3.5万亩增加至2014年的31.3万亩,土地流转率由最初的7.5%飞跃至70.9%。③ 济源市土地流转经历了快速增长和平稳发展两个阶段,从图1中可以看出,2011年之前土地流转率增长较快,在2011年时达到了69.0%,之后增长速度放慢,趋于平缓。④

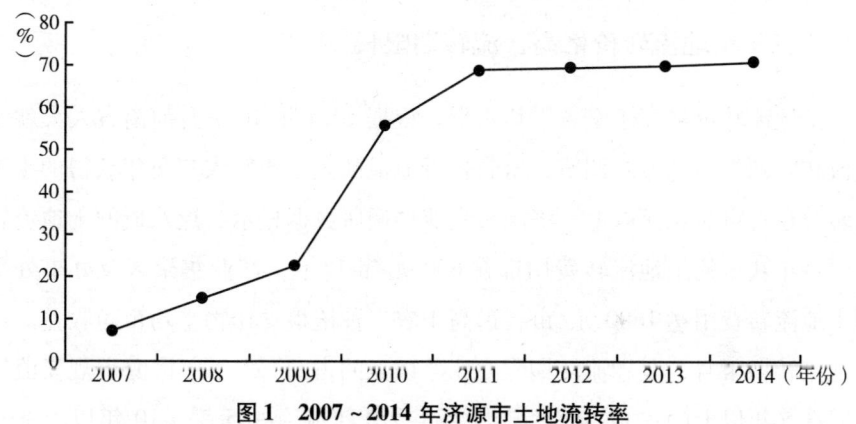

图1 2007~2014年济源市土地流转率

---

① 参见《河南统计年鉴(2014)》。
② 济源市人民政府:《济源市土地利用总体规划(2010~2020年)》。
③ 黄文霞:《济源市土地流转现状分析》,《济源职业技术学院学报》2008年第1期;济源市农业局:《关于济源市土地流转与农业适度规模经营的调查报告》,2015年1月20日。
④ 成翠霞、杜国:《土地流转助推济源市现代农业腾飞》,《河南农业》2012年第7期。

目前,济源市土地流转比例高于全省、全国平均水平,且流转规模较大。济源市农业局调研数据显示,截至2014年底,济源市土地流转面积达31.3万亩,占家庭承包经营总面积的70.9%,高于全国平均水平(28.8%)42.1个百分点,高于全省平均水平(33%)近38个百分点。济源市土地流转规模较大,有63个村实现整村流转。规模(30亩以上,下同)流转497宗,面积为16.9万亩,占土地流转总面积的54.0%(见表1)。

表1 济源市2014年规模(30亩以上)土地流转面积

| 流转规模(亩) | 流转宗数(宗) | 流转面积(万亩) |
| --- | --- | --- |
| 30~100 | 174 | 1.17 |
| 101~200 | 136 | 2.02 |
| 201~500 | 96 | 3.18 |
| 501~1000 | 46 | 3.17 |
| >1000 | 45 | 7.38 |

### (二)土地流转价格高,流转期限长

土地流转价格高于全省平均水平。根据2014年4~7月河南省人大就土地流转问题组织的专题调研,全省接近七成的土地流转农户每年获得的土地流转金在每亩500元以上。济源市农业局调研数据显示,近八成的土地流转农户每年获得的土地流转费用都在600元/亩以上;产业集聚区及办事处平均土地流转费用达1600元/亩,远高于农户种植粮食作物平均亩净收益。从土地流转期限看,全省流转期限在5年以上的占66.2%。[①] 济源市规模流转期限在5年以上的占76.4%,其中,5~10年的有105宗,10年以上的有275宗,分别占21.1%和55.3%,多属于中长期流转,保证了农业生产投入的长期稳定增长和农业的可持续发展。

---

① 《河南土地流转面积已超承包地总面积三成,企业等成流转新主体》,http://www.tuliu.com/read-8802.html。

### （三）流转方式多样化，流转主体多元化

农户在采取转包、出租、互换、转让等传统流转方式基础上，创新思路，积极探索土地股份合作、土地流转信托、土地托管等流转方式。思礼镇涧南庄村、北辰绿色农业专业合作社等，通过土地股份合作，实现了土地适度规模经营；轵城镇西天浆、赵村等，与中信信托签订了2万亩土地流转信托战略合作协议，为土地流转促进农业适度规模经营提供了新的模式。土地流转也由单一的在农户之间相互流转转变为在家庭农场、农民合作社、龙头企业等各类新型农业经营主体之间流转。

### （四）流转土地产出率高，适度规模经营效益明显

近年来全市新增的流转土地，除用于粮食生产外，蔬菜、烟叶、冬凌草、薄皮核桃等高效经济作物种植也占相当比例，且效益较高。根据调查，平原规模种植粮食作物在200～500亩的旱涝保收田，正常年景亩产都超过了2000斤，亩均年收益都在350元以上；蔬菜大棚亩均年收益为8000元，蔬菜制种亩均年收益为4000元，冬凌草种植亩均年收益为2500元，效益均高于种植粮食作物。

### （五）民众土地流转意愿高

社会管理河南省协同创新中心济南调研数据显示，在随机抽取的百位调研对象中，有75人对土地流转问题进行了作答，其中有69人表示愿意进行土地流转，占作答人数的92.0%，而受访对象中事实上进行过土地流转的人有68人，占作答人数的90.7%。由于调查样本有限，土地流转意愿偏高，但从一个侧面可以反映民众对土地流转的积极性较高。

## 二 济源市土地流转的主要做法

### （一）工业化、城镇化推动流转

工业化、城镇化是土地流转的前提和基础。随着济源市城乡一体化示范

市和新型工业化的快速推进，创造了更多的就业岗位，大量的农村劳动力进入第二、三产业。截至2014年底，全市11个镇常年外出务工农民达到13万人，工资性收入不断增加，对土地的依赖性逐渐减弱，农业副业化、农村空心化、农民兼业化现象的出现，为土地流转提供了前提条件。在此背景下，济源市政府广泛宣传土地流转政策，引导农民进行土地流转，并树立典型进行带动。在政府和民众的配合下，逐步推动土地流转，让更多的人从土地上解放出来，优化土地资源配置，从而实现了土地流转和工业化、城镇化建设相互促进的共赢局面。

### （二）产业结构调整带动流转

区位因素对农业发展影响较大。近年来，济源市不断优化农业产业结构，大力发展主导特色产业。在平原区加强农业基础设施建设，规划了10万亩高标准粮田和5个万亩蔬菜生产核心区，重点发展蔬菜、粮食种植等；在山区，依托自然条件和环境优势，重点发展烟草、蔬菜制种和绿色有机农业；通过发展产业生产和完善农业基础设施带动土地流转。

### （三）新型经营主体引领流转

近年来，济源市把培育新型农业经营主体作为加快土地流转、发展农业适度规模经营的重要抓手，吸引各类社会资本有序进入农业领域，将信托与土地流转相结合，与中信信托签订了河南省首个土地流转信托项目"中信·济源农村土地承包经营权集合信托计划"，增强了新型农业经营主体的产业带动力和土地集聚力，有效推动了土地流转和适度规模经营。[1] 截至目前，培育家庭农场68家、千亩以上大户53家，规范农民合作社798家，扶持农业龙头企业52家。

### （四）确权颁证保障流转

土地确权是土地流转的前提条件，只有在产权清晰的情况下才能顺利开

---

[1] 《中美两例土地流转信托项目对比》，http://www.tdzyw.com/2014/0315/35217.html。

展土地流转工作，减少土地纠纷。确权颁证工作自2012年开始试点，2014年全面推开，目前济源市率先在全省全面推进的农村土地承包经营权确权登记颁证工作已基本完成。确权工作的开展把土地承包经营权变成实实在在的经营权证，使农民吃上"定心丸"，进一步助推土地流转。

### （五）促进流转市场有序流转

济源市先后建成11家镇级土地流转服务中心，以及河南省首家农村产权交易中心，打造了农村土地流转有序推进的良好平台。目前已通过农村产权交易中心交易土地8宗4630亩，流转金额约384万元，惠及1339家农户。同时，积极探索建立土地流转价格逐年增长和随物价变动机制，由受让方根据土地产出农产品的预期市场价格行情与农户结算，切实保护农民利益，充分调动了土地流转双方的积极性。

## 三　济源市土地流转存在的现实问题

### （一）土地流转存在非农化倾向

由于粮食收益较低，土地流转后多用于经济作物种植，从而提高土地收益，对粮食安全来说存在一定的威胁。又由于缺乏监管和风险防范，部分工商企业长时间、大面积租赁农户承包地，挤占农民就业空间，甚至触碰土地非农化底线，遇有灾害性天气或经营不善亏损时，个别工商企业（种植大户）容易将土地撂荒。

### （二）土地流转有形市场尚未充分发挥作用

2014年5月，济源市成立河南省首家农村产权交易中心，为土地流转市场的形成搭建了平台。由于农村产权交易中心成立时间较短，体制机制尚不健全，还处于摸索阶段，在土地流转交易中的作用还未充分发挥。如何利用新平台推动土地流转，还有待进一步的实践探索。

### （三）土地流转不平衡，流转行为不够规范

规模流转比例不平衡。由于工业化城市化发展水平不同，各镇（办）规模（30亩以上）流转比例也不一样，平原区规模流转比例为56.5%，山区规模流转比例为16.3%。流转价格不均衡，平原区亩均流转价格1200元，相当于山区亩均流转价格的4倍。合同签订不够规范。在497宗规模流转交易中，有375宗签订规范流转合同，占流转总数的75.5%，24.5%存在合同条款规定过于笼统、表述不严谨等现象。

## 四 济源市土地流转的改进方向

### （一）加快基本农田建设，加大对粮食适度规模经营的支持力度

粮食生产是国之根本，必须确保一定数量和质量的基本农田。根据国土资源部、农业部全国永久性基本农田划定和农业设施用地管理要求，按照划定与保护相结合，建设与管理同时进行的要求，在济源市玉泉、梨林、轵城、承留等镇划定20万亩永久性基本农田，其中包括10万亩高标准粮田，切实守住耕地数量红线和质量底线，保证济源市年粮食产量2亿公斤。建立工商企业租赁农户承包地分级备案机制，建立健全工商企业租赁农户承包地资格审查、项目审核制度，对租地条件、经营范围等做出规定。按面积实行分级备案，严格准入门槛，加强事中事后监管，防止浪费农地资源、损害农民土地权益，防范承包农户因流入方违约或经营不善遭受损失。加大粮食生产支持力度，建议开展按照实际粮食播种面积或产量对生产者进行补贴，对从事粮食生产在200亩左右的农民合作社、家庭农场等新型经营主体重点扶持。

### （二）充分发挥市农村产权交易中心的平台作用

政府通过构建畅通的农村产权交易渠道，激活土地市场，并加以宣传引

导，提高民众对产权交易的认知度，吸引农业经营主体的参与，从而推动土地流转。建立农村土地承包信息数据库和农村土地承包管理信息系统，形成系统化、规范化、经常化的土地承包档案和流转管理电子信息系统，实现以图管地，通过市农村产权交易中心网站，发布流转信息，引导土地流转双方进入市场交易。

### （三）规范完善土地流转行为，妥善调处农村土地承包纠纷

加强对土地流转期限、流转用途、价款支付等合同重点内容的审核，规范合同签订、开展流转鉴证，实现监督管理、交易规则、信息发布、交易签证、收费标准、平台建设"六统一"管理，规范土地流转行为。通过完善责任机制，充分发挥镇农经部门土地流转信息搜集整理、备案及指导鉴证等作用，发挥市农经部门对镇级工作的监督指导作用。建立市、镇两级土地纠纷仲裁机构，规范土地承包经营纠纷调处程序，逐步形成民间协商、镇村调解、司法保障的层层调处机制。

## 五 济源市土地流转的经验启示

### （一）以粮为本，宏观布局

利用土地流转，调整农业产业结构，根据不同区位因素，在确保粮食安全的情况下，结合当地特色，进行宏观布局。按"粮作区、经作区"分离种植，有效解决田块细碎化问题。一方面将优质连片的耕地资源划定为基本农田，确保粮食生产；另一方面根据不同地方的区位优势，大力发展特色种植业等。比如坡头镇连地村利用荒坡发展农业生态园，栽植薄皮核桃；克井镇枣庙村根据优越的环境和区位优势，实现了冬凌草种植规模化。由于粮食作物收益低于经济作物，为了避免非粮化，采取种粮补贴政策，对粮食生产者给予相应播种面积的种植补贴，平衡粮经作物的种植收益，提高农户的种粮积极性。

## （二）勇于创新，与时俱进

在土地流转工作中，济源市在新常态中与时俱进，建立新平台，吸引新资本，引入新理念。济源市土地流转工作一直位于河南省前列，如建立了河南省首家农村产权交易中心，为土地流转提供了产权交易平台。济源市吸引社会资源有序进入农业领域，与中信信托签订了"中信—济源农村土地承包经营权集合信托计划"，是河南省的首个土地流转信托项目。土地信托模式一方面通过土地流转形成集约化经营，另一方面也通过信托资金的介入对接农业生产经营过程中产生的资金需求和短期流动性缺口。此外，济源市将环保理念融入土地流转，与中信信托合作的项目是全国首个以建设生态文明、防风固沙、防治雾霾为主要目的的土地流转信托。

## （三）搭建平台，制度护航

济源市积极搭建产权交易平台，推动土地流转市场的形成与完善。各镇级土地流转服务中心、农村产权交易中心，都较好地推动了农村土地流转有序进行。探索土地价格变动机制，将流转价格市场化，调动了参与者的积极性。土地流转的规范进行，一定要有制度保障，如土地登记制度，对承包经营权进行确权颁证，就是减少土地纠纷和保护农民合法权益的有效保障。同时，对承包者的资格审查、项目审核制度也必不可少，严格准入门槛，加强监管。比如对承包地实行分级备案制度，就是降低土地流转风险的良好保障。

# 长垣县以产业集聚区建设推动新型城镇化的实践探索*

师青伟**

**摘　要：** 作为河南省众多产业集聚区的一员，长垣县产业集聚区立足本地实际，在推动新型城镇化方面进行了积极探索：注重产业集聚区建设与新型城镇化建设的内在关系，促进农村转移人口就近就业；推动产业集聚区安居工程建设，满足农村转移人口安居要求；发挥产业集聚区促进农村转移人口城镇化的社会功能，实现农村转移人口的市民化。通过积极探索，长垣县产业集聚区在推动新型城镇化建设方面取得了农村转移人口就近就业、安居、市民化的成效。长垣县以产业集聚区建设推动新型城镇化探索的启示：注重产业集聚区的可持续发展；发挥产业集聚区吸纳农村转移人口就业的效应；依托产业集聚区推动安居工程建设；完善产业集聚区的基础设施与生活设施；强化产业集聚区促进农村转移人口市民化的社会功能。

**关键词：** 长垣县　产业集聚区　新型城镇化

---

\* 河南省软科学项目"河南新型农村城镇化发展路径及政策体系研究"（142400410102）阶段性成果。
\*\* 师青伟，郑州大学公共管理学院讲师，研究方向为公共政策与社会保障。

党的十八大指出："坚持走中国特色新型工业化、信息化、城镇化、农业现代化道路，推动信息化和工业化深度融合、工业化和城镇化良性互动、城镇化和农业现代化相互协调，促进工业化、信息化、城镇化、农业现代化同步发展。"党的十八届三中全会指出，要完善城镇化健康发展体制机制，形成以工促农、以城带乡、工农互惠、城乡一体的新型工农城乡关系，让广大农民平等参与现代化进程、共同分享现代化成果。2014年3月出台《国家新型城镇化规划（2014~2020年）》，明确表示我国要走以人为本、四化同步、优化布局、生态文明、文化传承的中国特色新型城镇化道路。

在《河南省新型城镇化规划（2014~2020年）》中，河南省明确提出发挥不同层级城市资源禀赋优势，在大中小城市和小城镇之间逐步培育形成分工合理、优势突出、特色鲜明、吸纳就业能力强的城镇产业体系，把推进工业化、发展产业放在加快新型城镇化的突出位置。在具体实践中，河南以产业集群发展为重要抓手，规划建设了一批特色鲜明的产业集聚区，提高了产业发展和集聚人口的能力，促进了农村转移人口就近从业，推动了新型城镇化的发展。

作为"2014年度河南省十强产业集聚区"的一员，长垣县立足县域实际，在以产业集聚区建设推动新型城镇化发展方面进行了积极探索，取得了较好成效。

## 一　长垣县产业集聚区基本情况[①]

2008年12月，河南省委八届九次全会明确提出，加快产业集聚区建设，努力使之成为"全省构建现代产业体系、现代城镇体系和自主创新体系的有效载体和战略支撑"，"一个载体三个体系"的重大战略决策由此确立。2009年4月，河南省委、省政府出台《关于推进产业集聚区科学规划

---

① 本部分数据来源于长垣县产业集聚区管委会相关文件以及《长垣县政府工作报告（2015）》。

科学发展的指导意见》，正式将产业集聚区作为工业化、城镇化、农业现代化协调发展的战略突破口。在此决策指导下，长垣县依托原有起重工业园区，强化产业集聚发展，产业集聚区建设不断取得新的成绩。

长垣县产业集聚区位于长垣县城南部，规划面积32平方公里，主导产业为特色重装备制造和汽车及零部件制造。先后获得"国家新型工业化产业示范基地""省工业化信息化融合试验区""省创新型产业集聚区试点""省知名品牌创建示范产业集聚区""国家门桥式起重机械产品知名品牌示范区""省节约集约利用土地示范集聚区达标单位"，2011年度和2013年度"河南省十强产业集聚区""二星级产业集聚区"等多项荣誉称号。

2014年，长垣县产业集聚区建成区面积达到16.8平方公里，入驻企业456家，其中国家级高新技术企业10家，中国驰名商标企业9家，中国名牌产品企业1家；全年实现主营业务收入450亿元，税收收入5.88亿元，从业人员达到8.13万人，实际利用外资38亿元。2015年4月被评为"2014年度河南省十强产业集聚区"之一。

## 二 长垣县以产业集聚区建设推动新型城镇化的探索

产业集聚是要素集聚和人口集聚的基础和前提，也是城镇化的基础和前提，因而产业集聚区的建设开启了新型城镇化建设的历程。长垣县按照"一基本两牵动三保障"的总体要求，以产业集聚区建设为抓手，从如何实现农村转移人口"就业""安居""市民化"方面对新型城镇化建设进行了积极有益的探索。

### （一）注重产业集聚区建设与新型城镇化的内在关系，实现农村转移人口就近就业

**1. 提升产业集聚区的可持续发展能力，实现农村转移人口的稳定就业**

在产业转型升级方面，长垣县紧紧抓住国家加快推进产业转型升级的重要战略机遇，认真落实县委、县政府关于加快工业经济转型升级、起重装备

制造行业监管和企业战略重组等政策措施，设立了2000万元重组担保基金、1000万元转型升级专项资金、5000万元代建周转资金，强力推进起重机械产业实现"三个转变"（由低端生产型向高端制造型转变，由单一生产型向制造服务型转变，由粗放管理型向精益管理型转变），加快延伸特种汽车及零部件产业链条，打造特色装备制造产业升级版。

在项目引资方面，长垣县切实加大产业集聚区招商引资力度，继续强化重大项目谋划和"招大引强"，着力实施项目引资"双带动"战略，重点推进一批重大转型项目投产达效，促进产业集聚区主导产业实现由大向强的新跨越。

在创新驱动发展方面，长垣县产业集聚区始终坚持把实施创新驱动作为加快产业转型升级、提高企业质量和效益的核心。大力推进科技创新、管理创新、人才创新，有效调整企业的产品结构、管理结构、人才结构，整合发展资源，优化要素配置，推动企业创新发展、持续发展。

**2. 强化职业技能培训服务，提高农村转移人口的就业能力**

2014年，长垣县产业集聚区依托县职业中专和职业教育中心，进一步加大企业技工的技能培训，为企业培训工人近1万人次，专业技术和管理人才200余人次。同年，集聚区加强与太原科技大学产学研合作，实施了"3个100"人才培养计划，即计划三年培养100名机械工程硕士，培育100名企业高级管理人才，培训100名高级专业技术工人。5月，首届太原科技大学在职工程硕士研究生班在产业集聚区顺利开班培训；8月，与河南机电高等专科学校签订了校区合作、校企合作、校校合作全面战略合作协议，实现了"课堂进车间、车间设课堂"的实训授课。此外，集聚区对失地农民还进行职业技术培训，使农民逐步变成产业工人。8年间，累计有数万名农民经过培训，学到一技之长，进厂务工变成工人。

**（二）推动产业集聚区安居工程建设，满足农村转移人口安居要求**

**1. 加快产业集聚区基础设施建设，推进产业集聚区内村庄一体化改造**

强化产业规划与空间规划的相互衔接。重点推进城市基础设施向产业集聚区延伸，提升产业集聚区公共服务水平，加快推进产业集聚区内村庄一体化改造，优化产业集聚区空间布局，加大对大型安置社区的财政支持力度。

**2. 加大保障性住房建设，探索多种建设模式**

一是按照集约用地的原则，在产业集聚区统筹规划、建设一批公共租赁住房，作为配套项目，面向产业集聚区用工单位或就业人员出租。二是鼓励用工量较大的企业和重大项目自建公共租赁住房，用于符合条件的新就业职工、外来务工人员租住。

**（三）发挥产业集聚区促进农村转移人口城镇化的社会功能，实现农村转移人口的市民化**

长垣依据《河南省人民政府关于深化户籍制度改革的实施意见》，全面放开落户限制。坚持产业为基、就业为本，强化住房、教育牵动，充分发挥产业集聚区促进农村转移人口城镇化的社会功能，实现农村转移人口的市民化。一是坚持公共服务一体化，实现基本公共服务向产业集聚区内就业人口全覆盖。二是加快产业集聚区社会管理建设，注重社会组织培育，推动了产业集聚区农业转移人口的社会融合，提高了其城市认同感。

## 三 长垣县以产业集聚区建设推动新型城镇化取得的成效

通过建设产业集聚园区，引导产业向园区内集聚，从而产生集聚效应，引发产业发展，为工业化的发展提供了空间载体，推动了工业化发展。同时产业集聚区产业发展需要大量的劳动力，会引起人口的集聚效应，提高城镇化水平。

**（一）产业集聚区持续、快速和健康发展实现了农村转移人口就近就业**

通过产业转型升级、项目引资和创新驱动发展，2014年产业集聚区实施亿元以上项目73个,完成各类固定资产投资147亿元、增长50.8%,实现规模以上工业主营业务收入380亿元、增长18.9%,被评为河南省二星产业集聚区、河南省创新型示范集聚区。防腐蚀及建筑新材料等五个专业园区新入驻企业21家,乡镇创业园新上项目31个。依托县职业中专和职业教育中心,为企业培训工人近1万人次,专业技术和管理人才200余人次。此外,产业集聚区还对失地农民进行了职业技术培训,使农民逐步变成产业工人。2015年4月入选"2014年度河南省十强产业集聚区"。长垣产业集聚区健康、快速和可持续发展满足了农村转移人口的就业要求。

### (二)产业集聚区安居工程的建设实现了农村转移人口的安居

一是大力推进产业集聚区村庄迁移并纳入城市统一规划、建设和管理,加大对大型安置社区的财政支持力度。推进集聚区内18个村庄向花园、南蒲、高店、蒲光等4个新型农村社区集中,以村庄整合促进人口有序转移,加快农民向产业工人转变。完成村庄拆迁60万平方米,新建社区23万平方米。二是建设了一批公共租赁住房,按照保障房申请的相关标准面向产业集聚区用工单位或就业人员出租。三是推进产业集聚区基础设施建设,不断完善产业集聚区生产生活服务设施。2014年,共实施投资园区污水处理厂、纬七路、纬十六路升级改造等公共基础设施项目20个,完成投资9.5亿元。全面实现了路网、供电、供水、供气、公交、环卫、绿化、亮化、污水处理、邮政、金融等市政服务全覆盖。统筹推进集居住、餐饮、购物、娱乐等功能于一体的生活服务中心建设,促进从业人员生活便利。

### (三)产业集聚区社会功能的提升促进了农村转移人口的市民化

一是保障农村迁居城镇产业集聚区人口与城镇居民同等享受教育、就业、医疗卫生、社会保障等公共服务,切实维护失地农民和迁居城镇农民的权益,促进农业转移人口市民化。地处长垣城区与起重园区接合部的高店村,全村430多户1700口人,被园区征用了700多亩地,失地村民都及时拿到了失地补偿款,失地劳动力或进厂务工,或经商,或搞家禽饲养,家家没有闲人。二是注重产业集聚区内社区社会管理工作，引导农村转移人口参与当地的社区生活和社区治理，塑造市民文化，提高农村转移人口的城市认同感，促进农村转移人口的市民化。

## 四　长垣县以产业集聚区建设推动新型城镇化探索的启示

城镇化，归根结底是人的城镇化。长垣县通过产业集聚区建设，提高了产业发展和集聚人口的能力，促进了农村剩余劳动力的转移和就近就业，推动了新型城镇化的健康、快速发展。

### （一）注重产业集聚区的可持续发展

产业集聚区是新型城镇化发展的动力。一方面，要以产业集聚区为载体，把产业集聚区作为城镇优先开发区域，加快配套基础设施建设，实现企业集聚、项目集中、土地集约，促进城镇化与产业集聚的协调发展；另一方面，要走集约、节能、低碳的可持续发展道路，将城镇化与产业集聚建立在环境、资源等承载能力基础之上，提高城市的综合承载力。具体来讲，就是在中国经济新常态背景下，产业集聚区建设必须更加注重质量提升、更加注重转型升级、更加注重创新驱动发展。努力使产业集聚区在稳定经济增长、优化经济结构、带动动力转换上发挥更大作用。

### （二）发挥产业集聚区吸纳农村转移人口就业的效应

产业集聚区建设要由过去单纯注重经济功能转向关注产业集聚区建设和城镇化之间的互动关系，充分发挥产业集聚区吸纳农村转移人口就业的效应。产业集聚区要搭建统一高效的用工信息服务平台，对产业集聚区的用工需求和就近农业转移劳动力的供给进行有效衔接。同时，产业集聚区要根据企业用工的需求，开展形式多样的职业技能培训，提高农村转移人口的职业技能水平，提升其就业能力，实现稳定就业。

### (三)依托产业集聚区推动安居工程建设

要充分发挥产业集聚区的扩散效应,强化产业规划与空间规划的相互衔接,实现产城融合。一是大力推进产业集聚区村庄迁移并纳入城市统一规划、建设和管理,加大对大型安置社区的财政支持力度。二是结合实施新一轮城市总体规划,推进产业集聚区与城区融合发展,对产业集聚区组团与旧城区改造、新城区建设进行捆绑、联动开发。探索在产业集聚区周围建设保障性住房或集中居住区。

### (四)完善产业集聚区的基础设施与生活设施

推进原有城市基础设施和公共服务向产业集聚区延伸,进一步建设和完善路网、供电、供水、供气、公交、环卫、绿化、亮化、污水处理、邮政等基础设施网络。加快建设和完善与产业集聚区配套的幼儿园、学校、医院、商业等生活设施,解决转移人口的就地就医就学等问题。

### (五)强化产业集聚区的社会功能,促进农村转移人口市民化

产业集聚区在稳定经济增长、优化经济结构、带动动力转换上已充分发挥其作用,但在促进人口城镇化的社会功能上依然较弱。新型城镇化就是要实现转移人口的市民化,因此,产业集聚区建设中要实现基本公共服务向产业集聚区内就业人口全覆盖。以产业集聚区为依托,逐步缩小城乡基本公共服务的差距,实现集聚区内居民在子女教育、医疗保险、养老保险和住房保障方面的均等化。同时,要注重培育社会组织,打造产业集聚区文化,提高转移人口的城市认同感。

# 孟州市会昌街道办的"基层公论"及其启示*

何水 梁家豪**

**摘　要：** 孟州市会昌街道办事处在处理信访问题过程中创建并实践的"基层公论"制度，通过建立一个平台，邀请三方人员，做到五个弄清，实行四种调解，实现了党委领导、政府负责、社会协同、公众参与在基层社会治理中的有机结合，促成信访问题的"案结、事了、访息"。"基层公论"是探索有中国特色基层社会治理新模式的有益尝试，对加强我国基层社会治理提供了重要启示：一是要注意扩大人民民主；二是要注意发挥党和政府的作用；三是要注意政府与社会的互动合作。

**关键词：** 基层公论　基层社会治理　制度创新

随着改革的全面展开、社会的快速转型、城镇化的加速推进，社会矛盾呈现多发、频发态势，创新社会治理，畅通人民群众诉求表达渠道，完善矛盾调处及权益保障机制显得十分迫切且必要。信访作为人民群众表达诉求和

---

\* 郑州大学研究生教育科研专项支持基金项目研究成果，文中数据来自实地调研，即孟州市会昌街道办事处工作材料。
\*\* 何水，博士，郑州大学公共管理学院副教授，社会管理河南省协同创新中心研究员，研究方向为政府改革与地方治理；梁家豪，郑州大学公共管理学院2013级行政管理专业硕士研究生。

维护权益的重要渠道以及党和政府联系群众的重要桥梁，对于化解社会矛盾、消除社会风险、维护社会稳定、促进社会和谐有重大意义。然而，现实中许多矛盾特别是基层的一些群体性利益矛盾错综复杂，很难解决，结果是"案结了、事未了、访不息"。于是信访问题成为各级党委政府不得不面对的一个棘手问题。孟州市会昌街道办事处创建并实践的"基层公论"制度，实现了党委领导、政府负责、社会协同、公众参与在基层社会治理中的有机结合，推动了信访问题"案结、事了、访息"，是探索有中国特色基层社会治理新模式的有益尝试，其对加强我国基层社会治理有重要启示。

## 一 "基层公论"的产生背景与制度安排

会昌街道办事处位于河南省焦作市下辖县级市——孟州市城乡接合部，辖21个行政村，8个社区居委会，人口6万余人，商贾云集，回族、汉族杂居，流动和暂住人口较多，城建占地、房屋拆迁、土地补偿分配及失地农民就业等因素引发的社会矛盾相对集中。过去处理信访问题，相关部门习惯由办案单位说了算，拿出的处理意见往往得不到上访人的认可，更得不到周围群众的支持，结果导致"案结了、事未了、访不息"。2005年8月，焦作市结合当年新颁布的《信访条例》，在总结以往经验的基础上，印发了《河南省焦作市信访事项终结机制"三步走"工作程序（试行）》，提出了信访事项"三级终结"制度，即信访人对行政机关办理的信访事项处理意见不服的，可以请求原办理行政机关的上一级行政机关复查，信访人对复查意见不服的，可以请求复查机关的上一级行政机关复核。若信访人对复核意见不服，仍然以同一事实和理由提出投诉请求的，各级人民政府信访工作机构和其他行政机关不再受理，即办理、复查、复核三级终结。为解决信访中"案结了、事未了、访不息"的难题，实现信访问题"案结、事了、访息"，会昌街道办事处按照焦作市信访案件"三级终结"机制，从2005年10月开始，对发生在基层的疑难信访案件，在办理阶段创新性地实行公论评议，由办事处邀请农村辈分高、有威望、知名度高的群众代表以及与信访人有密切关系的代表参与案件办理过程，聚合政治、经济、舆论、道德、教育、司法、调解等社会资源，合力解决信访问题。

进入基层公论评议会的信访事项一般是在信访事项办理阶段，因案件错综复杂，政策界限模糊，涉及部门多，容易相互推诿扯皮，涉案各方难以达成共识，于是在做出处理意见之前，启动基层公论。基层公论的制度安排可以概括为"建立一个平台，邀请三方人员，做到五个弄清，实行四种调解"。

（1）建立一个平台

一个平台即基层公论评议会。在办事处党委领导下，由办事处召集组织涉案人、知情人、相关人召开基层公论评议会，澄清事实，多方协商形成处理意见。目前，村村办事处建有场地（公论评议室），并做到"三有"，即有制度、有队伍、有投入。凡遇到重大疑难信访问题，办事处就组织评议人员，邀请邻里乡亲，召开基层公论评议会，就地解决，基本实现了小事不出村，大事不出办事处。

（2）邀请三方人员

一是公论评议方人员：主要由辖区内老干部、老党员、老教师、老职工、老军人等有权威、有公信力、阅历丰富的资深人士或有较高威望和较强影响力的群众代表组成，这些人员由办事处颁发聘书。二是案件承办方人员：责任单位具体负责案件调查处理的人员。三是与信访人有密切关系的人员（俗称"1+3"）："1"是指信访人，信访人若为五人以上的群体，可推选三至五名代表参加会议；"3"是指信访人亲属中的明白人、亲戚朋友中的权威人、基层组织中的代言人。

（3）做到五个弄清

基层公论评议会召开之前，要做到五个弄清：一是弄清案件产生的时间背景、处理经过、历史演变、处置欠账、缠诉焦点、主要要求、所持依据等；二是弄清历次办案领导和知情人的看法、态度及处理依据；三是弄清信访人及家庭主要成员、亲朋好友的基本情况，尤其是那些有影响力、有权威、有感召力的精神支柱性人物的态度、倾向等；四是弄清案发单位具有社会公信力的各界人士的态度看法；五是弄清涉案有关政策、法律、法规及约定俗成的村规民约、道德规范等。

（4）实行四种调解

在基层公论评议会上，通过摆事实、讲道理、谈依据，动之以情、晓之以理，就地协商解决问题。一是道德调解。"道德是衡量为人处世的标尺"。尊老爱幼、孝敬公婆、妯娌和睦等是中华民族五千年文明积淀形成的道德规范。在处理赡养老人、抚养子女等案件时一般侧重于道德调解，用道德来约束规范人们的行为举止。二是亲情调解。"人非草木孰能无情"。在处理婆媳关系、妯娌矛盾、邻里纠纷等案件中重点运用亲情调解。三是司法调解。"司法调解是处理人民内部矛盾的一个重要手段"。涉法涉诉类信访案件大多表现为在案件无法执行或执行困难时不求法而求政府，导致久访不息。在处理此类案件时，通过司法调解，在"法、理、情"中寻找办法予以解决。四是公众调解。"大家事大家办"。在处理农村土地承包、城市拆迁等涉及群体利益的案件时，遵循村（居）民自治原则，着重利用公众调解，让群众来评判、让群众来监督。

## 二 "基层公论"的实施成效及其原因

会昌街道办事处地处孟州市城乡接合部，各种社会矛盾相对集中。在这种情况下，会昌街道办事处通过基层公论，仅在实施之初的2006年就解决信访案件12起，人员稳定率达到100%。而开展基层公论工作以来，会昌街道办事处没有发生到孟州市的集体上访事件，个人上访也很少发生，到焦作市以上政府部门的上访则实现了"零"指标，真正实现了就地解决信访问题，其也因此连续多年被焦作市和孟州市评为信访工作先进单位。基层公论之所以能够实现信访问题的"案结、事了、访息"，在实践中取得突出成效，在笔者看来，主要在于其实现了党委领导、政府负责、社会协同、公众参与在基层社会治理中的有机结合。

首先，基层公论保障了公民的知情权、参与权、决策权、监督权，实现了权力透明。基层公论评议会不仅让"官方"参与,更重要的是让信访人和有较高威望、有影响力的群众代表参与,公开处理,把问题摆在明处,把理由亮在桌面,给群众一个明白的交代。变过去处理信访问题由责任单位"一家说了算"为"大家说了算",通过群众监督,将办案人员置于群众的监督之下,防止其专权和武断,最大限度地限制了公权的滥用,从而在公权与私权之间找到了一个最佳平衡点。

其次,基层公论建立了合理的利益表达机制和利益协调机制,维护了信访人的合法权益。实现好、维护好、发展好最广大人民的根本利益是党和政府工作的宗旨,而人民的利益是每个个人利益的聚合。现实社会中,由于实际情况不同,个人利益会有某些差异,而个人与集体的利益也有可能不同。如何建立合理的利益协调机制,维护好不同个体、群体和集体的利益,是基层社会治理的出发点和着眼点。基层公论以实现信访问题的合理、合法及有效治理为目的,在办事处党委领导下,通过办事处召集和邀请有关人员召开基层公论评议会,澄清事实,多方协商后形成处理意见,从而建立了合理的利益表达机制和利益协调机制,最终维护了信访人和相关各方的合法权益。

再次,基层公论调动了各方面的积极性,实现了信访问题的协同治理。会昌街道办事处借助基层公论评议这个平台,通过党政主导,召集有关部门与人员,变涉案单位一家单打独斗、唱独角戏为各有关方面人员出谋划策大合唱,聚合政治、经济、舆论、道德、教育、司法、调解等社会资源,共同解决信访问题,不仅提高了工作效率,也增强了政府职能部门执法为民的意识,从而形成信访问题协同治理的大格局。而这一过程中采用类似法庭的形式公开处理信访问题,各方人士得以充分发表意见,这既避免了暗箱操作,又使信访人心服口服,案件办理质量自然得到提高。

最后,基层公论改善了党群干群关系,实现了信访问题处理的事半功倍。基层公论评议过程中,基层干部和信访群众零距离接触,面对面交流,畅所欲言,消除了隔阂,促进了理解,群众的气顺了,干部的作风变了,党群、干群关系在不知不觉中变得更加紧密,信访问题处理起来自然更加容易。

## 三 "基层公论"对我国基层社会治理的启示

党的十八大要求"加快形成党委领导、政府负责、社会协同、公众参与、法治保障的社会管理体制",党的十八届三中全会强调"坚持系统治理,加强党委领导,发挥政府主导作用,鼓励和支持社会各方面参与,实现政府治理和社会自我调节、居民自治良性互动"。会昌街道办事处创建的基层公论制度契合了上述精神和要求,是探索有中国特色基层社会治理新模式的有益尝试,其对加强我国基层社会治理有重要启示。

首先,基层社会治理要注意扩大人民民主。建立健全公民参与机制,扩大人民民主,是提高基层社会治理水平的基本条件。然而,民主是时代的课题,也是历史的课题,其实现是一个复杂的问题。即便在最早发展民主的国家,也还在探索民主的实现形式。但会昌街道办事处通过基层公论,在中国中部欠发达地区的基层社会治理过程中,实实在在地把权力交给了人民,使人民通过充分的利益表达机制、切实的议事和决策机制、公开而有力的监督机制,进入了民主的切实实行阶段,这样做的结果是大大提高了信访问题治理水平,实现了社会的安定团结,其经验是难能可贵的。

其次,基层社会治理要注意发挥党和政府的作用。基层社会治理中,党的领导作用绝不能忽视,它保证了基层社会治理的社会主义性质和方向,是社会主义民主发展的必然要求,也是社会主义民主发展的最基本条件。实际上,人民群众提出的各种利益诉求有个澄清、认定、汇总、融合、升华的过程,没有这个过程,人民群众的诉求往往是模糊的、原始的、分散的、矛盾的、感性的。换言之,人民群众的各种利益诉求必须通过一定的组织形式和程序来实现,特别是其中思想的发动和凝聚。这一切唯有在党的领导下才能真正有效实现。而政府作为公共权力的直接掌握者,是社会治理的核心主体,理应在社会治理中发挥主导作用。需要指出的是,党和政府虽然在社会治理中占有重要地位,但并不意味着它们要"包揽"一切。相反,在党的领导下,在政府的主导下,各类社会主体应积极参与社会治理特别是基层社会治理。

最后，基层社会治理要注意政府与社会的互动合作。"政府的治理过程绝非政府单方面行使权力的过程，更为重要的是政府与整个社会的互动过程……政府部门已经无法成为唯一的治理者，政府必须与民众、社会其他组织共同治理、共同管理、共同生产与共同配置。"[①]"基层公论"之所以能够取得突出成效，一个重要原因在于政府与社会通过互动合作，聚合了政治、经济、舆论、道德、教育、司法、调解等社会资源，实现了信访问题的协同治理。可以说，"基层公论"充分体现了党与公民、政府与社会、精英与群众的互动合作，将长期形成的"官本位"思想和遇事"为民做主"的管理理念，变成"以人为本"和遇事"共同做主"的治理理念。我们之所以看重会昌经验，就是因为其在基层实现了这种"互动合作"，并且已经制度化、规范化、程序化，因而既具有理论意义，又具有现实意义。

---

① 张成福：《面向21世纪的中国政府再造：基本战略的选择》，《教学与研究》1999年第7期。

# 信阳农民工双向维权模式的探索与启示[*]

孙远太 侯 帅[**]

摘 要： 信阳市通过"源头建会、属地管理、联合互动、双向维权"，引导农民工加入工会，推动农民工的组织化，有效维护了农民工的合法权益。信阳市农民工双向维权模式适应了市场经济条件下农民外出务工的特点，契合了农民社会流动的社会基础，因而是一种有效的维权模式。案例的启示在于：探索适合农民工社会基础的组织模式；调动输出地和输入地政府的双重积极性；拓展"双向维权"模式的功能定位。

关键词： 双向维权 运作模式 维权效应

## 一 背景

近年来，农民工权益维护成为社会上的一个热点话题。尽管宪法和法律都对农民工的合法权益有所规定，但在现实中这部分群体仍在城市中遭受种种歧视，其合法权益往往受到侵害。作为进城务工人员，农民工虽已在从事工业生产，但是他们的身份依然被认定为农民，并获得"农民工"这种尴尬身份。长期以来受体制和传统文化心理等深层次的影响，由农民转化而来

---

[*] 国家社科基金项目(13CSH016)阶段性成果。
[**] 孙远太，博士，郑州大学公共管理学院副教授，社会管理河南省协同创新中心研究员，研究方向为政府治理与社会政策研究；侯帅，郑州大学公共管理学院2013级政治学理论专业硕士研究生。

的农民工受歧视是一个不争的事实，这也是一些学者所谓的"城乡对立的二元结构又在城市中得到复制"，即形成城市"新二元结构"。①

农民工在城市里仍是一个边缘群体，他们难以真正融入城市的社会生活。进城农民工在城市里不仅受到歧视，他们的合法权益也最容易遭受侵害。具体而言，进城务工农民的合法权益受到侵害主要表现在政治、经济、生活和心理四个层面，其中尤以经济上的损害最为突出。这导致进城务工农民与他们所在城市的进一步隔阂。一方面，进城务工农民难以形成正常市民应有的规范和法制观念；另一方面在城市工作和生活中受挫，诱发了进城务工农民不同程度的认同危机和心理危机，从而成为潜在的犯罪动因。当通过正当手段无法维护自身权益的时候，他们会铤而走险，以非法的手段维护自己的权益，这也是城市农民工较其他群体犯罪率更高的重要原因。

维护城市农民工的合法权益是政府义不容辞的义务，而目前维护农民工权益最有效的方式就是把这些群体组织起来，使他们加入工人阶级自己的组织——工会。工会是工人阶级的群众性自治组织，工会的这一基本属性决定维护农民工合法权益是其基本职责。一些地方工会在政府的引导下已开始农民工维权的探索，在全国出现了义乌工会社会化维权、信阳工会双向维权和成都工会城际联动维权三种基本模式。其中，信阳市工会的双向维权行动自2003年启动以来，已持续10多年，形成了富有成效的"双向维权"模式。

## 二 信阳农民工"双向维权"的运作模式分析

信阳是主要的劳务输出地，外出务工是当地农民的主要收入来源，这些人在外出就业中同样面临着权益受到侵害的问题，为了维护农民外出务工中的权益，当地政府进行了各种有益的探索，吸引农民工加入工会并探索出"双向维权"模式，这是其主要工作成果。工会组织思考如何保护外出务工

---

① 孙立平：《农村人口向城市转移过程及城市化过程的反思》，《经济观察报》2005年1月16日。

人员的权益，他们首先进行了理论探索，在全国最早提出了"进城务工人员是工人阶级队伍的新成员"的论断，这一论断后来被写入中华全国总工会的十四大报告，成为对中国农民工阶级属性的权威论断，也为农民工加入工会组织提供了可行性。在农民工的阶级属性明确后，信阳工会开始在组织体制和工作机制上展开维护进城务工人员合法权益的实践。信阳工会2003年制定《关于维护外出务工人员合法权益的指导意见》，决定在外出务工人员中建立工会联合会，并具体规定了外出务工人员加入工会的方法和程序以及工会开展工作的方式和维权机制等问题。

信阳地区外出务工人员工会联合会（简称工会），是以外出务工人员家乡的党、政、工会组织作为外出务工人员的组织和维权主体，是集外出务工人员输出地和输入地工会工作于一体的新型工会组织模式，其主要特点是"源头建会、属地管理、联合互动、双向维权"。"源头建会"就是在输出地建立工会组织，吸纳外出务工农民入会，颁发统一的会员证，其会籍可以随着工作而变动。"属地管理"是以输入地为主的维权管理体制，输出地工会在务工人员比较集中的地方设立派出机构，即进城务工人员维权服务中心，专门负责流出地人员的维权事务。"联合互动"和"双向维权"使输出地和输入地的工会组织加强交流与沟通，联手共同推进务工人员的权益维护工作。信阳地区工会组织的双向维权模式具有以下特征。

第一，以输出地为主体建立四级工会组织网络。农民外出务工时只是人员出去工作，其户籍和家庭仍在原地，尤其是他们在心理上更倾向于认为自己的"根"在家乡，这是由农村的乡土性决定的。农民工在城市的流动性较强，他们一般没有正规的工作，这也限制了他们加入务工所在单位的工会。在输出地加入工会便于工会组织掌握这部分会员的情况，即使会员的工作有所变动，但因为他们是信阳出去的务工人员，仍然属于信阳工会组织的服务范围，因而工会组织能及时了解情况，协助输入地工会加强管理与服务工作。信阳地区的外出务工人员以输出地为主体建立四级工会组织，即县区、乡镇、行政村和村民组外出务工人员工会联合会、分会及小组。其主要职责分为两个层面。一是县区、乡镇两级外出务工人员工会的职责，主要有：负责与农民工所在地工会联系，衔接工会组织关系，指导工会组织开展工作；对农民工进行务工前的政策、法律、技能培训；提供劳动争议、劳动仲裁的咨询和法律援助等服务，参与或协助有关部门对外出务工人员劳资纠纷和工伤事故的处理。二是行政村和村民组工会组织的职责主要是：负责本村、组外出务工人员的组织管理和教育，并向乡镇外出务工人员工会报告工会组建、人员去向、工种、会员人数等情况，并负责会员发展工作。

第二，在输入地设立工会派出机构。信阳地区劳动力转移发展过程中，其人员的流入地逐渐集中在京津塘、长三角和珠三角几个地区，人员流向的集中便于流出地政府的管理与服务。输入地是外出农民工的生活和工作的场所，但由于我国现行管理体制的限制，他们仍是输出地的暂住居民而无法成为当地城市居民。农民工在企业中也难以享受与其他工人一样的待遇，作为城市的外来者和边缘群体，农民工实际上遭受着城市的"体制性排斥"，他们一般无法融入当地的社会生活。因此，农民工的维权责任很大程度上仍在输出地的政府和社会组织方面。在一些人员集中的城市设立农民工维权中心，为信阳籍的农民工提供维权服务，是对"城乡二元体制"这一社会现实的积极回应。信阳地区农民工除了在输出地建立四级工会组织网络，还在农民工输入地设立派出机构，在外出农民工比较分散的地区建立县外出务工人员工会工作委员会，下设小组，工会工作由县外出务工人员工会工作委员会负责。上述工会组织的主席，多由输出地工会推荐人选，并经民主选举产生。在输入地设立的工会派出机构的主要形式有工会办事处、工会维权跟踪服务站等。

第三，输出地工会和输入地工会的双向互动。农民工生活和工作的主要场所是输入地城市，维权的事务一般也在这里展开，信阳地区的农民工的分布虽较为集中，但也遍布国内众多城市，因而在维权时仅靠信阳地区的工会组织会力不从心。而维护工人的合法权益是所有工会组织的职责，农民工在受到输出地工会组织保护的同时，更应受到输入地尤其是其所在企业工会组织的保护。目前国内工会组织仍限于单向的维权，或输出地或输入地，这从根本上来说不符合农民工流动的特征，其效用也是有限的。工会维权的

"信阳模式"的显著特征就是输出地工会和输入地工会结合起来，联合互动式地维护农民工的合法利益。信阳地区农民工在输入地建立工会组织后，实行以当地工会领导为主、派出机构和当地工会组织双重领导的原则。已并入农民工所在地单位工会组织的，除按务工地工会的要求开展工作外，还围绕履行维权职责，每月组织一次学习和交流活动，了解外出农民工需要帮助解决的问题，并将情况向家乡工会反馈。尚未被用人单位工会组织接纳或所在地企业没有建立工会的，由家乡所在地工会酌情建立工会组织，发展工会会员，参加务工地地方工会组织并转为对方工会会员。

第四，建立农民工的流动会籍管理制度。流动性是外出务工人员的主要属性，进城务工人员也被称为"流动民工"。在外出务工人员中建立工会组织，应该不同于工作固定的传统工人，而要更符合其特性。信阳地区在实践中提出流动会籍的管理方式。进城务工农民外出前一律进行登记，由村、乡工会组织发展其为会员。农民工加入工会组织后，由县区总工会核发统一印制的"中华全国总工会会员证"。根据《中华全国总工会关于加强工会会员会籍管理有关问题的暂行规定》，实行会员组织关系随工作关系流动的会籍管理制度。外出务工时，由其所在工会出具介绍信，将工会组织关系介绍到用人单位工会，以当地工会管理为主，家乡工会联合会及设在当地的工会工作委员会协助管理。为避免重复，农民工会员不纳入家乡工会的会员人数统计。农民工实行双重会籍制度，务工时是当地会员，回乡后是家乡会员。

第五，积极利用已存在的社会关系网络。信阳地区工会组织在健全各级和各地维权服务网络中也积极利用一些已有的社会资源。信阳地区劳动力转移发展较早，规模也较大，早期外出的农民工有的已经成为老板，在当地有一定的影响力。这些人出于乡情和亲情而想着如何回报家乡，他们在招工时一般优先招用信阳籍的工人，同时积极维护家乡人员的权益。信阳籍的农民工主要集中在一些沿海城市，在这些地方信阳籍工人有的建立了同乡会，同乡会有时会出面维护其下属会员乃至整个信阳籍工人的利益。工会组织在健全组织网络时要积极利用这些业已形成的维权团体和人士，将其纳入工会，如将同乡会的组织机构整体吸收进工会并保留其原有的体系，使其成为维权的正规组织，也可以将那些维权的民间人士吸收为工会会员，给其一定的权力继续从事维权工作。

## 三 信阳农民工"双向维权"模式的成效分析

"双向维权"模式承认农民工是产业工人阶级组成部分，通过把农民工组织起来，实现组织化维权。信阳市"双向维权"模式为外出农民工提供了权益保障机制。

首先，推动了农民工的组织化。信阳地区外出务工人员工会组建模式，与当前外出务工者的社会交往方式"亲缘地缘关系网络"不谋而合，[①] 从而使进城务工人员对工会有较强的归属感和认同感。以输出地为基础吸引农民工入会，使工会组织在嵌入农民工群体时具有良好的社会基础。据信阳工会部门统计：信阳市217个乡镇已经全部建立外出务工人员工会联合会，村级工会发展到2795个，92.16万余名外出务工者加入了工会；在外出务工者集中地区建立的派出机构工会联合会或办事处达259个，农民工维权服务中心96个。

其次，开展了农民工的维权活动。信阳市经过调查发现，农民工权益受到侵害一般集中在以下几个方面：一是拖欠、克扣工资问题；二是务工期间发生人身伤亡得不到公平处理的事件；三是劳动生活环境差、劳动保护措施不到位等问题。农民工工会在注意加强与务工人员所在企业和当地工会组织联系的基础上，紧紧抓住当前职工权益最容易受到侵犯的三个突出问题开展工作，通过运用法律武器维护外出务工人员的劳动权益和经济权益。各级工会组织共解决欠薪个案2932起、2.3亿多元，帮助9.81万名农民工子女解决就学问题，协助处理农民工工伤事故及其他侵权案件1675起，介绍农民工就业48.67万人次。

---

[①] 高爱姊：《信阳外出务工人员工会联合会组织模式的特点和实践意义》，《中国劳动关系学院学报》2005年第5期。

最后，维护了农民工的合法权益。信阳市在输出地就把农民工组织起来，源头建会，双向维权，帮助农民工签订劳动合同，参与协调处理农民工劳资纠纷、工伤事故及侵权案件等，依法维护其合法权益，不仅解决了农民工的劳动安全、工资兑现问题，而且还解决了他们的工伤医疗保险和子女入学等问题。信阳市创新实施了留守子女关爱工程，惠及30万农民工留守子女，为农民工开展免费培训、免费推荐就业等服务，还为返乡农民工提供各类创业服务等。

信阳地区"农民工工会"的维权模式在保护务工者权益中的作用受到社会关注，该模式被总结为"双向维权机制"，成为国内工会维护农民工权益的三大机制之一。信阳地区"农民工工会"的维权模式的探索还引起了学术界的注意，清华大学"宪法与公民权利中心"与信阳市总工会联合创办了"清华大学·信阳工会农民工维权服务互动机制"，一些学者也展开了对工会维权"信阳模式"的探讨。这些都说明信阳的维权模式具有普适性，可以为其他地区借鉴，从而更好地为维护农民工整体的利益服务。

## 四 几点启示

信阳农民工的"双向维权"实质是一种社会主义市场经济条件下推动农民工组织起来维权的尝试和探索。农民工加入工会的组织化维权方式适应了市场经济条件发展的客观要求，是维护农民工合法权益的有效形式。分散经营是传统农业社会的特征，当这种"原子般"的农民进入城市后，他们面临的是市场经济条件下的社会化大生产，他们的分散特征在本质上与这种集中化的社会发展趋势是不相适应的，即使他们也形成一些以血缘和地缘为纽带的初级社会关系，但是当在城市遇到困难特别是合法权益受到损害时，其小农的弱势则显现出来，他们无法与那些有组织的侵权对象相抗争，更何况他们还受到整个社会制度的排斥。因此，在农民工被视为城市工人阶级的一部分后，他们迫切需要加入专门维护工人阶级权益的组织——工会，实现组织化维权。事实证明，利用工会的形式把城市农民工组织起来，是农民在适应城市文明或者与城市文明相抗争时必须采取的形式。

首先，探索适合农民工社会基础的组织模式。即使在进入城市后，农民工的社会关系网络依然以血缘和地缘为主，正式的社会支持网对其帮助有限。因此，农民工的组织化维权不是重新建立一种新的组织形式，而是以既有的组织为基础，把农民工吸纳进来。实现农民工的组织化维权，一方面以工人的专门维权组织——工会为依托，引导农民工加入工会组织；另一方面把工会组织和老乡会等非正式组织结合起来，使之更契合农民工的乡土情结。

其次，调动输出地和输入地政府的双重积极性。农民工离开家乡进入城市就业，遭遇了"离乡融不入城市"的困境。农民工权益受到损害，很大程度上与输入地政府部门的不作为有关。如果输出地政府再不勇于承担相应的责任，农民工的维权就会陷入真空。农民工同时为输出地和输入地做贡献，其维权要发挥二者的共同作用。因此，农民工的组织化维权要依托输出地政府，同时取得输入地政府的合作，主要在输入地开展维权活动。

最后，拓展"双向维权"模式的功能定位。信阳"双向维权"模式作为一种组织机制，已经成为连接输出地和输入地的载体，成为在市场经济条件下农民工组织化的新形式。在新型城镇化背景下，要依托既有的组织化体系，实现从维权到推动农民工市民化的功能拓展。围绕破解农民工市民化，尤其是新生代农民工市民化过程中的问题，从源头参与入手，一方面吸引农民工回乡创业，带动输出地的城镇化；另一方面推动农民工融入城市生活，参与当地的社区治理。

# 郑州市社区矫正工作的实践与思考

张嘉军*

**摘　要：** 中国在十余年的社区矫正工作探索与实践中逐步建立了较为全面的社区矫正工作协调机制和工作制度。基于对郑州市社区矫正工作的机构设置、社区矫正方式、社区矫正人员组成、社区矫正活动内容、社区矫正机制协调、公众监督与社区矫正效果等方面的抽样调查，发现当前郑州市社区矫正工作的运作机制还未完善以及在实际运作中存在实施机构工作配套措施不足、法定监督主体参与不够、社区矫正方式单一、社区矫正工作缺乏社会理解与公众支持等问题。为更好发挥社区矫正制度应有的作用，未来应当进一步完善社区矫正组织、健全监督机制与信息联动机制、扩大社会监督和鼓励民间组织及志愿者的介入以及建立并完善风险评估机制等。

**关键词：** 社区矫正　社区治理　郑州市

作为立法人性化大跨越的实践性发展，社区矫正制度的建立在我国刑法谦抑性的发展历史中有着浓墨重彩的一笔。社区矫正是社会治理创新的必然

---

\* 张嘉军，博士，郑州大学法学院教授，博士生导师，郑州市惠济区人民检察院检察长助理、中国司法案例研究中心执行主任，研究方向为民事诉讼与司法制度。本文是根据王龙琪、郅慧、张琦、邢昕、王喆、任佳琳、刘一鸣等同学基于对社区矫正调研写出的调研报告加工提炼而成，在此对这7位同学的辛勤工作表示感谢。

要求。社区矫正既是我国刑罚制度的重要组成部分，也是加强社会建设、创新社会治理的一项重要内容。现代社会管理基于人性化的考量，坚持以人为本的理念，社区矫正制度的设计也是人文主义的映射，符合新型社会管理理念的要求，对于加强和创新社会管理，降低刑罚执行成本，提高刑罚执行效率，维护社会和谐稳定，具有重要的现实意义。

2003年7月，社区矫正试点工作逐步在全国铺开，十余年来，河南省社区矫正工作取得了辉煌的成绩。各地市人民法院、人民检察院、公安机关、司法行政机关等有关部门相互配合、相互支持，广大社区矫正工作者积极探索、努力实践，社区矫正工作取得了显著成效，积累了丰富经验。党的十八届四中全会《决定》指出："要加强重点领域立法工作，制定社区矫正法。"社区矫正在我国的发展逐步走向正轨，但社区矫正制度的具体落实仍存在诸多问题，需要进一步改革与完善。社会治理创新调研小组一行在郑州市随机选择5所社会矫正机构进行调研。调研发现，当前社会矫正工作尽管为我国社会治安做出一定贡献，但是还存在社区矫正执行主体不明确、缺乏必要的人员与经费、具体监督机制缺失等问题。

## 一　社区矫正工作实施现状

### （一）社区矫正机构设置与配套措施

县（市、区）司法行政机关作为承担社区矫正职能的主要单位，社区矫正活动的执行具体由最接近社区的司法行政机关即司法所承担。在调研所抽取的五个样本中，司法所办公环境较为拥挤，日常负责社区矫正、人民调解、基层法律服务等工作和接受上级司法机构和乡镇级人民政府交办的工作。

在工作经费和办公设备方面，五所司法所的工作经费和设备统一由财政拨付或购买，但在社区矫正方面目前还没有专项资金，专业设备也十分缺乏。社区矫正的各项日常工作都得不到有力的支持，从而阻碍了社区矫正工作的深入开展（见表1）。

**表1　司法所基本工作情况**

单位：人

| 项目 | A司法所 | B司法所 | C司法所 | D司法所 | E司法所 |
|---|---|---|---|---|---|
| 被矫正人员 | 29 | 16 | 28 | 17 | 18 |
| 工作人员 | 4 | 2 | 3 | 2 | 2 |
| 经费 | 不足 | 不足 | 不足 | 不足 | 不足 |
| 设备 | 不足 | 不足 | 不足 | 不足 | 不足 |

## （二）社区矫正具体运行程序与问题

### 1. 矫正人员信息登记与再犯罪风险评估

在被矫正人员开始矫正之前，各司法所都对被矫正人员进行基本情况登记和再犯罪风险简单评估，并建立相应的工作档案。社区矫正工作实践中，司法所也无法针对不同类别的被矫正人员制定个性化的矫正方案，矫正方案相对简单呆板，无法根据不同被矫正人员的实际情况实行更为有效的监管。

### 2. 矫正小组的组成与产生

被矫正人员开始矫正时，矫正小组由社区矫正工作人员、社区工作者、社会志愿者和矫正人员亲属构成。社区工作者与志愿者一般由司法所召集，工作内容以辅助社区矫正司法行政人员工作为主。[①]

### 3. 社区矫正活动

社区矫正活动以教育学习活动和社区劳动活动为主要方式。劳动活动以社区服务为主，例如打扫社区卫生；教育学习活动以普法教育为主。同时，在矫正期内被矫正人员需每月定期向对接司法所工作人员进行思想汇报，汇报可以采取电话汇报、面对面交流、书面报告等多种形式。[②]

---

[①] 当然，实践中司法所缺乏固定的社会工作者和志愿者。除A区的"雨霁"志愿者服务团队之外，各司法所很难定期召集到社会志愿者。

[②] 但是，调查发现，社区矫正具体执行中实践情况则截然相反，各司法所很少开展教育学习活动，活动内容也达不到预期矫正效果，存在形式主义，对被矫正人员的监督管理仍是司法所主要的工作内容。

4. 再就业培训

社区矫正活动之外，司法行政机关开展职业培训、就业指导和专业心理咨询等切实帮助被矫正人员再就业和重返社会的活动。

5. 司法与行政工作衔接机制

各司法所同公安机关、人民检察院、人民法院对于社区矫正活动的执行需要互相配合、互相监督。对于突发事件，如社区矫正人员非正常死亡、实施犯罪、参与群体性事件等，各司法所均建立了应急处理机制，能够迅速与公安系统取得联系，及时有效地处理。这样才能确保社区矫正工作得到真正贯彻落实。

### （三）社区矫正执行效果

为预防摆脱监管和再犯罪的发生，各司法所配备有针对被矫正人员的位置定位系统，该系统通过利用手机定位等技术措施确认其活动范围，避免发生摆脱监管现象。该系统在社区矫正活动中发挥着对矫正人员的正常监管功能；同时，被矫正人员比较珍惜监外执行的社区矫正机会，认真参与社区矫正活动，各司法所社区矫正工作中并未有再犯罪情况发生。

## 二 社区矫正工作存在的问题

### （一）实施机构工作配套措施不足，社区矫正制度推行缓慢

**1. 社区矫正工作人员数量不足、职业能力有待加强**

首先，社区矫正工作人员数量不足。司法所社区矫正工作人员平均每人需要负责9～10名被矫正者的社区矫正工作的执行，难以针对不同的被矫正对象采取行之有效的执行方式，执行效果大打折扣。其次，社区矫正工作人员职业技能有待加强。目前，郑州市司法所矫正工作人员普遍存在年龄偏大、学历偏低、工作理念与社区矫正的价值理念相差甚远，甚至相悖的问题。社区矫正工作人员主要为退伍、转业军人和司法所工作人员，职业技能

培训较少，职业技能素养较低，缺乏基本的社区矫正知识。最后，社会工作者和志愿者难以吸收入社区矫正人员队伍。司法行政部门对社工与志愿者参与社区矫正队伍的宣传不足，公共服务机制难以协同社区矫正工作的新发展。社会工作者和志愿者的缺失，必然会导致社区矫正工作缺乏群众基础，不仅不利于社会公众对社区矫正制度的理解，也不利于公众法治意识的提高和法治社会的建设。

**2. 社区矫正工作经费短缺，矫正工作难以开展**

司法所承担社区矫正任务没有专项资金，工作人员在具体执行社区矫正工作时的费用也存在着难以计算的情况。财政投入的经费很难将社区矫正工作执行中的所有经费予以涵盖。同时，社区矫正多为个案矫正，对于不同的被矫正对象，应采取不同的矫正方式，那么用在这些被矫正对象身上的资金也应有所区分，没有充足经费的支持，这种个案矫正的方式也就无法实施。资金的不足会导致很多工作不能正常进行，社区矫正的质量也难以得到保证。

**3. 社区矫正信息交流机制欠缺，工作衔接不畅**

各地区社区矫正工作的执行缺乏相应的被矫正人员信息交流平台，这使得各地司法所在执行社区矫正工作时信息交流不畅，往往出现工作对接无法完成的问题。据部分司法所反映，由于相关法律文件在工作衔接、职权划分等环节没有明确细致分工，衔接管理制度不够完善，相关职能部门工作衔接配合不及时、不畅通，如法律文书送达方式不合适；对社区矫正人员采取强制措施不能及时通知社区矫正机构；执行地司法行政机关与外地司法行政机关之间在居住地的变更审批及外出监管方面的衔接不畅等问题，无形中增加了社区矫正工作的难度，容易出现矫正人员脱管漏管现象。

**（二）法定监督主体参与不够，社区矫正发展缺乏约束和规范**

人民法院在法院或监狱以及看守所基于裁判或决定对被告人或犯人实行社区矫正时，向被告人或犯人居住地的县（市、区）司法行政机关送达判决书、裁定书、决定书或执行通知书等法律文件，县（市、区）司法行政机关在收到相关法律文书并核查社区矫正人员的身份、姓名、地址等基本信息后，为社区矫正人员办理登记接收手续，并书面通知其三日内到指定司法所报到。为此，矫正衔接的顺利完成必须依靠人民法院、监狱、看守所及县（市、区）司法行政机关之间的密切配合。但是从目前各地的情况来看，普遍存在着一些问题：县（市、区）司法行政机关收到社区矫正人员的相关法律文书一段时间后，社区矫正人员仍未到县（市、区）司法行政机关报到；社区矫正人员已到县（市、区）司法行政机关报到，但相应的法律文书却还未到或缺少主要的法律文书。在实际运行过程中，人民检察院对社区矫正工作监督欠缺主动性，较少履行对违法矫正活动的纠正职责。法院作为审判机关，亦未对被矫正人员积极履行核实居住地、风险评估等职责，并没有很好地辅助司法行政机关开展社区矫正工作。

### （三）社区矫正方式单一，矫正效果不尽如人意

社区矫正方法一般有教育、劳动和监管三种，而调研结果显示在社区矫正实践中，尽管思想汇报、社区服务以及监督工作可以基本得到落实，但仍存在"教育少，劳动多"，法制教育、心理疏导和就业指导不够专业、落实力度不够、执行与理念相背离等问题。重复而单一的劳动和社区服务形式不仅难以起到良好的教化作用，也不利于保障被矫正人员的合法权益，不利于矫正工作的开展。多数被矫正人员反映社区服务和义务劳动没有固定时间，占用被矫正对象的工作时间，不仅影响他们的正常生活，也容易使他们在工作中被隔离、被"标签化"，反而不利于其融入社会。

### （四）社区矫正工作缺乏社会理解与公众支持

通过对调查对象的访谈发现，公众对社区矫正的认识与理解不够。一是社区矫正知识普及程度不高，公众缺乏理性认识。公众在理性层面对于符合社区矫正条件的罪犯在社区服刑持宽容态度，但从感性出发仍表示对被矫正人员抱有担忧情绪，担心自己社区的安全。同时亦有少数人对社区矫正在自己所处的社区执行表示坚决反对。这种矛盾的社会现象表明公众对社区矫正

的认知仍处于较为浅显的层次。二是社区建设不完善，公众参与不足。"社区矫正"的重点在于"社区"，即指由具有共同价值取向的同质人口组成的关系密切、出入相友、守望相助、富有人情味的社会关系和社会利益共同体。而我国当前社区正处于向现代化社区转化的过程，社区人员流动非常迅速，社区共同价值并未成熟建立，因此社区矫正工作基础缺乏最为重要的公众参与，使得社区帮教工作难以推动，达到制度设计效果。三是宣传方式单一，宣传效力欠佳。社区矫正在社区普及程度有限，传统纸质媒体、广播电视传媒以及新媒体网络交流平台等关于社区矫正制度的宣传通道尚未普遍建立，使得社区矫正的普及程度有限，宣传效果往往事倍功半，从而引发公众误解以及不必要的社会恐慌。

## 三 强化社区矫正工作的建议

### （一）完善社区矫正体制

社区矫正执行机构是各地市（县、区）司法所。地方基层司法行政机关应当设置专门机构与工作人员对具体社区矫正事项进行管理，改变实践中司法所社区矫正工作人员"身兼数职""分身乏术"的现状。具体而言，第一，在司法行政系统设置专门的社区矫正执行机构，实施各级社区矫正日常管理；第二，政府应创新社会治理体制，扩大分权，积极培育社区矫正的社工机构；第三，充实社区矫正工作队伍，实行专人对接被矫正人员，实施个性化矫正方案，保证社区矫正工作的质量与效率；第四，政府转变公共服务理念，完善社区服务购买机制，保障社区矫正工作专用经费支撑，构建以省级财政经费为主、县级财政经费为辅的社区矫正经费保障体制。

### （二）健全监督和信息联动机制

首先，《社区矫正实施办法》对公安局、检察院、法院、司法所四个职能部门参与社区矫正工作的规定较为模糊，建议从立法上进一步明确公、检、法、司在社区矫正工作中具体实施职责,使其各司其职,协力推进社区矫正工作的开展。其次,完善监督机制。检察院作为司法监督机关,应对社区矫正工作进行全方位、立体化的监督,对于社区矫正工作中存在的违反法定程序、徇私枉法、玩忽职守等违法行为应予以惩戒,以保障社区矫正工作在公平与正义的原则下健康运行。最后,要在现有的基础上完善信息共享互换平台,发挥网络平台的优势,建立畅通各相关部门的联系渠道,形成区域范围内的联动机制。

### (三)鼓励民间组织及志愿者的参与

社区矫正的关键在于动员社区力量感化罪犯,对其进行改造,使之重新回归正确的人生道路。根据我国实际情况,借鉴他国成熟经验,我国社区矫正可运用不同的方式引入社会力量。首先,在社区矫正过程中,社会非政府组织的力量应得到充分的尊重与挖掘。其次,广泛吸收志愿者加入社区矫正工作,发挥其自身的优势。不同类型的志愿者可以给予不同情况的被矫正者以针对性、特殊性的帮助,使社区矫正更加个性化、人性化。最后,相关社区矫正执行机构应加大对于社区矫正的宣传力度,积极引入并鼓励民间组织与志愿者的介入,设专门人员对接民间组织与志愿者,建立常态化的合作机制,促进社会力量的参与。

### (四)建立社区矫正风险评估机制

社区矫正工作应建立三层风险评估机制,包括社区矫正执行前的风险评估、社区矫正执行过程中的风险评估以及社区矫正执行后的风险评估。事前的风险评估即是对于罪犯进入社区矫正的资格评估,在法院判刑前,由专门的组织对犯罪人的罪前表现、致罪因素、犯罪情景等进行专门调查,并对其人身危险性进行系统评估,制订相应的矫正计划。事中风险评估则是对于社区矫正对象的一种评价与考核,在社区矫正进程中,对被矫正者进行风险跟踪评估,以确定被矫正者符合在社区接受刑罚的标准,对不再符合标准的人员及时采取相应的措施。事后的风险评估,是对被矫正者是否合乎彻底回归社区之标准的考察，经过一定时期的社区矫正，被矫正者通过事后机制的检测，确认其对社会已无危害，才可宣告其社区矫正结束。这三类风险评估的主体均是司法所，但在不同的阶段，需要不同机关的配合。同时，在评估中，也可有被矫正者所在社区的人员及专业的人员介入，成立风险评估小组，有针对性地完成评估工作。

### （五）加强社区矫正的宣传与普及

社区矫正作为一种社区刑，是与监禁刑相对应的刑罚执行方式。相比于西方国家社区刑悠久的历史来说，我国的社区矫正尚处于起步阶段。要加强社区矫正的宣传，除了报刊、网络、电视等传统媒体，还要充分发挥新媒体的宣传优势。要利用公益广告的方式，奠定社区矫正实施的社会基础。探索多元化的宣传方式，如设立一个全国性的社区矫正日，借以提升社区矫正普及程度；开办相关展览，介绍社区矫正的概况及相关成果，增强居民对社区矫正行刑方式的认同感，鼓励他们主动参与社区矫正。拓展社区居民公共的活动空间，发挥社区居民的救助作用。

图书在版编目(CIP)数据

河南社会治理发展报告.2015/郑永扣主编.—北京：
社会科学文献出版社，2015.7
（社会管理河南省协同创新中心智库丛书）
ISBN 978-7-5097-7647-6

Ⅰ.①河… Ⅱ.①郑… Ⅲ.①社会管理-研究报告-河南省-2015 Ⅳ.①D676.1

中国版本图书馆 CIP 数据核字（2015）第138570号

社会管理河南省协同创新中心智库丛书
## 河南社会治理发展报告（2015）

主　　编／郑永扣
副 主 编／郑志龙　刘学民　高卫星　樊红敏

出 版 人／谢寿光
项目统筹／邓泳红　郑庆寰
责任编辑／郑庆寰　陈　颖

出　　版／社会科学文献出版社·皮书出版分社（010）59367127
　　　　　地址：北京市北三环中路甲29号院华龙大厦　邮编：100029
　　　　　网址：www.ssap.com.cn
发　　行／市场营销中心（010）59367081　59367090
　　　　　读者服务中心（010）59367028
印　　装／北京季蜂印刷有限公司
规　　格／开本：787mm×1092mm　1/16
　　　　　印张：23.75　字数：359千字
版　　次／2015年7月第1版　2015年7月第1次印刷
书　　号／ISBN 978-7-5097-7647-6
定　　价／89.00元

本书如有破损、缺页、装订错误，请与本社读者服务中心联系更换

▲ 版权所有 翻印必究